Android™

para Programadores
Uma abordagem baseada
em aplicativos

D324a   Deitel, Paul.
            Android para programadores : uma abordagem baseada em aplicativos / Paul Deitel, Harvey Deitel, Abbey Deitel ; tradução: João Eduardo Nóbrega Tortello ; revisão técnica: Daniel Antonio Callegari. – 2. ed. – Porto Alegre : Bookman, 2015.
            xxx, 316 p. : il. color. ; 25 cm.

        ISBN 978-85-8260-338-3

            1. Programação - Android. I. Deitel, Harvey. II. Deitel, Abbey. III. Título.

                                         CDU 004.438Android

Catalogação na publicação: Poliana Sanchez de Araujo – CRB 10/2094

PAUL DEITEL • HARVEY DEITEL • ABBEY DEITEL

2ª EDIÇÃO

Android™

para Programadores
Uma abordagem baseada
em aplicativos

Tradução:
João Eduardo Nóbrega Tortello

Revisão técnica:
Daniel Antonio Callegari
Doutor em Ciência da Computação e professor da PUCRS

Reimpressão

2015

Obra originalmente publicada sob o título
Android for programmers: An App-Driven Approach, 2nd Edition
ISBN 0-13-357092-4 / 978-0-13-357092-2

Tradução autorizada a partir do original em língua inglesa da obra intitulada ANDROID FOR PROGRAMMERS: AN APP-DRIVEN APPROACH, 2ND EDITION, de autoria de PAUL DEITEL; HARVEY DEITEL; ABBEY DEITEL, publicada pela Pearson Education, Inc., sob o selo Prentice Hall, © 2014.

A edição em língua portuguesa desta obra é publicada por Bookman Companhia Editora Ltda., uma divisão do Grupo A Educação S.A., © 2015.

DEITEL, o inseto com os dois polegares para cima e DIVE-INTO são marcas registradas de Deitel & Associates, Inc. Java é uma marca registrada de Oracle e/ou suas afiliadas. Google, Android, Google Play, Google Maps, Google Wallet, Nexus, YouTube, AdSense e AdMob são marcas registradas de Google, Inc. Microsoft® e Windows® são marcas registradas de Microsoft Corporation nos Estados Unidos e/ou em outros países. Outros nomes podem ser marcas registradas de seus respectivos detentores.

Gerente editorial: *Arysinha Jacques Affonso*

Colaboraram nesta edição:

Editora: *Mariana Belloli*

Preparação de originais: *Susana de Azeredo Gonçalves*

Leitura final: *Angelita Santos da Silva*

Capa: *Kaéle Finalizando Ideias, arte sobre capa original*

Editoração: *Techbooks*

Reservados todos os direitos de publicação, em língua portuguesa, à
BOOKMAN EDITORA LTDA., uma empresa do GRUPO A EDUCAÇÃO S.A.
Av. Jerônimo de Ornelas, 670 – Santana
90040-340 – Porto Alegre – RS
Fone: (51) 3027-7000   Fax: (51) 3027-7070

É proibida a duplicação ou reprodução deste volume, no todo ou em parte, sob quaisquer formas ou por quaisquer meios (eletrônico, mecânico, gravação, fotocópia, distribuição na Web e outros), sem permissão expressa da Editora.

Unidade São Paulo
Av. Embaixador Macedo Soares, 10.735 – Pavilhão 5 – Cond. Espace Center
Vila Anastácio – 05095-035 – São Paulo – SP
Fone: (11) 3665-1100   Fax: (11) 3667-1333

SAC 0800 703-3444 – www.grupoa.com.br

IMPRESSO NO BRASIL
PRINTED IN BRAZIL

*Em memória de Amar G. Bose, professor do MIT e
fundador e presidente da Bose Corporation:*

*Foi um privilégio sermos seus alunos – e membros
da nova geração de Deitels que ouvia nosso pai dizer
como suas aulas o inspiraram a dar o melhor de si.*

*Você nos ensinou que, se corrermos atrás dos problemas
realmente difíceis, coisas excelentes podem acontecer.*

*Harvey Deitel
Paul e Abbey Deitel*

Prefácio

Bem-vindo ao dinâmico mundo do desenvolvimento de aplicativos Android para smartphones e tablets com o SDK (Software Development Kit) para Android, a linguagem de programação Java™, o IDE (integrated development environment – ambiente de desenvolvimento integrado) Development Tools para Android baseado no Eclipse e o novo IDE Android Studio que está em franca evolução.

Este livro apresenta tecnologias de computação móvel de ponta para desenvolvedores de software profissionais. O livro se baseia em nossa *abordagem baseada em aplicativos* – apresentamos os conceitos no contexto de *sete aplicativos Android funcionais completos* em vez de utilizarmos trechos de código. Cada capítulo (do 2 ao 8) apresenta um aplicativo. Todos iniciam com uma introdução ao aplicativo em questão, um teste mostrando um ou mais exemplos de execução e uma visão geral das tecnologias. Passamos então a fazer um exame detalhado do código-fonte do aplicativo. Todo o código-fonte está disponível no endereço www.grupoa.com.br. Recomendamos abrir o código-fonte no IDE à medida que você ler o livro.

As vendas de dispositivos Android e os downloads de aplicativos estão crescendo exponencialmente. A primeira geração de telefones Android foi lançada em outubro de 2008. Um estudo da Strategy Analytics mostrou que, em outubro de 2013, o Android tinha 81,3% da fatia de mercado global de smartphones, comparados com 13,4% da Apple, 4,1% da Microsoft e 1% do Blackberry.[1] De acordo com um relatório do IDC, no final do primeiro trimestre de 2013, o Android tinha 56,5% de participação no mercado global de tablets, comparados com 39,6% do iPad da Apple e 3,7% dos tablets Microsoft Windows.[2]

Atualmente existe mais de um bilhão de smartphones e tablets Android em uso,[3] e mais de 1,5 milhão de aparelhos Android sendo ativados diariamente.[4] De acordo com o IDC, a Samsung é líder na fabricação de Android, contando com quase 40% das entregas de aparelhos Android no terceiro trimestre de 2013.

Bilhões de aplicativos foram baixados do Google Play™ – a loja do Google para aplicativos Android. As oportunidades para os desenvolvedores de aplicativos Android são imensas.

A feroz competição entre as plataformas móveis populares e entre as empresas de telefonia móvel está levando à rápida inovação e à queda nos preços. A concorrência entre as dezenas de fabricantes de dispositivos Android impulsiona a inovação de hardware e software dentro da comunidade Android.

---

[1] http://blogs.strategyanalytics.com/WSS/post/2013/10/31/Android-Captures-Record-81-Percent-Share-of-Global-Smartphone-Shipments-in-Q3-2013.aspx.

[2] http://www.idc.com/getdoc.jsp?containerId=prUS24093213.

[3] http://www.android.com/kitkat.

[4] http://www.technobuffalo.com/2013/04/16/google-daily-android-activations-1-5-million.

Aviso sobre direitos de cópia e licença de código

A Deitel & Associates, Inc. detém os direitos autorais de todo código Android e de todos os aplicativos Android deste livro. Os exemplos de aplicativos Android do livro são licenciados pela Creative Commons Attribution 3.0 Unported License (`http://creativecommons.org/licenses/by/3.0`)*, com a exceção de que não podem ser reutilizados de forma alguma em tutoriais educativos e livros-texto, seja em formato impresso ou digital. Além disso, os autores e a editora não dão qualquer garantia, expressa ou implícita, com relação a esses programas ou à documentação contida neste livro. Os autores e a editora não se responsabilizam por quaisquer danos, casuais ou consequentes, ligados ou provenientes do fornecimento, desempenho ou uso desses programas. Você está livre para usar os aplicativos do livro como base para seus próprios aplicativos, ampliando a funcionalidade existente. Caso tenha dúvidas, entre em contato conosco pelo endereço* `deitel@deitel.com`*.*

Público-alvo

Presumimos que você seja programador de Java com experiência em programação orientada a objetos. Graças às ferramentas de desenvolvimento para Android aprimoradas, pudemos eliminar quase toda marcação XML nesta edição. Ainda existem dois pequenos arquivos XML fáceis de entender que precisam ser manipulados. Utilizamos somente aplicativos funcionais completos; portanto, se você não conhece Java, mas tem experiência em programação orientada a objetos com C#/.NET, Objective-C/Cocoa ou C++ (com bibliotecas de classes), deve conseguir dominar o material rapidamente, aprendendo uma boa quantidade de Java e programação orientada a objetos no estilo Java.

Este livro *não* é um tutorial sobre Java, mas apresenta uma quantidade significativa de Java no contexto do desenvolvimento de aplicativos Android. Se estiver interessado em aprender Java, confira nossas publicações (em inglês):

- *Java for Programmers, 2/e* (`www.deitel.com/books/javafp2`)
- Vídeos LiveLessons *Java Fundamentals: Parts I and II* (`www.deitel.com/books/LiveLessons`).
- *Java How to Program, 10/e* (`www.deitel.com/books/jhtp10`)

  Caso não conheça XML, consulte os seguintes tutoriais online:

- `http://www.ibm.com/developerworks/xml/newto`
- `http://www.w3schools.com/xml/xml_whatis.asp`
- `http://www.deitel.com/articles/xml_tutorials/20060401/XMLBasics`
- `http://www.deitel.com/articles/xml_tutorials/20060401/XMLStructuringData`

Principais recursos

Aqui estão alguns dos principais recursos do livro:

Abordagem baseada em aplicativos. Cada capítulo (do 2 ao 8) apresenta um aplicativo completamente codificado. Discutimos o que o aplicativo faz, mostramos capturas de tela do aplicativo em ação, testamos e apresentamos uma visão geral das tecnologias e da arquitetura que vamos usar para construí-lo. Em seguida, construímos a interface gráfica do usuário e os arquivos de recurso do aplicativo, apresentamos o código completo e fazemos um acompanhamento detalhado do código. Discutimos os conceitos de programação e demonstramos a funcionalidade das APIs Android utilizadas.

Android SDK 4.3 e 4.4. Abordamos vários recursos novos do SDK (Software Development Kit) 4.3 e 4.4 para Android.

Fragmentos. A partir do Capítulo 5, utilizamos objetos Fragment para criar e gerenciar partes da interface gráfica de cada aplicativo. Você pode combinar vários fragmentos para criar interfaces do usuário que tiram proveito dos tamanhos de tela dos tablets. Pode também trocar facilmente os fragmentos para tornar suas interfaces gráficas mais dinâmicas, como fará no Capítulo 8.

Suporte para vários tamanhos e resoluções de tela. Ao longo dos capítulos, demonstramos como utilizar os mecanismos do Android para escolher recursos automaticamente (layouts, imagens, etc.), com base no tamanho e na orientação do dispositivo.

IDE ADT (Android Development Tools) baseado em Eclipse abordado no livro impresso. O ambiente de desenvolvimento integrado (IDE) gratuito ADT (Android Development Tools) – o qual inclui o Eclipse e o plug-in ADT – combinado com o JDK (Java Development Kit), também gratuito, fornece todo o software necessário para criar, executar e depurar aplicativos Android, exportá-los para distribuição (por exemplo, carregá-los no Google Play™) e muito mais.

IDE Android Studio. É o IDE preferido para o futuro desenvolvimento de aplicativos Android. Como é novo e está evoluindo rapidamente, nossas discussões sobre ele se encontram online, no endereço (em inglês):

```
http://www.deitel.com/books/AndroidFP2
```

Mostraremos como importar projetos já existentes para que você possa testar nossos aplicativos. Demonstraremos também como criar novos aplicativos, construir interfaces gráficas de usuário, modificar arquivos de recurso e testar seus aplicativos. Caso tenha dúvidas, entre em contato conosco pelo endereço deitel@deitel.com.

Modo imersivo. A barra de status na parte superior da tela e os botões de menu na parte inferior podem ser ocultados, permitindo que seus aplicativos ocupem uma parte maior da tela. Os usuários podem acessar a barra de status fazendo um pressionamento forte e deslizando o dedo (swipe) de cima para baixo na tela, e acessar a barra de sistema (com os botões voltar, home e aplicativos recentes) fazendo um pressionamento forte debaixo para cima.

Framework de impressão. O Android 4.4 KitKat permite adicionar aos seus aplicativos funcionalidade de impressão, como localizar impressoras disponíveis via Wi-Fi ou na nuvem, selecionar o tamanho do papel e especificar as páginas a serem impressas.

Teste em smartphones, em tablets e no emulador Android. Para obter a melhor experiência no desenvolvimento de aplicativos, você deve testar seus aplicativos em smartphones e tablets Android reais. Você ainda pode ter uma experiência significativa usando apenas o emulador Android (consulte a seção "Antes de começar"); contudo, ele utiliza muito poder de processamento e pode ser lento, particularmente em jogos que têm muitas partes móveis. No Capítulo 1, mencionamos alguns recursos do Android que não são suportados no emulador.

Multimídia. Os aplicativos utilizam uma ampla variedade de recursos multimídia para Android, incluindo elementos gráficos, imagens, animação quadro a quadro e áudio.

Carregamento de aplicativos no Google Play. O Capítulo 9, "Google Play e questões de comercialização de aplicativos", o conduz pelo processo de registro do Google Play e no estabelecimento de uma conta bancária para que você possa vender seus aplicativos. Você vai aprender a preparar os aplicativos para enviar ao Google Play, vai encontrar dicas para estabelecer o preço de seus aplicativos e recursos para monetizá-los com anúncios incorporados e vendas incorporadas de bens virtuais. Também vai encontrar recursos para comercializar seus aplicativos. O Capítulo 9 pode ser lido após o Capítulo 1.

Outros recursos

Sintaxe colorida. Por questões de clareza, colorimos a sintaxe do código de modo similar ao uso de cores na sintaxe do Eclipse e do Android Studio. Nossas convenções são as seguintes:

```
os comentários aparecem em verde
as palavras-chave aparecem em azul-marinho
os valores constantes e literais aparecem em azul
o restante do código aparece em preto
```

Realce de código. Enfatizamos os principais segmentos de código de cada programa com destaques em amarelo.

Uso de fontes para dar ênfase. Utilizamos várias convenções de fonte:

- Explicações de termos importantes aparecem em **marrom e em negrito** para fácil referência.
- Os componentes do IDE na tela aparecem na fonte Helvetica em negrito (por exemplo, o menu File).
- O código-fonte de programa aparece na fonte Lucida (por exemplo, int x = 5;).

Neste livro, você vai criar interfaces gráficas do usuário utilizando uma combinação de programação visual (apontar e clicar, arrastar e soltar) e escrita de código.

Utilizamos fontes diferentes ao nos referirmos aos elementos de interface gráfica do usuário em código de programa e aos elementos de interface gráfica do usuário exibidos no IDE:

- Componentes de interface gráfica do usuário que criamos em um programa aparecem com seu nome de classe e nome de objeto na fonte Lucida – por exemplo, "Button saveContactButton".
- Componentes de interface gráfica do usuário que fazem parte do IDE aparecem com o texto do componente na fonte Helvetica em negrito e com fonte de texto normal para o tipo do componente – por exemplo, "o menu File" ou "o botão Run".

Uso do caractere >. Usamos o caractere > para indicar a seleção de um item em um menu. Por exemplo, usamos a notação File > New para indicar que você deve selecionar o item New no menu File.

Código-fonte. Todo o código-fonte do livro está disponível para download no endereço:

```
www.grupoa.com.br
```

Cadastre-se gratuitamente, encontre e acesse a página do livro por meio do campo de busca e clique no link Conteúdo Online para fazer download dos códigos.

Documentação. Toda documentação sobre Android e Java necessária para desenvolver aplicativos Android está disponível gratuitamente nos endereços http://developer.

android.com e http://www.oracle.com/technetwork/java/javase/downloads/index. html. A documentação do Eclipse está disponível no endereço www.eclipse.org/docu-mentation. A documentação do Android Studio está disponível no endereço http:// developer.android.com/sdk/installing/studio.html.

Objetivos do capítulo. Cada capítulo começa com uma lista de objetivos de aprendizado.

Figuras. Existem centenas de tabelas, listagens de código-fonte e capturas de tela do Android.

Engenharia de software. Enfatizamos a clareza e o desempenho dos programas e nos concentramos na construção de software bem projetado e orientado a objetos.

Índice. Incluímos um índice abrangente para referência. O número de página da ocor-rência de cada termo importante no livro está realçado no índice em **marrom negritado**.

Trabalho com aplicativos de código aberto

Existem online numerosos aplicativos Android de código-fonte aberto gratuitos, os quais são recursos excelentes para aprender a desenvolver aplicativos Android. Incentivamos o download de aplicativos de código aberto e a leitura do código para entender como ele funciona. **Aviso: os termos das licenças de código aberto variam consideravelmente.** Alguns permitem usar o código-fonte do aplicativo livremente para qualquer propósito, enquanto outros estipulam que o código está disponível apenas para uso pessoal – não para a criação de aplicativos para venda ou publicamente disponíveis. **Leia atentamente as concessões do licenciamento. Se quiser criar um aplicativo comercial baseado em um aplicativo de código aberto, você deve pensar na possibilidade de conseguir que um advogado com experiência em propriedade intelectual leia a licença – esses advogados cobram caro.**

Treinamento em vídeo LiveLessons Android Fundamentals, Second Edition

Nossos vídeos LiveLessons *Android Fundamentals, Second Edition* (em inglês) mostram o que você precisa saber para começar a construir aplicativos Android robustos e po-derosos com o SDK (Software Development Kit) 4.3 e 4.4 para Android, a linguagem de programação Java™ e os IDEs (ambientes de desenvolvimento integrado) Eclipse™ e Android Studio. Eles conterão aproximadamente 20 horas de treinamento com especia-listas, sincronizados com este livro. Para obter mais informações sobre as LiveLessons da Deitel, visite

```
www.deitel.com/livelessons
```

ou entre em contato conosco no endereço deitel@deitel.com. Caso seja assinante do Safari Books Online (www.safaribooksonline.com), você também pode acessar nossas LiveLessons.

Ingresse nas comunidades da Deitel & Associates, Inc.

Para receber atualizações sobre esta e outras publicações, aplicativos novos e atualiza-dos, Resource Centers, cursos de treinamento locais com instrutores, ofertas de par-cerias e muito mais, ingresse nas comunidades de rede social da Deitel no Facebook® (http://www.deitel.com/deitelfan), Twitter® (@deitel), LinkedIn® (http://bit.ly/ DeitelLinkedIn), Google+™ (http://google.com/+DeitelFan) e YouTube® (http:// youtube.com/user/DeitelTV), e assine a newsletter *Deitel® Buzz Online* (http://www. deitel.com/newsletter/subscribe.html).

Contato

Apreciamos sinceramente seus comentários, suas críticas, correções e sugestões de melhoria. Envie todas as perguntas e outras correspondências diretamente para os autores em:

```
deitel@deitel.com
```

ou para a editora da edição brasileira deste livro em:

```
secretariaeditorial@grupoa.com.br
```

Visite o site www.deitel.com (em inglês) para:

- Consultar a lista de Resource Centers de programação.
- Receber atualizações sobre este livro, inscrever-se na newsletter *Deitel® Buzz Online* no endereço www.deitel.com/newsletter/subscribe.html.
- Receber informações sobre nossos cursos de treinamento em linguagem de programação com instrutor *Dive Into® Series*, oferecidos nas instalações dos clientes em todo o mundo.

Agradecimentos

Agradecemos a Barbara Deitel pelas longas horas dedicadas a este projeto – ela criou todos os nossos Android Resource Centers e pesquisou pacientemente centenas de detalhes técnicos.

Este livro foi um trabalho de colaboração entre as divisões profissional e acadêmica da Pearson. Agradecemos os esforços e aconselhamento de nosso amigo e colega de profissão Mark L. Taub, editor-chefe do Pearson Technology Group. Mark e sua equipe cuidam de todos os nossos livros profissionais e produtos de vídeo LiveLessons. Kim Boedigheimer recrutou membros ilustres da comunidade Android e gerenciou a equipe de revisão do conteúdo Android. Escolhemos a arte da capa e Chuti Prasertsith e Sandra Schroeder projetaram a capa. John Fuller gerencia a produção de todos os nossos livros da Deitel Developer Series.

Valorizamos a orientação, o bom senso e a energia de Tracy Johnson, editora executiva da Computer Science. Tracy e sua equipe cuidam de todos os nossos livros acadêmicos. Carole Snyder recrutou os revisores acadêmicos do livro e gerenciou o processo de revisão. Bob Engelhardt gerencia a produção de nossas publicações acadêmicas.

Gostaríamos de agradecer a Michael Morgano, antigo colega nosso na Deitel & Associates, Inc., agora desenvolvedor de Android na Imerj™, que foi coautor das primeiras edições desta obra e de nosso livro *iPhone for Programmers: An App-Driven Approach*. Michael é um desenvolvedor de software extraordinariamente talentoso.

Revisores deste livro e da edição mais recente de Android: Como Programar

Agradecemos os esforços de nossos revisores da primeira e da segunda edição. Eles examinaram atentamente o texto e o código, dando muitas sugestões para melhorar a apresentação: Paul Beusterien (dirigente da Mobile Developer Solutions), Eric J. Bowden (diretor da Safe Driving Systems, LLC), Tony Cantrell (Georgia Northwestern Technical College), Ian G. Clifton (prestador de serviços e desenvolvedor de aplicativos Android), Daniel Galpin (defensor do Android e autor do livro *Intro to Android Application Development*), Jim Hathaway (desenvolvedor de aplicativos da Kellogg Company), Douglas Jones (engenheiro de software sênior da Fullpower Technologies), Charles Lasky (Nagautuck Community College), Enrique Lopez-Manas (principal arquiteto de

Android da Sixt e professor de ciência da computação na Universidade de Alcalá em Madrid), Sebastian Nykopp (arquiteto-chefe da Reaktor), Michael Pardo (desenvolvedor de Android da Mobiata), Ronan "Zero" Schwarz (diretor de informação da OpenIntents), Arijit Sengupta (Wright State University), Donald Smith (Columbia College), Jesus Ubaldo Quevedo-Torrero (Universidade de Wisconsin, Parkside), Dawn Wick (Southwestern Community College) e Frank Xu (Gannon University).

Bem, aqui está ele! Este livro o ajudará a desenvolver aplicativos Android rapidamente. Esperamos que você goste de lê-lo tanto quanto nós gostamos de escrevê-lo!

Os autores

Paul Deitel, diretor-executivo e diretor técnico-chefe da Deitel & Associates, Inc., é formado pelo MIT, onde estudou Tecnologia da Informação. Com a Deitel & Associates, Inc., ministrou centenas de cursos de programação para clientes de todo o mundo, incluindo Cisco, IBM, Siemens, Sun Microsystems, Dell, Fidelity, NASA (no Centro Espacial Kennedy), National Severe Storm Laboratory, White Sands Missile Range, Rogue Wave Software, Boeing, SunGard Higher Education, Nortel Networks, Puma, iRobot, Invensys e muitas mais. Ele e seu coautor, Dr. Harvey M. Deitel, são os autores de livros profissionais e acadêmicos e vídeos sobre linguagens de programação mais vendidos no mundo.

Dr. Harvey Deitel, presidente do conselho administrativo e estrategista-chefe da Deitel & Associates, Inc., tem mais de 50 anos de experiência na árca da computação. É bacharel e mestre em engenharia elétrica pelo MIT e doutor em matemática pela Universidade de Boston. Tem ampla experiência em ensino superior, incluindo um período como professor e chefe do Departamento de Ciência da Computação do Boston College. As publicações da Deitel têm recebido reconhecimento internacional, com traduções publicadas em chinês, coreano, japonês, alemão, russo, espanhol, francês, polonês, italiano, português, grego, urdu e turco.

Abbey Deitel, presidente da Deitel & Associates, Inc., é formada pela Tepper School of Management da Carnegie Mellon University, onde fez bacharelado em Gerenciamento Industrial. Abbey gerencia as operações comerciais da Deitel & Associates, Inc. há 16 anos. Colaborou em inúmeras publicações da Deitel & Associates e, com Paul e Harvey, é coautora dos livros *Android para programadores: Uma abordagem baseada em aplicativos, 2/e, iPhone for Programmers: An App-Driven Approach, Internet & World Wide Web How to Program, 5/e, Visual Basic 2012 How to Program, 6/e* e *Simply Visual Basic 2010, 5/e.*

Treinamento corporativo da Deitel® Dive-Into® Series

A Deitel & Associates é uma empresa que atua no mercado editorial, de treinamento corporativo e de desenvolvimento de software, especializada em linguagens de programação, tecnologia de objetos, tecnologias de Internet e software web, além de desenvolvimento de aplicativos para iOS e Android. Seus clientes incluem as maiores empresas do mundo, órgãos governamentais, setores das forças armadas e instituições acadêmicas. Oferece cursos de treinamento sobre as principais linguagens e plataformas de programação – como desenvolvimento de aplicativos Android, desenvolvimento de aplicativos Objective-C e iOS, Java™, C++, Visual C++®, C, Visual C#®, Visual Basic®, XML®, Python®, tecnologia de objetos, programação para Internet e web e uma crescente lista de cursos de programação e desenvolvimento de software adicionais.

Há 37 anos, a Deitel & Associates, Inc. publica livros profissionais sobre programação, livros-texto acadêmicos e cursos em vídeo *LiveLessons*. Para saber mais sobre o currículo de treinamento corporativo *Dive-Into® Series* da Deitel, visite (em inglês) ou escreva para:

```
www.deitel.com/training
```

```
deitel@deitel.com
```

Agradecimento da edição brasileira

Um agradecimento especial ao leitor Igor Ribeiro, por ter colaborado para a melhoria desta obra com as informações da nota acrescentada ao final do Capítulo 7.

Antes de começar

Nesta seção, você vai configurar seu computador para usá-lo com este livro. As ferramentas de desenvolvimento para Android são atualizadas frequentemente. Antes de ler esta seção, consulte o site do livro (em inglês)

```
http://www.deitel.com/books/AndroidFP2/
```

para ver se postamos uma versão atualizada.

Convenções de fonte e atribuição de nomes

Utilizamos fontes para diferenciar entre componentes de tela (como nomes de menu e itens de menu) e código ou comandos Java. Nossa convenção é mostrar componentes de tela com a fonte **Helvetica** sem serifa e em negrito (por exemplo, menu **Project**), e nomes de arquivo, código e comandos Java na fonte Lucida sem serifa (por exemplo, a palavra-chave public ou a classe Activity). Ao especificarmos comandos para selecionar em menus, usamos a notação > para indicar um item de menu a ser selecionado. Por exemplo, **Window > Preferences** indica que você deve selecionar o item de menu **Preferences** no menu **Window**.

Requisitos de sistema para software e hardware

Para desenvolver aplicativos Android, você precisa de um sistema Windows®, Linux ou Mac OS X. Para ver os requisitos mais recentes do sistema operacional, visite:

```
http://developer.android.com/sdk/index.html
```

e procure o cabeçalho **SYSTEM REQUIREMENTS**. Desenvolvemos os aplicativos deste livro usando os seguintes programas:

- Java SE 7 Software Development Kit
- Android SDK/ADT Bundle baseado no IDE Eclipse
- SDK do Android versões 4.3 e 4.4

Você vai ver como obter cada um deles nas próximas seções.

Instalando o JDK (Java Development Kit)

O Android exige o *JDK (Java Development Kit)* versão 7 (JDK 7) ou 6 (JDK 6). *Usamos o JDK 7.* Para baixar o JDK para Windows, OS X ou Linux, acesse

```
http://www.oracle.com/technetwork/java/javase/downloads/index.html
```

Você só precisa do JDK. Escolha a versão de 32 ou de 64 bits, de acordo com o hardware e o sistema operacional de seu computador. Os computadores mais recentes têm hardware de 64 bits – verifique as especificações de seu sistema. Se você tem um sistema operacional de 32 bits, deve usar o JDK de 32 bits. Siga as instruções de instalação em:

```
http://docs.oracle.com/javase/7/docs/webnotes/install/index.html
```

Opções de IDE (Integrated Development Environment) para Android

Agora o Google fornece duas opções de IDE para Android:

- Android SDK/ADT bundle – uma versão do *IDE Eclipse* que vem previamente configurada com o SDK (Software Development Kit) do Android e o plug-in ADT (Android Development Tools) mais recentes. Quando este livro estava sendo produzido, eles eram o SDK do Android versão 4.4 e ADT versão 22.3.

- Android Studio – O novo IDE do Android do Google, baseado no IntelliJ® IDEA e seu IDE futuro preferido.

O Android SDK/ADT bundle tem sido amplamente usado em desenvolvimento de aplicativos Android há vários anos. O Android Studio, apresentado em maio de 2013, é uma *versão prévia de teste* e está evoluindo rapidamente. Por isso, no livro, ficaremos com o amplamente usado Android SDK/ADT bundle e, como suplementos online (em inglês), em

```
http://www.deitel.com/books/AndroidFP2
```

forneceremos versões para Android Studio da seção "Teste do Capítulo 1" e da seção "Construção da interface gráfica de usuário" de cada aplicativo, conforme for apropriado.

Instalando o Android SDK/ADT bundle

O IDE SDK/ADT bundle, que inclui o Eclipse e inúmeras outras ferramentas de desenvolvimento, não está mais disponível para download no site developer.android.com. Agora, o Android Studio é o IDE preferido pelo Google para o desenvolvimento de aplicativos Android. Este livro está todo baseado em Eclipse. Muitos leitores relataram conseguir adaptar facilmente as instruções do Eclipse e realizar todos os exercícios deste livro no Android Studio. Mas, se você quiser reproduzir exatamente as mesmas experiências apresentadas neste livro, preparamos um documento que explica como baixar e instalar o Eclipse e as ferramentas Android separadamente e então integrá-las. Acesse:

```
www.grupoa.com.br
```

Cadastre-se gratuitamente, encontre e acesse a página do livro por meio do campo de busca e clique no link Conteúdo Online para fazer download do documento.

Instalando o Android Studio

As instruções do IDE no livro impresso usam o Android SDK/ADT bundle. Opcionalmente, você também pode instalar e usar o Android Studio. Para baixar o Android Studio, acesse

```
http://developer.android.com/sdk/installing/studio.html
```

e clique no botão **Download Android Studio**. Quando o download terminar, execute o instalador e siga as instruções na tela para concluir a instalação. [*Obs.*: Para desenvolvimento com Android 4.4 no Android Studio, agora o Android suporta recursos da linguagem Java SE 7, incluindo o operador diamante, captura múltipla (multi-catch), componentes String na instrução switch e try-with-resources.]

Configure o nível de compatibilidade com o compilador Java e exiba números de linha

O Android não suporta Java SE 7 completamente. Para garantir que os exemplos do livro sejam compilados corretamente, configure o Eclipse para produzir arquivos compatíveis com Java SE 6, executando os passos a seguir:

Antes de começar **xvii**

1. Abra o Eclipse (ou), que está localizado na subpasta eclipse da pasta de instalação do Android SDK/ADT bundle.
2. Quando a janela **Workspace Launcher** aparecer, clique em **OK**.
3. Selecione **Window > Preferences** para exibir a janela **Preferences**. No Mac OS X, selecione **ADT > Preferences**....
4. Expanda o nó **Java** e selecione o nó **Compiler**. Sob **JDK Compliance**, configure **Compiler compliance level** como 1.6 (para indicar que o Eclipse deve produzir código compilado compatível com o Java SE 6).
5. Expanda o nó **General > Editors** e selecione **TextEditors**; em seguida, certifique-se de que **Show line numbers** esteja selecionado e clique em **OK**.
6. Feche o Eclipse.

SDK do Android 4.3

Os exemplos deste livro foram escritos com os SDKs do Android 4.3 e 4.4. Quando esta obra estava sendo produzida, 4.4 era a versão incluída com o Android SDK/ADT bundle e com o Android Studio. Você também deve instalar o Android 4.3 (e outras versões para as quais queira dar suporte em seus aplicativos). Para instalar outras versões da plataforma Android, execute os passos a seguir (pulando os passos 1 e 2 se o Eclipse já estiver aberto):

1. Abra o Eclipse. Dependendo de sua plataforma, o ícone aparecerá como ou .
2. Quando a janela **Workspace Launcher** aparecer, clique em **OK**.
3. No Mac OS X, se vir uma janela indicando "**Could not find SDK folder '/Users/***SuaConta***/android-sdk-macosx/**'", clique em **Open Preferences**, depois em **Browse...** e selecione a pasta sdk localizada no lugar onde você extraiu o Android SDK/ADT bundle.
4. Selecione **Window > Android SDK Manager** para exibir o **Android SDK Manager** (Fig. 1).

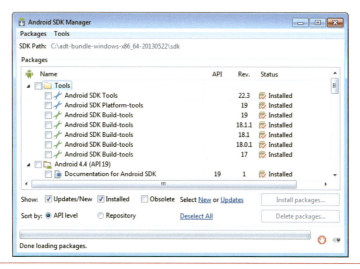

Figura 1 Janela **Android SDK Manager**.

5. A coluna **Name** do **Android SDK Manager** mostra todas as ferramentas, versões de plataforma e extras (por exemplo, as APIs para interagir com serviços do Google,

como o Maps) que podem ser instaladas. Desmarque a caixa de seleção Installed. Em seguida, se Tools, Android 4.4 (API19), Android 4.3 (API18) e Extras aparecerem na lista Packages, certifique-se de que estejam marcados e clique em Install # packages... (# é o número de itens a serem instalados) para exibir a janela Choose Packages to Install. A maioria dos itens no nó Extras é opcional. Para este livro, você precisará de Android Support Library e de Google Play services. O item Google USB Driver é necessário para usuários de Windows que queiram testar aplicativos em dispositivos Android.

6. Na janela Choose Packages to Install, leia os acordos de licenciamento de cada item. Quando tiver terminado, clique no botão de opção Accept License e, em seguida, clique no botão Install. O status do processo de instalação aparecerá na janela Android SDK Manager.

Criando AVDs (Android Virtual Devices)

O **emulador do Android**, incluído no SDK do Android, permite testar aplicativos em seu computador em vez de no dispositivo Android real. Isso é útil se você está aprendendo Android e não tem acesso a dispositivos Android, mas pode ser *muito* lento, de modo que um dispositivo real é preferível, caso tenha um disponível. Existem alguns recursos de aceleração de hardware que podem melhorar o desempenho do emulador (developer.android.com/tools/devices/emulator.html#acceleration). Antes de executar um aplicativo no emulador, você precisa criar um **AVD** (**Android Virtual Device** ou **Dispositivo Android Virtual**), o qual define as características do dispositivo no qual se deseja fazer o teste, incluindo o tamanho da tela em pixels, a densidade de pixels, o tamanho físico da tela, o tamanho do cartão SD para armazenamento de dados e muito mais. A fim de testar seus aplicativos para vários dispositivos Android, você pode criar AVDs que emulem exclusivamente cada dispositivo. Para este livro, usamos AVDs para dispositivos Android de referência do Google – o telefone Nexus 4, o tablet Nexus 7 pequeno e o tablet Nexus 10 grande –, os quais executam em versões sem modificação do Android. Para isso, execute os passos a seguir:

1. Abra o Eclipse.
2. Selecione **Window > Android Virtual Device Manager** para exibir a janela **Android Virtual Device Manager** e, então, selecione a guia **Device Definitions** (Fig. 2).

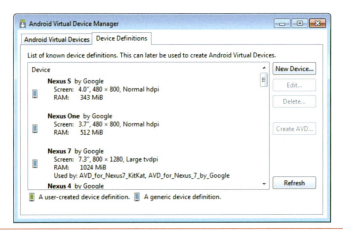

Figura 2 Janela **Android Virtual Device Manager**.

Antes de começar **xix**

3. O Google fornece dispositivos previamente configurados que podem ser usados para criar AVDs. Selecione **Nexus 4 by Google** e clique em **Create AVD...** para exibir a janela **Create new Android Virtual Device (AVD)** (Fig. 3). Em seguida, configure as opções como mostrado e clique em **OK** para criar o AVD. Se você marcar **Hardware keyboard present**, poderá usar o teclado de seu computador para digitar dados em aplicativos que estiverem executando no AVD, mas isso pode impedir que o teclado programável apareça na tela. Se seu computador não tem câmera, você pode selecionar **Emulated** para as opções **Front Camera** e **Back Camera**. Cada AVD criado tem muitas outras opções especificadas em seu arquivo config.ini. Esse arquivo pode ser modificado conforme descrito em

http://developer.android.com/tools/devices/managing-avds.html

para corresponder mais precisamente à configuração de hardware de seu dispositivo.

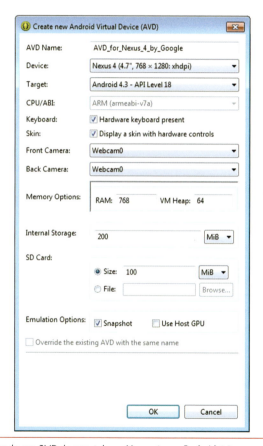

Figura 3 Configurando um AVD do smartphone Nexus 4 para Android 4.3.

4. Também configuramos AVDs para Android 4.3 que representam o Nexus 7 e o Nexus 10 do Google, para testar nossos aplicativos de tablet. Suas configurações aparecem na Fig. 4. Além disso, configuramos AVDs do Android 4.4 para Nexus 4, Nexus 7 e Nexus 10 com os nomes: AVD_for_Nexus_4_KitKat, AVD_for_Nexus_7_KitKat e AVD_for_Nexus_10_KitKat.

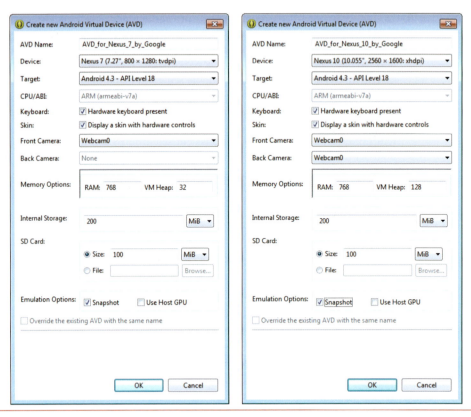

Figura 4 Configurando AVDs para tablets Nexus 7 e Nexus 10.

(Opcional) Configurando um dispositivo Android para desenvolvimento

Conforme mencionamos, testar aplicativos em AVDs pode ser lento, devido ao desempenho do AVD. Caso você disponha de um dispositivo Android, deve testar os aplicativos nesse dispositivo. Além disso, existem alguns recursos que só podem ser testados em dispositivos reais. Para executar seus aplicativos em dispositivos Android, siga as instruções que se encontram em

    http://developer.android.com/tools/device.html

Caso esteja desenvolvendo no Microsoft Windows, você também precisará do driver Windows USB para dispositivos Android. Em alguns casos, no Windows, talvez também seja necessário drivers USB específicos do dispositivo. Para ver uma lista de sites de driver USB para várias marcas de dispositivo, visite:

    http://developer.android.com/tools/extras/oem-usb.html

Obtendo os exemplos de código do livro

Os exemplos do livro estão disponíveis para download em

    http://www.deitel.com/books/AndroidFP2/

Caso ainda não tenha registro em nosso site, acesse www.deitel.com e clique no link **Register**. Preencha suas informações. O registro é gratuito e não compartilhamos suas

Antes de começar **xxi**

informações. Verifique se o endereço de e-mail de seu registro foi digitado corretamente – você receberá um e-mail de confirmação com seu código de verificação. *Você deve clicar no link de verificação no e-mail antes de poder se inscrever em* `www.deitel.com` *pela primeira vez.* Configure seu cliente de e-mail para permitir e-mails de deitel.com a fim de garantir que o e-mail de verificação não seja filtrado como correspondência não desejada. Enviamos apenas e-mails de gerenciamento de conta ocasionais, a não ser que você se registre separadamente em nosso boletim *Deitel® Buzz Online* por e-mail em

```
http://www.deitel.com/newsletter/subscribe.html
```

Em seguida, visite `www.deitel.com` e inscreva-se usando o link Login abaixo de nosso logotipo, no canto superior esquerdo da página. Acesse `http://www.deitel.com/books/AndroidFP2/`. Clique no link Examples para baixar em seu computador um arquivo ZIP compactado, contendo os exemplos. Clique duas vezes no arquivo ZIP para descompactá-lo e tome nota de onde você extraiu o conteúdo do arquivo em seu sistema.

Um lembrete sobre as ferramentas de desenvolvimento para Android

O Google atualiza *frequentemente* as ferramentas de desenvolvimento para Android. Muitas vezes, isso causa problemas na compilação de nossos aplicativos, quando, na verdade, os aplicativos não contêm erros. Se você importar um de nossos aplicativos para o Eclipse ou para o Android Studio e ele não compilar, provavelmente há um problema de configuração secundário. Entre em contato conosco por e-mail em deitel@deitel.com ou postando uma pergunta no:

- Facebook® – facebook.com/DeitelFan
- Google+™ – google.com/+DeitelFan

e o ajudaremos a resolver o problema.

Agora você já instalou todo o software e baixou os exemplos de código que precisará para estudar o desenvolvimento de aplicativos Android com este livro e para começar a desenvolver seus próprios aplicativos. Aproveite!

Sumário

1 Introdução ao Android — 1

1.1 Introdução — 2
1.2 Android – o sistema operacional móvel líder mundial — 3
1.3 Recursos do Android — 3
1.4 Sistema operacional Android — 7
    1.4.1 Android 2.2 (Froyo) — 7
    1.4.2 Android 2.3 (Gingerbread) — 8
    1.4.3 Android 3.0 a 3.2 (Honeycomb) — 8
    1.4.4 Android 4.0 a 4.0.4 (Ice Cream Sandwich) — 9
    1.4.5 Android 4.1–4.3 (Jelly Bean) — 10
    1.4.6 Android 4.4 (KitKat) — 10
1.5 Baixando aplicativos do Google Play — 11
1.6 Pacotes — 12
1.7 O SDK do Android — 13
1.8 Programação orientada a objetos: uma breve recapitulação — 16
    1.8.1 O automóvel como um objeto — 16
    1.8.2 Métodos e classes — 17
    1.8.3 Instanciação — 17
    1.8.4 Reutilização — 17
    1.8.5 Mensagens e chamadas de método — 17
    1.8.6 Atributos e variáveis de instância — 18
    1.8.7 Encapsulamento — 18
    1.8.8 Herança — 18
    1.8.9 Análise e projeto orientados a objetos — 18
1.9 Teste do aplicativo **Doodlz** em um AVD — 19
    1.9.1 Executando o aplicativo **Doodlz** no AVD do smartphone Nexus 4 — 19
    1.9.2 Executando o aplicativo **Doodlz** no AVD de um tablet — 28
    1.9.3 Executando o aplicativo **Doodlz** em um aparelho Android — 29
1.10 Construção de excelentes aplicativos Android — 30
1.11 Recursos para desenvolvimento com Android — 32
1.12 Para finalizar — 34

xxiv Sumário

2 Aplicativo Welcome 35

Mergulhando no Android Developer Tools: apresentando o projeto de interface visual, os layouts, a acessibilidade e a internacionalização

2.1 Introdução	36
2.2 Visão geral das tecnologias	37
2.2.1 IDE Android Developer Tools	37
2.2.2 Componentes TextView e ImageView	37
2.2.3 Recursos do aplicativo	37
2.2.4 Acessibilidade	37
2.2.5 Internacionalização	38
2.3 Criação de um aplicativo	38
2.3.1 Ativação do IDE Android Developer Tools	38
2.3.2 Criação de um novo projeto	38
2.3.3 Caixa de diálogo New Android Application	38
2.3.4 Passo Configure Project	40
2.3.5 Passo Configure Launcher Icon	41
2.3.6 Passo Create Activity	42
2.3.7 Passo Blank Activity	43
2.4 Janela Android Developer Tools	43
2.4.1 Janela Package Explorer	44
2.4.2 Janelas do editor	45
2.4.3 Janela Outline	45
2.4.4 Arquivos de recurso do aplicativo	45
2.4.5 Editor Graphical Layout	46
2.4.6 A interface gráfica de usuário padrão	46
2.5 Construção da interface gráfica de usuário do aplicativo com o editor Graphical Layout	47
2.5.1 Adição de imagens ao projeto	48
2.5.2 Alteração da propriedade Id dos componentes RelativeLayout e TextView	49
2.5.3 Adição e configuração do componente TextView	50
2.5.4 Adição de componentes ImageView para exibir as imagens	54
2.6 Execução do aplicativo Welcome	56
2.7 Torne seu aplicativo acessível	57
2.8 Internacionalização de seu aplicativo	59
2.9 Para finalizar	63

3 Aplicativo Tip Calculator 64

Apresentando GridLayout, LinearLayout, EditText, SeekBar, tratamento de eventos, NumberFormat e definição de funcionalidade de aplicativo com Java

3.1 Introdução	65
3.2 Teste do aplicativo Tip Calculator	66
3.3 Visão geral das tecnologias	67
3.3.1 Classe Activity	67
3.3.2 Métodos de ciclo de vida de Activity	67
3.3.3 Organização de componentes de visualização com LinearLayout e GridLayout	68

	3.3.4 Criação e personalização da interface gráfica do usuário com o editor **Graphical Layout** e com as janelas **Outline** e **Properties**	69
	3.3.5 Formatação de números como moeda corrente específica da localidade e strings de porcentagem	69
	3.3.6 Implementação da interface `TextWatcher` para lidar com alterações de texto em componente `EditText`	70
	3.3.7 Implementação da interface `OnSeekBarChangeListener` para lidar com alterações na posição do cursor no componente `SeekBar`	70
	3.3.8 `AndroidManifest.xml`	70
3.4	Construção da interface gráfica do usuário do aplicativo	70
	3.4.1 Introdução ao componente `GridLayout`	70
	3.4.2 Criação do projeto `TipCalculator`	72
	3.4.3 Alteração para um componente `GridLayout`	73
	3.4.4 Adição dos componentes `TextView`, `EditText`, `SeekBar` e `LinearLayout`	73
	3.4.5 Personalização das visualizações para concluir o projeto	76
3.5	Adição de funcionalidade ao aplicativo	80
3.6	`AndroidManifest.xml`	87
3.7	Para finalizar	89

4 Aplicativo Twitter® Searches — 90

SharedPreferences, Collections, ImageButton, ListView, ListActivity, ArrayAdapter, objetos Intent implícitos e componentes AlertDialog

4.1	Introdução	91
4.2	Teste do aplicativo	92
	4.2.1 Importação e execução do aplicativo	92
	4.2.2 Adição de uma busca favorita	93
	4.2.3 Visualização dos resultados de uma busca no Twitter	94
	4.2.4 Edição de uma pesquisa	94
	4.2.5 Compartilhamento de uma pesquisa	96
	4.2.6 Exclusão de uma pesquisa	97
	4.2.7 Rolagem por pesquisas salvas	97
4.3	Visão geral das tecnologias	98
	4.3.1 `ListView`	98
	4.3.2 `ListActivity`	98
	4.3.3 Personalização do layout de um componente `ListActivity`	99
	4.3.4 `ImageButton`	99
	4.3.5 `SharedPreferences`	99
	4.3.6 Objetos `Intent` para ativar outras atividades	100
	4.3.7 `AlertDialog`	100
	4.3.8 `AndroidManifest.xml`	101
4.4	Construção da interface gráfica do usuário do aplicativo	101
	4.4.1 Criação do projeto	101
	4.4.2 Visão geral de `activity_main.xml`	102
	4.4.3 Adição de `GridLayout` e componentes	103
	4.4.4 Barra de ferramentas do editor **Graphical Layout**	108
	4.4.5 Layout do item `ListView`: `list_item.xml`	109

xxvi Sumário

4.5 Construção da classe MainActivity	110
4.5.1 As instruções package e import	110
4.5.2 Extensão de ListActivity	112
4.5.3 Campos da classe MainActivity	112
4.5.4 Sobrescrevendo o método onCreate de Activity	113
4.5.5 Classe interna anônima que implementa a interface OnClickListener de saveButton para salvar uma pesquisa nova ou atualizada	115
4.5.6 Método addTaggedSearch	117
4.5.7 Classe interna anônima que implementa a interface OnItemClickListener de ListView para exibir resultados de pesquisa	118
4.5.8 Classe interna anônima que implementa a interface OnItemLongClickListener de ListView para compartilhar, editar ou excluir uma pesquisa	120
4.5.9 Método shareSearch	122
4.5.10 Método deleteSearch	123
4.6 AndroidManifest.xml	125
4.7 Para finalizar	125

5 Aplicativo Flag Quiz   126

Fragments, menus, preferências, AssetManager, animações com tween, componentes Handler e Toast, objetos Intent explícitos, layouts para várias orientações de dispositivo

5.1 Introdução	127
5.2 Teste do aplicativo Flag Quiz	129
5.2.1 Importação e execução do aplicativo	129
5.2.2 Configuração do teste	129
5.2.3 O teste	131
5.3 Visão geral das tecnologias	132
5.3.1 Menus	132
5.3.2 Fragmentos	133
5.3.3 Métodos do ciclo de vida de um fragmento	133
5.3.4 Gerenciamento de fragmentos	134
5.3.5 Preferências	134
5.3.6 Pasta assets	134
5.3.7 Pastas de recurso	135
5.3.8 Suporte para diferentes tamanhos e resoluções de tela	135
5.3.9 Determinação do tamanho da tela	136
5.3.10 Componentes Toast para exibir mensagens	136
5.3.11 Uso de um objeto Handler para executar um objeto Runnable no futuro	136
5.3.12 Aplicação de uma animação a um objeto View	136
5.3.13 Registro de mensagens de exceção	137
5.3.14 Uso de um objeto Intent explícito para ativar outra atividade no mesmo aplicativo	137
5.3.15 Estruturas de dados em Java	137
5.4 Construção da interface gráfica do usuário e do arquivo de recursos	137
5.4.1 Criação do projeto	137
5.4.2 strings.xml e recursos de String formatados	138
5.4.3 arrays.xml	139

5.4.4 `colors.xml`	140
5.4.5 `dimens.xml`	140
5.4.6 Layout de `activity_settings.xml`	141
5.4.7 Layout de `activity_main.xml` para orientação retrato para telefones e tablets	141
5.4.8 Layout de `fragment_quiz.xml`	142
5.4.9 Layout de `activity_main.xml` para orientação paisagem para tablets	144
5.4.10 Arquivo `preferences.xml` para especificar as configurações do aplicativo	145
5.4.11 Criação da animação da bandeira	146
5.5 Classe `MainActivity`	148
5.5.1 Instrução package, instruções import e campos	148
5.5.2 Método sobrescrito onCreate de `Activity`	149
5.5.3 Método sobrescrito onStart de `Activity`	150
5.5.4 Método sobrescrito onCreateOptionsMenu de `Activity`	151
5.5.5 Método sobrescrito onOptionsItemSelected de `Activity`	152
5.5.6 Classe interna anônima que implementa `OnSharedPreferenceChangeListener`	152
5.6 Classe `QuizFragment`	154
5.6.1 A instrução package e as instruções import	154
5.6.2 Campos	155
5.6.3 Método sobrescrito onCreateView de `Fragment`	156
5.6.4 Método updateGuessRows	157
5.6.5 Método updateRegions	158
5.6.6 Método resetQuiz	158
5.6.7 Método loadNextFlag	160
5.6.8 Método getCountryName	162
5.6.9 Classe interna anônima que implementa `OnClickListener`	162
5.6.10 Método disableButtons	164
5.7 Classe SettingsFragment	165
5.8 Classe SettingsActivity	165
5.9 `AndroidManifest.xml`	166
5.10 Para finalizar	166

6 Aplicativo Cannon Game   168

Detecção de toques, animação quadro a quadro manual, elementos gráficos, som, threads, `SurfaceView` e `SurfaceHolder`

6.1 Introdução	169
6.2 Teste do aplicativo Cannon Game	171
6.3 Visão geral das tecnologias	171
6.3.1 Anexação de um componente `View` personalizado a um layout	171
6.3.2 Uso da pasta de recurso raw	171
6.3.3 Métodos de ciclo de vida de `Activity` e `Fragment`	171
6.3.4 Sobrescrevendo o método onTouchEvent de `View`	172
6.3.5 Adição de som com `SoundPool` e `AudioManager`	172
6.3.6 Animação quadro a quadro com `Threads`, `SurfaceView` e `SurfaceHolder`	172
6.3.7 Detecção de colisão simples	173
6.3.8 Desenho de elementos gráficos com `Paint` e `Canvas`	173

xxviii Sumário

6.4 Construção da interface gráfica do usuário e arquivos de recurso do aplicativo 173
    6.4.1 Criação do projeto 173
    6.4.2 `strings.xml` 174
    6.4.3 `fragment_game.xml` 174
    6.4.4 `activity_main.xml` 175
    6.4.5 Adição dos sons ao aplicativo 175
6.5 A classe `Line` mantém os extremos de uma linha 175
6.6 Subclasse `MainActivity` de `Activity` 176
6.7 Subclasse `CannonGameFragment` de `Fragment` 177
6.8 Subclasse `CannonView` de `View` 178
    6.8.1 As instruções package e import 178
    6.8.2 Variáveis de instância e constantes 179
    6.8.3 Construtor 180
    6.8.4 Sobrescrevendo o método `onSizeChanged` de `View` 182
    6.8.5 Método `newGame` 183
    6.8.6 Método `updatePositions` 184
    6.8.7 Método `fireCannonball` 187
    6.8.8 Método `alignCannon` 188
    6.8.9 Método `drawGameElements` 188
    6.8.10 Método `showGameOverDialog` 190
    6.8.11 Métodos `stopGame` e `releaseResources` 191
    6.8.12 Implementando os métodos de `SurfaceHolder.Callback` 192
    6.8.13 Sobrescrevendo o método `onTouchEvent` de `View` 193
    6.8.14 `CannonThread`: usando uma thread para criar um loop de jogo 194
6.9 Para finalizar 195

7 Aplicativo Doodlz 197

Elementos gráficos bidimensionais, `Canvas`, `Bitmap`, acelerômetro, `SensorManager`,
eventos multitouch, `MediaStore`, impressão, modo imersivo

7.1 Introdução 198
7.2 Visão geral das tecnologias 200
    7.2.1 Uso de `SensorManager` para detectar eventos de acelerômetro 200
    7.2.2 Componentes `DialogFragment` personalizados 200
    7.2.3 Desenho com `Canvas` e `Bitmap` 201
    7.2.4 Processamento de múltiplos eventos de toque e armazenamento
        de linhas em objetos `Path` 201
    7.2.5 Modo imersivo do Android 4.4 201
    7.2.6 `GestureDetector` e `SimpleOnGestureListener` 201
    7.2.7 Salvando o desenho na galeria do dispositivo 201
    7.2.8 Impressão no Android 4.4 e a classe `PrintHelper` da Android
        Support Library 202
7.3 Construção da interface gráfica do usuário e arquivos de recurso do aplicativo 202
    7.3.1 Criação do projeto 202
    7.3.2 `strings.xml` 203
    7.3.3 `dimens.xml` 203
    7.3.4 Menu do componente `DoodleFragment` 204
    7.3.5 Layout de `activity_main.xml` para `MainActivity` 205

7.3.6	Layout de `fragment_doodle.xml` para `DoodleFragment`	205
7.3.7	Layout de `fragment_color.xml` para `ColorDialogFragment`	206
7.3.8	Layout de `fragment_line_width.xml` para `LineWidthDialogFragment`	208
7.3.9	Adição da classe `EraseImageDialogFragment`	209
7.4	Classe `MainActivity`	210
7.5	Classe `DoodleFragment`	211
7.6	Classe `DoodleView`	217
7.7	Classe `ColorDialogFragment`	229
7.8	Classe `LineWidthDialogFragment`	232
7.9	Classe `EraseImageDialogFragment`	235
7.10	Para finalizar	237

8   Aplicativo Address Book   238

`ListFragment`, `FragmentTransaction` e a pilha de retrocesso de fragmentos, threads e `AsyncTask`, `CursorAdapter`, SQLite e estilos de interface gráfica do usuário

8.1	Introdução	239
8.2	Teste do aplicativo **Address Book**	242
8.3	Visão geral das tecnologias	243
8.3.1	Exibição de fragmentos com componentes `FragmentTransaction`	243
8.3.2	Comunicação de dados entre um fragmento e uma atividade hospedeira	243
8.3.3	Método `onSaveInstanceState`	243
8.3.4	Definindo estilos e aplicando-os nos componentes da interface gráfica do usuário	244
8.3.5	Especificação de um fundo para um componente `TextView`	244
8.3.6	Extensão da classe `ListFragment` para criar um fragmento contendo um componente `ListView`	244
8.3.7	Manipulação de um banco de dados SQLite	244
8.3.8	Execução de operações de banco de dados fora da thread da interface gráfica do usuário com elementos `AsyncTask`	244
8.4	Construção da interface gráfica do usuário e do arquivo de recursos	245
8.4.1	Criação do projeto	245
8.4.2	Criação das classes do aplicativo	245
8.4.3	`strings.xml`	246
8.4.4	`styles.xml`	246
8.4.5	`textview_border.xml`	247
8.4.6	Layout de `MainActivity`: `activity_main.xml`	248
8.4.7	Layout de `DetailsFragment`: `fragment_details.xml`	249
8.4.8	Layout de `AddEditFragment`: `fragment_add_edit.xml`	250
8.4.9	Definição dos menus dos fragmentos	251
8.5	Classe `MainActivity`	252
8.6	Classe `ContactListFragment`	258
8.7	Classe `AddEditFragment`	265
8.8	Classe `DetailsFragment`	270
8.9	Classe utilitária `DatabaseConnector`	277
8.10	Para finalizar	283

9 Google Play e questões de comercialização de aplicativos 284

9.1 Introdução 285
9.2 Preparação dos aplicativos para publicação 285
    9.2.1 Teste do aplicativo 286
    9.2.2 Acordo de Licença de Usuário Final 286
    9.2.3 Ícones e rótulos 286
    9.2.4 Controlando a versão de seu aplicativo 287
    9.2.5 Licenciamento para controle de acesso a aplicativos pagos 287
    9.2.6 Ofuscando seu código 287
    9.2.7 Obtenção de uma chave privada para assinar digitalmente seu aplicativo 288
    9.2.8 Capturas de tela 288
    9.2.9 Vídeo promocional do aplicativo 290
9.3 Precificação de seu aplicativo: gratuito ou pago 290
    9.3.1 Aplicativos pagos 291
    9.3.2 Aplicativos gratuitos 291
9.4 Monetização de aplicativos com anúncio incorporado 292
9.5 Monetização de aplicativos: utilização de cobrança incorporada para vender bens virtuais 293
9.6 Registro no Google Play 294
9.7 Abertura de uma conta no Google Wallet 295
9.8 Carregamento de seus aplicativos no Google Play 296
9.9 Ativação do Play Store dentro de seu aplicativo 298
9.10 Gerenciamento de seus aplicativos no Google Play 298
9.11 Outras lojas de aplicativos Android 298
9.12 Outras plataformas populares de aplicativos móveis 299
9.13 Comercialização de aplicativos 300
9.14 Para finalizar 304

Índice 305

Introdução ao Android

Objetivos
Neste capítulo, você vai:
- Conhecer a história do Android e do SDK do Android.
- Conhecer o Google Play Store para baixar aplicativos.
- Conhecer os pacotes Android utilizados neste livro para ajudá-lo a criar aplicativos Android.
- Conhecer os conceitos básicos da tecnologia de objetos.
- Conhecer os tipos mais importantes de software para desenvolvimento de aplicativos Android, incluindo o SDK do Android, o SDK do Java, o ambiente de desenvolvimento integrado (IDE) Eclipse e o Android Studio.
- Aprender sobre documentos importantes do Android.
- Testar um aplicativo Android de desenho no Eclipse (no livro impresso) e no Android Studio (online).
- Conhecer as características de excelentes aplicativos Android.

2 Android para programadores

Resumo

1.1 Introdução
1.2 Android – o sistema operacional móvel líder mundial
1.3 Recursos do Android
1.4 Sistema operacional Android
    1.4.1 Android 2.2 (Froyo)
    1.4.2 Android 2.3 (Gingerbread)
    1.4.3 Android 3.0 a 3.2 (Honeycomb)
    1.4.4 Android 4.0 a 4.0.4 (Ice Cream Sandwich)
    1.4.5 Android 4.1–4.3 (Jelly Bean)
    1.4.6 Android 4.4 (KitKat)
1.5 Baixando aplicativos do Google Play
1.6 Pacotes
1.7 O SDK do Android
1.8 Programação orientada a objetos: uma breve recapitulação
    1.8.1 O automóvel como um objeto

1.8.2 Métodos e classes
1.8.3 Instanciação
1.8.4 Reutilização
1.8.5 Mensagens e chamadas de método
1.8.6 Atributos e variáveis de instância
1.8.7 Encapsulamento
1.8.8 Herança
1.8.9 Análise e projeto orientados a objetos
1.9 Teste do aplicativo **Doodlz** em um AVD
    1.9.1 Executando o aplicativo **Doodlz** no AVD do smartphone Nexus 4
    1.9.2 Executando o aplicativo **Doodlz** no AVD de um tablet
    1.9.3 Executando o aplicativo **Doodlz** em um aparelho Android
1.10 Construção de excelentes aplicativos Android
1.11 Recursos para desenvolvimento com Android
1.12 Para finalizar

1.1 Introdução

Bem-vindo ao desenvolvimento de aplicativos Android! Esperamos que o trabalho com este livro seja uma experiência informativa, desafiadora, divertida e recompensadora para você.

Esta obra se destina a *programadores Java*. Utilizamos somente aplicativos funcionais completos; portanto, se você não conhece Java, mas tem experiência com programação orientada a objetos em outra linguagem, como C#, Objective-C/Cocoa ou C++ (com bibliotecas de classe), deve conseguir dominar o material rapidamente, aprendendo Java e programação orientada a objetos no estilo Java à medida que aprende a desenvolver aplicativos Android.

Abordagem baseada em aplicativos

O livro usa uma **abordagem baseada em aplicativos** – os novos recursos são discutidos no contexto de aplicativos Android funcionais e completos, com um aplicativo por capítulo. Para cada aplicativo, primeiro o descrevemos e, então, deixamos você *testá-lo*. Em seguida, apresentamos uma breve visão geral das importantes tecnologias **IDE** (ambiente de desenvolvimento integrado) **do Eclipse**, Java e o **SDK** (Software Development Kit) **do Android**, que vamos usar para implementar o aplicativo. Para aplicativos que assim o exigem, conduzimos um acompanhamento *visual* do projeto da interface gráfica do usuário, utilizando o Eclipse. Então, fornecemos a listagem do código-fonte completa, usando números de linha, *sintaxe colorida* e *realce de código* para enfatizar as partes importantes do código. Mostramos também uma ou mais capturas de tela do aplicativo em execução. Então, fazemos um acompanhamento detalhado do código, enfatizando os novos conceitos de programação introduzidos no aplicativo. Você pode baixar o código-fonte de todos os aplicativos do livro no endereço `http://www.deitel.com/books/androidFP2/`.

Para cada capítulo, fornecemos ainda versões do IDE **Android Studio** das instruções específicas do Eclipse. Como o Android Studio é uma versão provisória e está evoluindo rapidamente, fornecemos as respectivas instruções no site do livro

```
http://www.deitel.com/books/AndroidFP2
```

Isso nos permitirá manter as instruções atualizadas.

1.2 Android – o sistema operacional móvel líder mundial

As vendas de aparelhos Android estão aumentando rapidamente, criando enormes oportunidades para os desenvolvedores de aplicativos Android.

- A primeira geração de telefones Android foi lançada em outubro de 2008. Em outubro de 2013, um relatório da Strategy Analytics mostrou que o Android tinha 81,3% da fatia de mercado global de *smartphones*, comparados com 13,4% da Apple, 4,1% da Microsoft e 1% do Blackberry.[1]

- De acordo com um relatório do IDC, no final do primeiro trimestre de 2013, o Android tinha 56,5% de participação no mercado global de *tablets*, comparados com 39,6% do iPad da Apple e 3,7% dos tablets Microsoft Windows.[2]

- Em abril de 2013, mais de 1,5 milhão de aparelhos Android (incluindo smartphones, tablets, etc.) estava sendo ativado diariamente.[3]

- Quando esta obra estava sendo produzida, havia mais de *um bilhão* de aparelhos Android ativado.[4]

- Atualmente, os dispositivos Android incluem smartphones, tablets, e-readers, robôs, motores a jato, satélites da NASA, consoles de jogos, geladeiras, televisões, câmeras, equipamentos voltados à saúde, relógios inteligentes (smartwatches), sistemas automotivos de "infotainment" de bordo (para controlar rádio, GPS, ligações telefônicas, termostato, etc.) e muitos outros.[5]

1.3 Recursos do Android

Franqueza e código-fonte aberto

Uma vantagem de desenvolver aplicativos Android é a franqueza (ou grau de abertura) da plataforma. O sistema operacional é de *código-fonte aberto* e gratuito. Isso permite ver o código-fonte do Android e como seus recursos são implementados. Você também pode contribuir para o Android relatando erros (consulte `http://source.android.com/source/report-bugs.html`) ou participando nos grupos de discussão do Open Source Project (`http://source.android.com/community/index.html`). Diversos aplicativos An-

---

[1] `http://blogs.strategyanalytics.com/WSS/post/2013/10/31/Android-Captures-Record-81-Percent-Share-of-Global-Smartphone-Shipments-in-Q3-2013.aspx`.

[2] `http://www.idc.com/getdoc.jsp?containerId=prUS24093213`.

[3] `http://www.technobuffalo.com/2013/04/16/google-daily-android-activations-1-5-million`.

[4] `http://venturebeat.com/2013/09/03/android-hits-1b-activations-and-will-be-called-kitkat-in-next-version`.

[5] `http://www.businessweek.com/articles/2013-05-29/behind-the-internet-of-things-is-android-and-its-everywhere`.

4 Android para programadores

droid de código-fonte aberto do Google e outros estão disponíveis na Internet (Fig. 1.1). A Figura 1.2 mostra onde se pode obter o código-fonte do Android, aprender a respeito da filosofia por trás do sistema operacional de código-fonte aberto e obter informações sobre licenciamento.

URL	Descrição
http://en.wikipedia.org/wiki/List_of_ open_source_Android_applications	Ampla lista de aplicativos de código-fonte aberto, organizada por categoria (por exemplo, games, comunicação, emuladores, multimídia, segurança).
http://developer.android.com/tools/ samples/index.html	Exemplos de aplicativos do Google para a plataforma Android – inclui mais de 60 aplicativos e games, como Lunar Lander, Snake e Tic Tac Toe.
http://github.com/	O GitHub permite a você compartilhar seus aplicativos e código-fonte, e colaborar com os projetos de código-fonte aberto de outras pessoas.
http://sourceforge.net	O SourceForge também permite a você compartilhar aplicativos e código-fonte, e colaborar com os projetos de código-fonte aberto de outras pessoas.
http://f-droid.org/	Centenas de aplicativos Android de código-fonte aberto, incluindo o bloqueador de anúncios Adblock Plus, navegação de transporte público aMetro, AnySoftKeyboard (disponível em vários idiomas), o player de música Apollo, o game Chinese Checkers, o controlador de peso DroidWeight, Earth Live Wallpaper e muitos mais.
http://blog.interstellr.com/ post/39321551640/14-great-android- apps-that-are-also-open-source	Lista 14 aplicativos Android de código-fonte aberto, com links para o código.
http://www.openintents.org/en/ libraries	Fornece quase 100 bibliotecas de código-fonte aberto que podem ser utilizadas para melhorar recursos de aplicativos.
http://www.androidviews.net	Controles de interface gráfica de usuário personalizados para melhorar a aparência de seus aplicativos.
http://www.stackoverflow.com	Stack Overflow é um site de perguntas e respostas para programadores. Os usuários podem votar em cada resposta, e as melhores respostas aparecem no início.

Figura 1.1   Sites de recursos para aplicativos e bibliotecas de código-fonte aberto para Android.

Título	URL
Get Android Source Code	http://source.android.com/source/downloading.html
Governance Philosophy	http://source.android.com/about/philosophy.html
Licenses	http://source.android.com/source/licenses.html
FAQs	http://source.android.com/source/faqs.html

Figura 1.2   Recursos e código-fonte para o sistema operacional Android de código-fonte aberto.

O grau de abertura da plataforma estimula a rápida inovação. Ao contrário do iOS *patenteado* da Apple, que só existe em dispositivos Apple, o Android está disponível em aparelhos de dezenas de fabricantes de equipamento original (OEMs) e em numerosas operadoras de telecomunicações em todo o mundo. A intensa concorrência entre os OEMs e as operadoras beneficia os consumidores.

Java

Os aplicativos Android são desenvolvidos com Java – uma das linguagens de programação mais usadas do mundo. Essa linguagem foi uma escolha lógica para a plataforma Android, pois é poderosa, gratuita, de código-fonte aberto e milhões de desenvolvedores já a conhecem. Os programadores Java experientes podem se aprofundar rapidamente no desenvolvimento com Android, usando as APIs (interfaces de programação de aplicativo) Android do Google e de outros.

A linguagem Java é orientada a objetos e tem acesso às amplas bibliotecas de classe que ajudam a desenvolver aplicativos poderosos rapidamente. A programação de interfaces gráficas do usuário com Java é *baseada em eventos* – neste livro, você vai escrever aplicativos que respondem a vários *eventos* iniciados pelo usuário, como *toques na tela*. Além de programar partes de seus aplicativos diretamente, você também vai usar os IDEs do Eclipse e do Android Studio para arrastar e soltar convenientemente objetos predefinidos, como botões e caixas de texto para seu lugar na tela, além de rotulá-los e redimensioná-los. Com esses IDEs é possível criar, executar, testar e depurar aplicativos Android de forma rápida e conveniente.

Tela multitouch

Os smartphones Android englobam a funcionalidade de telefone celular, cliente de Internet, MP3 player, console de jogos, câmera digital e muito mais, em um dispositivo portátil com *telas multitouch* coloridas. Com o toque de seus dedos, você pode navegar facilmente entre as opções de usar seu telefone, executar aplicativos, tocar música, navegar na web e muito mais. A tela pode exibir um teclado para digitação de e-mails e mensagens de texto e para a inserção de dados em aplicativos (alguns dispositivos Android também têm teclados físicos).

Gestos

As telas multitouch permitem controlar o aparelho com *gestos* que envolvem apenas um toque ou vários toques simultâneos (Fig. 1.3).

Nome do gesto	Ação física	Utilizado para
Toque rápido (*touch*)	Tocar rapidamente na tela uma vez.	Abrir um aplicativo, "pressionar" um botão ou um item de menu.
Toque duplo rápido (*double touch*)	Tocar rapidamente na tela duas vezes.	Ampliar e reduzir imagens, Mapas do Google Maps e páginas web.
Pressionamento longo (*long press*)	Tocar na tela e manter o dedo na posição.	Selecionar itens em uma visualização – por exemplo, verificar um item em uma lista.
Movimento rápido (*swipe*)	Tocar e mover rapidamente o dedo na tela, na direção do movimento desejado.	Mover item por item em uma série, como no caso de fotos. Um movimento do swipe para automaticamente no próximo item.
Arrastamento (*drag*)	Tocar e arrastar o dedo pela tela.	Mover objetos ou ícones, ou rolar precisamente uma página web ou lista.
Zoom de pinça (*pinch swipe*)	Usando dois dedos, tocar na tela e juntá-los ou afastá-los.	Ampliar e então reduzir a tela (por exemplo, ampliando texto e imagens).

Figura I.3 Alguns gestos comuns no Android.

Aplicativos incorporados

Os dispositivos Android vêm com vários aplicativos padrão, os quais podem variar de acordo com o aparelho, o fabricante ou o serviço de telefonia móvel. Normalmente, isso inclui Phone, People, Email, Browser, Camera, Photos, Messaging, Calendar, Play Store, Calculator e muitos mais.

Web services

Web services são componentes de software armazenados em um computador, os quais podem ser acessados por um aplicativo (ou por outro componente de software) em outro computador por meio da Internet. Com eles, você pode criar **mashups**, os quais permitem desenvolver aplicativos rapidamente, *combinando* web services complementares, frequentemente de diferentes organizações e possivelmente com outras formas de feeds de informação. Por exemplo, o 100 Destinations (www.100destinations.co.uk) combina as fotos e tweets do Twitter com os recursos de mapas do Google Maps, permitindo explorar países em todo o mundo por meio de fotos tiradas por outras pessoas.

O Programmableweb (http://www.programmableweb.com/) fornece um catálogo com mais de 9.400 APIs e 7.000 mashups, além de guias práticos e exemplos de código para você criar seus próprios mashups. A Figura 1.4 lista alguns web services populares. De acordo com o Programmableweb, as três APIs mais utilizadas para mashups são: Google Maps, Twitter e YouTube. Usamos os web services do Twitter no Capítulo 4.

Fonte de web services	Como é usada
Google Maps	Serviços de mapas
Twitter	Microblog
YouTube	Busca de vídeo
Facebook	Rede social
Instagram	Compartilhamento de fotos
Foursquare	Check-in móvel
LinkedIn	Rede social para negócios
Groupon	Comércio social
Netflix	Aluguel de filmes
eBay	Leilões pela Internet
Wikipedia	Enciclopédia colaborativa
PayPal	Pagamentos
Last.fm	Rádio na Internet
Amazon eCommerce	Compra de livros e muito mais
Salesforce.com	Gerenciamento de relacionamento com o cliente (CRM)
Skype	Telefonia pela Internet
Microsoft Bing	Busca
Flickr	Compartilhamento de fotos
Zillow	Avaliação de imóveis
Yahoo Search	Busca
WeatherBug	Clima

Figura 1.4 Alguns web services populares (http://www.programmableweb.com/apis/directory/1?sort=mashups).

1.4 Sistema operacional Android

O sistema operacional Android foi desenvolvido pela Android, Inc., a qual foi adquirida pelo Google em 2005. Em 2007, foi formada a Open Handset Alliance™ – que agora tem 84 membros (http://www.openhandsetalliance.com/oha_members.html) – para desenvolver, manter e aprimorar o Android, trazendo inovação para a tecnologia móvel, melhorando a experiência do usuário e reduzindo os custos.

Convenção de atribuição de nomes de versão do Android

Cada nova versão do Android recebe um nome de sobremesa, em inglês, em ordem alfabética (Fig. 1.5).

Versão do Android	Nome
Android 1.5	Cupcake
Android 1.6	Donut
Android 2.0–2.1	Eclair
Android 2.2	Froyo
Android 2.3	Gingerbread
Android 3.0-3.2	Honeycomb
Android 4.0	Ice Cream Sandwich
Android 4.1-4.3	Jelly Bean
Android 4.4	KitKat

Figura 1.5 Números de versão do Android e os nomes correspondentes.

1.4.1 Android 2.2 (Froyo)

O **Android 2.2** (também chamado de **Froyo**, lançado em maio de 2010) introduziu o armazenamento externo, permitindo guardar os aplicativos em um dispositivo de memória externo, em vez de apenas na memória interna do aparelho Android. Ele introduziu também o serviço **Android Cloud to Device Messaging (C2DM)**. A **computação em nuvem** (cloud computing) permite utilizar software e dados armazenados na "nuvem" – isto é, acessados em computadores (ou servidores) remotos por meio da Internet e disponíveis de acordo com o pedido – em vez de ficarem armazenados em seu computador de mesa, notebook ou dispositivo móvel. Ela oferece a flexibilidade de aumentar ou diminuir recursos de computação para atender às suas necessidades em dado momento, tornando esse processo mais econômico do que comprar hardware caro para garantir a existência de armazenamento e poder de processamento suficientes para níveis de pico ocasionais. O Android C2DM permite aos desenvolvedores de aplicativos enviarem dados de seus servidores para seus aplicativos instalados em dispositivos Android, mesmo quando os aplicativos *não* estão sendo executados. O servidor avisa os aplicativos para que entrem em contato diretamente com ele para receberem dados atualizados de aplicativo ou do usuário.[6] Atualmente o C2DM foi substituído pelo Google Cloud Messaging.

---

[6] http://code.google.com/android/c2dm/.

Para obter mais informações sobre os recursos do Android 2.2 – recursos gráficos OpenGL ES 2.0, framework de mídia e muito mais – visite http://developer.android. com/about/versions/android-2.2-highlights.html.

1.4.2 Android 2.3 (Gingerbread)

O **Android 2.3 (Gingerbread)**, lançado no final de 2010, acrescentou mais refinamentos para o usuário, como um teclado redesenhado, recursos de navegação aprimorados, maior eficiência no consumo de energia e muito mais. Ele adicionou também vários recursos voltados ao desenvolvedor, para comunicação (por exemplo, tecnologias que facilitam fazer e receber ligações dentro de um aplicativo), multimídia (por exemplo, novas APIs de áudio e gráficas) e games (por exemplo, melhor desempenho e novos sensores, como um giroscópio para um melhor processamento de movimentos).

Um dos novos recursos mais significativos no Android 2.3 foi o suporte para **comunicação em campo próximo (NFC)** – um padrão de conectividade sem fio de curto alcance que permite a comunicação entre dois dispositivos a uma distância de poucos centímetros. O suporte e os recursos para o NFC variam de acordo com o dispositivo Android. O NFC pode ser usado para pagamentos (por exemplo, um toque de seu aparelho Android habilitado para NFC em um dispositivo de pagamento de uma máquina de refrigerantes), para troca de dados, como contatos e imagens, para emparelhamento de dispositivos e acessórios e muito mais.

Para ver mais recursos voltados ao desenvolvedor de Android 2.3, consulte http:// developer.android.com/about/versions/android-2.3-highlights.html.

1.4.3 Android 3.0 a 3.2 (Honeycomb)

O **Android 3.0 (Honeycomb)** inclui aprimoramentos na interface do usuário feitos especificamente para dispositivos de tela grande (tais como os tablets), como teclado redesenhado para digitação mais eficiente, interface do usuário em 3D visualmente atraente, navegação mais fácil entre telas dentro de um aplicativo e muito mais. Os novos recursos voltados ao desenvolvedor de Android 3.0 incluíram:

- fragmentos, os quais descrevem partes da interface do usuário de um aplicativo e podem ser combinados em uma única tela ou utilizados em várias telas;
- uma barra de ação persistente na parte superior da tela, fornecendo ao usuário opções para interagir com os aplicativos;
- a capacidade de adicionar layouts de tela grande a aplicativos já existentes, projetados para telas pequenas, a fim de otimizar seu aplicativo para uso em diferentes tamanhos de tela;
- uma interface do usuário visualmente atraente e mais funcional, conhecida como "Holo" por sua aparência e comportamento holográficos;
- um novo framework de animação;
- recursos gráficos e de multimídia aprimorados;
- a capacidade de usar arquiteturas de processador multinúcleo para melhorar o desempenho;
- suporte para Bluetooth ampliado (permitindo, por exemplo, que um aplicativo determine se existem dispositivos conectados, como fones de ouvido ou um teclado); e

Capítulo 1 Introdução ao Android **9**

- um framework de animação para dar vida a objetos da interface do usuário ou gráficos.

Para ver uma lista dos recursos voltados ao usuário e ao desenvolvedor e tecnologias da plataforma Android 3.0, acesse `http://developer.android.com/about/versions/android-3.0-highlights.html`.

1.4.4 Android 4.0 a 4.0.4 (Ice Cream Sandwich)

O **Android 4.0 (Ice Cream Sandwich)**, lançado em 2011, mesclou o Android 2.3 (Gingerbread) e o Android 3.0 (Honeycomb) em um único sistema operacional para uso em todos os dispositivos Android. Isso permitiu a incorporação, em seus aplicativos para smartphone, de recursos do Honeycomb – como a interface holográfica do usuário, um novo lançador (utilizado para personalizar a tela inicial do dispositivo e para ativar aplicativos) e muito mais – e a fácil adaptação de seus aplicativos para funcionar em diferentes dispositivos. O Ice Cream Sandwich também adicionou várias APIs para uma melhor comunicação entre os dispositivos, acessibilidade para usuários com deficiências (por exemplo, visual), redes sociais e muito mais (Fig. 1.6). Para ver uma lista completa das APIs do Android 4.0, consulte `http://developer.android.com/about/versions/android-4.0.html`.

Recurso	Descrição
Detecção de rosto	Usando a câmera, os dispositivos compatíveis podem determinar a posição dos olhos, nariz e boca do usuário. A câmera também pode monitorar o movimento dos olhos do usuário, permitindo a criação de aplicativos que mudam a perspectiva de acordo com o olhar do usuário.
Operador de câmera virtual	Ao filmar um vídeo com várias pessoas, a câmera focalizará automaticamente a que está falando.
Android Beam	Usando NFC, o **Android Beam** permite que você encoste dois dispositivos Android para compartilhar conteúdo (como contatos, imagens, vídeos).
Wi-Fi Direct	As APIs Wi-Fi P2P (peer-to-peer) permitem conectar vários aparelhos Android utilizando Wi-Fi. Sem utilizar fios, eles podem se comunicar a uma distância maior do que usando Bluetooth.
Social API	Acesse e compartilhe informações de contato entre redes sociais e aplicativos (com a permissão do usuário).
Calendar API	Adicione e compartilhe eventos entre vários aplicativos, gerencie alertas e participantes e muito mais.
APIs de acessibilidade	Use as novas APIs Accessibility Text-to-Speech para melhorar a experiência do usuário em seus aplicativos para pessoas com deficiências, como deficientes visuais, e muito mais. O modo explorar por toque permite aos usuários deficientes visuais tocar em qualquer parte na tela e ouvir uma voz descrevendo o conteúdo tocado.
Framework Android@Home	Use o **framework Android@Home** para criar aplicativos que controlam utensílios nas casas dos usuários, como termostatos, sistemas de irrigação, lâmpadas elétricas em rede e muito mais.
Dispositivos Bluetooth voltados à saúde	Crie aplicativos que se comunicam com dispositivos Bluetooth voltados à saúde, como balanças, monitores de batimento cardíaco e muito mais.

Figura 1.6 Alguns recursos para desenvolvedores de Android Ice Cream Sandwich (`http://developer.android.com/about/versions/android-4.0.html`).

1.4.5 Android 4.1–4.3 (Jelly Bean)

O **Android Jelly Bean**, lançado em 2012, inclui suporte para telas de vídeo externas, segurança aprimorada, melhorias na aparência (por exemplo, widgets de aplicativo que podem ser dimensionados e notificações de aplicativo maiores) e no desempenho, que aperfeiçoam a troca entre aplicativos e telas (Fig. 1.7). Para ver a lista de recursos do Jelly Bean, consulte `http://developer.android.com/about/versions/jelly-bean.html`

Recurso	Descrição
Android Beam	O Android Beam pode ser usado para unir facilmente seu smartphone ou tablet a alto-falantes Bluetooth® sem fio ou fones de ouvido especiais.
Widgets de tela de bloqueio	Crie widgets que aparecem na tela do usuário quando o aparelho está bloqueado ou modifique seus widgets de tela inicial existentes para que também fiquem visíveis nessa situação.
Photo Sphere	APIs para trabalhar com os novos recursos de foto panorâmica. Permitem aos usuários tirar fotografias em 360° semelhantes às usadas no Street View do Google Maps.
Daydreams	Daydreams são protetores de tela interativos, ativados quando um aparelho está encaixado ou carregando. Eles podem reproduzir áudio e vídeo e responder às interações do usuário.
Suporte para idiomas	Novos recursos ajudam seus aplicativos a atingir usuários internacionais, tais como texto bidirecional (da esquerda para a direita ou da direita para a esquerda), teclados internacionais, layouts de teclado adicionais e muito mais.
Opções para o desenvolvedor	Vários novos recursos de monitoramento e depuração ajudam a melhorar seus aplicativos, como os relatórios de erros, que incluem uma captura de tela e informações de estado do dispositivo.

Figura 1.7   Alguns recursos do Android Jelly Bean (`http://developer.android.com/about/versions/jelly-bean.html`).

1.4.6 Android 4.4 (KitKat)

O **Android 4.4 KitKat**, lançado em outubro de 2013, inclui várias melhorias de desempenho que tornam possível executar o sistema operacional em todos os aparelhos Android, inclusive em dispositivos mais velhos com restrição de memória, os quais são particularmente populares nos países em desenvolvimento.[7]

Permitir que mais usuários atualizem para o KitKat reduzirá a "fragmentação" de versões de Android no mercado, o que tem sido um desafio para os desenvolvedores que antes tinham de projetar aplicativos para serem executados em várias versões do sistema operacional ou limitar seu mercado em potencial, tendo como alvo aplicativos para uma versão específica.

O Android KitKat inclui também aprimoramentos na segurança e na acessibilidade, recursos gráficos e de multimídia melhorados, ferramentas de análise de uso da memória e muito mais. A Figura 1.8 lista alguns recursos novos importantes do KitKat. Para ver uma lista completa, consulte

`http://developer.android.com/about/versions/kitkat.html`

---

[7] `http://techcrunch.com/2013/10/31/android-4-4-kitkat-google/`.

Recurso	Descrição
Modo imersivo	A barra de status na parte superior da tela e os botões de menu na parte inferior podem ser ocultos, permitindo que seus aplicativos ocupem uma parte maior da tela. Os usuários podem acessar a barra de status fazendo um pressionamento forte (swipe) de cima para baixo na tela, e a barra de sistema (com os botões voltar, iniciar e aplicativos recentes) fazendo um pressionamento forte de baixo para cima.
Framework de impressão	Crie funcionalidade de impressão em seus aplicativos, incluindo localizar impressoras disponíveis via Wi-Fi ou na nuvem, selecionar o tamanho do papel e especificar as páginas a serem impressas.
Framework de acesso ao armazenamento	Crie provedores de armazenamento de documentos que permitam aos usuários localizar, criar e editar arquivos (como documentos e imagens) entre vários aplicativos.
Provedor de SMS	Crie aplicativos de SMS (Short Message Service) ou MMS (Multimedia Messaging Service) com o novo provedor de SMS e as novas APIs. Agora os usuários podem selecionar seus aplicativos de troca de mensagens padrão.
Framework de transições	O novo framework torna mais fácil criar animações de transição.
Gravação de tela	Grave um vídeo de seu aplicativo em ação para criar tutoriais e materiais de marketing.
Acessibilidade melhorada	A API gerenciadora de títulos permite aos aplicativos verificar as preferências de títulos do usuário (por exemplo, idioma, estilos de texto e muito mais).
Chromium WebView	Dê suporte aos padrões mais recentes para exibir conteúdo web, incluindo HTML5, CSS3 e uma versão mais rápida de JavaScript.
Detector e contador de passos	Crie aplicativos que identificam se o usuário está correndo, andando ou subindo a escada e que contam o número de passos.
Host Card Emulator (HCE)	O HCE permite que qualquer aplicativo realize transações NFC seguras (como pagamentos móveis) sem a necessidade de um elemento de segurança no cartão SIM, controlado pela operadora de telefonia celular.

Figura 1.8   Alguns recursos do Android KitKat (`http://developer.android.com/about/versions/kitkat.html`).

1.5   Baixando aplicativos do Google Play

Quando este livro estava sendo produzido, havia mais de 1 milhão de aplicativos no **Google Play**, e o número está crescendo rapidamente.[8] A Figura 1.9 lista alguns aplicativos populares gratuitos e pagos. Você pode baixar aplicativos por meio do aplicativo **Play Store** instalado no dispositivo. Pode também conectar-se em sua conta no Google Play, no endereço `http://play.google.com`, com seu navegador web e, então, especificar o dispositivo Android no qual deseja instalar o aplicativo. Ele será baixado por meio da conexão Wi-Fi ou 3G/ 4G do aparelho. No Capítulo 9, intitulado "Google Play e questões de comercialização de aplicativos", discutimos sobre mais lojas de aplicativos, sobre como oferecer seus aplicativos gratuitamente ou cobrando uma taxa, sobre o preço dos aplicativos e muito mais.

---

[8] `en.wikipedia.org/wiki/Google_Play`.

Categoria do Google Play	Alguns aplicativos populares na categoria
Clima	WeatherBug, AccuWeather, The Weather Channel
Compras	eBay, Amazon Mobile, Groupon, The Coupons App
Comunicação	Facebook Messenger, Skype™, GrooVe IP
Cuidados médicos	Epocrates, ICE: In Case of Emergency, Medscape®
Educação	Duolingo: Learn Languages Free, TED, Mobile Observatory
Empresas	Office Suite Pro 7, Job Search, Square Register, GoToMeeting
Entretenimento	SketchBook Mobile, Netflix, Fandango® Movies, iFunny :)
Esportes	SportsCenter for Android, NFL '13, Team Stream™
Estilo de vida	Zillow Real Estate, Epicurious Recipe App, Family Locator
Finanças	Mint.com Personal Finance, Google Wallet, PayPal
Fotografia	Camera ZOOM FX, Photo Grid, InstaPicFrame for Instagram
Humor	ComicRack, Memedroid Pro, Marvel Comics, Comic Strips
Jogos: Arcade & ação	Minecraft–Pocket Edition, Fruit Ninja, Angry Birds
Jogos: Cartas e cassino	Solitaire, Slots Delux, UNO™ & Friends, DH Texas Poker
Jogos: Casual	Candy Crush Saga, Hardest Game Ever 2, Game Dev Story
Jogos: Quebra-cabeças	Where's My Water?, Draw Something, Can You Escape
Livros e referências	Kindle, Wikipedia, Audible for Android, Google Play Books
Multimídia & vídeo	MX Player, YouTube, KeepSafe Vault, RealPlayer®
Música & áudio	Pandora®, Shazam, Spotify, Ultimate Guitar Tabs & Chords
Notícias e revistas	Flipboard, Pulse News, CNN, Engadget, Drippler
Personalização	Beautiful Widgets Pro, Zedge™, GO Launcher EX
Plano de fundo interativo	PicsArt, GO Launcher EX, Beautiful Widgets Pro
Produtividade	Adobe® Reader®, Dropbox, Google Keep, SwiftKey Keyboard
Saúde e cond. físico	RunKeeper, Calorie Counter, Workout Trainer, WebMD®
Social	Facebook®, Instagram, Vine, Twitter, Snapchat, Pinterest
Transporte	Uber, Trapster, Lyft, Hailo™, Ulysse Speedometer
Utilitários	Titanium Backup PRO, Google Translate, Tiny Flashlight®
Viagens & local	Waze, GasBuddy, KAYAK, TripAdvisor, OpenTable®
Widgets	Zillow, DailyHoroscope, Starbucks, Family Locator

Figura 1.9   Alguns aplicativos Android populares no Google Play.

1.6   Pacotes

O Android usa um conjunto de *pacotes*, que são grupos nomeados de classes predefinidas e relacionadas. Alguns pacotes são específicos do Android, outros são do Java e do Google. Esses pacotes permitem acessar convenientemente os recursos do sistema operacional Android e incorporá-los em seus aplicativos. Os pacotes do Android ajudam a criar aplicativos que obedecem às convenções de aparência e comportamento e diretrizes de estilo exclusivas do Android (`http://developer.android.com/design/index.html`). A Figura 1.10 lista os pacotes discutidos neste livro. Para uma lista completa de pacotes Android, consulte `developer.android.com/reference/packages.html`.

Capítulo 1 Introdução ao Android **13**

Pacote	Descrição
android.app	Inclui classes de alto nível do modelo de aplicativos Android. (Aplicativo **Tip Calculator** do Capítulo 3.)
android.content	Acesso e publicação de dados em um dispositivo. (Aplicativo **Cannon Game** do Capítulo 6.)
android.content.res	Classes para acessar recursos de aplicativo (por exemplo, mídia, cores, desenhos, etc.) e informações de configuração de dispositivo que afetam o comportamento dos aplicativos. (Aplicativo **Flag Quiz** do Capítulo 5.)
android.database	Manipulação de dados retornados pelo provedor de conteúdo. (Aplicativo **Address Book** do Capítulo 8.)
android.database.sqlite	Gerenciamento de banco de dados SQLite para bancos de dados privados. (Aplicativo **Address Book** do Capítulo 8.)
android.graphics	Ferramentas gráficas usadas para desenhar na tela. (Aplicativos **Flag Quiz** do Capítulo 5 e **Doodlz** do Capítulo 7.)
android.hardware	Suporte para hardware de dispositivo. (Aplicativo **Doodlz** do Capítulo 7.)
android.media	Classes para manipular interfaces de áudio e vídeo. (Aplicativo **Cannon Game** do Capítulo 6.)
android.net	Classes de acesso à rede. (Aplicativo **Twitter®** **Searches** do Capítulo 4.)
android.os	Serviços de sistemas operacionais. (Aplicativo **Tip Calculator** do Capítulo 3.)
android.preference	Trabalho com as preferências do usuário de um aplicativo. (Aplicativo **Flag Quiz** do Capítulo 5.)
android.provider	Acesso a provedores de conteúdo Android. (Aplicativo **Doodlz** do Capítulo 7.)
android.support.v4.print	Recursos da Android Support Library para usar o framework de impressão do Android 4.4. (Aplicativo **Doodlz** do Capítulo 7.)
android.text	Renderização e monitoramento de texto no dispositivo. (Aplicativo **Tip Calculator** do Capítulo 3.)
android.util	Métodos utilitários e utilitários XML. (Aplicativo **Cannon Game** do Capítulo 6.)
android.widget	Classes de interface do usuário para widgets. (Aplicativo **Tip Calculator** do Capítulo 3.)
android.view	Classes de interface do usuário para layout e interações do usuário. (Aplicativo **Twitter®** **Searches** do Capítulo 4.)
java.io	Streaming, serialização e acesso ao sistema de arquivo de recursos de entrada e saída. (Aplicativo **Flag Quiz** do Capítulo 5.)
java.text	Classes de formatação de texto. (Aplicativo **Twitter®** **Searches** do Capítulo 4.)
java.util	Classes utilitárias. (Aplicativo **Twitter®** **Searches** do Capítulo 4.)
android.graphics.drawable	Classes para elementos somente de exibição (como gradientes, etc.). (Aplicativo **Flag Quiz** do Capítulo 5.)

Figura 1.10 Pacotes Android e Java utilizados neste livro, listados com o capítulo em que aparecem pela *primeira* vez.

1.7 O SDK do Android

O SDK (Software Development Kit) do Android fornece as ferramentas necessárias para construir aplicativos Android. Ele está disponível gratuitamente no site Android Developers. Consulte a seção "Antes de começar" para ver os detalhes completos sobre como baixar as ferramentas necessárias para desenvolver aplicativos Android, incluindo o Java SE, o Android SDK/ADT Bundle (o qual inclui o IDE Eclipse) e o IDE Android Studio.

Android SDK/ADT Bundle
O Android SDK/ADT Bundle – que inclui o IDE Eclipse – é o ambiente de desenvolvimento integrado mais amplamente usado para desenvolvimento com Android. Alguns

desenvolvedores utilizam somente um editor de texto e ferramentas de linha de comando para criar aplicativos Android. O IDE Eclipse inclui:

- Editor de código com suporte para sintaxe colorida e numeração de linha
- Recuo (*auto-indenting*) e preenchimento automáticos (isto é, sugestão de tipo)
- Depurador
- Sistema de controle de versão
- Suporte para refatoração

Você vai usar o Eclipse na Seção 1.9 para testar o aplicativo **Doodlz**. A partir do Capítulo 2, intitulado "Aplicativo **Welcome**", você vai usar o Eclipse para construir aplicativos.

Android Studio

O **Android Studio**, um novo IDE Java Android baseado no IDE JetBrains IntelliJ IDEA (http://www.jetbrains.com/idea/), foi anunciado em 2013 e é o IDE Android do futuro preferido do Google. Quando este livro estava sendo produzido, o Android Studio só estava disponível como *apresentação prévia de teste* – muitos de seus recursos ainda estavam em desenvolvimento. Para cada capítulo, fornecemos também versões do Android Studio das instruções específicas do Eclipse no site do livro

```
http://www.deitel.com/books/AndroidFP2
```

Para saber mais sobre o Android Studio, como instalar e migrar do Eclipse, visite http://developer.android.com/sdk/installing/studio.html.

Plugin ADT para Eclipse

O **Plugin ADT (Android Development Tools) para Eclipse** (parte do Android SDK/ADT Bundle) permite criar, executar e depurar aplicativos Android, exportá-los para distribuição (por exemplo, carregá-los no Google Play) e muito mais. O ADT também contém uma ferramenta de projeto visual de interface gráfica do usuário. Os componentes da interface gráfica do usuário podem ser arrastados e soltos no lugar para formar interfaces, sem codificação. Você vai aprender mais sobre o ADT no Capítulo 2.

O emulador do Android

O **emulador do Android**, incluído no SDK do Android, permite executar aplicativos Android em um ambiente simulado dentro do Windows, Mac OS X ou Linux, sem usar um dispositivo Android real. O emulador exibe uma janela de interface de usuário realista. Ele será particularmente útil se você não tiver acesso a dispositivos Android para teste. Obviamente, você deve testar seus aplicativos em diversos dispositivos Android antes de carregá-los no Google Play.

Antes de executar um aplicativo no emulador, você precisa criar um **AVD (Android Virtual Device ou Dispositivo Android Virtual)**, o qual define as características do dispositivo em que o teste vai ser feito, incluindo o hardware, a imagem do sistema, o tamanho da tela, o armazenamento de dados e muito mais. Se quiser testar seus aplicativos para vários dispositivos Android, você precisará criar AVDs separados para emular cada equipamento exclusivo ou usar um serviço (como testdroid.com ou appthwack.com) que permita testar em muitos dispositivos diferentes.

Usamos o emulador (não um dispositivo Android real) para obter a maioria das capturas de tela do Android deste livro. No emulador, você pode reproduzir a maioria dos gestos (Fig. 1.11) e controles (Fig. 1.12) do Android usando o teclado e o mouse de seu computador. Os gestos com os dedos no emulador são um pouco limitados, pois seu computador provavelmente não consegue simular todos os recursos de hardware do Android. Por exemplo, para testar aplicativos de GPS no emulador, você precisa criar arquivos que simulem leituras em um GPS. Além disso, embora seja possível simular mudanças de orientação (para o modo *retrato* ou *paisagem*), simular leituras de **acelerômetro** em particular (o acelerômetro permite que o dispositivo responda à aceleração para cima/para baixo, para esquerda/para direita e para frente/para trás) exige recursos que não estão presentes no emulador. Há um *Sensor Simulator* disponível em

```
https://code.google.com/p/openintents/wiki/SensorSimulator
```

que pode ser usado para enviar informações de sensor simuladas para um AVD a fim de testar outros recursos de sensor em seus aplicativos. A Figura 1.13 lista funcionalidades do Android que *não* estão disponíveis no emulador. Contudo, você pode carregar seu aplicativo (fazer upload) em um dispositivo Android para testar esses recursos. Você vai começar a criar AVDs e a usar o emulador para desenvolver aplicativos Android no aplicativo **Welcome** do Capítulo 2.

Gesto	Ação do emulador
Toque rápido (*touch*)	Clicar com o mouse uma vez. Apresentado no aplicativo **Tip Calculator** do Capítulo 3.
Duplo toque rápido (*double touch*)	Clicar duas vezes com o mouse. Apresentado no aplicativo **Cannon Game** do Capítulo 6.
Pressionamento longo (*long press*)	Clicar e manter o botão do mouse pressionado.
Arrastamento (*drag*)	Clicar, manter o botão do mouse pressionado e arrastar. Apresentado no aplicativo **Cannon Game** do Capítulo 6.
Pressionamento forte (*swipe*)	Clicar e manter o botão do mouse pressionado, mover o cursor na direção do pressionamento e soltar o mouse. Apresentado no aplicativo **Address Book** do Capítulo 8.
Zoom de pinça (*pinch zoom*)	Manter a tecla *Ctrl* (*Control*) pressionada. Vão aparecer dois círculos que simulam os dois toques. Mova os círculos para a posição inicial, clique e mantenha o botão do mouse pressionado e arraste os círculos até a posição final.

Figura 1.11 Gestos do Android no emulador.

Controle	Ação do emulador
Back (voltar)	*Esc*
Botão call/dial (chamar/discar)	*F3*
Camera (câmera)	*Ctrl-KEYPAD_5, Ctrl-F3*
Botão End Call (finalizar chamada)	*F4*
Home (início)	*Botão Home*
Menu (tecla programável esquerda)	F2 ou botão *Page Up*
Botão Power (ligar/desligar)	*F7*
Search (pesquisar)	*F5*
* (tecla programável direita)	*Shift-F2* ou botão *Page Down*
Girar para a orientação anterior	*KEYPAD_7, Ctrl-F11*
Girar para a próxima orientação	*KEYPAD_9, Ctrl-F12*

Figura 1.12 Controles de hardware do Android no emulador (para ver mais controles, acesse `http://developer.android.com/tools/help/emulator.html`). (*continua*)

16 Android para programadores

Controle	Ação do emulador
Ativar/desativar rede celular	*F8*
Botão Volume Up (aumentar volume)	*KEYPAD_PLUS, Ctrl-F5*
Botão Volume Down (diminuir volume)	*KEYPAD_MINUS, Ctrl-F6*

Figura 1.12 Controles de hardware do Android no emulador (para ver mais controles, acesse `http://developer.android.com/tools/help/emulator.html`).

Funcionalidades do Android não disponíveis no emulador

- Fazer ou receber ligações telefônicas reais (o emulador só permite chamadas simuladas)
- Bluetooth
- Conexões USB
- Fones de ouvido ligados ao dispositivo
- Determinar estado de conexão do telefone
- Determinar a carga da bateria ou o estado de carga de energia
- Determinar a inserção/ejeção de cartão SD
- Sensores (acelerômetro, barômetro, bússola, sensor de luz, sensor de proximidade)

Figura 1.13 Funcionalidades do Android não disponíveis no emulador (`http://developer.android.com/tools/devices/emulator.html`).

1.8 Programação orientada a objetos: uma breve recapitulação

O Android utiliza técnicas de programação orientada a objetos. Portanto, nesta seção vamos rever os fundamentos da tecnologia de objetos. Usamos todos esses conceitos neste livro.

Construir software de forma rápida, correta e econômica continua sendo um objetivo ilusório em uma época em que a demanda por software novo e mais poderoso está aumentando. Os *objetos* ou, mais precisamente (conforme veremos no Capítulo 3), as *classes* de onde os objetos vêm, são basicamente componentes de software *reutilizáveis*. Existem objetos data, objetos tempo, objetos áudio, objetos vídeo, objetos automóveis, objetos pessoas, etc. Praticamente qualquer *substantivo* pode ser representado de forma razoável como um objeto de software, em termos de *atributos* (por exemplo, nome, cor e tamanho) e *comportamentos* (por exemplo, cálculo, movimento e comunicação). Os desenvolvedores de software estão descobrindo que usar uma estratégia de projeto e implementação modular e orientada a objetos pode tornar os grupos de desenvolvimento de software muito mais produtivos do que poderiam ser com técnicas anteriormente populares, como a "programação estruturada" – frequentemente, os programas orientados a objetos são mais fáceis de entender, corrigir e modificar.

1.8.1 O automóvel como um objeto

Para ajudá-lo a entender os objetos e seu conteúdo, vamos começar com uma analogia simples. Suponha que você queira *dirigir um carro e fazê-lo ir mais rápido pressionando o pedal do acelerador*. O que precisa acontecer antes que você possa fazer isso? Bem, antes que você possa dirigir um carro, alguém tem de *projetá-lo*. Normalmente, um carro começa com desenhos de engenharia, semelhantes às *plantas baixas* que descrevem o projeto de uma casa. Esses desenhos incluem o projeto de um pedal de acelerador. O pedal *esconde* do motorista os mecanismos complexos que fazem o carro ir mais rápido, assim como o pedal do freio *esconde* os mecanismos que diminuem a velocidade do carro e o volante *esconde* os mecanismos que fazem o carro desviar. Isso permite que pessoas com pouco ou nenhum conhecimento do funcionamento de motores, freios e mecanismos de direção dirijam um carro facilmente. Assim como não se pode fazer comida na cozinha de uma planta baixa, tampouco é possível dirigir os desenhos de engenharia de um carro. Antes que você possa dirigir um carro, ele precisa ser *construído* a partir dos desenhos de engenharia que o descrevem. Um carro pronto tem um pedal de acelerador *real* para fazê-lo ir mais rápido, mas mesmo isso não é suficiente – o carro não acelera sozinho (espera-se!), de modo que o motorista precisa *pressionar* o pedal para acelerá-lo.

1.8.2   Métodos e classes

Usemos nosso exemplo do carro para introduzir alguns conceitos importantes de programação orientada a objetos. Executar uma tarefa em um programa exige um **método**. O método contém as instruções do programa que realmente executam suas tarefas. O método oculta essas instruções de seu usuário, assim como o pedal do acelerador de um carro oculta do motorista os mecanismos que fazem o carro ir mais rápido. Uma unidade de programa, chamada **classe**, contém os métodos que executam as tarefas da classe. Por exemplo, uma classe que represente uma conta bancária poderia conter um método para *depositar* dinheiro em uma conta, outro para *sacar* dinheiro de uma conta e um terceiro para *informar* o saldo da conta. Uma classe é conceitualmente semelhante aos desenhos de engenharia de um carro, os quais contêm o projeto de um pedal de acelerador, de um volante, etc.

1.8.3   Instanciação

Assim como alguém precisa *construir um carro* a partir de seus desenhos de engenharia antes que você possa dirigi-lo, é preciso *construir um objeto* de uma classe antes que um programa possa executar as tarefas que os métodos da classe definem. O processo de fazer isso é chamado de *instanciação*. Um objeto, então, é uma **instância** de sua classe.

1.8.4   Reutilização

Assim como os desenhos de engenharia de um carro podem ser *reutilizados* muitas vezes para construir muitos carros, você pode *reutilizar* uma classe muitas vezes para construir muitos objetos. A **reutilização** de classes já existentes ao construir novas classes e programas economiza tempo e trabalho. A reutilização também o ajuda a construir sistemas mais confiáveis e eficientes, pois as classes e componentes já existentes frequentemente passaram por extensivos *testes*, *depuração* e otimização de *desempenho*. Assim como a noção de *partes intercambiáveis* foi fundamental para a Revolução Industrial, as classes reutilizáveis são fundamentais para a revolução na área de software estimulada pela tecnologia de objetos.

1.8.5   Mensagens e chamadas de método

Quando você dirige um carro, pressionar o acelerador envia uma *mensagem* para o carro executar uma tarefa – ou seja, ir mais rápido. Da mesma forma, você *envia mensagens para um objeto*. Cada mensagem é uma **chamada de método** que diz a um método do objeto para que execute sua tarefa. Por exemplo, um programa poderia chamar um método *depositar* de um objeto de conta bancária em particular para que ele aumentasse o saldo da conta.

1.8.6 Atributos e variáveis de instância

Um carro, além de ter recursos para cumprir tarefas, também tem *atributos*, como cor, número de portas, capacidade de combustível no tanque, velocidade atual e registro do total de quilômetros rodados (isto é, a leitura de seu odômetro). Assim como seus recursos, os atributos do carro são representados como parte de seu projeto nos diagramas de engenharia (os quais, por exemplo, incluem um odômetro e um medidor de combustível). Quando você dirige um carro, esses atributos são transportados junto com o veículo. Todo carro mantém seus *próprios* atributos. Por exemplo, cada carro sabe a quantidade de combustível existente no tanque, mas *não* o quanto existe nos tanques de *outros* carros.

Da mesma forma, um objeto tem atributos que carrega consigo quando usado em um programa. Esses atributos são especificados como parte da classe do objeto. Por exemplo, um objeto conta bancária tem um *atributo saldo* que representa a quantidade de dinheiro existente na conta. Cada objeto conta bancária sabe o saldo da conta que representa, mas *não* os saldos das *outras* contas bancárias. Os atributos são especificados pelas **variáveis de instância** da classe.

1.8.7 Encapsulamento

As classes **encapsulam** (isto é, empacotam) atributos e métodos nos objetos – os atributos e métodos de um objeto estão intimamente relacionados. Os objetos podem se comunicar entre si, mas normalmente não podem saber como outros objetos são implementados – os detalhes da implementação ficam *ocultos* dentro dos próprios objetos. Essa **ocultação de informações** é fundamental para a boa engenharia de software.

1.8.8 Herança

Uma nova classe de objetos pode ser criada rápida e convenientemente por meio de **herança** – a nova classe absorve as características de outra já existente, possivelmente personalizando-as e adicionando suas próprias características exclusivas. Em nossa analogia automobilística, um "conversível" certamente *é um* objeto da classe mais *geral* "automóvel", mas mais *especificamente* o teto pode ser levantado ou abaixado.

1.8.9 Análise e projeto orientados a objetos

Como você vai criar o código de seus programas? Talvez, como muitos programadores, você simplesmente ligue o computador e comece a digitar. Essa estratégia pode funcionar para programas pequenos, mas e se você fosse solicitado a criar um sistema de software para controlar milhares de caixas eletrônicos para um grande banco? Ou então suponha que você fosse solicitado a trabalhar em uma equipe com mil desenvolvedores de software para construir o próximo sistema de controle de tráfego aéreo dos Estados Unidos. Para projetos tão grandes e complexos, você não deve simplesmente sentar e começar a escrever programas.

Para criar as melhores soluções, você deve seguir um processo de **análise** detalhado para determinar os **requisitos** de seu projeto (isto é, definir *o que* o sistema deve fazer) e desenvolver um **projeto** que os satisfaça (isto é, decidir *como* o sistema deve fazer isso). De maneira ideal, você passaria por esse processo e examinaria o projeto cuidadosamente (e teria seu projeto examinado por outros profissionais de software) antes de escrever qualquer código. Se esse processo envolve analisar e projetar seu sistema do ponto de vista orientado a objetos, ele é denominado **processo de análise e projeto orientados a objetos (OOAD – Object-Oriented Analysis and Design)**. Linguagens como Java

Capítulo 1 Introdução ao Android **19**

são orientadas a objetos. Programar em uma linguagem assim, o que é chamado de **programação orientada a objetos (OOP)**, permite implementar um projeto orientado a objetos como um sistema funcional.

1.9 Teste do aplicativo Doodlz em um AVD

Nesta seção, você vai executar e interagir com seu primeiro aplicativo Android. O aplicativo **Doodlz** permite que você "pinte" na tela arrastando os dedos. É possível controlar o tamanho do pincel e as cores usando as escolhas fornecidas no *menu de opções* do aplicativo. Não há necessidade de examinar o código do aplicativo – você vai construí-lo e estudar seu código no Capítulo 7. Os passos a seguir mostram como importar o projeto do aplicativo para o Eclipse e como testar o aplicativo no AVD (Dispositivo Android Virtual) do Nexus 4 que você configurou na seção "Antes de começar", após o Prefácio. Posteriormente nesta seção, vamos discutir também como se executa o aplicativo no AVD de um tablet e em um dispositivo Android. Quando o aplicativo é executado em um AVD, você pode criar uma nova pintura "arrastando seu dedo" em qualquer lugar na tela de desenho. Você "toca" na tela usando o mouse.

IDEs Android SDK/ADT Bundle e Android Studio

As capturas de tela de IDE nos passos a seguir (e por todo este livro) foram obtidas em um computador com Windows 7, Java SE 7, JDK e Android SDK/ADT Bundle que você instalou na seção "Antes de começar". Como o Android Studio é uma versão provisória e está evoluindo rapidamente, fornecemos as respectivas instruções para este teste no site do livro

```
www.deitel.com/books/AndroidFP2.
```

Isso nos permitirá atualizar as instruções em resposta às alterações do Google. Tanto o Android SDK/ADT Bundle como o Android Studio usam o *mesmo* emulador do Android; portanto, quando um aplicativo estiver executando em um AVD, os passos serão idênticos.

1.9.1 Executando o aplicativo Doodlz no AVD do smartphone Nexus 4

Para testar o aplicativo **Doodlz**, execute os passos a seguir:

1. ***Verificando sua configuração.*** Caso ainda não tenha feito isso, execute os passos especificados na seção "Antes de começar", localizada após o Prefácio.

2. ***Abrindo o Eclipse.*** Abra a subpasta `eclipse` da pasta de instalação do Android SDK/ADT Bundle e, em seguida, clique duas vezes no ícone do Eclipse (🟢 ou 🔵, dependendo de sua plataforma).

3. ***Especificando o local de sua área de trabalho.*** Quando a janela Workspace Launcher aparecer, especifique onde gostaria de armazenar os aplicativos que você vai criar e, em seguida, clique em OK. Utilizamos o local padrão – uma pasta chamada `workspace` em seu diretório de usuário. Uma **área de trabalho** é uma coleção de projetos, e cada projeto em geral é um aplicativo ou uma biblioteca que pode ser compartilhada entre aplicativos. Cada área de trabalho também tem suas próprias configurações, como o local de exibição das várias subjanelas do Eclipse. É possível ter muitas áreas de trabalho e trocar entre elas para diferentes tarefas de desenvolvimento – por exemplo, você poderia ter áreas de trabalho separadas para desenvolvimento de aplicativos Android, aplicativos Java e aplicativos web, cada uma com

suas configurações personalizadas. Se essa é a primeira vez que você abre o Eclipse, a página **Welcome** (Fig. 1.14) é exibida.

Figura 1.14 Página **Welcome** no Eclipse.

4. ***Ativando o AVD do Nexus 4.*** Para este teste, vamos usar o AVD do smartphone Nexus 4 que você configurou para Android 4.4 (KitKat) na seção "Antes de começar" – na Seção 1.9.2, mostraremos o aplicativo em execução em um AVD de tablet. Um AVD pode demorar vários minutos para carregar; portanto, você deve ativá-lo com antecedência e mantê-lo executando em segundo plano, enquanto está construindo e testando seus aplicativos. Para ativar o AVD do Nexus 4, selecione **Window > Android Virtual Device Manager** a fim de exibir a caixa de diálogo **Android Virtual Device Manager** (Fig. 1.15). Selecione o AVD do Nexus 4 para Android KitKat e clique em **Start...**; em seguida, clique no botão **Launch** na caixa de diálogo **Launch Options** que aparece. Não tente executar o aplicativo antes que o AVD acabe de ser carregado. Quando o AVD aparecer como mostrado na Fig. 1.16, desbloqueie-o arrastando o cursor do mouse a partir do ícone de cadeado para a margem da tela.

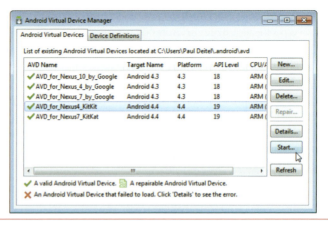

Figura 1.15 Caixa de diálogo **Android Virtual Device Manager**.

Capítulo 1   Introdução ao Android   **21**

Figura 1.16   Tela inicial do AVD do Nexus 4 (para Android 4.4) quando ele termina de carregar.

5. *Importando o projeto do aplicativo Doodlz.* Selecione **File > Import...** para abrir a caixa de diálogo **Import** (Fig. 1.17(a)). Expanda o nó **General** e selecione **Existing Projects into Workspace**; em seguida, clique em **Next >** para ir ao passo **Import Pro-**

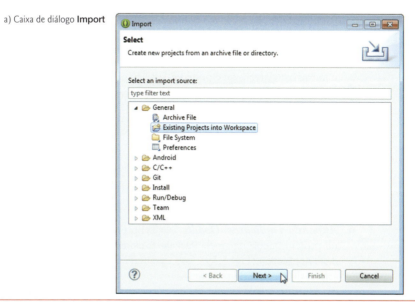

Figura 1.17   Importando um projeto já existente. (Parte 1 de 2.)

b) Passo **Import Projects** da caixa de diálogo **Import**

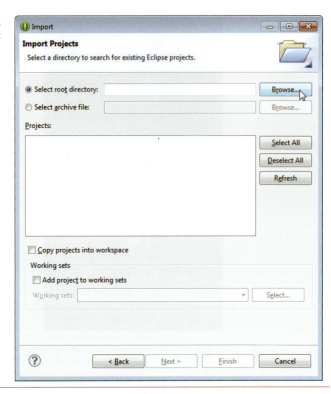

Figura 1.17 Importando um projeto já existente. (Parte 2 de 2.)

jects (Fig. 1.17(b)). Clique no botão **Browse...** à direita da caixa de texto **Select root directory**. Na caixa de diálogo **Browse For Folder**, localize a pasta **Doodlz** na pasta de exemplos do livro, selecione-a e clique em **Open**. Clique em **Finish** a fim de importar o projeto para o Eclipse. Agora o projeto aparece na janela **Package Explorer** (Fig. 1.18) no lado esquerdo do Eclipse. Se a janela **Package Explorer** não estiver visível, você pode vê-la selecionando **Window > Show View > Package Explorer**.

Figura 1.18 Janela **Package Explorer**.

6. *Ativando o aplicativo Doodlz.* No Eclipse, clique com o botão direito do mouse no projeto **Doodlz** na janela **Package Explorer** e, em seguida, selecione **Run As > Android Application** (Fig. 1.19). Isso executará o aplicativo **Doodlz** no AVD que você ativou no passo 4 (Fig. 1.20).

7. *Explorando o AVD e o modo imersivo.* Na parte inferior da tela do AVD, existem vários **botões programáveis** que aparecem na tela de toque do dispositivo. Você toca neles (usando o mouse em um AVD) para interagir com aplicativos e com o

Capítulo 1 Introdução ao Android **23**

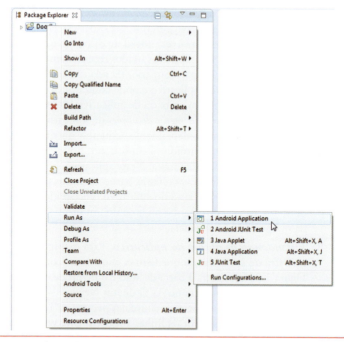

Figura 1.19 Ativando o aplicativo **Doodlz**.

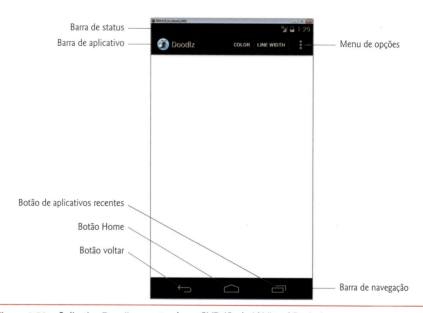

Figura 1.20 Aplicativo **Doodlz** executando no AVD (Android Virtual Device).

sistema operacional Android. O *botão voltar* retorna para a tela anterior do aplicativo ou para um aplicativo anterior, caso você esteja na tela inicial do atual. O *botão Home* o leva de volta à tela inicial do dispositivo. O *botão de aplicativos recentes* permite ver a lista de aplicativos usados recentemente para que você possa voltar a eles rapidamente. Na parte superior da tela está a *barra de aplicativo*, a qual exibe o ícone e o nome do aplicativo e pode conter outros botões programáveis específicos – alguns aparecem na barra de aplicativo (**COLOR** e **LINE WIDTH** na Fig. 1.20) e o restante aparece no *menu de opções* do aplicativo (). O número de opções na barra de aplicativo depende do tamanho do dispositivo – discutiremos isso no Capítulo 7. O Android 4.4 suporta um novo *modo imersivo* que permite aos aplicativos utilizar a tela inteira. Neste aplicativo, você pode tocar uma vez na área de desenho branca para ocultar as barras de status e de navegação do dispositivo, assim como a barra de ação do aplicativo. Você pode exibi-las novamente tocando outra vez na área de desenho ou fazendo um pressionamento forte (swipe) a partir da margem superior da tela.

8. ***Entendendo as opções do aplicativo.*** Para exibir as opções que não aparecem na barra de aplicativo, toque (isto é, clique) no ícone do menu de opções (). A Figura 1.21(a) mostra a barra de ação e o menu de opções no AVD do Nexus 4, e a Fig. 1.21(b) os mostra no AVD de um Nexus 7 – as opções mostradas na barra de ação aparecem em letras maiúsculas pequenas. Tocar em **COLOR** exibe uma interface para mudar a cor da linha. Tocar em **LINE WIDTH** exibe uma interface para mudar a espessura da linha que vai ser desenhada. Tocar em Eraser configura a cor de desenho como branca para que, quando você desenhar sobre áreas coloridas, a cor seja apagada. Tocar em Clear primeiro confirma se você deseja apagar a imagem inteira e depois limpa a área de desenho caso a ação não seja cancelada. Tocar em Save Image salva a imagem na galeria (Gallery) de imagens do dispositivo. No Android 4.4, tocar em Print exibe uma interface para selecionar uma impressora disponível para imprimir sua imagem ou salvá-la como um documento PDF (o padrão). Você vai explorar cada uma dessas opções em breve.

9. ***Mudando a cor do pincel para vermelha.*** Para mudar a cor do pincel, primeiramente toque no item **COLOR** na barra de ação a fim de exibir a caixa de diálogo

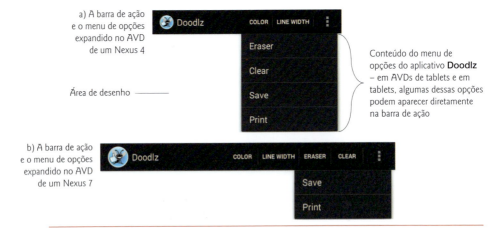

Figura 1.21 Menu de opções do aplicativo **Doodlz** expandido.

Choose Color (Fig. 1.22). As cores são definidas no *esquema de cores RGBA*, no qual os componentes *alfa* (ou seja, *transparência*), vermelho, verde e azul são especificados por valores inteiros no intervalo 0 a 255. Para alfa, 0 significa *completamente transparente* e 255 significa *completamente opaco*. Para vermelho, verde e azul, 0 significa *nada* dessa cor e 255 significa a *quantidade máxima* dessa cor. A interface consiste nas barras de escolha (SeekBars) **Alpha**, **Red**, **Green** e **Blue**, que permitem selecionar a quantidade de alfa, vermelho, verde e azul na cor de desenho. Você arrasta as barras de escolha para mudar a cor. Quando você faz isso, o aplicativo exibe a nova cor abaixo das barras de escolha. Selecione uma cor vermelha agora, arrastando a barra de escolha **Red** para a direita, como na Figura 1.22. Toque no botão **Set Color** para voltar à área de desenho.

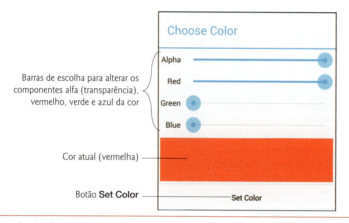

Figura 1.22 Mudando a cor de desenho para vermelha.

10. *Mudando a espessura da linha.* Para mudar a espessura da linha, toque em **LINE WIDTH** na barra de ação a fim de exibir a caixa de diálogo **Choose Line Width**. Arraste a barra de escolha da espessura de linha para a direita a fim de tornar a linha mais grossa (Fig. 1.23). Toque no botão **Set Line Width** para voltar à área de desenho.

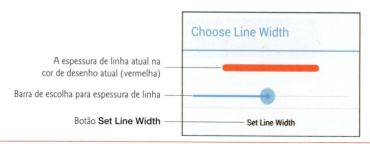

Figura 1.23 Mudando a espessura da linha.

11. *Desenhando as pétalas da flor.* Toque na tela para entrar no modo imersivo e, então, arraste seu "dedo" – o mouse ao usar o emulador – na área de desenho para desenhar pétalas de flor (Fig. 1.24).

Figura 1.24 Desenhando pétalas de flor.

12. ***Mudando a cor do pincel para verde-escuro.*** Toque na tela para sair do modo imersivo e, então, toque em **COLOR** para exibir a caixa de diálogo **Choose Color**. Selecione um tom escuro de verde arrastando a barra de escolha **Green** para a direita e certificando-se de que as barras de escolha **Red** e **Blue** estejam na extremidade esquerda (Fig. 1.25(a)).

a) Selecionando verde-escuro como cor de desenho

b) Selecionando uma linha mais grossa

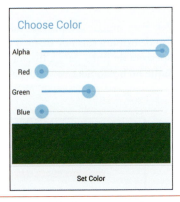
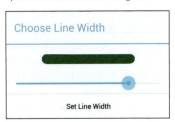

Figura 1.25 Mudando a cor para verde-escuro e tornando a linha mais grossa.

13. ***Mudando a largura da linha e desenhando o caule e as folhas.*** Toque em **LINE WIDTH** para exibir a caixa de diálogo **Choose Line Width**. Arraste a barra de escolha da largura de linha para a direita a fim de tornar a linha mais grossa (Fig. 1.25(b)).

Toque na tela para entrar novamente no modo imersivo e, em seguida, desenhe o caule e as folhas da flor. Repita os passos 12 e 13 para uma cor verde mais clara e uma linha mais fina e, em seguida, desenhe a grama (Fig. 1.26).

Figura 1.26   Desenhando o caule e a grama.

14. ***Finalizando o desenho.*** Toque na tela para sair do modo imersivo. Em seguida, mude a cor do desenho para azul (Fig. 1.27(a)) e selecione uma linha mais estreita (Fig. 1.27(b)). Depois, toque na tela para entrar no modo imersivo e desenhe os pingos de chuva (Fig. 1.28).

a) Selecionando azul como cor de desenho

b) Selecionando uma linha mais fina

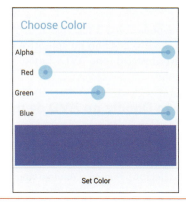
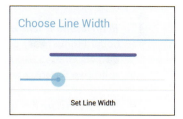

Figura 1.27   Mudando a cor para azul e estreitando a linha.

Figura 1.28 Desenhando a chuva na nova cor e espessura de linha.

15. ***Salvando a imagem.*** Você pode salvar sua imagem no aplicativo **Gallery** do dispositivo selecionando **Save** no menu de opções ▐. Então, pode ver essa e outras imagens armazenadas no dispositivo abrindo o aplicativo **Gallery**.
16. ***Imprimindo a imagem.*** Para imprimir a imagem, selecione **Print** no menu de opções. Isso exibe a caixa de diálogo de impressão, a qual, por padrão, permite salvar a imagem como um documento PDF. Para selecionar uma impressora, toque em **Save as PDF** e selecione uma das impressoras disponíveis. Se não aparecer uma impressora na lista, talvez você precise configurar o Google Cloud Print para sua impressora. Para obter informações sobre isso, visite:

    http://www.google.com/cloudprint/learn/

17. ***Retornando à tela inicial.*** Você pode voltar à tela inicial do AVD clicando no botão Home (▬) no AVD. Para ver o desenho no aplicativo **Gallery**, toque em ⦿ para exibir a lista de aplicativos instalados no AVD. Então, você pode abrir o aplicativo **Gallery** para ver o desenho.

1.9.2 Executando o aplicativo Doodlz no AVD de um tablet

Para testar o aplicativo no AVD de um tablet, primeiramente ative o AVD, executando o passo 4 da Seção 1.9.1, mas selecione o AVD do Nexus 7 em vez do AVD do Nexus 4. Em seguida, clique com o botão direito do mouse no projeto **Doodlz** na janela **Package Explorer** do Eclipse e selecione **Run As > Android Application**. Se vários AVDs estiverem em execução quando você ativar um aplicativo, a caixa de diálogo **Android Device Chooser** (Fig. 1.29) aparecerá para permitir a escolha do AVD para instalar e executar o aplicativo. Nesse caso, os AVDs do Nexus 4 e do Nexus 7 estavam em execução em nosso sistema, de modo que havia dois dispositivos Android virtuais nos quais podíamos executar o aplicativo. Selecione o AVD do Nexus 7 e clique em **OK**. Esse aplicativo executa na orientação retrato (a largura é menor que a altura) no telefone e em tablets pequenos. Se você executá-lo no AVD de um tablet grande (ou em um tablet grande), ele aparecerá na orientação paisagem (a largura é maior que a altura). A Figura 1.30 mostra o aplicativo executando no AVD do Nexus 7. Se o AVD for alto demais para exibir nossa tela, você pode mudar a orientação digitando *Ctrl* + *F12* (em um Mac, use *fn* + *control* + *F12*). Em alguns teclados, a tecla *Ctrl* se chama *Control*.

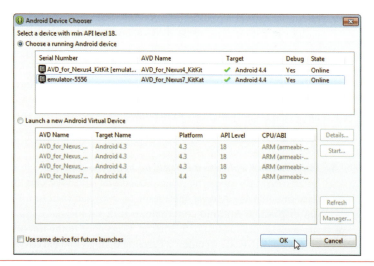

Figura 1.29 Caixa de diálogo **Android Device Chooser**.

Figura 1.30 Desenhando no AVD do Nexus 7.

1.9.3 Executando o aplicativo Doodlz em um aparelho Android

Caso você possua um aparelho Android, pode executar um aplicativo nele facilmente para propósitos de teste.

1. ***Habilitando as opções de desenvolvedor no aparelho.*** Primeiramente, você deve habilitar a depuração no aparelho. Para isso, acesse o aplicativo Settings do dispositivo e, então, selecione About phone (ou About tablet), localize o Build number (na parte inferior da lista) e toque nele repetidamente até ver a mensagem You are now a developer na tela. Isso habilitará uma entrada chamada Developer options no aplicativo Settings.

2. ***Habilitando a depuração no aparelho.*** Volte ao aplicativo Settings, selecione Developer options e certifique-se de que USB debugging esteja marcado – esse é o padrão ao habilitar as opções de desenvolvedor no dispositivo pela primeira vez.

3. ***Conectando no dispositivo.*** Em seguida, conecte o dispositivo em seu computador por meio do cabo USB que acompanha seu aparelho. Se você for usuário de Windows, lembre-se de que, conforme visto na seção "Antes de começar", você talvez precise instalar um driver USB para seu dispositivo. Consulte as duas páginas web a seguir para saber os detalhes:

```
developer.android.com/tools/device.html
developer.android.com/tools/extras/oem-usb.html
```

4. ***Executando o aplicativo Doodlz no aparelho Android.*** No Eclipse, clique com o botão direito do mouse no projeto Doodlz na janela Package Explorer e, em seguida, selecione Run As > Android Application. Se você não tiver um AVD aberto, mas tiver um dispositivo Android conectado, o IDE vai instalar o aplicativo em seu dispositivo e executá-lo automaticamente. Caso você tenha um ou mais AVDs abertos e/ou dispositivos conectados, a caixa de diálogo Android Device Chooser (Fig. 1.29) vai aparecer para que o dispositivo ou AVD no qual o aplicativo que vai ser instalado e executado possa ser selecionado.

Preparando-se para distribuir aplicativos

Ao construir aplicativos para distribuição por meio das lojas de aplicativos, como o Google Play, você deve testá-los no máximo de dispositivos reais que puder. Lembre--se de que alguns recursos podem ser testados *somente* em dispositivos reais. Caso você não tenha muitos aparelhos disponíveis, crie AVDs que simulem os vários dispositivos nos quais gostaria de executar seu aplicativo. Ao configurar cada AVD para simular um dispositivo em particular, pesquise as especificações do aparelho online e configure o AVD de modo correspondente. Além disso, você pode modificar o arquivo config.ini do AVD, conforme descrito na Seção "Setting hardware emulation options", no endereço

```
developer.android.com/tools/devices/
       managing-avds-cmdline.html#hardwareopts
```

Esse arquivo contém opções que não podem ser configuradas por meio do Android Virtual Device Manager. Modificando essas opções é possível fazê-las corresponder mais precisamente à configuração de hardware de um dispositivo real.

1.10 Construção de excelentes aplicativos Android

Com mais de 800 mil aplicativos no Google Play,[9] como você faz para criar um aplicativo Android que as pessoas vão encontrar, baixar, usar e recomendar a outros? Reflita

---

[9] http://www.pureoxygenmobile.com/how-many-apps-in-each-app-store/.

Capítulo 1 Introdução ao Android **31**

sobre o que torna um aplicativo divertido, útil, interessante, atraente e duradouro. Um nome de aplicativo engenhoso, um ícone interessante e uma descrição cativante podem atrair as pessoas para seu aplicativo no Google Play ou em uma das muitas outras lojas de aplicativos Android. Porém, uma vez que os usuários tenham baixado o aplicativo, o que os fará utilizá-lo regularmente e recomendá-lo a outros? A Figura 1.31 mostra algumas características de excelentes aplicativos.

Características de excelentes aplicativos

Games excelentes

- Interessantes e divertidos.
- Desafiadores.
- Níveis progressivos de dificuldade.
- Mostram sua pontuação e utilizam painéis de classificação para registrar as pontuações mais altas.
- Fornecem retorno sonoro e visual.
- Oferecem versões para um jogador, para vários jogadores e em rede.
- Possuem animações de alta qualidade.
- Descarregam código de entrada/saída e que utilizam muito poder de processamento para separar threads de execução a fim de melhorar os tempos de resposta da interface e o desempenho do aplicativo.
- Inovam com tecnologia de realidade aumentada, aprimorando um ambiente do mundo real com componentes virtuais; isso é particularmente popular em aplicativos baseados em vídeo.

Utilitários interessantes

- Fornecem funcionalidade útil e informações precisas.
- Aumentam a produtividade pessoal e empresarial.
- Tornam as tarefas mais convenientes (por exemplo, mantendo uma lista de tarefas, gerenciando despesas).
- Tornam o usuário mais bem informado.
- Fornecem informações atuais (por exemplo, a cotação mais recente de ações, notícias, alertas de tempestades fortes, atualizações do tráfego).
- Utilizam serviços baseados na localidade para fornecer serviços locais (por exemplo, cupons de empresas locais, melhores preços de combustíveis, entrega de alimentos).

Características gerais

- Em dia com os recursos mais recentes do Android, mas compatível com várias versões de Android para dar suporte ao maior público possível.
- Funcionar corretamente.
- Erros corrigidos prontamente.
- Seguir as convenções padrão para interface gráfica de usuário de aplicativos Android.
- Ser ativado rapidamente.
- Ser rápido nas respostas.
- Não exigir memória, largura de banda ou carga da bateria demais.
- Ser original e criativo.
- Duradouro – algo que seus usuários utilizem regularmente.
- Usar ícones de qualidade profissional que apareçam no Google Play e no dispositivo do usuário.

Figura 1.31 Características dos excelentes aplicativos. (*continua*)

32 Android para programadores

Características de excelentes aplicativos

- Usar elementos gráficos, imagens, animações, áudio e vídeo de qualidade.
- Ser intuitivo e fácil de usar (não exigir documentação de ajuda extensa).
- Acessível a pessoas deficientes (`http://developer.android.com/guide/topics/ui/accessibility/index.html`).
- Dar aos usuários motivos e um significado para contar a outros sobre seu aplicativo (por exemplo, você pode dar aos usuários a opção de postar suas pontuações no Facebook ou no Twitter).
- Fornecer conteúdo adicional para aplicativos baseados em conteúdo (por exemplo, níveis de jogo, artigos, quebra-cabeças).
- Localizado (Capítulo 2) para cada país em que o aplicativo é oferecido (por exemplo, traduzir os arquivos de texto e de áudio do aplicativo, usar diferentes elementos gráficos de acordo com a localidade, etc.).
- Oferecer melhor desempenho, recursos e facilidade de uso do que os aplicativos concorrentes.
- Tirar proveito dos recursos internos do dispositivo.
- Não solicitar permissões em excesso.
- Ser projetado para executar da melhor maneira possível em uma ampla variedade de dispositivos Android.
- Preparado para o futuro em relação a novos dispositivos de hardware – especifique os recursos de hardware exatos utilizados por seu aplicativo para que o Google Play possa filtrá-lo e exibi-lo na loja apenas para dispositivos compatíveis (`http://androidevelopers.blogspot.com/2010/06/future-proofing-your-app.html`).

Figura 1.31 Características dos excelentes aplicativos.

1.11   Recursos para desenvolvimento com Android

A Figura 1.32 lista parte da importante documentação do site Android Developer (em inglês). À medida que se aprofundar no desenvolvimento de aplicativos Android, talvez você tenha perguntas sobre as ferramentas, questões de projeto, segurança e muito mais. Existem vários grupos de discussão e fóruns para desenvolvedores Android, em que você pode obter as notícias mais recentes ou fazer perguntas (Fig. 1.33). A Figura 1.34 lista vários sites em que você encontrará dicas, vídeos e recursos para desenvolvimento com Android.

Título	URL
App Components	`http://developer.android.com/guide/components/index.html`
Using the Android Emulator	`http://developer.android.com/tools/devices/emulator.html`
Package Index	`http://developer.android.com/reference/packages.html`
Class Index	`http://developer.android.com/reference/classes.html`
Android Design	`http://developer.android.com/design/index.html`
Data Backup	`http://developer.android.com/guide/topics/data/backup.html`
Security Tips	`http://developer.android.com/training/articles/security-tips.html`

Figura 1.32 Documentação online importante para desenvolvedores de Android. (*continua*)

Título	URL
Managing Projects from Eclipse with ADT	`http://developer.android.com/guide/developing/projects/` `projects-eclipse.html`
Getting Started with Android Studio	`http://developer.android.com/sdk/installing/studio.html`
Debugging	`http://developer.android.com/tools/debugging/index.html`
Tools Help	`http://developer.android.com/tools/help/index.html`
Performance Tips	`http://developer.android.com/training/articles/perftips.` `html`
Keeping Your App Responsive	`http://developer.android.com/training/articles/perf-anr.` `html`
Launch Checklist (for Google Play)	`http://developer.android.com/distribute/googleplay/publish/` `preparing.html`
Get Started with Publishing	`http://developer.android.com/distribute/googleplay/publish/` `register.html`
Managing Your App's Memory	`http://developer.android.com/training/articles/memory.html`
Google Play Developer Distribution Agreement	`http://play.google.com/about/ developer-distribution-` `agreement.html`

Figura 1.32 Documentação online importante para desenvolvedores de Android.

Título	Assinatura	Descrição

Android Discuss	*Assine usando Google Groups:*
	`android-discuss`
	
	Assine via e-mail:
	`android-discuss-subscribe@`
	`googlegroups.com`
		Um grupo de discussão geral sobre o Android, em que você pode obter respostas às suas perguntas sobre desenvolvimento de aplicativos.

Stack Overflow	`http://stackoverflow.com/` `questions/tagged/android`	Use essa lista para fazer perguntas sobre desenvolvimento de aplicativos Android em nível de iniciante, incluindo como começar a usar Java e Eclipse, e perguntas sobre as melhores práticas.

Android Developers	`http://groups.google.com/`
	`forum/?fromgroups#!forum/`
	`android-developers`
		Os desenvolvedores Android experientes usam essa lista para solucionar problemas de aplicativos, problemas de projeto de interface gráfica do usuário, problemas de desempenho e muito mais.

Android Forums	`http://www.androidforums.com`	Faça perguntas, compartilhe dicas com outros desenvolvedores e encontre fóruns destinados a dispositivos Android específicos.

Figura 1.33 Grupos de discussão e fóruns sobre Android.

Dicas, vídeos e recursos para desenvolvimento com Android	URL
Exemplos de aplicativos Android do Google	`http://code.google.com/p/apps-for-android/`
Artigo da O'Reilly, "Ten Tips for Android Application Development"	`http://answers.oreilly.com/topic/862-ten-tips-for-android-application-development/`
Site Bright Hub™ para dicas sobre programação com Android e guias práticos	`http://www.brighthub.com/mobile/google-android.aspx`
O blog Android Developers	`http://android-developers.blogspot.com/`
O programa Sprint® Application Developers	`http://developer.sprint.com/site/global/develop/mobile_platforms/android/android.jsp`
Developer Center for Android do HTC	`http://www.htcdev.com/`
O site de desenvolvimento com Android da Motorola	`http://developer.motorola.com/`
Principais usuários de Android no Stack Overflow	`http://stackoverflow.com/tags/android/topusers`
Boletim semanal AndroidDev	`http://androiddevweekly.com/`
Blog Codependent de Chet Haase	`http://graphics-geek.blogspot.com/`
Blog sobre Android de Cyril Mottier	`http://cyrilmottier.com/`
Blog sobre Android de Romain Guy	`http://www.curious-creature.org/category/android/`
Canal no YouTube® para desenvolvedores de Android	`http://www.youtube.com/user/androiddevelopers`
Listas de reprodução de vídeo sobre Android	`http://developer.android.com/develop/index.html`
O que há de novo em ferramentas para desenvolvedor de Android	`http://www.youtube.com/watch?v=lmv1dTnhLH4`
Vídeos da sessão Google I/O 2013 Developer Conference	`http://developers.google.com/events/io/sessions`

Figura 1.34   Dicas, vídeos e recursos para desenvolvimento com Android.

1.12   Para finalizar

Este capítulo apresentou uma breve história do Android e examinou sua funcionalidade. Fornecemos links para parte da documentação online importante e para grupos de discussão e fóruns que você pode usar para se conectar à comunidade de desenvolvedores. Discutimos recursos do sistema operacional Android e fornecemos links para alguns aplicativos populares gratuitos e vendidos no Google Play. Apresentamos os pacotes Java, Android e Google que permitem usar as funcionalidades de hardware e software necessárias para construir uma variedade de aplicativos Android. Você vai usar muitos desses pacotes neste livro. Discutimos ainda a programação com Java e o SDK do Android. Você aprendeu sobre os gestos no Android e como fazer cada um deles em um dispositivo Android e no emulador. Oferecemos uma rápida revisão dos conceitos básicos da tecnologia de objetos, incluindo classes, objetos, atributos e comportamentos. Você testou o aplicativo **Doodlz** no emulador do Android para AVDs de smartphone e de tablet. No próximo capítulo, você vai construir seu primeiro aplicativo Android usando somente técnicas de programação visual. O aplicativo exibirá texto e duas imagens. Você também vai aprender sobre acessibilidade e internacionalização do Android.

2

Aplicativo Welcome

Mergulhando no Android Developer Tools: apresentando o projeto de interface visual, os layouts, a acessibilidade e a internacionalização

Objetivos

Neste capítulo, você vai:

- Aprender os fundamentos do Android Developer Tools (o IDE do Eclipse e o Plugin ADT para escrever, testar e depurar seus aplicativos Android.
- Usar o IDE para criar um novo projeto de aplicativo.
- Projetar uma interface gráfica de usuário visualmente (sem programação) usando o editor **Graphical Layout** do IDE.
- Exibir texto e duas imagens em uma interface gráfica.
- Editar as propriedades de componentes da interface gráfica do usuário.
- Construir e ativar um aplicativo no emulador do Android.
- Tornar o aplicativo mais acessível para pessoas com deficiência visual, especificando strings para usar com os recursos TalkBack e Explore-by-Touch do Android.
- Dar suporte para internacionalização para que seu aplicativo possa exibir strings adaptadas para diferentes idiomas.

Resumo

2.1 Introdução
2.2 Visão geral das tecnologias
   2.2.1 IDE Android Developer Tools
   2.2.2 Componentes TextView e ImageView
   2.2.3 Recursos do aplicativo
   2.2.4 Acessibilidade
   2.2.5 Internacionalização
2.3 Criação de um aplicativo
   2.3.1 Ativação do IDE Android Developer Tools
   2.3.2 Criação de um novo projeto
   2.3.3 Caixa de diálogo **New Android Application**
   2.3.4 Passo **Configure Project**
   2.3.5 Passo **Configure Launcher Icon**
   2.3.6 Passo **Create Activity**
   2.3.7 Passo **Blank Activity**
2.4 Janela Android Developer Tools
   2.4.1 Janela **Package Explorer**
   2.4.2 Janelas do editor
   2.4.3 Janela **Outline**
   2.4.4 Arquivos de recurso do aplicativo
   2.4.5 Editor **Graphical Layout**
   2.4.6 A interface gráfica de usuário padrão
2.5 Construção da interface gráfica de usuário do aplicativo com o editor **Graphical Layout**
   2.5.1 Adição de imagens ao projeto
   2.5.2 Alteração da propriedade **Id** dos componentes RelativeLayout e TextView
   2.5.3 Configuração do componente TextView
   2.5.4 Adição de componentes ImageView para exibir as imagens
2.6 Execução do aplicativo **Welcome**
2.7 Torne seu aplicativo acessível
2.8 Internacionalização de seu aplicativo
2.9 Para finalizar

2.1 Introdução

Neste capítulo, *sem escrever código*, você vai construir o aplicativo **Welcome**, o qual exibe uma mensagem de boas-vindas e duas imagens. Você vai usar o *IDE Android Developer Tools* para criar um aplicativo que executa em telefones Android. Em capítulos posteriores, veremos que também é possível criar aplicativos que podem ser executados em tablets ou em telefones e em tablets. Você vai criar um aplicativo Android simples (Fig. 2.1) usando o **editor Graphical Layout** do IDE, o qual permite construir interfaces gráficas utilizando técnicas de *arrastar e soltar*. Vai executar seu aplicativo no *emulador* do Android

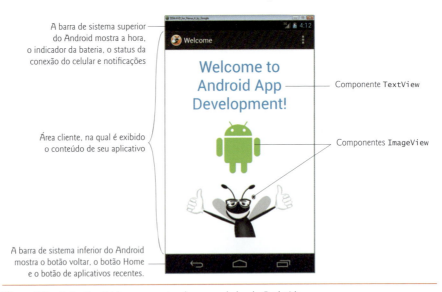

Figura 2.1 Aplicativo Welcome executando no emulador do Android.

(e em um telefone Android, caso tenha um disponível). Por fim, vai aprender a tornar o aplicativo mais *acessível* para pessoas deficientes e a *internacionalizá-lo* para exibir strings *adaptadas* para diferentes idiomas. No site do livro – `http://www.deitel.com/books/AndroidFP2` –, fornecemos a versão para *IDE Android Studio* deste capítulo. Aqui, presumimos que você tenha lido o Prefácio, a seção "Antes de começar" e a Seção 1.9.

2.2 Visão geral das tecnologias

Esta seção apresenta as tecnologias que você vai aprender neste capítulo.

2.2.1 IDE Android Developer Tools

Este capítulo apresenta o *IDE Android Developer Tools*. Ele vai ser utilizado para criar um novo projeto (Seção 2.3). Conforme você vai ver, o IDE cria a interface gráfica do usuário padrão que contém o texto "Hello world!". Em seguida, você vai usar o editor Graphical Layout do IDE e a janela Properties para construir visualmente uma interface gráfica de usuário simples, consistindo em texto e duas imagens (Seção 2.5).

2.2.2 Componentes `TextView` e `ImageView`

O texto deste aplicativo é exibido em um componente `TextView`, e suas imagens são exibidas em componentes `ImageView`. A interface gráfica padrão criada para este aplicativo contém um componente TextView que você vai modificar utilizando a janela Properties do IDE para configurar várias opções, como o texto do componente TextView, o tamanho da fonte e a cor da fonte (Seção 2.5.3). Em seguida, você usará o componente Palette dos controles da interface do usuário do editor Graphical Layout para arrastar e soltar componentes ImageView para a interface (Seção 2.5.4).

2.2.3 Recursos do aplicativo

Considera-se uma boa prática definir todas as strings e valores numéricos em arquivos de recurso, os quais são colocados nas subpastas da pasta `res` de um projeto. Na Seção 2.5.3, você vai aprender a criar recursos para strings (como o texto de um componente TextView) e medidas (como o tamanho da fonte). Vai aprender também a usar um recurso de cor interno do Android para especificar a cor da fonte do componente `TextView`.

2.2.4 Acessibilidade

O Android contém muitos recursos de *acessibilidade* para ajudar pessoas com vários tipos de deficiências a usar seus dispositivos. Por exemplo, deficientes visuais e físicos podem usar o recurso **TalkBack** do Android para permitir que um dispositivo pronuncie o texto da tela ou um texto que você forneça para ajudá-los a entender o objetivo e o conteúdo de um componente da interface gráfica. O recurso **Explore by Touch** do Android permite ao usuário tocar na tela para ouvir o aplicativo TalkBack falar o que está na tela próximo ao local do toque. A Seção 2.7 mostra como habilitar esses recursos e como configurar os componentes da interface gráfica do usuário de seu aplicativo para acessibilidade.

2.2.5 Internacionalização

Os dispositivos Android são usados no mundo todo. Para atingir o maior público possível com seus aplicativos, você deve pensar em personalizá-los para várias *localidades* e

38 Android para programadores

idiomas falados – isso é conhecido como **internacionalização**. A Seção 2.8 mostra como fornecer texto em espanhol para as strings de acessibilidade dos componentes TextView e ImageView do aplicativo Welcome; em seguida, mostra como testar o aplicativo em um AVD configurado para o idioma espanhol.

2.3 Criação de um aplicativo

Os exemplos deste livro foram desenvolvidos com as versões do Android Developer Tools (versão 22.x) e do SDK do Android (versões 4.3 e 4.4) que eram as mais atuais quando a obra estava sendo produzida. Supomos que você tenha lido a seção "Antes de começar" e tenha configurado o Java SE Development Kit (JDK) e o IDE Android Developer Tools que utilizou no teste da Seção 1.9. Esta seção mostra como usar o IDE para criar um novo projeto. Vamos apresentar recursos adicionais do IDE por todo o livro.

2.3.1 Ativação do IDE Android Developer Tools

Para ativar o IDE, abra a subpasta eclipse da pasta de instalação do *Android SDK/ADT bundle* e, em seguida, clique duas vezes no ícone do Eclipse (ou , dependendo de sua plataforma). Quando o IDE é iniciado pela primeira vez, aparece a página **Welcome** (mostrada originalmente na Fig.1.13). Se ela não aparecer, selecione **Help > Android IDE** para exibi-la.

2.3.2 Criação de um novo projeto

Um **projeto** é um grupo de arquivos relacionados, como arquivos de código e imagens que compõem um aplicativo. Para criar um aplicativo, você deve primeiro criar seu projeto. Para isso, clique no botão **New Android Application...** na página **Welcome** a fim de exibir a **caixa de diálogo** New Android Application (Fig. 2.2). Você também pode fazer isso selecionando **File > New > Android Application Project** ou clicando na lista suspensa do botão **New** ( ) da barra de ferramentas e selecionando **Android Application Project**.

2.3.3 Caixa de diálogo New Android Application

No primeiro passo da caixa de diálogo **New Android Application** (Fig. 2.2), especifique as seguintes informações e depois clique em **Next >**:

1. Campo **Application Name:** – o nome de seu aplicativo. Digite Welcome nesse campo.

2. Campo **Project Name:** – o nome do projeto, o qual aparece no nó-raiz do projeto, na guia **Package Explorer** do IDE. Por padrão, o IDE configura isso com o nome do aplicativo *sem espaços* e com cada letra inicial maiúscula – para um aplicativo chamado Address Book, o nome do projeto seria AddressBook. Se preferir usar outro nome, digite-o no campo **Project Name:**.

3. Campo **Package Name:** – o nome do pacote Java para o código-fonte de seu aplicativo. O Android e a loja Google Play utilizam isso como *identificador exclusivo* do aplicativo, o qual deve permanecer o mesmo em *todas* as versões de seu aplicativo. O nome do pacote normalmente começa com o nome de domínio de sua empresa ou instituição *ao contrário* – o nosso é deitel.com, de modo que iniciamos nossos nomes de pacote com com.deitel. Em geral, isso é seguido pelo nome do aplicativo. Por convenção, os nomes de pacote utilizam apenas letras minúsculas. O IDE especifica um nome de pacote que começa com com.example por padrão – isso serve *apenas* para propósitos de aprendizagem e deve ser alterado caso você pretenda distribuir seu aplicativo.

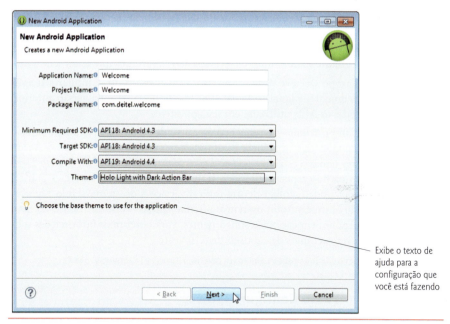

Figura 2.2   Caixa de diálogo **New Android Application**.

4. Campo **Minimum Required SDK:** – o *nível de API do Android mínimo* exigido para executar seu aplicativo. Isso permite que ele seja executado em dispositivos nesse nível de API e *mais altos*. Usamos o nível de API 18, que corresponde ao Android 4.3 – o mais baixo das duas versões utilizadas neste livro. A Figura 2.3 mostra as versões do SDK do Android e os níveis de API. Outras versões do SDK atualmente estão obsoletas (*deprecated*) e *não* devem ser usadas. A porcentagem de dispositivos Android executando cada versão da plataforma aparece em:

   `http://developer.android.com/about/dashboards/index.html`

Versão do SDK	Nível de API	Versão do SDK	Nível de API	Versão do SDK	Nível de API
4.4	19	4.0.3–4.0.4	15	2.2	8
4.3	18	4.0.1	14	2.1	7
4.2.x	17	3.2	13	1.6	4
4.1.x	16	2.3.3-2.3.7	10		

Figura 2.3   Versões do SDK do Android e níveis de API (`http://developer.android.com/about/dashboards/index.html`)

5. Campo **Target SDK:** – o nível de API *preferido*. Usamos o nível 19 (Android 4.4) para os aplicativos deste livro. Quando esta obra estava sendo produzida, 26% dos dispositivos Android ainda usavam o nível 10. Ao desenvolver aplicativos para distribuição, você frequentemente quer atingir o máximo de dispositivos possível. Por exemplo, para atingir dispositivos com Android 2.3.3 e superiores (98% de todos os dispositivos Android), você configuraria **Minimum Required SDK** como 10. Se for configurado com um nível de API anterior ao que está em **Target SDK**, *você deverá*

certificar-se de que seu aplicativo não use recursos de níveis de API acima de **Minimum Required SDK** ou que possa detectar o nível da API no dispositivo e ajustar sua funcionalidade de forma correspondente. A ferramenta *Android Lint*, que o IDE executa em segundo plano, indica os recursos não suportados que estão sendo utilizados.

6. Campo **Compile With:** – a versão da API usada ao compilar seu aplicativo. Normalmente, é igual ao **Target SDK**, mas poderia ser uma versão anterior que suporte todas as APIs utilizadas em seu aplicativo.

7. Campo **Theme:** – o tema padrão do Android de seu aplicativo, o qual proporciona ao aplicativo aparência e comportamento compatíveis com o Android. Existem três temas a escolher – *Holo Light*, *Holo Dark* e *Holo Light with Dark Action Bars* (o padrão especificado pelo IDE). Ao projetar uma interface gráfica do usuário, você pode escolher dentre muitas variações dos temas Holo Light e Holo Dark. Para este capítulo, usaremos o tema padrão – vamos discutir os temas com mais detalhes em capítulos subsequentes. Para obter mais informações sobre cada tema e ver exemplos de capturas de tela, visite

```
http://developer.android.com/design/style/themes.html
```

2.3.4 Passo Configure Project

No passo **Configure Project** da caixa de diálogo **New Android Application** (Fig. 2.4), deixe as configurações padrão como mostrado e clique em **Next >**. Essas configurações permitem especificar o ícone para seu aplicativo e definir a `Activity` – uma classe que controla a execução do aplicativo – nos passos subsequentes.

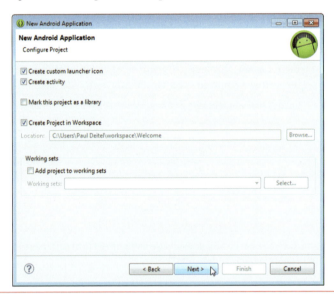

Figura 2.4 Caixa de diálogo **New Android Application** – passo 2 New Android Application.

2.3.5 Passo Configure Launcher Icon

Quando seu aplicativo é instalado em um dispositivo, seu ícone e seu nome aparecem, com todos os outros aplicativos instalados, no *lançador*, o qual você pode acessar por meio do ícone ⊕ na tela inicial de seu dispositivo. O Android pode ser executado em uma grande variedade de dispositivos, com diferentes tamanhos e resoluções de tela. Para garantir uma boa aparência de suas imagens em todos os dispositivos, você deve fornecer várias versões de cada imagem utilizada por seu aplicativo. O Android pode escolher a imagem correta automaticamente, com base em diversas especificações, como a resolução da tela (largura e altura em pixels) ou DPI (pontos por polegada). Vamos discutir esses mecanismos a partir do Capítulo 3. Mais informações sobre projetos para tamanhos e resoluções de tela variados podem ser encontradas em

```
http://developer.android.com/training/multiscreen/index.html
```

e sobre ícones de modo geral em

```
http://developer.android.com/design/style/iconography.html
```

O passo **Configure Launcher Icon** (Fig. 2.5) permite configurar o ícone do aplicativo a partir de uma imagem existente, de um clip-art ou de texto. Isso exige que você especifique e crie versões em escala de 48 por 48, 72 por 72, 96 por 96 e 144 por 144 para suportar várias resoluções de tela. Para este aplicativo, usamos uma imagem chamada DeitelOrange.png. Para usá-la, clique em **Browse...** à direita do campo **Image File:**, navegue até a pasta images na pasta de exemplos do livro, selecione DeitelOrange.png e clique em **Open**. Apresentações prévias das imagens em escala aparecem na área **Preview** da caixa de diálogo. Essas imagens serão colocadas nas pastas apropriadas no projeto do aplicativo. Nem sempre as imagens são bem dimensionadas. Para aplicativos que você pretende colocar na loja Google Play, talvez queira pedir para um artista projetar ícones para as resoluções adequadas. No Capítulo 9, discutimos o envio de aplicativos para a loja Google Play e listamos várias empresas que oferecem serviços de projeto de ícones gratuitos e pagos. Clique em **Next >** para continuar no passo **Create Activity**.

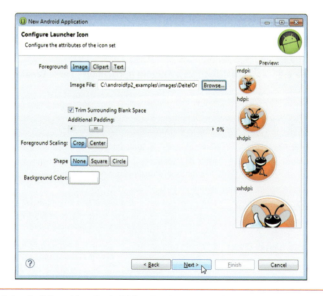

Figura 2.5 Caixa de diálogo **New Android Application** – passo **Configure Launcher Icon**.

2.3.6 Passo Create Activity

No passo **Create Activity** (Fig. 2.6), você seleciona o template para a Activity de seu aplicativo. Os **templates** economizam seu tempo, fornecendo pontos de partida previamente configurados para projetos de aplicativo comumente utilizados. A Figura 2.7 descreve sucintamente três dos templates mostrados na Figura 2.6. Para este aplicativo, selecione **Blank Activity** e, em seguida, clique em **Next >**. Vamos usar os outros templates em capítulos posteriores.

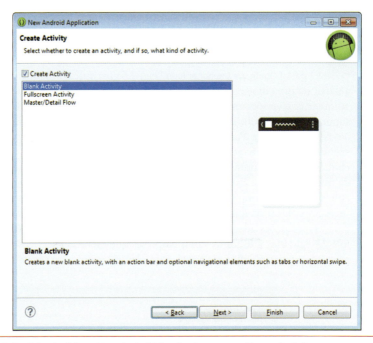

Figura 2.6 Caixa de diálogo **New Android Application** – passo **Create Activity**.

Template	Descrição
Blank Activity	Utilizado para um *aplicativo de tela única*, no qual você mesmo constrói a maior parte da interface gráfica do usuário. Fornece uma *barra de ação* na parte superior do aplicativo, a qual exibe o nome do aplicativo, e pode mostrar controles que permitem ao usuário interagir com ele.
Fullscreen Activity	Utilizado para um *aplicativo de tela única* (semelhante a **Blank Activity**) que ocupa a tela inteira, mas pode alternar a visibilidade da barra de status do dispositivo e a barra de ação do aplicativo.
Master/Detail Flow	Utilizado para um aplicativo que exibe uma *lista mestra* de itens, dos quais o usuário pode escolher um para ver seus *detalhes* – semelhante aos aplicativos incorporados **Email** e **People**. Para tablets, a lista mestra e os detalhes aparecem lado a lado na mesma tela. Para telefones, ela é mostrada em uma única tela, e a seleção de um item exibe seus detalhes em uma tela separada.

Figura 2.7 Templates de Activity.

Capítulo 2 Aplicativo Welcome **43**

2.3.7 Passo Blank Activity

Este passo depende do template selecionado no passo anterior. Para o template **Blank Activity**, este passo permite especificar:

- **Activity Name** (nome da atividade) – `MainActivity` é o nome padrão fornecido pelo IDE. Esse é o nome de uma subclasse de `Activity` que controla a execução do aplicativo. A partir do Capítulo 3, vamos modificar essa classe para implementar as funcionalidades de um aplicativo.

- **Layout Name** (nome do layout) – `activity_main.xml` é o nome de arquivo padrão fornecido pelo IDE. Esse arquivo armazena uma representação em XML da interface gráfica do usuário do aplicativo. Neste capítulo, você vai construir a interface do usuário (Seção 2.5) usando técnicas visuais.

- **Fragment Layout Name** (nome do layout do fragmento) – `fragment_main` é o nome de arquivo padrão fornecido pelo IDE. A interface gráfica do usuário (GUI) de uma atividade normalmente contém um ou mais fragmentos que descrevem porções dessa GUI. No template de aplicativo padrão, `activity_main` mostra a GUI descrita por `fragment_main`. Discutimos fragmentos em mais detalhes a partir do Capítulo 5. Até lá, vamos simplesmente ignorar o arquivo `fragment_main`.

- **Navigation Type** (tipo de navegação) – `None` é o padrão especificado pelo IDE. O aplicativo **Welcome** não fornece nenhuma funcionalidade. Em um aplicativo que suporta interações do usuário, você pode selecionar um **Navigation Type** apropriado para permitir que o usuário navegue pelo conteúdo de seu aplicativo. Vamos discutir as opções de navegação com mais detalhes em aplicativos posteriores.

Clique em **Finish** para criar o projeto.

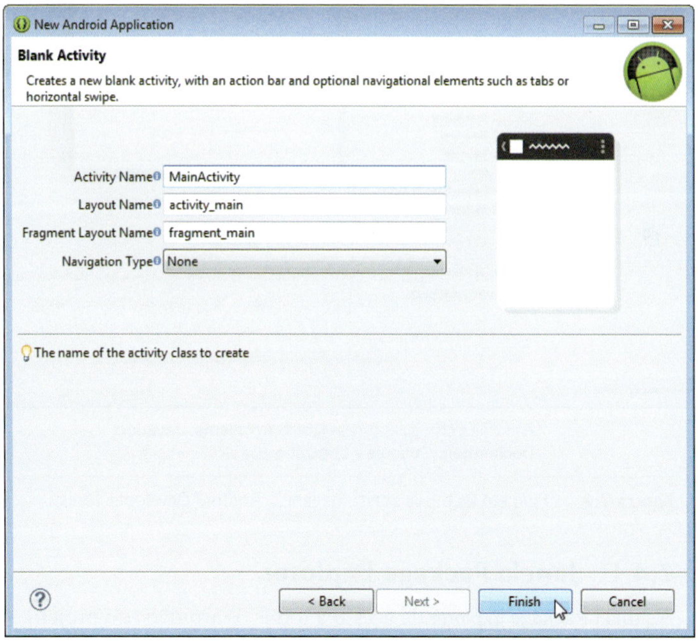

Figura 2.8 Caixa de diálogo **New Android Application** – passo **Blank Activity**.

2.4 Janela Android Developer Tools

Depois de criar o projeto, o IDE abre `MainActivity.java` e `fragment_main.xml`. Feche esse último arquivo e abra `activity_main.xml` a partir da pasta `res/layout` do projeto para que o IDE apareça como mostrado na Figura 2.9. O IDE mostra o editor **Graphical Layout** para que você possa começar a projetar a interface gráfica do usuário de seu aplicativo. Neste capítulo, discutimos apenas os recursos do IDE necessários para construir o aplicativo **Welcome**. Vamos apresentar muito mais recursos do IDE ao longo do livro.

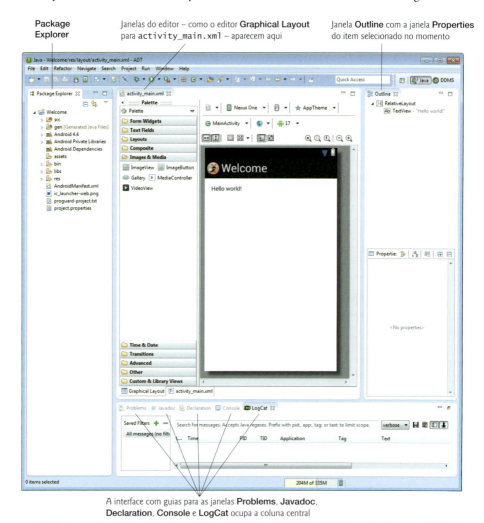

Figura 2.9 O projeto `Welcome` aberto na janela Android Developer Tools.

2.4.1 Janela Package Explorer

A janela **Package Explorer** dá acesso a todos os arquivos do projeto. A Figura 2.10 mostra o projeto do aplicativo **Welcome** na janela **Package Explorer**. O nó **Welcome** representa o projeto. É possível ter muitos projetos abertos simultaneamente no IDE – cada um vai ter seu próprio *nó de nível superior*. Dentro de um nó do projeto, o conteúdo é organizado em pastas e arquivos. Neste capítulo, você vai usar apenas arquivos localizados na pasta res, a qual discutimos na Seção 2.4.4 – discutiremos as outras pastas à medida que as utilizarmos em capítulos posteriores.

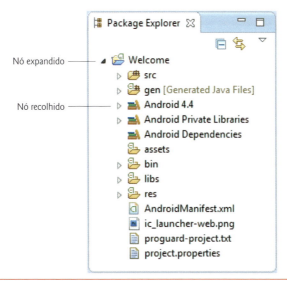

Figura 2.10 Janela **Package Explorer**.

2.4.2 Janelas do editor

À direita do **Package Explorer** na Figura 2.9 está a janela do editor **Graphical Layout**. Quando você clica duas vezes em um arquivo no **Package Explorer**, seu conteúdo aparece em uma janela de editor apropriada, dependendo do tipo do arquivo. Para um arquivo Java, aparece o editor de código-fonte Java. Para um arquivo XML que representa uma interface gráfica do usuário (como activity_main.xml), aparece o editor **Graphical Layout**.

2.4.3 Janela Outline

A janela **Outline** é exibida no lado direito do IDE (Fig. 2.9). Essa janela mostra informações relacionadas ao arquivo que está sendo editado no momento. Para uma interface gráfica de usuário, ela mostra todos os elementos que compõem a interface. Para uma classe Java, ela mostra o nome da classe e seus métodos e campos.

2.4.4 Arquivos de recurso do aplicativo

Arquivos de layout, como activity_main.xml (na pasta res/layout do projeto), são considerados *recursos* de aplicativo e são armazenados na pasta res do projeto. Dentro dessa pasta, existem subpastas para diferentes tipos de recurso. Os que utilizamos neste aplicativo aparecem na Figura 2.11, e os outros (menu, animator, anim, color, raw e xml) serão discutidos à medida que precisarmos deles ao longo do livro.

46 Android para programadores

Subpasta de recurso	Descrição
drawable	Nomes de pasta que começam com drawable normalmente contêm imagens. Essas pastas também podem conter arquivos XML representando formas e outros tipos de itens desenháveis (como as imagens que representam os estados *não pressionado* e *pressionado* de um botão).
layout	Nomes de pasta que começam com layout contêm arquivos XML que descrevem interfaces gráficas do usuário, como o arquivo activity_main.xml.
values	Nomes de pasta que começam com values contêm arquivos XML que especificam valores de *arrays* (arrays.xml), *cores* (colors.xml), *dimensões* (dimen.xml; valores como larguras, alturas e tamanhos de fonte), *strings* (strings.xml) e *estilos* (styles.xml). Esses nomes de arquivo são usados por convenção, mas *não* são obrigatórios – na verdade, você pode colocar todos os recursos desses tipos em *um* arquivo apenas. Considera-se a melhor prática definir os dados de arrays, cores, tamanhos, strings e estilos codificados no programa como *recursos*, para que possam ser facilmente modificados sem alterar o código Java do aplicativo. Por exemplo, se um *recurso de dimensão* é referenciado em muitos locais em seu código, você pode alterar o arquivo de recurso apenas uma vez, em vez de localizar todas as ocorrências de um valor de dimensão codificado nos arquivos-fonte Java de seu aplicativo.

Figura 2.11   Subpastas da pasta res do projeto utilizadas neste capítulo.

2.4.5   Editor Graphical Layout

Quando você cria um projeto, o IDE abre o arquivo fragment_main.xml do aplicativo no editor **Graphical Layout**. Se ainda não fez isso, feche esse arquivo e clique duas vezes em activity_main.xml na pasta res/layout de seu aplicativo para abri-lo no editor (Fig 2.12).

Selecionando o tipo de tela para o projeto da interface gráfica do usuário

Os dispositivos Android podem ser executados em muitos tipos de aparelhos. Neste capítulo, você vai projetar a interface gráfica do usuário de um telefone Android. Conforme mencionamos na seção "Antes de começar", utilizamos para esse propósito um AVD que emula o telefone Google Nexus 4. O editor **Graphical Layout** vem com muitas configurações de dispositivo que representam vários tamanhos e resoluções de tela que podem ser usados para projetar sua interface. Para este capítulo, usamos o **Nexus 4** predefinido, o qual selecionamos na lista suspensa de tipo de tela na Figura 2.12. Isso não quer dizer que o aplicativo só pode ser executado em um aparelho Nexus 4 – significa simplesmente que o projeto é para dispositivos com tamanho e resolução de tela similares aos do Nexus 4. Em capítulos posteriores, você vai aprender a projetar suas interfaces gráficas para mudar de escala adequadamente para uma ampla variedade de dispositivos.

2.4.6   A interface gráfica de usuário padrão

A interface gráfica de usuário padrão (Fig. 2.12) para um aplicativo **Blank Page** consiste em um componente FrameLayout (chamado container) com fundo claro (especificado pelo tema que escolhemos ao criarmos o projeto). Um **FrameLayout** é projetado para mostrar apenas um componente de interface gráfica do usuário – normalmente um layout que contém muitos outros componentes de interface. Neste aplicativo, usaremos **RelativeLayout**, um componente que organiza os elementos da interface gráfica de usuário *um em relação ao outro* ou *em relação ao layout em si* – por exemplo, você pode especificar que um deve aparecer *abaixo* de outro e ser *centralizado horizontalmente*

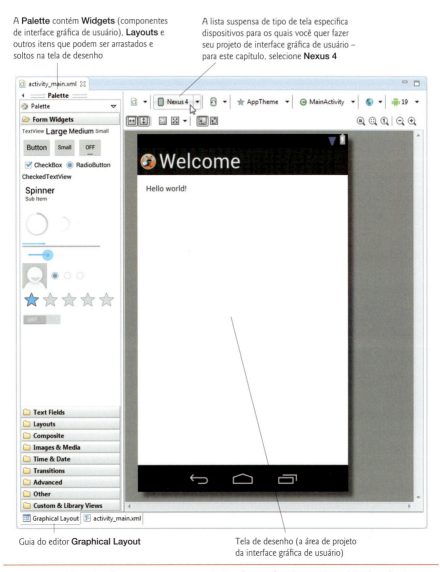

Figura 2.12 Vista do editor **Graphical Layout** da interface gráfica de usuário padrão do aplicativo.

dentro RelativeLayout. Um componente TextView exibe texto. Vamos falar mais sobre cada um deles na Seção 2.5.

2.5 Construção da interface gráfica de usuário do aplicativo com o editor Graphical Layout

O editor **Graphical Layout** do IDE permite construir a interface gráfica do usuário arrastando e soltando componentes – como TextView, ImageView e Button – em uma área de projeto. Por padrão, o layout da interface gráfica de um MainActivity de **Blank App** é armazenado em um arquivo XML chamado **activity_main.xml**, localizado na pasta res do projeto, na subpasta layout. Neste capítulo, vamos usar o editor **Graphical Layout** e a janela **Outline** para construir a interface gráfica e *não* vamos estudar o código XML gerado. As ferramentas de desenvolvimento para Android foram aprimoradas a ponto de, na maioria dos casos, não ser necessário manipular a marcação XML diretamente.

2.5.1 Adição de imagens ao projeto

Para este aplicativo, você precisará adicionar ao projeto a imagem do inseto da Deitel (bug.png) e a imagem do logotipo do Android (android.png). Elas se encontram com os exemplos do livro na subpasta Welcome da pasta images. *Todos os nomes de arquivo de recursos de imagem – e todos os outros recursos sobre os quais você vai aprender em capítulos posteriores – devem ter letras minúsculas.*

Como os dispositivos Android têm *tamanhos de tela, resoluções* e *densidades de pixel* (isto é, pontos por polegada ou DPI – dots per inch) variados, você normalmente fornece imagens em resoluções variadas, que o sistema operacional escolhe com base na densidade de pixels de um dispositivo. Por isso, a pasta res de seu projeto contém várias subpastas que começam com o nome drawable. Essas pastas armazenam imagens com diferentes densidades de pixels (Fig. 2.13).

Densidade	Descrição
drawable-ldpi	*Densidade baixa* – aproximadamente 120 pontos por polegada.
drawable-mdpi	*Densidade média* – aproximadamente 160 pontos por polegada.
drawable-hdpi	*Densidade alta* – aproximadamente 240 pontos por polegada.
drawable-xhdpi	*Densidade extra alta* – aproximadamente 320 pontos por polegada.
drawable-xxhdpi	*Densidade extra extra alta* – aproximadamente 480 pontos por polegada.
drawable-xxxhdpi	*Densidade extra extra extra alta* – aproximadamente 640 pontos por polegada.

Figura 2.13 Densidades de pixels do Android.

As imagens para dispositivos com densidade de pixels semelhante ao telefone Google Nexus 4 que utilizamos em nosso AVD de telefone são colocadas na pasta drawable-hdpi. As imagens para dispositivos com densidades de pixels mais altas (como as de alguns telefones e tablets) são colocadas nas pastas drawable-xhdpi ou drawable-xxhdpi. As imagens para as telas de densidade média e baixa de dispositivos Android mais antigos são colocadas nas pastas drawable-mdpi e drawable-ldpi, respectivamente.

Para este aplicativo, fornecemos somente uma versão de cada imagem. Se o Android não conseguir encontrar uma imagem na pasta drawable apropriada, aumentará ou diminuirá a escala da versão a partir de outra pasta drawable, de acordo com as diferentes densidades.

Observação sobre aparência e comportamento 2.1
Imagens em baixa resolução não proporcionam boa escalabilidade. Para que as imagens sejam bem visualizadas, um dispositivo de alta densidade de pixels precisa de imagens de resolução mais alta do que um dispositivo de baixa densidade de pixels.

Observação sobre aparência e comportamento 2.2
Para obter informações detalhadas sobre suporte para várias telas e tamanhos de tela no Android, visite http://developer.android.com/guide/practices/screens_support.html.

Execute os passos a seguir para adicionar as imagens nesse projeto:

1. Na janela **Package Explorer**, expanda a pasta res do projeto.
2. Localize e abra a subpasta Welcome da pasta images em seu sistema de arquivos e, então, arraste as imagens para a subpasta drawable-hdpi da pasta res. Na caixa de diálogo **File Operation** que aparece, certifique-se de que **Copy Files** esteja selecionado e, então, clique em **OK**. Em geral, você deve usar imagens PNG, mas também são aceitas imagens JPG e GIF.

Agora essas imagens podem ser usadas no aplicativo.

2.5.2 Alteração da propriedade Id dos componentes RelativeLayout e TextView

Quando uma interface gráfica de usuário é exibida no editor **Graphical Layout**, você pode usar a janela **Properties** na parte inferior da janela **Outline** para configurar as propriedades do layout ou do componente selecionado sem editar a marcação XML diretamente. Para selecionar um layout ou componente, clique nele no editor **Graphical Layout** ou selecione seu nó na janela **Outline** (Fig. 2.14). Em geral, é mais fácil selecionar componentes específicos na janela **Outline**.

Figura 2.14 Visualização hierárquica da interface gráfica do usuário na janela **Outline**.

Para começar a construir a interface gráfica do usuário, clique com o botão direito em FrameLayout, na janela **Outline**, selecione **ChangeLayout...**, depois **RelativeLayout** e clique em **OK**. Você deve mudar o nome de cada layout e componente para um nome relevante, especialmente se eles serão manipulados via programação (como faremos em aplicativos posteriores). Isso é feito por meio da **propriedade Id** – a Id padrão para o FrameLayout em activity_main.xml é container, o que iremos mudar. A propriedade Id pode ser usada para acessar e modificar um componente em um layout e a partir de um código Java. Conforme veremos em breve, Id é usada para especificar o *posicionamento relativo* de elementos em um componente RelativeLayout. Na parte superior da janela **Properties**, configure seu valor como

```
@+id/welcomeRelativeLayout
```

e pressione *Enter*. Na caixa de diálogo **Update References**, clique em **Yes**; na caixa de diálogo **Rename Resource**, clique em **OK** para completar a alteração. O + na sintaxe @+id indica que uma *nova id* para referenciar àquele componente de interface gráfica deve ser criada usando o identificador à direita do sinal de barra normal (/). A janela **Properties** deve agora aparecer como na Figura 2.15.

Na maioria dos aplicativos, é preciso dar espaço extra em torno de um layout – algo conhecido como *padding* – para separar os componentes do layout de componentes de outros layouts e das bordas da tela do dispositivo. Com as mudanças recentes no template de aplicativo padrão do Google, esse *padding* não é mais incluído em activity_main.xml. Para adicioná-lo a este aplicativo, role até a subseção **View** da janela **Properties**. Para as propriedades **Padding Left** e **Padding Right**, clique no botão de elipse na figura, selecione activity_horizontal_margin e clique em **OK**. Repita esses passos para **Padding Top** e **Padding**

Bottom, selecionando `activity_vertical_margin`. O *padding* será discutido em mais detalhes no próximo capítulo. A janela **Properties** deve agora aparecer como na Figura 2.15.

Figura 2.15 Janela **Properties** após a alteração das propriedades **Id** dos componentes `RelativeLayout` e `TextView` na interface gráfica de usuário padrão do aplicativo.

2.5.3 Adição e configuração do componente `TextView`

Adicionando o componente `TextView` e configurando sua propriedade Id
Para adicionar o componente `TextView` à interface gráfica, arraste um `TextView` da palette no lado esquerdo do editor **Graphical Layout** até o nó `welcomeRelativeLayout` na janela **Outline**. Por padrão, o IDE atribui a `TextView` a identificação `textView1`. Com o `TextView` selecionado na janela **Outline**, mude sua propriedade **Id** para

```
@+id/welcomeTextView
```

Configurando a propriedade Text de `TextView` usando um recurso de string
De acordo com a documentação do Android para recursos de aplicativo

```
http://developer.android.com/guide/topics/resources/index.html
```

considera-se uma boa prática colocar strings, arrays de string, imagens, cores, tamanhos de fonte, dimensões e outros recursos de aplicativo no arquivo XML dentro das subpastas da pasta `res` do projeto, para que os recursos possam ser gerenciados separadamente do código Java de seu aplicativo. Esse processo é conhecido como *exteriorizar* os recursos. Por exemplo, se você exterioriza valores de cor, todos os componentes que utilizam a mesma cor podem ser atualizados com uma nova cor simplesmente alterando-se o valor da cor em um arquivo de recursos centralizado.

Se quiser *adaptar* seu aplicativo para vários idiomas, então armazenar as strings *separadamente* do código do aplicativo permitirá alterá-las facilmente. Na pasta `res` de seu projeto, a subpasta `values` contém um arquivo `strings.xml` que é utilizado para armazenar as strings do idioma padrão do aplicativo – inglês, para nossos aplicativos. Para fornecer strings adaptadas para outros idiomas, você pode criar pastas `values` separadas para cada idioma, conforme demonstraremos na Seção 2.8.

Para configurar a **propriedade Text** de TextView, crie um novo recurso de string no arquivo strings.xml, como segue:

1. Certifique-se de que o componente welcomeTextView esteja selecionado.
2. Localize sua propriedade **Text** na janela **Properties** e clique no botão de reticências à direita do valor da propriedade para exibir a caixa de diálogo **Resource Chooser**.
3. Na caixa de diálogo **Resource Chooser**, clique no botão **New String...** para exibir a caixa de diálogo **Create New Android String** (Fig. 2.16).

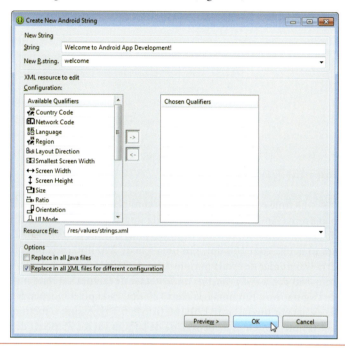

Figura 2.16 Caixa de diálogo **Create New Android String**.

4. Preencha os campos **String** e **New R.string** como mostrado na Fig. 2.16, marque a caixa de seleção **Replace in all XML file for different configurations** e, então, clique em **OK** para fechar a caixa de diálogo e retornar à caixa de diálogo **Resource Chooser**. O campo **String** especifica o texto que será exibido no componente TextView, e o campo **R.string** especifica o nome do recurso de string para que possamos referenciá-lo na propriedade **Text** de TextView.
5. O novo recurso de string, chamado welcome, é selecionado automaticamente. Clique em **OK** na caixa de diálogo **Resource Chooser** para utilizar esse recurso.

Na janela **Properties**, a propriedade **Text** deve agora aparecer como na Fig. 2.17. A sintaxe @string indica que um recurso de string será selecionado no arquivo strings.xml (localizado na pasta res/values do projeto), e welcome indica o recurso de string a ser selecionado.

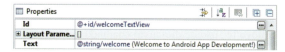

Figura 2.17 Janela **Properties** após a alteração da propriedade Text de TextView.

Configurando a propriedade Text Size de `TextView` – pixels em escala e pixels independentes da densidade

O tamanho dos componentes da interface gráfica do usuário e do texto pode ser especificado em várias unidades de medida (Fig. 2.18). A documentação para suportar vários tamanhos de tela

```
http://developer.android.com/guide/practices/screens_support.html
```

recomenda usar *pixels independentes de densidade* para as dimensões dos componentes da interface gráfica do usuário e outros elementos de tela, e *pixels independentes de escala* para tamanhos de fonte.

Unidade	Descrição
px	pixel
dp ou dip	pixel independente de densidade
sp	pixel independente de escala
in	polegadas
mm	milímetros

Figura 2.18 Unidades de medida.

Definir suas interfaces gráficas com **pixels independentes de densidade** permite à plataforma Android *mudar a escala* da interface com base na densidade de pixels da tela de determinado dispositivo. Um *pixel independente de densidade* é equivalente a um pixel em uma tela com 160 dpi. Em uma tela de 240 dpi, cada pixel independente de densidade vai mudar de escala por um fator de 240/160 (isto é, 1,5). Assim, um componente com 100 *pixels independentes de densidade* de largura vai mudar de escala para 150 *pixels* de largura *reais*. Em uma tela com 120 dpi, cada pixel independente de densidade muda de escala por um fator de 120/160 (isto é, 0,75). Assim, o mesmo componente com 100 pixels independentes de densidade de largura vai ter 75 pixels de largura reais. Os *pixels independentes de escala* mudam de escala como os pixels independentes de densidade, e também mudam de acordo com o *tamanho de fonte preferido* do usuário (conforme especificado nas configurações do dispositivo).

Agora você vai aumentar o tamanho da fonte de `TextView` e adicionar algum preenchimento acima desse componente para separar o texto da borda da tela do dispositivo. Para mudar o tamanho da fonte:

1. Certifique-se de que o componente `welcomeTextView` esteja selecionado.

2. Localize sua **propriedade** Text Size na janela **Properties** e clique no botão de reticências à direita do valor da propriedade para exibir a caixa de diálogo **Resource Chooser**.

3. Na caixa de diálogo **Resource Chooser**, clique no botão **New Dimension....**

4. Na caixa de diálogo que aparece, especifique `welcome_textsize` para **Name** e 40sp para **Value**; em seguida, clique em **OK** para fechar a caixa de diálogo e retornar à caixa de diálogo **Resource Chooser**. As letras sp no valor 40sp indicam que essa é uma medida de *pixel independente da escala*. As letras dp em um valor de dimensão (por exemplo, 10dp) indicam uma medida de *pixel independente de densidade*.

5. O novo recurso de dimensão chamado `welcome_textsize` é selecionado automaticamente. Clique em **OK** para usar esse recurso.

Configurando mais propriedades de `TextView`

Use a janela **Properties** para especificar as seguintes propriedades adicionais de `TextView`:

- Configure sua **propriedade Text Color** como @android:color/holo_blue_dark. O Android tem vários recursos de cor predefinidos. Quando você digita @android:color/ no campo de valor da propriedade **Text Color**, aparece uma lista suspensa com recursos de cor (Fig. 2.19). Selecione @android:color/holo_blue_dark nessa lista para mudar o texto para azul-escuro.

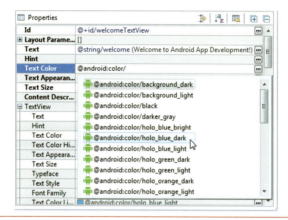

Figura 2.19 Configurando a propriedade **Text Color** de um componente `TextView` como @android:color/holo_blue_dark.

- Para centralizar o texto no componente `TextView`, caso ele utilize várias linhas, configure sua **propriedade Gravity** como center. Para isso, clique no campo **Value** dessa propriedade e, em seguida, clique no botão de reticências para exibir a caixa de diálogo **Select Flags Values** com as opções da propriedade **Gravity** (Fig. 2.20). Clique na caixa de seleção **center** e, em seguida, clique em **OK** para definir o valor.

Agora a janela do editor **Graphical Layout** deve aparecer como na Figura 2.21.

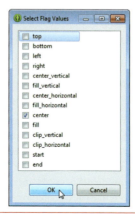

Figura 2.20 Opções para a propriedade **Gravity** de um objeto.

54 Android para programadores

Figura 2.21 A interface gráfica do usuário após a conclusão da configuração do componente `TextView`.

2.5.4 Adição de componentes `ImageView` para exibir as imagens

A seguir, você vai adicionar dois componentes `ImageView` à interface gráfica do usuário para exibir as imagens que adicionou ao projeto na Seção 2.5.1. Vai fazer isso arrastando os componentes `ImageView` da seção **Images & Media** da **Palette** para a interface, abaixo do componente `TextView`. Para isso, execute os passos a seguir:

1. Expanda a categoria **Images & Media** da **Palette** e, então, arraste um componente `ImageView` para a área de desenho, como mostrado na Fig. 2.22. O novo componente `ImageView` aparece abaixo do nó `welcomeTextView`. Quando você arrasta um componente para a área de desenho, o editor **Graphical Layout** exibe *marcadores de régua verdes* e aparece uma dica de ferramenta (tooltip). Os marcadores ajudam a posicionar os componentes na interface do usuário. A dica de ferramenta mostra como o componente da interface será configurado se você soltá-lo na posição atual do mouse. A dica de ferramenta na Fig. 2.22 indica que o componente `ImageView` será *centralizado horizontalmente* no layout pai (também indicado pelo marcador de régua tracejado que se estende de cima para baixo na interface do usuário) e colocado abaixo do componente `welcomeTextView` (também indicado por uma seta pelo marcador de régua tracejado).

2. Quando o componente `ImageView` é solto, a caixa de diálogo **Resource Chooser** (Fig. 2.23) aparece para que você possa escolher o recurso de imagem a ser exibido. Para cada imagem colocada em uma pasta `drawable`, o IDE gera um ID de recurso (isto é, um nome de recurso) que pode ser usado para referenciar essa imagem em seu projeto de interface gráfica de usuário e no código. O ID de recurso é o nome de arquivo da imagem, sem a extensão – para `android.png`, o ID de recurso é `android`. Selecione `android` e clique em **OK** a fim de exibir a imagem do robô (droid). Quando um novo componente é adicionado à interface do usuário, ele é selecionado automaticamente e suas propriedades aparecem na janela **Properties**.

Capítulo 2 Aplicativo Welcome **55**

Figura 2.22   Arrastando e soltando um componente `ImageView` na interface gráfica do usuário.

Figura 2.23   Selecionando o recurso de imagem `android` na caixa de diálogo **Resource Chooser**.

3. O IDE configura a propriedade **Id** do novo componente `ImageView` como `@+id/imageView1` por padrão. Altere isso para `@+id/droidImageView`. A caixa de diálogo **Update References?** aparece para confirmar a operação de *mudança de nome*. Clique em **Yes**. Em seguida, aparece a caixa de diálogo **Rename Resource** para mostrar todas as alterações que serão feitas. Clique em **OK** para concluir a operação de mudança de nome.

4. Repita os passos 1 a 3 anteriores a fim de criar o componente bugImageView. Para esse componente, arraste o componente ImageView para baixo de droidImageView, selecione o recurso de imagem do inseto na caixa de diálogo **Resource Chooser** e configure a propriedade **Id** como @+id/bugImageView na janela **Properties**; em seguida, salve o arquivo.

Agora a interface gráfica do usuário deve aparecer como a mostrada na Figura 2.24.

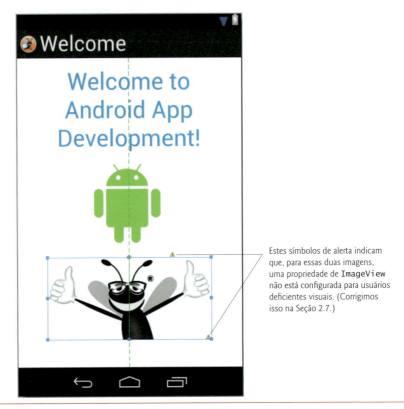

Figura 2.24 Projeto da interface gráfica do usuário concluído.

2.6 Execução do aplicativo Welcome

Para executar o aplicativo em um *AVD (Android Virtual Device)* para um telefone, execute os passos mostrados na Seção 1.9.1. A Figura 2.25 mostra o aplicativo em execução no AVD do Nexus 4 que foi configurado na seção "Antes de começar". Ele aparece na orientação *retrato*, em que a altura do dispositivo é maior que sua largura. Embora seja possível girar seu dispositivo ou AVD para a *orientação paisagem* (em que a largura é maior que a altura), a interface gráfica desse aplicativo não foi projetada para essa orientação. No próximo capítulo, você vai aprender a restringir a orientação de um aplicativo e, em capítulos subsequentes, vai aprender a criar interfaces de usuário mais dinâmicas, que podem lidar com as duas orientações.

Se quiser, você pode seguir os passos da Seção 1.9.3 para executar o aplicativo em um dispositivo Android. Embora esse aplicativo possa ser executado em um AVD de tablet ou em um tablet Android, sua interface gráfica ocupará somente uma pequena parte da tela de um tablet. Em geral, para aplicativos que podem ser executados tanto em telefones como em tablets, você também fornecerá um layout de tablet que utilize melhor o espaço disponível na tela, conforme demonstraremos em capítulos posteriores.

Figura 2.25 Aplicativo **Welcome** executado em um AVD.

2.7 Torne seu aplicativo acessível

O Android contém recursos de *acessibilidade* para ajudar pessoas com vários tipos de deficiências a usar seus dispositivos. Para deficientes visuais, o recurso **TalkBack** do Android pode pronunciar o texto que está na tela ou que você fornece (ao projetar sua interface de usuário ou por meio de programa) para ajudar o usuário a entender a finalidade de um componente da interface. O Android fornece também o recurso **Explore by Touch**, o qual permite ao usuário ouvir o aplicativo TalkBack pronunciar o que está no local em que o usuário toca na tela.

Quando o aplicativo TalkBack está habilitado e o usuário toca em um componente acessível da interface do usuário, ele pronuncia o texto de acessibilidade do componente e vibra o dispositivo para dar um retorno para deficientes auditivos. Todos os componentes de interface de usuário padrão do Android oferecem suporte para acessibilidade. Para os que exibem texto, o recurso TalkBack pronuncia esse texto por padrão – por exemplo, quando o usuário toca em um componente TextView, o TalkBack pronuncia o texto desse componente. O recurso TalkBack é habilitado no aplicativo **Settings**, sob **Accessibility**. Nessa página também é possível habilitar outros recursos de acessibilidade do Android, como um *tamanho de texto padrão maior* e a capacidade de usar *gestos que*

58 Android para programadores

ampliam áreas da tela. Infelizmente, atualmente o recurso TalkBack *não* é suportado em AVDs, de modo que você precisa executar esse aplicativo em um dispositivo para ouvi-lo pronunciar o texto. Quando o recurso TalkBack é habilitado, o Android oferece a opção de percorrer um tutorial sobre como utilizá-lo com o recurso Explore by Touch.

Habilitando o recurso TalkBack dos componentes ImageView

No aplicativo Welcome, não precisamos de texto mais descritivo para o componente TextView, pois o recurso TalkBack lerá o conteúdo desse componente. Contudo, para um componente ImageView, não há texto para o recurso TalkBack pronunciar, a não ser que você o forneça. Considera-se uma melhor prática no Android garantir que *todo* componente de interface gráfica de usuário possa ser usado com o recurso TalkBack, fornecendo-se texto para a propriedade Content Description de todo componente que não exiba texto. Por isso, o IDE nos avisou de que algo deu errado em nossa interface de usuário, exibindo pequenos ícones de alerta (⚠) no editor Graphical Layout, ao lado de cada componente ImageView. Esses alertas – os quais são gerados por uma ferramenta do IDE conhecida como *Android Lint* – indicam que não configuramos a propriedade Content Description de cada imagem. O texto que você fornece deve ajudar o usuário a entender a finalidade do componente. Para um componente ImageView, o texto deve descrever a imagem.

Para adicionar uma propriedade Content Description para cada componente Image-View (e eliminar os alertas da Android Lint), execute os passos a seguir:

1. Selecione o componente droidImageView no editor Graphical Layout.
2. Na janela Properties, clique no botão de reticências à direita da propriedade Content Description a fim de abrir a caixa de diálogo Resource Chooser.
3. Clique no botão New String... para exibir a caixa de diálogo Create New Android String.
4. Especifique "Android logo" no campo String e, no campo R.string, especifique android_logo; em seguida, pressione OK.
5. O novo recurso de string android_logo é selecionado na caixa de diálogo Resource Chooser; portanto, clique em OK para especificar esse recurso como valor para a propriedade Content Description de droidImageView.
6. Repita os passos anteriores para o componente bugImageView, mas na caixa de diálogo Create New Android String, especifique "Deitel double-thumbs-up bug logo" para o campo String e "deitel_logo" para o campo R.string. Salve o arquivo.

Quando você define a propriedade Content Description de cada componente ImageView, o ícone de alerta (⚠) do componente é removido no editor Graphical Layout.

Testando o aplicativo com TalkBack habilitado

Execute esse aplicativo em um dispositivo com TalkBack habilitado e, então, toque no componente TextView e em cada componente ImageView para ouvir o recurso TalkBack pronunciar o texto correspondente.

Aprendendo mais sobre acessibilidade

Alguns aplicativos geram componentes de interface gráfica dinamicamente, em resposta às interações do usuário. Para esses componentes, você pode definir o texto de acessibilidade via programação. As páginas de documentação para desenvolvedores de Android listadas a seguir fornecem mais informações sobre os recursos de acessibilidade do Android e uma lista de pontos a seguir ao desenvolver aplicativos acessíveis:

```
http://developer.android.com/design/patterns/accessibility.html
http://developer.android.com/guide/topics/ui/accessibility/index.html
http://developer.android.com/guide/topics/ui/accessibility/checklist.html
```

2.8 Internacionalização de seu aplicativo

Como você sabe, os dispositivos Android são usados no mundo todo. Para atingir o maior público possível, você deve pensar em personalizar seus aplicativos para várias localidades e idiomas falados – isso é conhecido como **internacionalização**. Por exemplo, se você pretende oferecer seu aplicativo na França, deve traduzir seus recursos (por exemplo, arquivos de texto e áudio) para o francês. Você também poderia optar por usar diferentes cores, elementos gráficos e sons, com base na *localidade*. Para cada localidade, você vai ter um conjunto separado e personalizado de recursos. Quando o usuário ativa o aplicativo, o Android localiza e carrega automaticamente os recursos correspondentes às configurações de localidade do dispositivo.

Adaptação local (localização)

Uma vantagem importante de definir seus valores de string como recursos de string (como fizemos neste aplicativo) é que você pode *adaptar* (ou "localizar") facilmente seu aplicativo para a localidade, criando arquivos de recurso XML adicionais para esses recursos de string em outros idiomas. Em cada arquivo, você usa os mesmos nomes de recurso de string, mas fornece a string *traduzida*. O Android pode então escolher o arquivo de recursos apropriado, com base no idioma preferido do usuário do dispositivo.

Dando nomes às pastas de recursos adaptados para o local

Os arquivos de recurso XML que contêm strings adaptadas ao local são colocados em subpastas da pasta `res` do projeto. O Android usa um esquema de atribuição de nomes de pasta especial para escolher automaticamente os recursos adaptados ao local corretos – por exemplo, a pasta `values-fr` conteria um arquivo `strings.xml` para francês e a pasta `values-es` conteria um arquivo `strings.xml` para espanhol. Você também pode dar nomes a essas pastas com informações regionais – `values-en-rUS` conteria um arquivo `strings.xml` para o inglês norte-americano e `values-en-rGB` conteria um arquivo `strings.xml` para o inglês britânico. Se, para determinada localidade, não forem fornecidos recursos adaptados, o Android usará os recursos *padrão* do aplicativo – isto é, os que estão na subpasta `values` da pasta `res`. Discutiremos essas *convenções de atribuição de nomes de recurso alternativos* com mais detalhes em capítulos posteriores.

Adicionando uma pasta de adaptação local ao projeto do aplicativo

Antes de adicionar uma versão adaptada à localidade do arquivo `strings.xml` do aplicativo **Welcome**, contendo strings em espanhol, você precisa adicionar a pasta `values-es` ao projeto. Para isso:

1. Na janela **Package Explorer** do IDE, clique com o botão direito do mouse na pasta `res` do projeto e selecione **New > Folder** para exibir a caixa de diálogo **New Folder**.

2. No campo **Folder name:** da caixa de diálogo, digite `values-es` e clique em **Finish**.

60 Android para programadores

Esses passos seriam repetidos, com uma pasta values-*localidade* com nome adequado para cada idioma que você quisesse permitir.

Copiando o arquivo `strings.xml` para a pasta `values-es`

A seguir, você vai copiar o arquivo `strings.xml` da pasta `values` para a pasta `values-es`. Para isso:

1. Na janela **Package Explorer** do IDE, abra a subpasta values da pasta res e, em seguida, clique com o botão direito do mouse no arquivo `strings.xml` e selecione **Copy** para copiar o arquivo.

2. Então, clique com o botão direito do mouse na pasta `values-es` e selecione **Paste** para inserir a cópia de `strings.xml` na pasta.

Adaptando as strings para a localidade

Neste aplicativo, a interface gráfica do usuário contém um componente `TextView` que exibe uma string e duas strings de descrição de conteúdo para os componentes `Image-View`. Todas essas strings foram definidas como recursos de string no arquivo `strings.xml`. Agora você pode traduzir as strings na nova versão do arquivo `strings.xml`. As empresas de desenvolvimento de aplicativo frequentemente ou têm tradutores internos ou contratam outras empresas para fazer as traduções. Na verdade, no Google Play Developer Console – que você utiliza para publicar seus aplicativos na loja Google Play –, é possível encontrar empresas de serviços de tradução. Para obter mais informações sobre o Google Play Developer Console, consulte o Capítulo 9 e

```
developer.android.com/distribute/googleplay/publish/index.html
```

Para este aplicativo, você vai substituir as strings

```
"Welcome to Android App Development!"
"Android logo"
"Deitel double-thumbs-up bug logo"
```

pelas strings em espanhol

```
"¡Bienvenido al Desarrollo de App Android!"
"Logo de Android"
"El logo de Deitel que tiene el insecto con dedos pulgares hacia arriba"
```

Para isso:

1. Na janela **Package Explorer** do IDE, clique duas vezes no arquivo `strings.xml` da pasta `values-es` a fim de exibir o editor **Android Resources** e, então, selecione o recurso de string `welcome` (Fig. 2.26).

2. No campo **Value**, substitua a string em inglês `"Welcome to Android App Development!"` pela string em espanhol `"¡Bienvenido al Desarrollo de App Android!"`. Se não puder digitar caracteres e símbolos especiais em espanhol em seu teclado, copie as strings em espanhol de nosso arquivo `res/values-es/strings.xml` na versão final do aplicativo **Welcome** (localizado na pasta `WelcomeInternationalized` com os exemplos do capítulo). Para colar a string em espanhol no campo **Value**, selecione a string em inglês, clique nela com o botão direito do mouse e selecione **Paste**.

3. Em seguida, selecione o recurso `android_logo` e mude seu campo **Value** para `"Logo de Android"`.

4. Por último, selecione o recurso `deitel_logo` e altere seu campo **Value** para `"El logo de Deitel que tiene el insecto con dedos pulgares hacia arriba"`.

5. Exclua os recursos de string app_name, action_settings e hello_world selecionando um por vez e clicando no botão **Remove**.... Será solicitado que você confirme cada operação de exclusão. Esses três recursos foram inseridos no arquivo strings.xml padrão quando você criou o projeto do aplicativo. Somente o recurso de string app_name é utilizado neste projeto. Vamos explicar o motivo de termos excluído os outros em breve.

6. Salve o arquivo strings.xml selecionando **File > Save** ou clicando no ícone 💾 da barra de ferramentas.

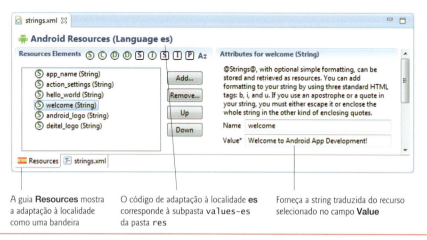

Figura 2.26 Editor **Android Resources** com o recurso de string welcome selecionado.

Testando o aplicativo em espanhol

Para testar o aplicativo em espanhol, você precisa alterar as configurações de idioma no emulador do Android (ou em seu dispositivo). Para isso:

1. Toque no ícone Home (■) no emulador ou em seu dispositivo.
2. Toque no ícone do lançador (●) e, então, localize e toque no ícone do aplicativo **Settings** (⚙).
3. No aplicativo **Settings**, role até a seção **PERSONAL** e, então, toque em **Language & input**.*
4. Toque em **Language** (o primeiro item da lista) e selecione **Español (España)** na lista de idiomas.

O emulador ou dispositivo muda sua configuração de idioma para espanhol e volta para as configurações de **Language & input**, as quais agora são exibidas em espanhol.

Em seguida, execute o aplicativo **Welcome** no IDE, o qual instala e executa a versão internacionalizada. A Figura 2.27 mostra o aplicativo executando em espanhol. Quando o aplicativo começa a executar, o Android verifica as configurações de idioma do AVD (ou do dispositivo), determina que o AVD (ou dispositivo) está configurado com espanhol e utiliza os recursos de string welcome, android_logo e deitel_logo definidos em res/values-es/strings.xml no aplicativo em execução. Observe, entretanto, que

---

* N. de R. T. Neste livro, os nomes das opções de menu do Android serão mantidos em inglês porque as traduções não são padronizadas entre os diversos fabricantes.

o nome do aplicativo ainda aparece em *inglês* na barra de ação na parte superior do aplicativo. Isso porque *não* fornecemos uma versão adaptada ao local para o recurso de string app_name no arquivo res/values-es/strings.xml. Lembre-se de que, quando o Android não consegue encontrar uma versão adaptada ao local de um recurso de string, ele usa a versão padrão do arquivo res/values/strings.xml.

>
> **Erro de programação comum 2.1**
> *Modificar os nomes de recursos pode levar a erros de tempo de execução. O Android usa os nomes de recurso padrão ao carregar recursos adaptados a localidades. Quando criar um arquivo de recurso adaptado ao local, certifique-se de modificar somente os valores dos recursos, não seus nomes.*

Figura 2.27 Aplicativo **Welcome** executando em espanhol no AVD do Nexus 4.

Retornando o AVD (ou dispositivo) para o inglês

Para retornar o AVD (ou dispositivo) para o inglês:

1. Toque no ícone Home (▬) no emulador ou em seu dispositivo.
2. Toque no ícone do lançador (⚫) e, então, localize e toque no ícone do aplicativo **Settings** (▬) – agora o aplicativo é chamado **Ajustes**, em espanhol.
3. Toque no item **Idioma y entrada de texto** para acessar as configurações de idioma.
4. Toque no item **Idioma** e, então, na lista de idiomas, selecione **English (United States)**.

TalkBack e adaptação para o local

Atualmente, o recurso TalkBack aceita inglês, espanhol, italiano, francês e alemão. Se você executar o aplicativo **Welcome** em um dispositivo com espanhol especificado como idioma e o recurso TalkBack habilitado, o TalkBack pronunciará as strings em espanhol do aplicativo quando cada componente da interface do usuário for tocado.

Na primeira vez que você trocar seu dispositivo para espanhol e habilitar o recurso TalkBack, o Android baixará automaticamente o conversor de texto para voz em espanhol. Se o recurso TalkBack *não* pronunciar as strings em espanhol, então esse conversor ainda não acabou de ser baixado e instalado. Nesse caso, tente executar o aplicativo novamente mais tarde.

Lista de verificação para adaptação ao local

Para obter mais informações sobre a adaptação ao local dos recursos de seu aplicativo, consulte a *Localization Checklist* do Android, em:

```
developer.android.com/distribute/googleplay/publish/localizing.html
```

2.9   Para finalizar

Neste capítulo, você usou o IDE Android Developer Tools para construir o aplicativo **Welcome** que exibia uma mensagem de boas-vindas e duas imagens sem escrever código. Criou uma interface gráfica de usuário simples usando o editor **Graphical Layout** do IDE e configurou propriedades dos componentes da interface usando a janela **Properties.**

O aplicativo apresentou texto em um componente `TextView` e imagens em componentes `ImageView`. Você modificou o componente `TextView` da interface de usuário padrão para exibir o texto do aplicativo centralizado na interface, com um tamanho de fonte maior e em uma das cores de tema padrão. Também usou o componente **Palette** dos controles da interface do usuário do editor **Graphical Layout** para arrastar e soltar componentes `ImageView` na interface. Seguindo as melhores práticas, você definiu todas as strings e valores numéricos em arquivos de recurso na pasta `res` do projeto.

Aprendeu que o Android possui recursos de acessibilidade para ajudar pessoas com vários tipos de deficiências a usar seus dispositivos. Mostramos como habilitar o recurso TalkBack do Android para permitir que um dispositivo pronuncie o texto da tela ou o texto que você fornece a fim de ajudar o usuário a entender o objetivo e o conteúdo de um componente da interface gráfica. Discutimos o recurso Explore by Touch do Android, o qual permite ao usuário tocar na tela para ouvir o aplicativo TalkBack falar o que está na tela próximo ao local do toque. Para os componentes `ImageView` do aplicativo, você forneceu descrições do conteúdo que podem ser usadas com TalkBack e Explore by Touch.

Por fim, você aprendeu a usar os recursos de internacionalização do Android para atingir o maior público possível para seus aplicativos. Você adaptou o aplicativo **Welcome** para a localidade com strings em espanhol para o texto do componente `TextView` e strings de acessibilidade dos componentes `ImageView`, e testou o aplicativo em um AVD configurado para espanhol.

O desenvolvimento com Android é uma combinação de projeto de interface gráfica do usuário e codificação em Java. No próximo capítulo, você vai desenvolver um aplicativo simples para calcular gorjetas chamado de **TIP Calculator**, utilizando o editor **Graphical Layout** para criar a interface gráfica do usuário visualmente e utilizando a programação com Java para especificar o comportamento do aplicativo.

3

Aplicativo Tip Calculator

Apresentando GridLayout, LinearLayout, EditText, SeekBar, tratamento de eventos, NumberFormat e definição de funcionalidade de aplicativo com Java

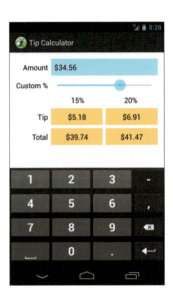

Objetivos

Neste capítulo, você vai:

- Projetar uma interface gráfica do usuário usando componentes `LinearLayout` e `GridLayout`.
- Usar a janela **Outline** do IDE para adicionar elementos de interface gráfica do usuário a componentes `LinearLayout` e `GridLayout`.
- Usar componentes de interface gráfica do usuário `TextView`, `EditText` e `SeekBar`.
- Usar recursos de programação orientada a objetos com Java, incluindo classes, objetos, interfaces, classes internas anônimas e herança para adicionar funcionalidades a um aplicativo Android.
- Interagir com elementos da interface gráfica do usuário via programação para alterar o texto que eles exibem.
- Usar tratamento de eventos para responder às interações do usuário com componentes `EditText` e `SeekBar`.
- Especificar que o teclado numérico sempre deve aparecer quando um aplicativo estiver executando.
- Especificar que um aplicativo suporta apenas orientação retrato.

Resumo

3.1 Introdução	**3.3.7** Implementação da interface `OnSeekBarChangeListener` para lidar com alterações na posição do cursor no componente SeekBar
3.2 Teste do aplicativo **Tip Calculator**	
3.3 Visão geral das tecnologias	
3.3.1 Classe `Activity`	
3.3.2 Métodos de ciclo de vida de `Activity`	3.3.8 `AndroidManifest.xml`
3.3.3 Organização de componentes de visualização com `GridLayout` e `LinearLayout`	**3.4** Construção da interface gráfica do usuário do aplicativo
	3.4.1 Introdução ao componente `GridLayout`
3.3.4 Criação e personalização da interface gráfica do usuário com o editor **Graphical Layout** e com as janelas **Outline** e **Properties**	3.4.2 Criação do projeto `TipCalculator`
	3.4.3 Alteração para um componente `GridLayout`
	3.4.4 Adição dos componentes `TextView`, `EditText`, `SeekBar` e `LinearLayout`
3.3.5 Formatação de números como moeda corrente específica da localidade e strings de porcentagem	3.4.5 Personalização das visualizações para concluir o projeto
3.3.6 Implementação da interface `TextWatcher` para lidar com alterações de texto em componente `EditText`	**3.5** Adição de funcionalidade ao aplicativo
	3.6 `AndroidManifest.xml`
	3.7 Para finalizar

3.1 Introdução

O aplicativo **Tip Calculator** (Fig. 3.1(a)) calcula e exibe possíveis gorjetas para contas de um restaurante. À medida que você insere cada dígito do valor de uma conta, tocando no *teclado numérico*, o aplicativo calcula e exibe o valor da gorjeta e o total da conta (valor da conta + gorjeta) para uma gorjeta de 15% e para uma porcentagem de gor-

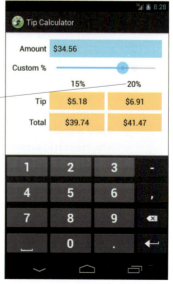

Figura 3.1 Inserindo o total da conta e calculando a gorjeta.

jeta personalizada (18% por padrão). Você pode especificar uma porcentagem de gorjeta personalizada de 0% a 30%, movendo o *cursor* de um componente SeekBar – isso atualiza a porcentagem personalizada mostrada e exibe a gorjeta personalizada e o total (Fig. 3.1(b)). Escolhemos 18% como porcentagem personalizada padrão porque muitos restaurantes nos Estados Unidos acrescentam essa taxa de serviço para festas com seis pessoas ou mais. O teclado numérico na Fig. 3.1 pode ser diferente de acordo com a versão de Android de seu AVD ou dispositivo ou se você tiver instalado e selecionado um teclado personalizado em seu dispositivo.

Começaremos testando o aplicativo – você vai utilizá-lo para calcular gorjetas de 15% e personalizadas. Em seguida, daremos uma visão geral das tecnologias utilizadas para criar o aplicativo. Você vai construir a interface gráfica do aplicativo usando o editor Graphical Layout do IDE Android Developer Tools e a janela Outline. Por fim, vamos apresentar o código Java completo do aplicativo e fazer um acompanhamento detalhado. Fornecemos online uma versão para Android Studio das Seções 3.2 e 3.4 em http://www.deitel.com/books/AndroidFP2.

3.2   Teste do aplicativo Tip Calculator

Abra e execute o aplicativo

Abra o IDE Android Developer Tools e importe o projeto do aplicativo Tip Calculator. Execute os passos a seguir:

1. ***Ative o AVD do Nexus 4.*** Para este teste, usaremos o AVD do smartphone Nexus 4 que você configurou na seção "Antes de começar". Para ativar o AVD do Nexus 4, selecione Window > Android Virtual Device Manager a fim de exibir a caixa de diálogo Android Virtual Device Manager. Selecione o AVD do Nexus 4 e clique em Start...; em seguida, clique no botão Launch na caixa de diálogo Launch Options que aparece.

2. ***Abra a caixa de diálogo Import.*** *Selecione* File > Import... para abrir a caixa de diálogo Import.

3. ***Importe o projeto do aplicativo Tip Calculator.*** Expanda o nó General, selecione Existing Projects into Workspace e, em seguida, clique em Next > para ir ao passo Import Projects. Certifique-se de que Select root directory esteja selecionado e, em seguida, clique em Browse.... Na caixa de diálogo Browse For Folder, localize a pasta TipCalculator na pasta de exemplos do livro, selecione-a e clique em OK. Certifique-se de que Copy projects into workspace *não* esteja selecionado. Clique em Finish para importar o projeto. Agora ele aparece na janela Package Explorer.

4. ***Ative o aplicativo Tip Calculator.*** Clique com o botão direito do mouse no projeto TipCalculator na janela Package Explorer e selecione Run As > Android Application para executar o Tip Calculator no AVD.

Digite um total de conta

Usando o teclado numérico, digite 34.56. Basta digitar 3456 – o aplicativo posicionará os centavos à direita do ponto decimal. Se cometer um erro, pressione o botão de exclusão (⌫) para apagar um dígito à direita por vez. Os componentes TextView sob os rótulos da gorjeta de 15% e da porcentagem de gorjeta personalizada (18% por padrão) mostram o valor da gorjeta e o total da conta para essas porcentagens. Todos os componentes TextView Tip e Total são atualizados sempre que você insere ou exclui um dígito.

Capítulo 3 Aplicativo Tip Calculator **67**

Selecione uma porcentagem de gorjeta personalizada

Use o componente Seekbar para especificar uma porcentagem de gorjeta *personalizada*. Arraste o *cursor* do componente Seekbar até que a porcentagem personalizada indique 20% (Fig. 3.1(b)). À medida que você arrasta o cursor, a gorjeta e o total para essa porcentagem de gorjeta personalizada são atualizados continuamente. Por padrão, o componente Seekbar permite selecionar valores de 0 a 100, mas especificamos um valor máximo de 30 para este aplicativo.

3.3 Visão geral das tecnologias

Esta seção apresenta os recursos do IDE e as tecnologias do Android que você vai usar para construir o aplicativo **Tip Calculator**. Supomos que você *já* conhece programação orientada a objetos com Java. Você vai:

- Usar várias classes Android para criar objetos.
- Chamar métodos em classes e objetos Android.
- Definir e chamar seus próprios métodos.
- Usar herança para criar uma subclasse da classe Activity do Android que define as funcionalidades do aplicativo **Tip Calculator**.
- Usar tratamento de eventos, classes internas anônimas e interfaces para processar as interações da interface gráfica do usuário.

3.3.1 Classe Activity

Ao contrário de muitos aplicativos Java, os aplicativos Android *não* têm um *método* main. Em vez disso, eles têm quatro tipos de componentes executáveis – *atividades*, *serviços*, *provedores de conteúdo* e *receptores de transmissão por broadcast*. Neste capítulo, vamos discutir as atividades, as quais são definidas como subclasses de **Activity** (pacote **android.app**). Os usuários interagem com uma atividade por meio de *componentes de visualização** – isto é, componentes da interface gráfica do usuário. Antes do Android 3.0, normalmente uma atividade distinta era associada a cada tela de um aplicativo. Como você vai ver a partir do Capítulo 5, uma atividade pode gerenciar vários fragmentos. Em um telefone, cada fragmento geralmente ocupa a tela inteira e a atividade alterna entre os fragmentos com base nas interações do usuário. Em um tablet, as atividades frequentemente exibem vários fragmentos por tela para aproveitar melhor o tamanho grande da tela.

3.3.2 Métodos de ciclo de vida de Activity

Ao longo de toda sua vida, uma atividade pode estar em um dentre vários *estados – ativa* (isto é, *em execução*), *pausada* ou *parada*. A atividade transita entre esses estados em resposta a vários *eventos*.

- Uma atividade *ativa* é *visível* na tela e "tem o foco" – isto é, está no *primeiro plano*. Essa é a atividade com que o usuário está interagindo.
- Uma atividade *pausada* é *visível* na tela, mas *não* tem o foco – como quando uma caixa de diálogo de alerta é exibida.

---

* N. de R. T. Neste livro, os termos *visualização*, *Views* e *componentes de visualização* são usados de forma intercambiada, conforme o contexto. Todos referem-se a componentes do tipo View.

- Uma atividade *parada não é visível* na tela e é provável que seja encerrada pelo sistema quando a memória que ocupa for necessária. Uma atividade é *parada* quando outra se torna *ativa*.

À medida que uma atividade transita entre esses estados, o runtime do Android chama vários *métodos de ciclo de vida* – todos os quais são definidos na classe `Activity`

```
http://developer.android.com/reference/android/app/Activity.html
```

Você vai sobrescrever o método `onCreate` em *cada* atividade. Esse método é chamado pelo runtime do Android quando uma atividade está *começando* – isto é, quando sua interface gráfica do usuário está prestes a ser exibida para que o usuário possa interagir com a atividade. Outros métodos de ciclo de vida importantes incluem `onStart`, `onPause`, `onRestart`, `onResume`, `onStop` e `onDestroy`. Vamos discutir *a maioria* desses métodos em capítulos posteriores. Cada método de ciclo de vida de atividade que você sobrescreve *deve* chamar a versão da superclasse; caso contrário, ocorrerá uma *exceção*. Isso é necessário porque cada método de ciclo de vida na superclasse `Activity` contém o código que deve ser executado, além do código que você define em seus métodos de ciclo de vida sobrescritos.

3.3.3 Organização de componentes de visualização com LinearLayout e GridLayout

Lembre-se de que os layouts organizam os componentes de visualização em uma interface gráfica do usuário. Um componente `LinearLayout` (pacote `android.widget`) organiza os views *horizontalmente* (o padrão) ou *verticalmente* e pode dimensioná-los proporcionalmente. Usaremos isso para organizar dois componentes `TextView` horizontalmente e garantir que cada um utilize metade do espaço horizontal disponível.

`GridLayout` (pacote `android.widget`) foi introduzido no Android 4.0 como um novo layout para organizar views em células em uma grade retangular. As células podem ocupar *várias* linhas e colunas, possibilitando layouts complexos. Em muitos casos, `GridLayout` pode ser usado para substituir o componente `TableLayout`, mais antigo e às vezes menos eficiente, que organiza componentes de visualização em linhas e colunas, em que cada linha normalmente é definida como um componente `TableRow` e o número de colunas é definido pelo componente `TableRow` que contém a maioria das células. Normalmente, `GridLayout` exige nível de API 14 ou mais alto. Contudo, a *Android Support Library* fornece versões alternativas de `GridLayout` e de muitos outros recursos de interface gráfica do usuário para que você possa utilizá-los em versões mais antigas do Android. Para obter mais informações sobre essa biblioteca e como utilizá-la em seus aplicativos, visite:

```
http://developer.android.com/tools/support-library/index.html
```

Um componente `GridLayout` *não pode* especificar, dentro de determinada linha, que o espaço horizontal deve ser alocado *proporcionalmente* entre vários componentes de visualização. Por isso, várias linhas na interface gráfica do usuário deste aplicativo colocarão dois componentes `TextView` em um componente `LinearLayout` horizontal. Isso permitirá colocar dois componentes `TextView` na mesma célula de `GridLayout` e dividir o espaço da célula igualmente entre eles. Vamos abordar mais layouts e visualizações em capítulos posteriores – para ver uma lista completa, visite:

```
http://developer.android.com/reference/android/widget/package-summary.html
```

3.3.4 Criação e personalização da interface gráfica do usuário com o editor Graphical Layout e com as janelas Outline e Properties

Você vai criar componentes TextView, EditText e SeekBar usando o editor **Graphical Layout** do IDE (que foi utilizado no Capítulo 2) e a janela **Outline**; então, vai personalizá-los com a janela **Properties** do IDE – a qual aparece na parte inferior da janela **Outline** quando se está editando uma interface gráfica no editor **Graphical Layout**. Isso vai ser feito *sem* manipular diretamente o código XML armazenado nos arquivos da pasta res do projeto.

Um componente EditText – frequentemente chamado de *caixa de texto* ou *campo de texto* em outras tecnologias de interface gráfica do usuário – é uma *subclasse* de TextView (apresentado no Capítulo 2) que pode exibir texto *e* aceitar entrada de texto do usuário. Você vai especificar um componente EditText para entrada *numérica*, só vai permitir que os usuários insiram dígitos e vai restringir o número *máximo* de dígitos que podem ser inseridos.

Um componente SeekBar – frequentemente chamado de *controle deslizante* em outras tecnologias de interface gráfica do usuário – representa um valor inteiro no intervalo 0 a 100 por padrão e permite ao usuário selecionar um número nesse intervalo movendo o cursor do componente SeekBar. Você vai personalizar o componente SeekBar de modo que o usuário possa escolher uma porcentagem de gorjeta personalizada *somente* no intervalo mais limitado de 0 a 30.

Na janela **Properties**, as propriedades mais comumente personalizadas de uma visualização normalmente aparecem na parte superior, com seus nomes exibidos em negrito (Fig. 3.2). Todas as propriedades de uma visualização também são organizadas em categorias dentro da janela **Properties**. Por exemplo, a classe TextView herda muitas propriedades da classe View; portanto, a janela **Properties** exibe uma categoria TextView com propriedades específicas para esse componente, seguida de uma categoria View com propriedades herdadas da classe View.

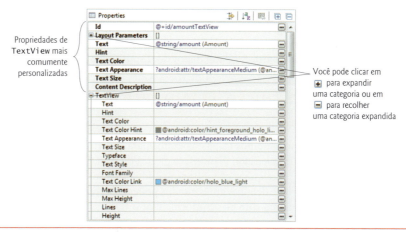

Figura 3.2 Janela **Properties** mostrando as propriedades mais comumente personalizadas de um componente TextView.

3.3.5 Formatação de números como moeda corrente específica da localidade e strings de porcentagem

Você vai usar a classe **NumberFormat** (pacote **java.text**) para criar moeda corrente *específica da localidade* e strings de porcentagem – uma parte importante da *internacionalização*.

70 Android para programadores

Você também poderia adicionar strings de *acessibilidade* e internacionalizar o aplicativo usando as técnicas que aprendeu nas Seções 2.7 e 2.8, embora não tenhamos feito isso neste aplicativo.

3.3.6 Implementação da interface `TextWatcher` para lidar com alterações de texto em componente `EditText`

Você vai usar uma *classe interna anônima* para implementar a *interface* `TextWatcher` (do pacote `android.text`) para responder aos *eventos gerados quando o usuário altera o texto* no componente `EditText` deste aplicativo. Em particular, vai usar o método `onTextChanged` para exibir o valor da conta formatado em moeda corrente e para calcular a gorjeta e o total à medida que o usuário insere cada dígito.

3.3.7 Implementação da interface `OnSeekBarChangeListener` para lidar com alterações na posição do cursor no componente `SeekBar`

Você vai implementar a interface `SeekBar.OnSeekBarChangeListener` (do pacote `android.widget`) para responder ao movimento do *cursor* do componente `SeekBar` feito pelo usuário. Em particular, vai usar o método `onProgressChanged` para exibir a porcentagem de gorjeta personalizada e para calcular a gorjeta e o total à medida que o usuário move o cursor do componente `SeekBar`.

3.3.8 `AndroidManifest.xml`

O arquivo `AndroidManifest.xml` é gerado pelo IDE quando um novo projeto de aplicativo é criado. Esse arquivo contém muitas das configurações que você especifica na caixa de diálogo **New Android Application**, como o nome do aplicativo, o nome do pacote, SDKs alvo e mínimo, nome(s) de `atividade`, tema e muito mais. Você vai usar o editor **Android Manifest** do IDE para adicionar ao manifesto uma nova configuração que obriga o *teclado virtual* a permanecer na tela. Também vai especificar que o aplicativo aceita apenas *orientação retrato* – isto é, o lado maior do dispositivo é vertical.

3.4 Construção da interface gráfica do usuário do aplicativo

Nesta seção, mostraremos os passos exatos para construir a interface gráfica do usuário do aplicativo **Tip Calculator**. A interface gráfica do usuário não será parecida com a mostrada na Fig. 3.1 até que você tenha concluído os passos. À medida que prosseguir nesta seção, o número de detalhes apresentados poderá parecer grande, mas eles são repetitivos e você se acostumará com eles conforme usar o IDE.

3.4.1 Introdução ao componente GridLayout

Este aplicativo utiliza um componente `GridLayout` (Fig. 3.3) para organizar os componentes de visualização em cinco *linhas* e duas *colunas*. Cada célula em um componente `GridLayout` pode estar *vazia* ou conter uma ou mais *visualizações* (componentes do tipo *view*), incluindo layouts *contendo* outras visualizações. Essas *views* podem abranger *várias* linhas ou colunas, embora não tenhamos usado esse recurso nesta interface de usuário. O número de linhas e colunas de um componente `GridLayout` é especificado na janela **Properties**.

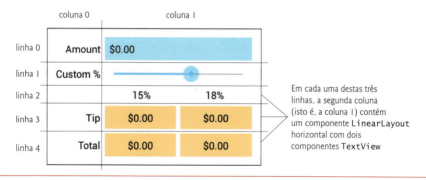

Figura 3.3 Componente GridLayout da interface gráfica do usuário do aplicativo **Tip Calculator** rotulado por suas linhas e colunas.

A *altura* de cada linha é determinada pelo componente view *mais alto* nessa linha. Da mesma forma, a *largura* de uma coluna é definida pelo componente view *mais largo* nessa coluna. Por padrão, os componentes são adicionados da esquerda para a direita em uma linha. Conforme você verá, é possível especificar a linha e coluna exatas nas quais um componente view deve ser colocado. Vamos discutir outros recursos de GridLayout quando apresentarmos os passos para a construção da interface gráfica do usuário. Para saber mais sobre a classe GridLayout, visite:

```
http://developer.android.com/reference/android/widget/GridLayout.html
```

Valores da propriedade Id para as visualizações deste aplicativo

A Figura 3.4 mostra os valores da propriedade Id das *views*. Por clareza, nossa convenção de atribuição de nomes é usar o nome da classe das *views* na propriedade Id da visualização e no nome da variável Java.

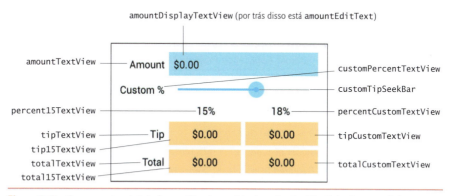

Figura 3.4 Componentes da interface gráfica do usuário do aplicativo **Tip Calculator** rotulados com seus valores de propriedade **Id**.

Na coluna da direita da primeira linha, existem, na verdade, *dois* componentes na *mesma* célula da grade – o componente amountDisplayTextView está *ocultando* o componente amountEditText que recebe a entrada do usuário. Conforme você verá em breve, restringimos a entrada do usuário a dígitos inteiros para que ele não possa inserir entrada inválida. Contudo, queremos que ele veja o valor da conta como *moeda corrente*. À medida que o usuário insere cada dígito, dividimos o valor por 100,0 e exibimos o resultado formatado em moeda corrente no componente amountDisplayTextView. No *local U.S.*, se o usuário digitar 3456, à medida que cada dígito for inserido, o componente amountDisplayTextView mostrará os valores $0.03, $0.34, $3.45 e $34.56, respectivamente.

Valores da propriedade Id de LinearLayout

A Figura 3.5 mostra os valores de **Id** dos três componentes LinearLayout horizontais na coluna da direita de GridLayout.

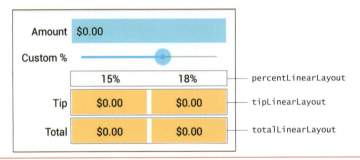

Figura 3.5 Componentes LinearLayout da interface gráfica do usuário do aplicativo **Tip Calculator** com seus valores de propriedade **Id**.

3.4.2 Criação do projeto TipCalculator

O IDE Android Developer Tools só permite *um* projeto com determinado nome por área de trabalho; portanto, antes de criar o novo projeto, exclua o projeto TipCalculator que você testou na Seção 3.2. Para isso, clique nele com o botão direito do mouse e selecione **Delete**. Na caixa de diálogo que aparece, certifique-se de que **Delete project contents on disk** *não* esteja selecionado e, em seguida, clique em **OK**. Isso remove o projeto da área de trabalho, mas deixa a pasta e os arquivos do projeto no disco para o caso de, posteriormente, você querer ver nosso aplicativo original outra vez.

Criando um novo projeto Blank App

Crie um novo **Android Application Project**. Especifique os seguintes valores no primeiro passo de **New Android Application** da caixa de diálogo **New Android Project** e, em seguida, pressione **Next >**:

- **Application Name:** Tip Calculator
- **Project Name:** TipCalculator
- **Package Name:** com.deitel.tipcalculator
- **Minimum Required SDK:** API18: Android 4.3
- **Target SDK:** API19: Android 4.4
- **Compile With:** API19: Android 4.4
- **Theme:** Holo Light with Dark Action Bar
- **Create Activity:** TipCalculator
- **Build Target:** certifique-se de que **Android 4.3** esteja marcado

No segundo passo de **New Android Application** da caixa de diálogo **New Android Project**, deixe as configurações padrão e pressione **Next >**. No passo **Configure Launcher Icon**, clique no botão **Browse...**, selecione a imagem de ícone de aplicativo DeitelGreen.png (fornecida na pasta

Capítulo 3 Aplicativo Tip Calculator **73**

images com os exemplos do livro), clique no botão **Open** e pressione **Next >**. No passo **Create Activity**, selecione **Blank Activity** (mantenha o nome de atividade padrão) e pressione **Next >**. No passo **Blank Activity**, deixe as configurações padrão e pressione **Finish** para criar o projeto. No editor **Graphical Layout**, selecione **Nexus 4** na lista suspensa de tipo de tela (como na Fig. 2.12). Mais uma vez, usaremos esse dispositivo como base para nosso projeto.

3.4.3 Alteração para um componente `GridLayout`

O layout padrão em `activity_main.xml` é `FrameLayout`. Aqui, você vai mudar isso para `GridLayout`. Na janela **Outline**, clique com o botão direito do mouse em `FrameLayout` e selecione **ChangeLayout...** . Na caixa de diálogo **ChangeLayout**, selecione `GridLayout` e clique em **OK**. O IDE muda o layout e configura sua propriedade **Id** como `GridLayout1`. Mudamos isso para `GridLayout` usando o campo **Id** na janela **Properties**. Por padrão, a propriedade **Orientation** de `GridLayout` está configurada como horizontal, indicando que seu conteúdo será disposto linha por linha. Configure as propriedades **Padding Left** e **Padding Right** de `GridLayout` como `activity_horizontal_margin` e **Padding Top** e **Padding Bottom** como `activity_vertical_margin`.

Especificando duas colunas e margens padrão para o componente `GridLayout`

Lembre-se de que a interface gráfica do usuário na Fig. 3.3 consiste em duas colunas. Para especificar isso, selecione `gridLayout` na janela **Outline** e, então, mude sua propriedade **Column Count** para 2 (no grupo **GridLayout** da janela **Properties**). Por padrão, *não há uma margem* – espaços que separam visualizações – em torno das células de um componente `GridLayout`. Configure a propriedade **Use Default Margins** do componente `GridLayout` como true para indicar que ele deve colocar margens em torno de suas células. Por padrão, o componente `GridLayout` usa a distância recomendada entre visualizações (8dp), conforme especificado em

```
http://developer.android.com/design/style/metrics-grids.html
```

3.4.4 Adição dos componentes `TextView`, `EditText`, `SeekBar` e `LinearLayout`

Agora vamos à construção da interface gráfica do usuário da Figura 3.3. Você vai começar com o layout e as visualizações (views) básicas nesta seção. Na Seção 3.4.5, você vai personalizar as propriedades das visualizações (views) para concluir o projeto. À medida que adicionar cada visualização à interface do usuário, configure sua propriedade **Id** imediatamente, usando os nomes que aparecem nas Figs. 3.4 e 3.5. A propriedade **Id** da visualização selecionada pode ser alterada na janela **Properties** ou clicando com o botão direito do mouse na visualização (no editor **Graphical Layout** ou na janela **Outline**), selecionando **Edit ID...** e alterando a propriedade **Id** na caixa de diálogo **Rename Resource** que aparece.

Nos passos a seguir, você vai usar a janela **Outline** para adicionar visualizações ao componente `GridLayout`. Ao trabalhar com layouts, pode ser difícil ver suas *estruturas aninhadas* e colocar visualizações nos locais corretos, arrastando-as para a janela do editor **Graphical Layout**. A janela **Outline** torna essas tarefas mais fáceis, pois mostra a estrutura aninhada da interface gráfica do usuário. Execute os passos a seguir exatamente na ordem especificada – caso contrário, as views *não* aparecerão na ordem correta em cada linha. Se isso acontecer, você pode reordenar visualizações arrastando-as na janela **Outline**.

Passo 1: Adicionando visualizações à primeira linha

A primeira linha é constituída do componente amountTextView na primeira coluna e do componente amountEditText atrás de amountDisplayTextView na segunda coluna. Sempre que você solta uma view ou layout no componente gridLayout na janela **Outline**, a view é colocada na *próxima célula aberta* do layout, a não ser que especifique de forma diferente, configurando suas propriedades **Row** e **Column**. Você vai fazer isso neste passo para que amountEditText e amountDisplayTextView sejam inseridos na mesma célula.

Todos os componentes TextView deste aplicativo utilizam a fonte de tamanho *médio* do tema do aplicativo. A **Pallete** do editor **Graphical Layout** fornece componentes TextView *previamente configurados*, chamados **Large**, **Medium** e **Small** (na seção **Form Widgets**), para representar os tamanhos de texto correspondentes do tema. Em cada caso, o IDE configura a propriedade **Text Appearance** do componente TextView de forma correspondente. Execute as tarefas a seguir para adicionar os dois componentes TextView e o componente EditText:

1. Arraste um componente TextView **Medium** da seção **Form Widgets** da **Palette** e solte-o no componente gridLayout na janela **Outline**. O IDE cria um novo componente TextView chamado textView1 e o aninha no nó de gridLayout. O texto padrão "Medium Text" aparece no editor **Graphical Layout**. Altere a propriedade **Id** de TextView para amountTextView. Você vai alterar seu texto no passo 6 (Seção 3.4.5).

2. Este aplicativo permite inserir somente valores *inteiros não negativos*, os quais ele divide por 100.0 para exibir o valor da conta. A seção **Text Fields** da **Palette** fornece muitos componentes EditText *previamente configurados* para várias formas de entrada (por exemplo, números, horas, datas, endereços e números de telefone). Quando o usuário interage com um componente EditText, é exibido um teclado apropriado, com base no *tipo de entrada* do componente. Quando você deixa o cursor alguns instantes sobre um componente EditText na **Palette**, uma *dica de ferramenta* indica o tipo de entrada. Na seção **Text Fields** da **Palette**, arraste um componente EditText **Number** (exibido com o número **42**) e solte-o no nó de gridLayout na janela **Outline**. Altere a propriedade **Id** de EditText para amountEditText. O componente EditText é colocado na *segunda* coluna da *primeira* linha de GridLayout.

3. Arraste outro componente TextView **Medium** para o nó de gridLayout na janela **Outline** e altere a propriedade **Id** para amountDisplayTextView. O novo componente TextView é inicialmente colocado na *primeira* coluna da *segunda* linha de GridLayout. Para colocá-lo na *segunda* coluna da *primeira* linha de GridLayout, configure as propriedades **Row** e **Column** desse componente TextView (localizado na seção **Layout Parameters** da janela **Properties**) com os valores 0 e 1, respectivamente.

Passo 2: Adicionando visualizações à segunda linha

Em seguida, você vai adicionar componentes TextView e SeekBar a GridLayout. Para isso:

1. Arraste um componente TextView (customPercentTextView) **Medium** da seção **Form Widgets** da **Palette** para o nó de gridLayout na janela **Outline**.

2. Arraste um componente SeekBar (customTipSeekBar) da seção **Form Widgets** da **Palette** para o nó de gridLayout na janela **Outline**.

Passo 3: Adicionando visualizações à terceira linha

Em seguida, você vai adicionar a GridLayout um componente LinearLayout contendo dois componentes TextView. Para isso:

Capítulo 3 Aplicativo Tip Calculator **75**

1. Da seção **Layouts** da **Palette**, arraste um componente **Linear Layout (Horizontal)** (percentLinearLayout) para o nó de gridLayout na janela **Outline**.
2. Arraste um componente TextView (percent15TextView) **Medium** para o nó de percentLinearLayout na janela **Outline**. Isso aninha o novo componente TextView no componente LinearLayout.
3. Arraste outro componente TextView (percentCustomTextView) **Medium** para o nó de percentLinearLayout na janela **Outline**.
4. O componente percentLinearLayout e seus dois componentes TextView aninhados devem ser colocados na segunda coluna do GridLayout. Para fazer isso, selecione o componente percentLinearLayout na janela **Outline** e configure sua propriedade **Column** como 1.

Passo 4: Adicionando visualizações à quarta linha
Em seguida, você vai adicionar a GridLayout um TextView e um LinearLayout contendo mais dois componentes TextView. Para isso:

1. Arraste um componente TextView (tipTextView) **Medium** para o nó de gridLayout.
2. Arraste um componente **Linear Layout (Horizontal)** (tipLinearLayout) para o nó de gridLayout.
3. Arraste dois componentes TextView (tip15TextView e tipCustomTextView) **Medium** para o nó de tipLinearLayout.

Passo 5: Adicionando visualizações à quinta linha
Para criar a última linha da interface gráfica do usuário, repita o passo 4 usando as propriedades **Id** totalTextView, totalLinearLayout, total15TextView e totalCustomTextView.

Exame do layout até o momento
A interface gráfica do usuário e a janela **Outline** devem agora aparecer como mostrado na Figura 3.6. Os símbolos de alerta mostrados no editor **Graphical Layout** e na janela **Outline** desaparecerão quando você concluir o projeto da interface, na Seção 3.4.5.

a) Projeto da interface gráfica do usuário até o momento

b) Janela Outline mostrando componentes do aplicativo **Tip Calculator**

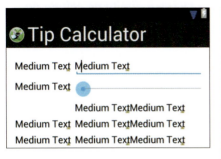
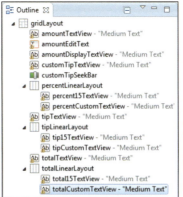

Figura 3.6 A interface gráfica do usuário e a janela **Outline** do IDE após a adição de todas as visualizações ao componente GridLayout.

3.4.5 Personalização das visualizações para concluir o projeto

Agora você vai concluir o projeto do aplicativo personalizando propriedades das views e criando várias strings e recursos de dimensionamento. Conforme você aprendeu na Seção 2.5, os valores de strings literais devem ser colocados no arquivo de recurso `strings.xml`. Da mesma forma, os valores numéricos literais que especificam dimensões das views (por exemplo, larguras, alturas e espaçamento) devem ser colocados no arquivo de recurso `dimens.xml`.

Passo 6: Especificando texto literal

Especifique o texto literal dos componentes `amountTextView`, `customPercentTextView`, `percent15TextView`, `percentCustomTextView`, `tipTextView` e `totalTextView`:

1. Selecione o componente `amountTextView` na janela **Outline**.
2. Na janela **Properties**, clique no botão de reticências ao lado da propriedade **Text**.
3. Na caixa de diálogo **Resource Chooser**, clique em **New String...**.
4. Na caixa de diálogo **Create New Android String**, especifique Amount no campo **String** e amount no campo **New R.string**; em seguida, clique em **OK**.
5. Na caixa de diálogo **Resource Chooser**, clique em **OK** para configurar a propriedade **Text** de `amountTextView` com o recurso de string identificado como amount.

Repita as tarefas anteriores para os outros componentes TextView usando os valores mostrados na Fig. 3.7.

View	String	Nova R.string
customPercentTextView	Custom %	custom_tip_percentage
percent15TextView	15%	fifteen_percent
percentCustomTextView	18%	eighteen_percent
tipTextView	Tip	tip
totalTextView	Total	total

Figura 3.7 Valores de recurso de string e IDs de recurso.

Passo 7: Alinhando os componentes *TextView* à direita na coluna da esquerda

Na Fig. 3.3, cada um dos componentes `TextView` da coluna da esquerda é alinhado à direita. Para `amountTextView`, `customPercentTextView`, `tipTextView` e `totalTextView`, configure a propriedade **Gravity** do layout como right — localizada na seção **Layout Parameters** na janela **Properties**.

Passo 8: Configurando a propriedade Label For de amountTextView

Geralmente, cada componente `EditText` deve ter um componente `TextView` descritivo que ajude o usuário a entender a finalidade do componente `EditText` (também é útil para acessibilidade) – caso contrário, a *Android Lint* emitirá um alerta. Para corrigir isso, configure a propriedade **Label For** do componente `TextView` com o **Id** do componente `EditText` associado. Selecione o componente `amountTextView` e configure sua propriedade **Label For** (na seção **View** da janela **Properties**) como

```
@+id/amountEditText
```

Capítulo 3   Aplicativo Tip Calculator   **77**

O sinal + é obrigatório porque o componente TextView é definido *antes* do componente EditText na interface gráfica do usuário; portanto, o componente EditText ainda não existe quando o Android converte o código XML do layout na interface.

Passo 9: Configurando o componente amountEditText

No aplicativo final, o componente amountEditText fica *oculto* atrás do componente amountDisplayTextView e é configurado de modo a permitir a inserção somente de *dígitos* pelo usuário. Selecione o componente amountEditText e configure as seguintes propriedades:

1. Na seção **Layout Parameters** da janela **Properties**, configure **Width** e **Height** como wrap_content. Isso indica que o componente EditText deve ser grande o suficiente apenas para caber seu conteúdo, incluindo qualquer preenchimento.

2. Remova o valor de **Gravity** do layout fill_horizontal, deixando o valor da propriedade em branco. Vamos discutir fill_horizontal no próximo passo.

3. Remova o valor da propriedade **Ems**, a qual indica a largura do componente Edit-Text, medida em caracteres M maiúsculos da fonte da view. Em nosso componente GridLayout, isso faz a segunda coluna ser muito estreita; portanto, removemos essa configuração padrão.

4. Na seção **TextView** da janela **Properties**, configure **Digits** como 0123456789 – isso permite que *apenas* dígitos sejam inseridos, mesmo que o teclado numérico contenha botões de subtração (-), vírgula (,), ponto final (.) e espaço. Por padrão, a propriedade **Digits** *não* é exibida na janela **Properties**, pois é considerada uma propriedade avançada. Para exibi-la, clique no botão de alternância **Show Advanced Properties** (🖳) na parte superior da janela **Properties**.

5. Restringimos o valor da conta a um máximo de *seis* dígitos – portanto, o maior valor de conta aceito é 9999.99. Na seção **TextView** da janela **Properties**, configure a propriedade **Max Length** como 6.

Passo 10: Configurando o componente amountDisplayTextView

Para concluir a formatação do componente amountDisplayTextView, selecione-o e configure as seguintes propriedades:

1. Na seção **Layout Parameters** da janela **Properties**, configure **Width** e **Height** como wrap_content para indicar que o componente TextView deve ser grande o suficiente para caber seu conteúdo.

2. Remova o valor da propriedade **Text** – vamos exibir texto via programação aqui.

3. Na seção **Layout Parameters** da janela **Properties**, configure **Gravity** do layout como fill_horizontal. Isso indica que o componente TextView deve ocupar todo o espaço horizontal restante nessa linha do GridLayout.

4. Na seção **View**, configure **Background** como @android:color/holo_blue_bright. Essa é uma das várias *cores predefinidas* (cada uma começa com @android:color) no tema *Holo* do Android. Quando você começa a digitar o valor da propriedade **Background**, aparece uma lista suspensa das cores disponíveis do tema. Você também pode usar qualquer *cor personalizada*, criada a partir de uma combinação dos componentes vermelho, verde e azul, chamados de **valores RGB** – cada um é um valor inteiro no intervalo de 0 a 255 que define a quantidade de vermelho, verde e azul na cor, respectivamente. As cores personalizadas são definidas no

formato hexadecimal (base 16); portanto, os componentes RGB são valores no intervalo de 00 a FF. O Android também aceita valores *alfa (transparência)* no intervalo de 0 (*completamente transparente*) a 255 (*completamente opaco*). Para usar valores alfa, você especifica a cor no formato #AARRGGBB, em que os dois primeiros dígitos hexadecimais representam o valor alfa. Se os dois dígitos de cada componente de cor forem iguais, você pode usar os formatos abreviados #RGB ou #ARGB. Por exemplo, #9AC é tratado como #99AACC e #F9AC é tratado como #FF99AACC.

5. Por fim, você vai acrescentar algum preenchimento em torno do componente TextView. Para isso, você vai criar um novo *recurso de dimens*ão chamado textview_padding, o qual você vai usar várias vezes na interface gráfica do usuário. A propriedade **Padding** de uma visualização especifica um espaço em todos os lados de seu conteúdo. Na seção **View** da janela **Properties**, clique no botão de reticências da propriedade **Padding**. Clique em **New Dimension...** para criar um novo *recurso de dimensão*. Especifique textview_padding para **Name**, 8dp para **Value** e clique em **OK**; então, selecione seu novo *recurso de dimensão* e clique em **OK**.

Passo 11: Configurando o componente `customPercentTextView`

Observe que o componente customPercentTextView está alinhado com a parte superior do cursor de customTipSeekBar. Isso parecerá melhor se for *centralizado verticalmente*. Para tanto, na seção **Layout Parameters** da janela **Properties**, modifique o valor de **Gravity** de right para

```
right|center_vertical
```

O caractere de *barra vertical* (|) é usado para separar *vários* valores de **Gravity** – neste caso, indicando que o componente TextView deve ser *alinhado à direita* e *centralizado verticalmente* dentro da célula da grade. Além disso, configure as propriedades **Width** e **Height** de customPercentTextView como wrap_content.

Passo 12: Configurando o componente `customTipSeekBar`

Por padrão, o intervalo de um componente SeekBar é de 0 a 100, e seu valor atual é indicado por sua propriedade **Progress**. Este aplicativo permite porcentagens de gorjeta personalizadas de 0 a 30 e especifica 18 como padrão. Configure a propriedade **Max** do componente como 30 e a propriedade **Progress** como 18. Além disso, configure as propriedades **Width** e **Height** como wrap_content.

Passo 13: Configurando os componentes `percent15TextView` e `percentCustomTextView`

Lembre-se de que o componente GridLayout *não* permite especificar como um componente view deve ser dimensionado em relação aos demais em determinada linha. Foi por isso que colocamos os componentes percent15TextView e percentCustomTextView em um LinearLayout, o qual *permite dimensionamento proporcional*. A propriedade **Weight** do layout de uma visualização (em certos layouts, como o LinearLayout) especifica a importância relativa daquela view com respeito às outras views do layout. Por padrão, todas as visualizações têm a propriedade **Weight** definida como 0.

Neste layout, configuramos **Weight** como 1 para percent15TextView e percentCustomTextView – isso indica que eles têm a mesma importância; portanto, devem ser dimensionados igualmente. Por padrão, quando adicionamos o componente percentLinearLayout ao GridLayout, a propriedade **Gravity** de seu layout foi configurada como `fill_horizontal`; portanto, o layout ocupa o espaço restante na terceira linha. Quando o componente `LinearLayout` é alongado para preencher o restante da linha, os componentes `TextView` ocupam cada um *metade* da largura do `LinearLayout`.

Quisemos também que cada componente `TextView` centralizasse seu texto. Para isso, na seção **TextView** da janela **Properties**, configuramos a propriedade **Gravity** como center. Isso especifica o alinhamento de texto do componente `TextView`, enquanto a propriedade **Gravity** do *layout* especifica como um componente view é alinhado com relação ao layout.

Passo 14: Configurando os componentes `tip15TextView`, `tipCustomTextView`, `total15TextView` e `totalCustomTextView`

Para finalizar esses quatro componentes `TextView`, execute as tarefas a seguir em cada um deles:

1. Selecione o componente `TextView`.

2. Exclua seu valor de *Text* – vamos configurar isso via programação.

3. Configure a propriedade **Background** como `@android:color/holo_orange_light`.

4. Configure a propriedade **Gravity** do layout como center.

5. Configure a propriedade **Weight** do layout como 1.

6. Configure a propriedade **Width** do layout como 0dp – isso permite que o layout use a propriedade **Weight** para determinar a largura da view.

7. Configure a propriedade **Gravity** do componente `TextView` como center.

8. Configure a propriedade **Padding** do componente `TextView` como `@dimen/ textview_padding` (o *recurso de dimensão* que você criou em um passo anterior).

Observe que *não* há *espaço horizontal* entre os componentes `TextView` em tipLinear-Layout e totalLinearLayout. Para corrigir isso, você vai especificar uma margem direita de 8dp para tip15TextView e para total15TextView. Na seção **Layout Parameters** da janela **Properties**, expanda a seção **Margin** e, então, configure a margem **Right** (direita) como 8dp, criando um novo *recurso de dimensão* chamado textview_margin. Em seguida, use esse recurso para configurar a margem **Right** de total15TextView.

Passo 15: Centralizando os componentes `tipTextView` e `totalTextView` verticalmente

Para centralizar os componentes `tipTextView` e `totalTextView` verticalmente com as outras visualizações em suas respectivas linhas, modifique as propriedades **Gravity** de seus layouts de right para

```
right|center_vertical
```

Quando você faz isso para o componente `totalTextView`, o `GridLayout` centraliza esse componente verticalmente no *espaço restante da quinta linha até a parte inferior da tela*. Para corrigir esse problema, arraste uma View **Space** (na seção **Layout** da **Palette**) para o nó de gridLayout na janela **Outline**. Isso cria uma sexta linha que ocupa o restante da tela. Conforme seu nome implica, um componente de visualização **Space** (espaço) ocupa espaço em uma interface gráfica do usuário. Agora a interface gráfica do usuário deve aparecer como na Figura 3.8.

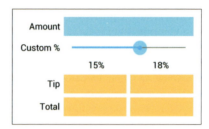

Figura 3.8 Projeto final da interface gráfica do usuário.

3.5 Adição de funcionalidade ao aplicativo

A classe `MainActivity` (Figs. 3.9 a 3.16) implementa as funcionalidades do aplicativo **Tip Calculator**. Ela calcula os valores das gorjetas de 15% e os de porcentagem personalizada e o total da conta, e os exibe no formato de moeda corrente específico da localidade. Para ver o arquivo, abra `src/com.deitel/tipcalculator` e clique duas vezes em `MainActivity.java`. Você precisará digitar a maior parte do código das Figs. 3.9 a 3.16.

As instruções package e import

A Figura 3.9 mostra a instrução package e as instruções import em `MainActivity.java`. A instrução package na linha 3 foi inserida quando você criou o projeto. Quando um arquivo Java é aberto no IDE, as instruções import estão recolhidas – uma aparece com ⊕ à sua esquerda. Clique em ⊕ para ver a lista completa de instruções import.

```
1  // MainActivity.java
2  // Calcula valores de conta usando porcentagens de 15% e personalizadas.
3  package com.deitel.tipcalculator;
4
5  import java.text.NumberFormat; // para formatação de moeda corrente
6
7  import android.app.Activity; // classe base para atividades
8  import android.os.Bundle; // para salvar informações de estado
9  import android.text.Editable; // para tratamento de eventos de EditText
10 import android.text.TextWatcher; // receptor de EditText
11 import android.widget.EditText; // para entrada do valor da conta
12 import android.widget.SeekBar; // para alterar a porcentagem de gorjeta personalizada
13 import android.widget.SeekBar.OnSeekBarChangeListener; // receptor de SeekBar
14 import android.widget.TextView; // para exibir texto
15
```

Figura 3.9 Instruções package e import de MainActivity.

As linhas 5 a 14 importam as classes e interfaces utilizadas pelo aplicativo:

- A classe `NumberFormat` do pacote `java.text` (linha 5) fornece recursos de formatação numérica, como formatos de moeda corrente *específicos da localidade* e formatos de porcentagem.
- A classe `Activity` do pacote `android.app` (linha 7) fornece os *métodos de ciclo de vida* básicos de um aplicativo – vamos discuti-los em breve.
- A classe `Bundle` do pacote `android.os` (linha 8) representa a *informação de estado* de um aplicativo. O Android oferece a um aplicativo a oportunidade de *salvar seu*

estado antes que outro aplicativo apareça na tela. Isso pode ocorrer, por exemplo, quando o usuário *ativa outro aplicativo* ou *recebe uma ligação telefônica*. O aplicativo que está atualmente na tela em dado momento está no *primeiro plano* (o usuário pode interagir com ele e o aplicativo consome a CPU) e todos os outros estão no *segundo plano* (o usuário não pode interagir com eles e, normalmente, eles não estão consumindo a CPU). Quando outro aplicativo vem para o primeiro plano, o que estava nele anteriormente tem a oportunidade de *salvar seu estado* ao ser enviado para o segundo plano.

- A interface `Editable` do pacote `android.text` (linha 9) permite modificar o conteúdo e a marcação de texto em uma interface gráfica do usuário.

- Você implementa a interface `TextWatcher` do pacote android.text (linha 10) para responder a eventos quando o usuário altera o texto em um componente `EditText`.

- O pacote `android.widget` (linhas 11 a 14) contém os *widgets* (isto é, componentes de visualização) e layouts utilizados nas interfaces gráficas do usuário do Android. Este aplicativo usa os widgets `EditText` (linha 11), `SeekBar` (linha 12) e `TextView` (linha 14).

- Você implementa a interface `SeekBar.OnSeekBarChangeListener` do pacote android.widget (linha 13) para responder ao movimento, feito pelo usuário, do *cursor* de um elemento `SeekBar`.

Ao escrever código com várias classes e interfaces, é possível usar o comando **Source > Organize Imports** do IDE para permitir que o IDE insira instruções import para você. Para casos nos quais o mesmo nome de classe ou interface aparece em mais de um pacote, o IDE permitirá selecionar a instrução import apropriada.

Activity do aplicativo Tip Calculator e o ciclo de vida da atividade

A classe `MainActivity` (Figs. 3.10 a 3.16) é a subclasse de `Activity` do aplicativo **Tip Calculator**. Quando você criou o projeto `TipCalculator`, o IDE gerou essa classe como uma subclasse de `Activity` e sobrescreveu o método `onCreate` herdado da classe `Activity` (Fig. 3.11). Toda subclasse de `Activity` *deve* sobrescrever esse método. O código padrão da classe `MainActivity` também incluiu um método `onCreateOptionsMenu`, o qual removemos porque não é usado neste aplicativo. Vamos discutir `onCreate` em breve.

```
16   // classe MainActivity do aplicativo Tip Calculator
17   public class MainActivity extends Activity
18   {
```

Figura 3.10   A classe MainActivity é uma subclasse de Activity.

Variáveis de classe e variáveis de instância

As linhas 20 a 32 da Fig. 3.11 declaram as variáveis da classe `MainActivity`. Os objetos `NumberFormat` (linhas 20 a 23) são usados para formatar valores de moeda corrente e porcentagens, respectivamente. O método estático `getCurrencyInstance` de `NumberFormat` retorna um objeto `NumberFormat` que formata valores como moeda corrente usando a *localidade padrão* do dispositivo. Do mesmo modo, o método estático `getPercentInstance` formata valores como porcentagens usando a *localidade padrão* do dispositivo.

82 Android para programadores

```
19    // formatadores de moeda corrente e porcentagem
20    private static final NumberFormat currencyFormat =
21       NumberFormat.getCurrencyInstance();
22    private static final NumberFormat percentFormat =
23       NumberFormat.getPercentInstance();
24
25    private double billAmount = 0.0; // valor da conta inserido pelo usuário
26    private double customPercent = 0.18; // porcentagem de gorjeta padronizada inicial
27    private TextView amountDisplayTextView; // mostra o valor da conta formatado
28    private TextView percentCustomTextView; // mostra a porcentagem de gorjeta personalizada
29    private TextView tip15TextView; // mostra gorjeta de 15%
30    private TextView total15TextView; // mostra o total com 15% de gorjeta
31    private TextView tipCustomTextView; // mostra o valor da gorjeta personalizada
32    private TextView totalCustomTextView; // mostra o total com a gorjeta personalizada
33
```

Figura 3.11 Variáveis de instância da classe `MainActivity`.

O valor da conta inserido pelo usuário no componente `amountEditText` será lido e armazenado como um valor `double` em `billAmount` (linha 25). A porcentagem de gorjeta personalizada (um valor inteiro no intervalo de 0 a 30), que o usuário define movendo o *cursor* do componente `Seekbar`, será multiplicado por 0.01 para criar um valor `double` para uso nos cálculos e, então, armazenado em `customPercent` (linha 26). Por exemplo, se você selecionar 25 com o componente `SeekBar`, `customPercent` armazenará 0.25, de modo que o aplicativo multiplicará o valor da conta por 0.25 para calcular a gorjeta de 25%.

A linha 27 declara o componente `TextView` que exibe o valor da conta formatado em moeda corrente. A linha 28 declara o componente `TextView` que exibe a porcentagem de gorjeta personalizada com base na posição do *cursor* do elemento `SeekBar` (observe o valor de **18%** na Fig. 3.1(a)). As variáveis nas linhas 29 a 32 vão fazer referência aos componentes `TextView` nos quais o aplicativo exibe as gorjetas e os totais calculados.

Sobrescrevendo o método `onCreate` da classe *Activity*

O método `onCreate` (Fig. 3.12) – *gerado automaticamente* com as linhas 38 e 39 quando você cria o projeto do aplicativo – é chamado pelo sistema quando uma atividade é *iniciada*. O método `onCreate` normalmente inicializa as variáveis de instância e os componentes de visualização de `Activity`. Esse método deve ser o mais simples possível para que o aplicativo *seja carregado rapidamente*. Na verdade, se o aplicativo demorar mais de *cinco segundos* para carregar, o sistema operacional vai exibir uma **caixa de diálogo ANR (Application Not Responding)** – dando ao usuário a opção de *terminar o aplicativo à força*. Você vai aprender a evitar esse problema no Capítulo 8.

```
34    // chamado quando a atividade é criada
35    @Override
36    protected void onCreate(Bundle savedInstanceState)
37    {
38       super.onCreate(savedInstanceState); // chama a versão da superclasse
39       setContentView(R.layout.activity_main); // infla a interface gráfica do usuário
40
41       // obtém referências para os componentes TextView
42       // com que MainActivity interage via programação
43       amountDisplayTextView =
44          (TextView) findViewById(R.id.amountDisplayTextView);
45       percentCustomTextView =
46          (TextView) findViewById(R.id.percentCustomTextView);
```

Figura 3.12 Sobrescrevendo o método `onCreate` de `Activity`. (*continua*)

```
47        tip15TextView = (TextView) findViewById(R.id.tip15TextView);
48        total15TextView = (TextView) findViewById(R.id.total15TextView);
49        tipCustomTextView = (TextView) findViewById(R.id.tipCustomTextView);
50        totalCustomTextView =
51           (TextView) findViewById(R.id.totalCustomTextView);
52
53        // atualiza a interface gráfica do usuário com base em billAmount e customPercent
54        amountDisplayTextView.setText(
55           currencyFormat.format(billAmount));
56        updateStandard(); // atualiza os componentes TextView de gorjeta de 15%
57        updateCustom(); // atualiza os componentes TextView de gorjeta personalizada
58
59        // configura TextWatcher de amountEditText
60        EditText amountEditText =
61           (EditText) findViewById(R.id.amountEditText);
62        amountEditText.addTextChangedListener(amountEditTextWatcher);
63
64        // configura OnSeekBarChangeListener de customTipSeekBar
65        SeekBar customTipSeekBar =
66           (SeekBar) findViewById(R.id.customTipSeekBar);
67        customTipSeekBar.setOnSeekBarChangeListener(customSeekBarListener);
68     } // fim do método onCreate
69
```

Figura 3.12   Sobrescrevendo o método onCreate de Activity.

Parâmetro *Bundle* de *onCreate*

Durante a execução do aplicativo, o usuário pode alterar a configuração do dispositivo *girando-o* ou *abrindo um teclado físico*. Para proporcionar uma boa experiência, o aplicativo deve continuar a funcionar naturalmente, apesar das mudanças na configuração. Quando o sistema chama onCreate, ele passa um argumento **Bundle** contendo o estado salvo da atividade, se houver um. Normalmente, você salva estado nos métodos onPause ou onSaveInstanceState de Activity (demonstrado em aplicativos posteriores). A linha 38 chama o método onCreate da superclasse, o que é *obrigatório* ao sobrescrever onCreate.

A classe *R* gerada contém IDs de recurso

Quando você constrói a interface gráfica do usuário de seu aplicativo e adiciona *recursos* (como strings no arquivo strings.xml ou visualizações no arquivo activity_main.xml) no aplicativo, o IDE gera uma classe chamada **R** que contém *classes aninhadas* representando cada tipo de recurso presente na pasta res de seu projeto. Você pode encontrar essa classe na **pasta gen** de seu projeto, a qual contém arquivos de código-fonte gerados. As classes aninhadas são declaradas com a instrução static, de modo que você pode acessá-las em seu código com R.*NomeDaClasse*. Dentro das classes aninhadas da classe R, o IDE cria constantes static final int que permitem fazer referência aos recursos de seu aplicativo via programação, a partir de seu código (conforme vamos discutir daqui a pouco). Algumas das classes aninhadas na classe R incluem:

- classe **drawable** – contém constantes para todos os itens drawable, como *imagens*, que você coloca nas várias pastas drawable da pasta res de seu aplicativo

- classe **id** – contém constantes para os *componentes view* em seus arquivos de *layout XML*

- classe **layout** – contém constantes que representam cada *arquivo de layout* em seu projeto (como activity_main.xml)

- classe **string** – contém constantes para cada String no arquivo strings.xml.

Inflando a interface gráfica do usuário

A chamada de `setContentView` (linha 39) recebe a constante `R.layout.activity_main` para indicar qual arquivo XML representa a interface gráfica de `MainActivity` — neste caso, a constante representa o arquivo `main.xml`. O método `setContentView` usa essa constante para carregar o documento XML correspondente, o qual é então analisado via parsing e convertido na interface gráfica do usuário do aplicativo. Esse processo é conhecido como **inflar** (ou expandir) a interface gráfica do usuário.

Obtendo referências para os widgets

Uma vez *inflado* o layout, você pode *obter referências para os widgets individuais* a fim de poder interagir com eles via programação. Para isso, use o método `findViewById` da classe `Activity`. Esse método recebe uma constante `int` representando o **Id** de uma visualização específica e retorna uma referência para esta. O nome da constante `R.id` de cada visualização é determinado pela propriedade **Id** do componente, que você especificou ao projetar a interface do usuário. Por exemplo, a constante de `amountEditText` é `R.id.amountEditText`.

As linhas 43 a 51 obtêm referências para os componentes `TextView` que são alterados pelo aplicativo. As linhas 43 e 44 obtêm uma referência para o elemento `amountDisplayTextView` que é atualizado quando o usuário insere o valor da conta. As linhas 45 e 46 obtêm uma referência para o componente `percentCustomTextView` que vai ser atualizado quando o usuário alterar a porcentagem de gorjeta personalizada. As linhas 47 a 51 obtêm referências para os componentes `TextView` em que são exibidas as gorjetas e os totais calculados.

Exibindo valores iniciais nos componentes *TextView*

As linhas 54 e 55 definem o texto de `amountDisplayTextView` como o `billAmount` inicial (0.00) em um formato de moeda corrente *específico da localidade*, chamando o **método format** do objeto `currencyFormat`. Em seguida, as linhas 56 e 57 chamam os métodos `updateStandard` (Fig. 3.13) e `updateCustom` (Fig. 3.14) para exibir valores iniciais nos componentes `TextView` de gorjeta e total.

Registrando os objetos receptores de eventos

As linhas 60 e 61 obtêm uma referência para `amountEditText`, e a linha 62 chama seu método `addTextChangedListener` para registrar o objeto `TextChangedListener` que vai responder aos *eventos* gerados quando o *usuário altera o texto* no componente `EditText`. Definimos esse receptor (Fig. 3.16) como um *objeto de classe interna anônima* atribuído à variável de instância `amountEditTextWatcher`.*

As linhas 65 e 66 obtêm uma referência para o componente `customTipSeekBar`, e a linha 67 chama seu método `setOnSeekBarChangeListener` para registrar o objeto `OnSeekBarChangeListener` que vai responder aos *eventos* gerados quando o usuário mover o *cursor* de `customTipSeekBar` para mudar a porcentagem de gorjeta personalizada. Definimos esse receptor (Fig. 3.15) como um *objeto de classe interna anônima* atribuído à variável de instância `customSeekBarListener`.

Método *updateStandard* da classe *MainActivity*

O método `updateStandard` (Figura 3.13) atualiza os componentes `TextView` de gorjeta de 15% e do total sempre que o usuário *altera* o total da conta. O método usa o valor de `billAmount` para calcular a gorjeta e o total da conta com a gorjeta. As linhas 78 e 79 exibem os valores no formato de moeda corrente.

---

* N. de R. T. O termo "receptor de eventos" refere-se a "event listener" na documentação original.

Capítulo 3 Aplicativo Tip Calculator **85**

```java
70    // atualiza os componentes TextView de gorjeta de 15%
71    private void updateStandard()
72    {
73       // calcula a gorjeta de 15% e o total
74       double fifteenPercentTip = billAmount * 0.15;
75       double fifteenPercentTotal = billAmount + fifteenPercentTip;
76
77       // exibe a gorjeta de 15% e o total formatados como moeda corrente
78       tip15TextView.setText(currencyFormat.format(fifteenPercentTip));
79       total15TextView.setText(currencyFormat.format(fifteenPercentTotal));
80    } // fim do método updateStandard
81
```

Figura 3.13 O método updateStandard calcula e exibe a gorjeta de 15% e o total.

Método updateCustom da classe MainActivity

O método updateCustom (Fig. 3.14) atualiza os componentes TextView de gorjeta personalizada e total com base na porcentagem da gorjeta selecionada pelo usuário com o elemento customTipSeekBar. A linha 86 define o texto de percentCustomTextView com o valor de customPercent formatado como porcentagem. As linhas 89 e 90 calculam customTip e customTotal. Então, as linhas 93 e 94 exibem os valores no formato de moeda corrente.

```java
82    // atualiza os componentes TextView de gorjeta personalizada e total
83    private void updateCustom()
84    {
85       // mostra customPercent em percentCustomTextView, formatado como %
86       percentCustomTextView.setText(percentFormat.format(customPercent));
87
88       // calcula a gorjeta personalizada e o total
89       double customTip = billAmount * customPercent;
90       double customTotal = billAmount + customTip;
91
92       // exibe a gorjeta personalizada e o total, formatados como moeda corrente
93       tipCustomTextView.setText(currencyFormat.format(customTip));
94       totalCustomTextView.setText(currencyFormat.format(customTotal));
95    } // fim do método updateCustom
96
```

Figura 3.14 O método updateCustom calcula e exibe a gorjeta personalizada e o total.

Classe interna anônima que implementa a interface OnSeekBarChangeListener

As linhas 98 a 120 da Figura 3.15 criam o objeto de *classe interna anônima* chamado customSeekBarListener que responde aos *eventos* de customTipSeekBar. Se não estiver familiarizado com *classes internas anônimas*, visite a seguinte página:

```
http://bit.ly/AnonymousInnerClasses
```

A linha 67 (Fig. 3.12) registrou customSeekBarListener como objeto de *tratamento de eventos* OnSeekBarChangedListener de customTipSeekBar. Por clareza, definimos todos os objetos de tratamento de eventos (menos os mais simples) dessa maneira, para não congestionar o método onCreate com esse código.

```java
97    // chamado quando o usuário muda a posição de SeekBar
98    private OnSeekBarChangeListener customSeekBarListener =
99       new OnSeekBarChangeListener()
```

Figura 3.15 Classe interna anônima que implementa a interface OnSeekBarChangeListener para responder aos eventos do componente customSeekBar. (*continua*)

86 Android para programadores

```
100    {
101       // atualiza customPercent e chama updateCustom
102       @Override
103       public void onProgressChanged(SeekBar seekBar, int progress,
104          boolean fromUser)
105       {
106          // configura customPercent com a posição do cursor de SeekBar
107          customPercent = progress / 100.0;
108          updateCustom(); // atualiza os componentes TextView de gorjeta personalizada
109       } // fim do método onProgressChanged
110
111       @Override
112       public void onStartTrackingTouch(SeekBar seekBar)
113       {
114       } // fim do método onStartTrackingTouch
115
116       @Override
117       public void onStopTrackingTouch(SeekBar seekBar)
118       {
119       } // fim do método onStopTrackingTouch
120    }; // fim de OnSeekBarChangeListener
121
```

Figura 3.15 Classe interna anônima que implementa a interface OnSeekBarChangeListener para responder aos eventos do componente customSeekBar.

Sobrescrevendo o método *onProgressChanged* da interface *OnSeekBarChangeListener*

As linhas 102 a 119 implementam os métodos da interface OnSeekBarChangeListener. O método onProgressChanged é chamado sempre que a posição do *cursor* do componente SeekBar *muda*. A linha 107 calcula customPercent usando o parâmetro progress do método – um valor int representando a posição do *cursor* do componente SeekBar. Dividimos isso por 100,0 para obter a porcentagem personalizada. A linha 108 chama o método updateCustom para recalcular e exibir a gorjeta personalizada e o total.

Sobrescrevendo os métodos *onStartTrackingTouch* e *onStopTrackingTouch* da interface *OnSeekBarChangeListener*

A linguagem Java exige que *cada* método de uma *interface* que você *implemente* seja sobrescrito. Este aplicativo *não* precisa saber quando o usuário *começa* a mover o cursor do controle deslizante (onStartTrackingTouch) ou quando *para* de movê-lo (onStopTrackingTouch); portanto, fornecemos simplesmente um corpo *vazio* para cada um deles (linhas 111 a 119) para *cumprir o contrato da interface*.

Classe interna anônima que implementa a interface *TextWatcher*

As linhas 123 a 156 da Figura 3.16 criam o objeto de *classe interna anônima* amountEditTextWatcher que responde aos *eventos* de amountEditText. A linha 62 registrou esse objeto para *receber* os eventos de amountEditText que ocorrem quando o texto muda.

Sobrescrevendo o método *onTextChanged* da interface *TextWatcher*

O método onTextChanged (linhas 126 a 144) é chamado quando o texto do componente amountEditText é *modificado*. O método recebe quatro parâmetros. Neste exemplo, usamos apenas CharSequence s, que contém uma cópia do texto de amountEditText. Os outros parâmetros indicam que os count caracteres, a partir de start, *substituíram* o texto anterior de comprimento before.

```
122    // objeto de tratamento de eventos que responde aos eventos de amountEditText
123    private TextWatcher amountEditTextWatcher = new TextWatcher()
124    {
125       // chamado quando o usuário insere um número
126       @Override
127       public void onTextChanged(CharSequence s, int start,
128          int before, int count)
129       {
130          // converte o texto de amountEditText em um valor double
131          try
132          {
133             billAmount = Double.parseDouble(s.toString()) / 100.0;
134          } // fim do try
135          catch (NumberFormatException e)
136          {
137             billAmount = 0.0; // o padrão, caso ocorra uma exceção
138          } // fim do catch
139
140          // exibe o valor da conta formatado como moeda corrente
141          amountDisplayTextView.setText(currencyFormat.format(billAmount));
142          updateStandard(); // atualiza os componentes TextView de gorjeta de 15%
143          updateCustom(); // atualiza os componentes TextView de gorjeta personalizada
144       } // fim do método onTextChanged
145
146       @Override
147       public void afterTextChanged(Editable s)
148       {
149       } // fim do método afterTextChanged
150
151       @Override
152       public void beforeTextChanged(CharSequence s, int start, int count,
153          int after)
154       {
155       } // fim do método beforeTextChanged
156    }; // fim de amountEditTextWatcher
157 } // fim da classe MainActivity
```

Figura 3.16 Classe interna anônima que implementa a interface `TextWatcher` para responder aos eventos do componente `amountEditText`.

A linha 133 converte a entrada do usuário de `amountEditText` em um valor double. Permitimos ao usuário inserir somente números inteiros em centavos; portanto, dividimos o valor convertido por 100,0 para obtermos o valor da conta real – por exemplo, se o usuário digitar 2495, o valor da conta será 24.95. As linhas 142 e 143 chamam updateStandard e updateCustom para recalcular e exibir as gorjetas e os totais.

Outros métodos do componente *TextWatcher amountEditTextWatcher*

Este aplicativo *não* precisa saber que alterações estão para ser feitas no texto (`beforeTextChanged`) ou que o texto já foi alterado (`afterTextChanged`); portanto, simplesmente sobrescrevemos cada um desses métodos da interface `TextWatcher` com um corpo *vazio* (linhas 146 a 155) para *cumprir o contrato da interface*.

3.6 AndroidManifest.xml

Nesta seção, você vai modificar o arquivo `AndroidManifest.xml` para especificar que a atividade (`Activity`) deste aplicativo suporta apenas a orientação *retrato* de um dispositivo e que o *teclado numérico virtual sempre* deve permanecer na tela. Você vai usar o editor **Android Ma-**

nifest do IDE para especificar essas configurações. Para abrir o editor **Android Manifest**, clique duas vezes no arquivo `AndroidManifest.xml` do aplicativo no **Package Explorer**. Na parte inferior do editor, clique na guia **Application** (Fig. 3.17) e, então, selecione o nó MainActivity na seção **Application Nodes**, na parte inferior da janela. Isso exibe configurações para MainActivity na seção **Attributes for com.deitel.tipcalculator.MainActivity**.

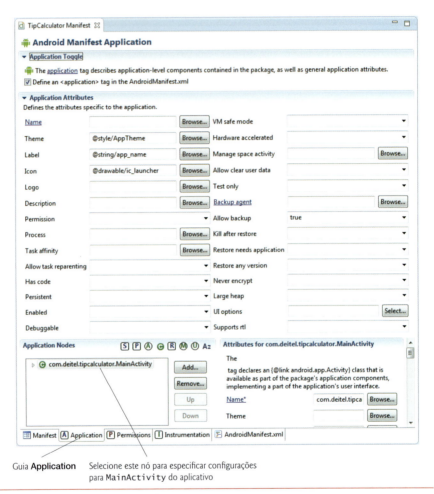

Guia **Application**   Selecione este nó para especificar configurações para MainActivity do aplicativo

Figura 3.17   Guia **Application** do editor **Android Manifest**.

Configurando MainActivity para a orientação retrato

Em geral, a maioria dos aplicativos deve suportar as orientações retrato *e* paisagem. Na orientação *retrato*, a altura do dispositivo é maior que sua largura Na orientação *paisagem*, a largura é maior que a altura. No aplicativo **Tip Calculator**, girar o dispositivo para a orientação paisagem em um telefone típico faria o teclado numérico ocultar a maior parte da interface gráfica do usuário. Por isso, você vai configurar MainActivity para suportar *apenas* a orientação retrato. Na seção **Attributes for com.deitel.tipcalculator.MainActivity** do editor **Android Manifest**, role para baixo até a opção **Screen orientation** e selecione portrait.

Capítulo 3   Aplicativo Tip Calculator   **89**

Forçando o teclado numérico a sempre aparecer para `MainActivity`

Quando o aplicativo **Tip Calculator** for executado, o teclado numérico deve ser exibido imediatamente e permanecer na tela o tempo todo. Na seção **Attributes for com.deitel. tipcalculator.MainActivity** do editor **Android Manifest**, role para baixo até a opção **Window soft input mode** e selecione `stateAlwaysVisible`. Observe que isso *não* exibirá o teclado numérico virtual se um teclado físico estiver presente.

3.7   Para finalizar

Neste capítulo, você criou seu primeiro aplicativo Android *interativo* – o **Tip Calculator**. Vimos um panorama dos recursos do aplicativo e, em seguida, você o testou para calcular gorjetas padrão e personalizadas com base no valor da conta digitado. Você seguiu passo a passo as instruções detalhadas para construir a interface gráfica do usuário do aplicativo usando o editor **Graphical Layout** do IDE Android Developer Tools, a janela **Outline** e a janela **Properties**. Percorremos também o código da subclasse `MainActivity` de `Activity`, a qual definiu as funcionalidades do aplicativo.

Na interface gráfica do aplicativo, você usou um componente `GridLayout` para organizar as visualizações em linhas e colunas. Você exibiu texto em componentes `TextView` e recebeu entrada de um componente `EditText` e de um componente `SeekBar`.

A classe `MainActivity` exigiu muitos recursos de programação orientada a objetos com Java, incluindo classes, objetos, métodos, interfaces, classes internas anônimas e herança. Explicamos a ideia de inflar a interface gráfica do usuário a partir de seu arquivo XML em sua representação na tela. Você aprendeu sobre a classe `Activity` do Android e parte do ciclo de vida de `Activity`. Em particular, você sobrescreveu o método onCreate para inicializar o aplicativo quando ele é iniciado. No método onCreate, você usou o método `findViewById` de `Activity` para obter referências para cada um dos componentes de visualização com que o aplicativo interage via programação. Definiu uma classe interna anônima para implementar a interface `TextWatcher`, permitindo ao aplicativo calcular novas gorjetas e totais quando o usuário altera o texto no componente `EditText`. Você também definiu uma classe interna anônima para implementar a interface `OnSeekBar-ChangeListener`, permitindo ao aplicativo calcular uma nova gorjeta personalizada e um novo total quando o usuário muda a porcentagem de gorjeta personalizada movendo o cursor do objeto `SeekBar`.

Por último, abriu o arquivo `AndroidManifest.xml` no editor **Android Manifest** do IDE para especificar que `MainActivity` devia suportar somente a orientação retrato e que sempre devia exibir o teclado numérico.

O uso do editor **Graphical Layout** do IDE, da janela **Outline**, da janela **Properties** e do editor **Android Manifest** permitiu construir este aplicativo sem manipular o código XML nos arquivos de recurso do projeto e no arquivo `AndroidManifest.xml`.

No próximo capítulo, apresentamos as coleções enquanto construímos o aplicativo **Twitter® Searches**. Muitos aplicativos móveis exibem listas de itens. Você vai fazer isso usando um componente `ListActivity` contendo um elemento `ListView` vinculado a um elemento `ArrayList<String>`. Vai também armazenar dados do aplicativo como preferências do usuário e vai aprender a ativar o navegador Web do dispositivo para exibir uma página web.

Aplicativo Twitter® Searches

`SharedPreferences, Collections, ImageButton, ListView, ListActivity, ArrayAdapter`, objetos `Intent` implícitos e componentes `AlertDialog`

Objetivos

Neste capítulo, você vai:

- Dar suporte para as orientações retrato e paisagem do dispositivo.
- Ampliar o componente `ListActivity` para criar uma atividade que exibe uma lista de itens em um componente `ListView`.
- Permitir que os usuários interajam com um aplicativo por meio de um componente `ImageButton`.
- Manipular coleções de dados.
- Usar `SharedPreferences` para armazenar pares chave-valor de dados associados a um aplicativo.
- Usar um componente `SharedPreferences.Editor` para modificar pares chave-valor de dados associados a um aplicativo.
- Usar um componente `ArrayAdapter` para especificar os dados de um componente `ListView`.
- Usar um objeto `AlertDialog.Builder` para criar componentes `AlertDialog` que exibem opções, como elementos `Button` ou em um elemento `ListView`.
- Usar um objeto `Intent` implícito para abrir um site em um navegador.
- Usar um objeto `Intent` implícito para exibir um selecionador de intenção contendo uma lista de aplicativos que podem compartilhar texto.
- Ocultar o teclado virtual via programação.

Resumo

4.1 Introdução
4.2 Teste do aplicativo
   4.2.1 Importação e execução do aplicativo
   4.2.2 Adição de uma busca de favoritos
   4.2.3 Visualização dos resultados de uma busca no Twitter
   4.2.4 Edição de uma pesquisa
   4.2.5 Compartilhamento de uma pesquisa
   4.2.6 Exclusão de uma pesquisa
   4.2.7 Rolagem por pesquisas salvas
4.3 Visão geral das tecnologias
   4.3.1 `ListView`
   4.3.2 `ListActivity`
   4.3.3 Personalização do layout de um componente `ListActivity`
   4.3.4 `ImageButton`
   4.3.5 `SharedPreferences`
   4.3.6 Objetos Intent para ativar outras atividades
   4.3.7 `AlertDialog`
   4.3.8 `AndroidManifest.xml`
4.4 Construção da interface gráfica do usuário do aplicativo
   4.4.1 Criação do projeto
   4.4.2 Visão geral de `activity_main.xml`
   4.4.3 Adição de `GridLayout` e componentes
   4.4.4 Barra de ferramentas do editor **Graphical Layout**
   4.4.5 Layout do item ListView: `list_item.xml`

4.5 Construção da classe `MainActivity`
   4.5.1 As instruções `package` e `import`
   4.5.2 Extensão de `ListActivity`
   4.5.3 Campos da classe `MainActivity`
   4.5.4 Sobrescrevendo o método `onCreate` de `Activity`
   4.5.5 Classe interna anônima que implementa a interface `OnClickListener` de `saveButton` para salvar pesquisa nova ou atualizada
   4.5.6 Método `addTaggedSearch`
   4.5.7 Classe interna anônima que implementa a interface `OnItemClickListener` de `ListView` para exibir resultados de pesquisa
   4.5.8 Classe interna anônima que implementa a interface `OnItemLongClickListener` de `ListView` para compartilhar, editar ou excluir uma pesquisa
   4.5.9 Método `shareSearch`
   4.5.10 Método `deleteSearch`
4.6 `AndroidManifest.xml`
4.7 Para finalizar

4.1 Introdução

O mecanismo de busca do Twitter facilita seguir os trending topics (assuntos do momento) que estão sendo discutidos por mais de 500 milhões de usuários do Twitter. As pesquisas podem ser aperfeiçoadas com os *operadores de busca* do Twitter (examinados na Seção 4.2), frequentemente resultando em strings de busca longas, demoradas e inconvenientes para digitar em um dispositivo móvel. O aplicativo **Twitter Searches** (Fig. 4.1) permite salvar suas consultas de busca favoritas com nomes de identificadores curtos e fáceis de lembrar (Fig. 4.1(a)). Você pode então tocar em um nome identificador para seguir *tweets* sobre determinado tópico de forma rápida e fácil (Fig. 4.1(b)). Conforme verá, o aplicativo também permite *compartilhar, editar* e *excluir* pesquisas salvas.

    O aplicativo aceita as orientações retrato e paisagem dos dispositivos. Em alguns aplicativos, você fará isso fornecendo layouts separados para cada orientação. Neste aplicativo, damos suporte para as duas orientações, projetando a interface gráfica do usuário de modo que ela possa ajustar dinamicamente o tamanho dos componentes da interface de acordo com a orientação atual.

    Primeiramente, você vai testar o aplicativo. Em seguida, vamos ver um panorama das tecnologias utilizadas para construí-lo. Depois, você vai projetar a interface gráfica do usuário do aplicativo. Por fim, apresentaremos o código-fonte completo do aplicativo e o examinaremos, discutindo os novos recursos do aplicativo com mais detalhes.

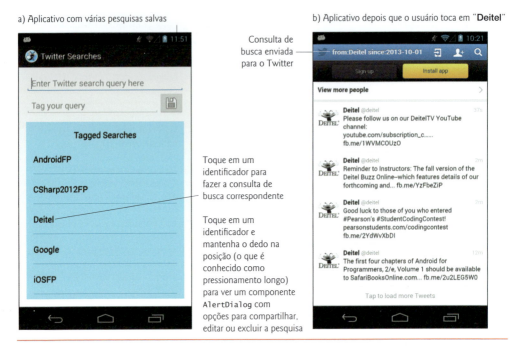

Figura 4.1 Aplicativo Twitter Searches.

4.2 Teste do aplicativo

Nesta seção, você vai testar o aplicativo Twitter Searches. Abra o IDE Android Developer Tools e importe o projeto do aplicativo Twitter Searches. Como fez no Capítulo 3, ative o AVD do Nexus 4 – ou conecte seu dispositivo Android ao computador – para que você possa testar o aplicativo. As capturas de tela mostradas neste capítulo foram tiradas em um telefone Nexus 4.

4.2.1 Importação e execução do aplicativo

Execute os passos a seguir para importar o aplicativo para o IDE:

1. *Abra a caixa de diálogo Import.* Selecione File > Import....
2. *Importe o projeto do aplicativo Twitter Searches.* Expanda o nó General e selecione Existing Projects into Workspace. Clique em Next > para continuar no passo Import Projects. Certifique-se de que Select root directory esteja selecionado e, em seguida, clique em Browse.... Localize a pasta `TwitterSearches` na pasta de exemplos do livro, selecione-a e clique em OK. Certifique-se de que Copy projects into workspace *não* esteja selecionado. Clique em Finish a fim de importar o projeto para que ele apareça na janela Package Explorer.
3. *Ative o aplicativo Twitter Searches.* Clique com o botão direito do mouse no projeto `TwitterSearches` na janela Package Explorer e selecione Run As > Android Application para executar o aplicativo Twitter Searches no AVD. Isso constrói o projeto e executa o aplicativo (Fig. 4.2).

Capítulo 4 Aplicativo Twitter® Searches   93

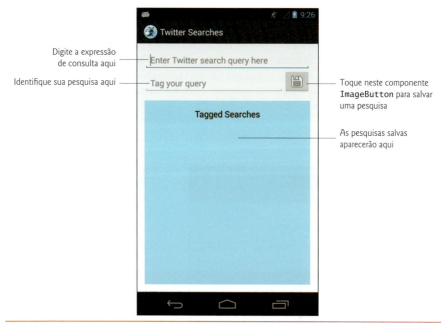

Figura 4.2 O aplicativo **Twitter Searches** ao ser executado pela primeira vez.

4.2.2 Adição de uma busca favorita

Toque no componente `EditText` superior e digite `from:deitel` como consulta de busca – o operador `from:` localiza *tweets* de uma conta do Twitter especificada. A Figura 4.3 mostra diversos operadores de pesquisa do Twitter – vários operadores podem ser usados em conjunto para construir consultas mais complexas. Uma lista completa pode ser encontrada em

> http://bit.ly/TwitterSearchOperators

Exemplo	Localiza *tweets* contendo
`deitel iOS6`	Operador *and* lógico implícito – Localiza *tweets* contendo `deitel` e `iOS6`.
`deitel OR iOS6`	Operador `OR` lógico – Localiza *tweets* contendo `deitel` ou `iOS6` ou *ambos*.
`"how to program"`	String entre aspas ("") – Localiza *tweets* contendo a frase exata `"how to program"`.
`deitel ?`	? (ponto de interrogação) – Localiza *tweets* que fazem perguntas sobre `deitel`.
`deitel -sue`	- (sinal de subtração) – Localiza *tweets* contendo `deitel`, mas não `sue`.
`deitel :)`	:) (face alegre) – Localiza *tweets* de *atitude positiva* contendo `deitel`.
`deitel :(`	:((face triste) – Localiza *tweets* de *atitude negativa* contendo `deitel`.
`since:2013-10-01`	Localiza *tweets* que ocorreram *na* data especificada *ou depois* dela, a qual deve estar na forma `AAAA-MM-DD`.
`near:"New York City"`	Localiza *tweets* que foram enviados perto de `"New York City"`.
`from:deitel`	Localiza *tweets* da conta `@deitel` no Twitter.
`to:deitel`	Localiza *tweets* para a conta `@deitel` no Twitter.

Figura 4.3 Alguns operadores de pesquisa do Twitter.

No componente `EditText` inferior, digite `Deitel` como identificador para a consulta de busca (Fig. 4.4(a)). Esse vai ser o *nome curto* exibido em uma lista na seção **Tagged Searches** do aplicativo. Toque no botão *salvar* (![]) para salvar a pesquisa – o identificador "**Deitel**" aparece na lista, sob o cabeçalho **Tagged Searches** (Fig. 4.4(b)). Quando uma pesquisa é salva, o teclado virtual desaparece para que você possa ver sua lista de pesquisas salvas – você vai aprender a ocultar o teclado virtual por meio de programação na Seção 4.5.5.

a) Digitando uma pesquisa e um identificador de pesquisa do Twitter

b) O aplicativo depois de salvar a pesquisa e o identificador

Figura 4.4 Inserindo uma pesquisa do Twitter.

4.2.3 Visualização dos resultados de uma busca no Twitter

Para ver os resultados da pesquisa, toque no identificador "**Deitel**". Isso ativa o navegador Web do dispositivo e passa uma URL que representa a pesquisa salva para o site do Twitter. O Twitter obtém a consulta de busca a partir da URL e retorna os *tweets* correspondentes à consulta (se houver) como uma página Web. Então, o navegador Web exibe essa página de resultados (Fig. 4.5). Quando terminar de ver os resultados, toque no botão *voltar* (![]) para voltar ao aplicativo **Twitter Searches**, em que você pode salvar mais pesquisas e editar, excluir e compartilhar pesquisas salvas anteriormente.

4.2.4 Edição de uma pesquisa

Também é possível *compartilhar*, *editar* ou *excluir* uma pesquisa. Para ver essas opções, faça um *pressionamento longo* no identificador da pesquisa – isto é, toque no identificador e mantenha o dedo na tela. Para fazer um pressionamento longo usando um AVD, clique e mantenha o botão esquerdo do mouse pressionado no identificador da pesquisa.

Capítulo 4 Aplicativo Twitter® Searches **95**

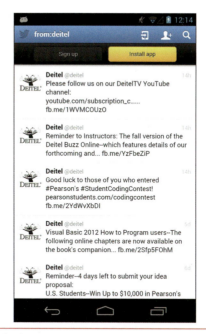

Figura 4.5 Vendo resultados de pesquisa.

Quando um pressionamento longo é feito em "**Deitel**", o componente AlertDialog na Fig. 4.6(a) exibe as opções **Share**, **Edit** e **Delete** para a pesquisa identificada como "**Deitel**". Se não quiser executar essas tarefas, toque em **Cancel**.

a) Selecionando **Edit** para editar uma pesquisa já existente   b) Editando a pesquisa "**Deitel**" salva

Figura 4.6 Editando uma pesquisa salva.

Para editar a pesquisa identificada como "Deitel", toque na opção Edit da caixa de diálogo. O aplicativo carrega a consulta e o identificador da pesquisa nos componentes EditText para edição. Vamos restringir nossa busca a *tweets* a partir de 1º de outubro de 2013, adicionando since:2013-10-01 ao final da consulta (Fig. 4.6(b)) na parte superior do componente EditText. O operador since: restringe os resultados da pesquisa aos *tweets* que ocorreram *na* data especificada *ou depois* dela (na forma aaaa-mm-dd). Toque no botão *salvar* ( ) para atualizar a pesquisa salva e, então, veja os resultados atualizados (Fig. 4.7) tocando em Deitel na seção Tagged Searches do aplicativo. [*Obs.*: Alterar o nome do identificador vai criar uma *nova* pesquisa – isso é útil se você quiser basear uma nova consulta em outra salva anteriormente.]

Figura 4.7 Vendo os resultados atualizados da pesquisa "Deitel".

4.2.5 Compartilhamento de uma pesquisa

O Android facilita compartilhar vários tipos de informação de um aplicativo via e-mail, troca de mensagens instantânea (SMS), Facebook, Google+, Twitter e muito mais. Neste aplicativo, você pode compartilhar uma pesquisa favorita fazendo um *pressionamento longo* no identificador da pesquisa e selecionando Share no componente AlertDialog que aparece. Isso exibe o assim chamado *selecionador de intenção* (Fig. 4.8(a)), o qual pode variar de acordo com o tipo de conteúdo que você está compartilhando e com os aplicativos que podem manipular esse conteúdo. Neste aplicativo, estamos compartilhando texto, e o selecionador de intenção de nosso telefone (não o AVD) mostra aplicativos capazes de manipular texto, como Facebook, Gmail, Google+, Messaging (troca de mensagens instantâneas) e Twitter. Se nenhum aplicativo puder manipular o conteúdo, o selecionador de intenção exibirá uma mensagem informando isso. Se somente um aplicativo puder manipular o conteúdo, ele será ativado sem que você precise escolher o aplicativo a ser usado no selecionador de intenção. A Figura 4.8(b) mostra a tela Compose do aplicativo Gmail com o assunto e o corpo do e-mail preenchidos. O Gmail mostra também seu endereço de e-mail acima do campo To (excluímos o endereço de e-mail na captura de tela por questões de privacidade).

a) Selecionador de intenção mostrando opções de compartilhamento

b) Tela **Compose** do aplicativo Gmail para um e-mail contendo a pesquisa "**Deitel**"

Figura 4.8   Compartilhando uma pesquisa via e-mail.

4.2.6   Exclusão de uma pesquisa

Para excluir uma pesquisa, faça um *pressionamento longo* no identificador da pesquisa e selecione **Delete** no componente AlertDialog que aparece. O aplicativo pede para você confirmar que deseja excluir a pesquisa (Fig. 4.9) – tocar em **Cancel** o leva de volta à tela principal *sem* excluir a pesquisa. Tocar em **Delete** exclui a pesquisa.

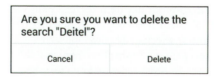

Figura 4.9   Componente AlertDialog confirmando uma exclusão.

4.2.7   Rolagem por pesquisas salvas

A Figura 4.10 mostra o aplicativo depois de salvarmos 10 pesquisas favoritas – apenas cinco das quais estão visíveis. O aplicativo permite rolar por suas pesquisas favoritas caso exista mais do que pode aparecer na tela simultaneamente. O componente da interface gráfica do usuário que exibe a lista de pesquisas é um ListView (discutido na Seção 4.3.1). Para rolar, *arraste* ou dê um *toque* com o dedo (ou com o mouse, em um AVD) para cima ou para baixo na lista de **Tagged Searches**. Além disso, gire o dispositivo para a orientação *paisagem* a fim de ver a interface gráfica se ajustar dinamicamente.

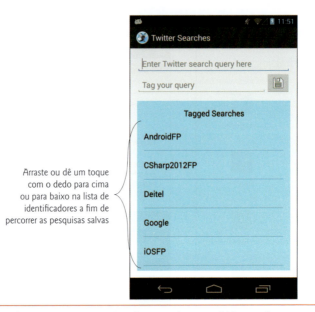

Figura 4.10 O aplicativo com mais pesquisas do que podem ser exibidas na tela.

4.3 Visão geral das tecnologias

Esta seção apresenta os recursos que você vai usar para construir o aplicativo **Twitter Searches**.

4.3.1 ListView

Muitos aplicativos móveis exibem listas de informação. Por exemplo, um aplicativo de e-mail exibe uma lista de novos e-mails, um aplicativo de agenda eletrônica exibe uma lista de contatos, um aplicativo de notícias exibe uma lista de manchetes, etc. Em cada caso, o usuário toca em um item da lista para ver mais informações – por exemplo, o conteúdo do e-mail selecionado, os detalhes do contato selecionado ou o texto da matéria da notícia selecionada. Este aplicativo usa um componente `ListView` (pacote `android.widget`) para exibir uma lista de pesquisas identificadas que pode ser *rolada* caso a lista completa não possa ser exibida na tela. Você pode especificar como vai formatar cada item de `ListView`. Para este aplicativo, exibiremos o identificador de cada pesquisa como um objeto `String` em um componente `TextView`. Em aplicativos posteriores, você vai personalizar completamente o conteúdo exibido para cada item de `ListView` – exibindo imagens, texto e componentes `Button`.

4.3.2 ListActivity

Quando a tarefa principal de uma atividade é exibir uma lista de itens *rolante*, você pode estender a classe `ListActivity` (pacote `android.app`), a qual usa um componente `ListView` que ocupa o aplicativo inteiro como layout padrão. `ListView` é uma subclasse de **Adapter-**

`View` (pacote `android.widget`) – um componente de interface gráfica do usuário é vinculado a uma fonte de dados por meio de um objeto **Adapter** (pacote `android.widget`). Neste aplicativo, usamos um componente **ArrayAdapter** (pacote `android.widget`) para criar um objeto que preenche o elemento `ListView` utilizando dados de um objeto coleção `ArrayList`. Isso é conhecido como **vinculação de dados**. Vários tipos de componentes AdapterView podem ser vinculados a dados usando um objeto `Adapter`. No Capítulo 8, você vai aprender a vincular dados de banco de dados a um componente `ListView`. Para obter mais detalhes sobre vinculação de dados no Android e vários tutoriais, visite:

```
http://developer.android.com/guide/topics/ui/binding.html
```

4.3.3 Personalização do layout de um componente `ListActivity`

A interface gráfica do usuário padrão de um componente `ListActivity` contém apenas um elemento `ListView` que preenche a área cliente da tela entre as barras de sistema superior e inferior do Android (as quais foram explicadas na Fig. 2.1). Se a interface gráfica de um componente `ListActivity` exige apenas o elemento `ListView` padrão, você *não* precisa definir um layout separado para sua subclasse `ListActivity`.

O componente `MainActivity` do aplicativo **Twitter Searches** exibe vários componentes de interface gráfica do usuário. Por isso, você vai definir um layout *personalizado* para `MainActivity`. Ao personalizar a interface gráfica do usuário de uma subclasse de `ListActivity`, o layout *deve* conter um componente `ListView` com o atributo **Id** configurado como `"@android:id/list"` – o nome utilizado pela classe `ListActivity` para fazer referência a seu componente `ListView`.

4.3.4 `ImageButton`

Os usuários frequentemente tocam em botões para iniciar ações em um programa. Para salvar um par consulta-identificador de uma pesquisa neste aplicativo, você toca em um componente **ImageButton** (pacote `android.widget`). `ImageButton` é uma subclasse de `ImageView`, a qual fornece recursos adicionais que permitem utilizar uma imagem, como um objeto `Button`, (pacote `android.widget`) para iniciar uma ação.

4.3.5 `SharedPreferences`

É possível ter um ou mais arquivos contendo pares *chave-valor* associados a cada aplicativo – cada *chave* permite pesquisar rapidamente um *valor* correspondente. Usamos esse recurso para manipular um arquivo chamado `searches`, no qual armazenamos os pares de identificadores (as *chaves*) e consultas de busca no Twitter (os *valores*) criadas pelo usuário. Para ler os pares chave-valor desse arquivo, vamos usar objetos **SharedPreferences** (pacote `android.content`). Para modificar o conteúdo do arquivo, vamos usar objetos **SharedPreferences.Editor** (pacote `android.content`). As chaves presentes no arquivo devem ser objetos `String` e os valores podem ser objetos `String` ou valores de tipos primitivos.

Este aplicativo lê as pesquisas salvas no método `onCreate` de `Activity` – isso é aceitável apenas porque o volume de dados que está sendo carregado é pequeno. Quando um aplicativo é ativado, o Android cria uma thread principal, chamada thread UI, que manipula todas as interações da interface gráfica do usuário. Todo processamento de interface gráfica do usuário deve ser feito nessa thread. *Operações de entrada/saída extensas, como carregamento de dados de arquivos e bancos de dados, não devem ser efetuadas na thread UI, pois podem afetar a rapidez de resposta de seu aplicativo.* Em capítulos posteriores, vamos mostrar como fazer E/S em threads separadas.

4.3.6 Objetos `Intent` para ativar outras atividades

O Android usa uma técnica conhecida como **troca de mensagens de intenção** para transmitir informações entre atividades dentro de um aplicativo ou atividades em aplicativos separados. Cada atividade pode especificar **filtros de intenção** indicando as *ações* que consegue manipular. Os filtros de intenção são definidos no arquivo `AndroidManifest.xml`. Na verdade, em cada aplicativo até aqui, o IDE criou um filtro de intenção para sua única atividade, indicando que ele podia responder à ação predefinida chamada `android.intent.action.MAIN`, a qual especifica que a atividade pode ser usada para *ativar* o aplicativo para iniciar sua execução.

Um objeto **Intent** é usado para ativar uma atividade – ele indica uma *ação* a ser executada e os *dados* nos quais essa ação vai atuar. Neste aplicativo, quando o usuário toca em um identificador de pesquisa, criamos uma URL contendo a consulta de busca no Twitter. Carregamos a URL em um navegador Web criando um novo elemento `Intent` para ver uma URL, passando então esse `Intent` para o **método `startActivity`**, o qual nosso aplicativo herda indiretamente da classe `Activity`. Para ver uma URL, `startActivity` ativa o navegador Web do dispositivo para exibir o conteúdo – neste aplicativo, os resultados de uma busca no Twitter.

Usamos também um elemento `Intent` e o método `startActivity` para exibir um **selecionador de intenção** – uma interface gráfica do usuário que mostra uma lista de aplicativos que podem manipular o objeto `Intent` especificado. Usamos isso ao compartilhar uma pesquisa salva para permitir ao usuário escolher como vai compartilhar uma busca.

Objetos Intent implícitos e explícitos

Os objetos `Intent` usados neste aplicativo são **implícitos** – *não especificaremos um componente para exibir a página Web; em vez disso, permitiremos que o Android ative a* `atividade` *mais adequada com base no tipo dos dados.* Se *várias* atividades puderem tratar da ação e dos dados passados para `startActivity`, o sistema exibirá uma *caixa de diálogo* na qual o usuário poderá selecionar a atividade a ser usada. Se o sistema não consegue encontrar uma atividade para tratar da ação, então o método `startActivity` lança uma exceção `ActivityNotFoundException`. Em geral, considera-se uma boa prática tratar essa exceção. Optamos por não fazer isso neste aplicativo, pois os dispositivos Android nos quais esse aplicativo provavelmente vai ser instalado têm um navegador capaz de exibir uma página Web. Em aplicativos futuros, também usaremos objetos **Intent explícitos**, os quais indicam precisamente a atividade a ser iniciada. Para obter mais informações sobre objetos `Intent`, visite:

```
http://developer.android.com/guide/components/intents-filters.html
```

4.3.7 `AlertDialog`

As mensagens, opções e confirmações podem ser exibidas para os usuários do aplicativo por meio de componentes **`AlertDialog`**. Enquanto uma caixa de diálogo está sendo exibida, o usuário não pode interagir com o aplicativo – isso é conhecido como **caixa de diálogo modal**. Conforme você vai ver, as configurações da caixa de diálogo são especificadas com um objeto **`AlertDialog.Builder`**, sendo ele então utilizado para criar o componente `AlertDialog`.

Os componentes `AlertDialog` podem exibir botões, caixas de seleção, botões de opção e listas de itens em que o usuário pode tocar para responder à mensagem da caixa de diálogo. Um componente `AlertDialog` padrão pode ter até três botões representando:

Capítulo 4   Aplicativo Twitter® Searches   **101**

- Uma ação *negativa* – Cancela a ação especificada da caixa de diálogo, frequente-mente rotulada com **Cancel** ou **No**. Esse é o botão mais à esquerda quando existem vários na caixa de diálogo.

- Uma ação *positiva* – Aceita a ação especificada da caixa de diálogo, frequentemente rotulada com **OK** ou **Yes**. Esse é o botão mais à direita quando existem vários na caixa de diálogo.

- Uma ação *neutra* – Esse botão indica que o usuário não quer cancelar nem aceitar a ação especificada pela caixa de diálogo. Por exemplo, um aplicativo que pede ao usuário para que se registre a fim de obter acesso a recursos adicionais poderia fornecer o botão neutro **Remind Me Later** (Lembre-me depois).

Neste aplicativo, usamos componentes `AlertDialog` com várias finalidades:

- Para exibir uma mensagem ao usuário, caso nenhum ou ambos os componentes `EditText` de consulta e identificação estejam vazios. Essa caixa de diálogo conterá somente um botão positivo.

- Para exibir as opções **Share**, **Edit** e **Delete** para uma pesquisa. Essa caixa de diálogo conterá uma lista de opções e um botão negativo.

- Para que o usuário confirme antes de excluir uma pesquisa – no caso de ter tocado acidentalmente na opção **Delete** para uma pesquisa.

Mais informações sobre as caixas de diálogo do Android podem ser encontradas em:

```
http://developer.android.com/guide/topics/ui/dialogs.html
```

4.3.8 AndroidManifest.xml

Conforme você aprendeu no Capítulo 3, o arquivo `AndroidManifest.xml` é gerado no momento em que um aplicativo é criado. Para este aplicativo, vamos mostrar a você como adicionar no manifesto uma configuração que impede a exibição do teclado vir-tual quando o aplicativo é carregado pela primeira vez. Para ver os detalhes completos de `AndroidManifest.xml`, visite:

```
http://developer.android.com/guide/topics/manifest/manifest-intro.html
```

Vamos abordar vários aspectos do arquivo `AndroidManifest.xml` por todo o livro.

4.4   Construção da interface gráfica do usuário do aplicativo

Nesta seção, vamos construir a interface gráfica do usuário do aplicativo **Twitter Searches**. Também vamos criar um segundo layout XML, o qual o componente `ListView` vai inflar dinamicamente e usar para exibir cada item.

4.4.1   Criação do projeto

Lembre-se de que o IDE Android Developer Tools só permite *um* projeto com deter-minado nome por área de trabalho; portanto, antes de criar o novo projeto, exclua o projeto `TwitterSearches` que você testou na Seção 4.2. Para isso, clique nele com o botão direito do mouse e selecione **Delete**. Na caixa de diálogo que aparece, certifique-se de que **Delete project contents on disk** *não* esteja selecionado e, em seguida, clique em **OK**. Isso remove o projeto da área de trabalho, mas deixa a pasta e os arquivos do projeto no disco para o caso de posteriormente você querer ver o aplicativo original outra vez.

Criando um novo projeto Blank App

Crie um novo **Android Application Project**. Especifique os seguintes valores no primeiro passo de **New Android Application** da caixa de diálogo **New Android Project** e, em seguida, pressione **Next >**:

- **Application Name:** `Twitter Searches`
- **Project Name:** `TwitterSearches`
- **Package Name:** `com.deitel.twittersearches`
- **Minimum Required SDK:** `API18: Android 4.3`
- **Target SDK:** `API19: Android 4.4`
- **Compile With:** `API19: Android 4.4`
- **Theme:** `Holo Light with Dark Action Bar`

No segundo passo de **New Android Application** da caixa de diálogo **New Android Project**, deixe as configurações padrão e pressione **Next >**. No passo **Configure Launcher Icon**, clique no botão **Browse...**, selecione uma imagem de ícone de aplicativo (fornecida na pasta images com os exemplos do livro), pressione **Open** e depois **Next >**. No passo **Create Activity**, selecione **Blank Activity** e pressione **Next >**. No passo **Blank Activity**, deixe as configurações padrão e clique em **Finish** para criar o projeto. No editor **Graphical Layout**, abra `activity_main.xml` e selecione **Nexus 4** na lista suspensa de tipo de tela (como na Fig. 2.12). Mais uma vez, usaremos esse dispositivo como base para nosso projeto.

4.4.2 Visão geral de `activity_main.xml`

Como no Capítulo 3, o layout `activity_main.xml` deste aplicativo utiliza um componente `GridLayout` (Fig. 4.11). Neste aplicativo, o componente `GridLayout` contém três linhas e uma coluna. A Figura 4.12 mostra os nomes dos componentes da interface gráfica do aplicativo.

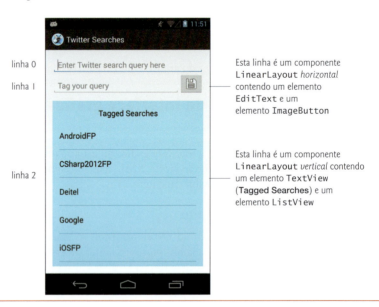

Figura 4.11 Linhas e colunas no componente `GridLayout` do aplicativo **Twitter Searches**.

Capítulo 4 Aplicativo Twitter® Searches   **103**

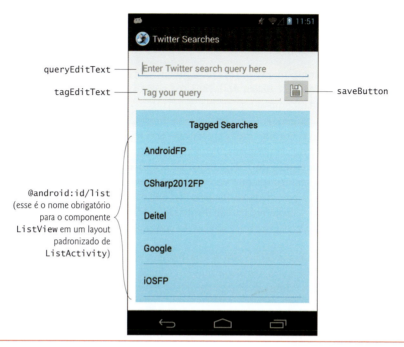

Figura 4.12 Componentes da interface gráfica do usuário do aplicativo **Twitter Searches** rotulados com seus valores de propriedade **Id**.

4.4.3 Adição de GridLayout e componentes

Utilizando as técnicas aprendidas no Capítulo 3, você vai construir a interface gráfica do usuário das Figuras 4.11 e 4.12. Todos os passos nas subseções a seguir presumem que você está trabalhando com o layout no editor **Graphical Layout** do IDE. Como lembrete, frequentemente é mais fácil selecionar um componente de interface gráfica do usuário em particular na janela **Outline**.

Você vai começar com o layout e os controles básicos e, em seguida, vai personalizar as propriedades dos controles para concluir o projeto. Use a janela **Outline** para adicionar elementos às linhas corretas do componente GridLayout. À medida que adicionar componentes de interface gráfica do usuário, configure suas propriedades **Id** como mostrado na Fig. 4.12 – nesse layout existem vários componentes que não exigem **Id**, pois nunca são referenciados no código Java do aplicativo. Além disso, lembre-se de definir todos os valores de string literais no arquivo strings.xml (localizado dentro da pasta res/values do aplicativo).

Passo 1: Mudando de RelativeLayout para GridLayout
Siga os passos da Seção 3.4.3 para trocar de RelativeLayout para GridLayout.

Passo 2: Configurando o componente GridLayout
Na janela **Outline**, selecione o componente GridLayout e configure as seguintes propriedades – para cada propriedade que estiver aninhada em um nó dentro da janela **Properties**, especificamos o nome do nó entre parênteses após o nome da propriedade:

- **Id:** @+id/gridLayout

- **Column Count** (nó GridLayout): 1 – Cada componente da interface gráfica do usuário aninhado diretamente no componente GridLayout será adicionado como uma nova linha.

O componente GridLayout preenche a área cliente inteira da tela, pois as propriedades **Width** e **Height** do layout (na seção **Layout Parameters** da janela **Properties**) são configuradas como match_parent pelo IDE.

Por padrão, o IDE configura as propriedades **Padding Left** e **Padding Right** como @dimen/activity_horizontal_margin – um recurso de dimensão predefinido no arquivo dimens.xml da pasta res/values do projeto. O valor desse recurso é 16dp; portanto, haverá um espaço de 16dp à esquerda e à direita do componente GridLayout. O IDE gerou esse recurso quando você criou o projeto do aplicativo. Do mesmo modo, o IDE configura as propriedades **Padding Top** e **Padding Bottom** como @dimen/activity_vertical_margin – outro recurso de dimensão predefinido com o valor 16dp. Portanto, haverá um espaço de 16dp acima e abaixo do componente GridLayout.

> **Observação sobre aparência e comportamento 4.1**
> *De acordo com as diretrizes de projeto do Android, 16dp é o espaço recomendado entre as margens da área em que se pode tocar na tela de um dispositivo e o conteúdo do aplicativo; contudo, muitos aplicativos (como os games) utilizam a tela inteira.*

Passo 3: Criando a primeira linha do componente GridLayout

Essa linha contém apenas um componente EditText. Arraste um componente **Plain Text** da seção **Text Fields** da **Palette** para o componente GridLayout na janela **Outline** e, então, configure sua propriedade **Id** como @+id/queryEditText. Na janela **Properties**, sob o nó **TextView**, exclua o valor da propriedade **Ems**, que não é utilizado neste aplicativo. Então, use a janela **Properties** para configurar as seguintes propriedades:

- **Width** (nó **Layout Parameters**): wrap_content
- **Height** (nó **Layout Parameters**): wrap_content
- **Gravity** (nó **Layout Parameters**): fill_horizontal – Isso garante que, quando o usuário girar o dispositivo, o componente queryEditText preencherá todo o espaço horizontal disponível. Usamos configurações de **Gravity** semelhantes para outros componentes da interface gráfica do usuário a fim de dar suporte para as orientações retrato e paisagem para a interface deste aplicativo.
- **Hint**: @string/queryPrompt – Crie um recurso String, como você fez em aplicativos anteriores, e dê a ele o valor "Enter Twitter search query here". Esse atributo exibe uma dica em um componente EditText *vazio*, a qual ajuda o usuário a entender o objetivo do componente. Esse texto também é falado pelo aplicativo TalkBack do Android para usuários deficientes visuais; portanto, fornecer dicas nos componentes EditText torna seu aplicativo mais acessível.

> **Observação sobre aparência e comportamento 4.2**
> *As diretrizes de projeto do Android indicam que o texto exibido em sua interface gráfica do usuário deve ser breve, simples e amigável, com as palavras importantes em primeiro lugar. Para ver detalhes sobre o estilo de redação recomendada, consulte http://developer.android.com/design/style/writing.html.*

- **IME Options** (nó **TextView**): actionNext – Este valor indica que o teclado do componente queryEditText conterá um botão **Next** em que o usuário pode tocar a fim de mover o foco de entrada para o próximo componente de entrada (isto é, `tagEdit-Text`, neste aplicativo). Isso facilita para o usuário preencher vários componentes de entrada em um formulário. Quando o próximo componente é outro `EditText`, o teclado apropriado é exibido sem que o usuário precise tocar no componente para passar o foco a ele.

Passo 4: Criando a segunda linha do componente `GridLayout`

Esta linha é um componente `LinearLayout` horizontal contendo um elemento `EditText` e um elemento `ImageButton`. Execute as tarefas a seguir para construir a interface gráfica do usuário da linha:

1. Arraste um componente **LinearLayout (Horizontal)** da seção **Layouts** da **Palette** para o componente `GridLayout` na janela **Outline**.

2. Arraste um componente **Plain Text** da seção **Text Fields** da **Palette** para o componente `LinearLayout` e, então, configure a propriedade **Id** como @+id/tagEditText.

3. Arraste um componente **ImageButton** da seção **Images & Media** da **Palette** para o componente `LinearLayout`. Isso exibe a caixa de diálogo **Resource Chooser** (Fig. 4.13) para que você possa escolher a imagem do botão. Por padrão, o botão de opção **Project Resources** da caixa de diálogo é selecionado para que você possa escolher imagens dos recursos do projeto (essas imagens seriam armazenadas em várias pastas res/drawable de seu projeto). Neste aplicativo, usamos o ícone de salvar padrão do Android (mostrado no lado direito da Fig. 4.13). Para isso, clique no botão de opção **System Resources**, selecione ic_menu_save e clique em **OK**. Em seguida, configure a propriedade **Id** como @+id/saveButton.

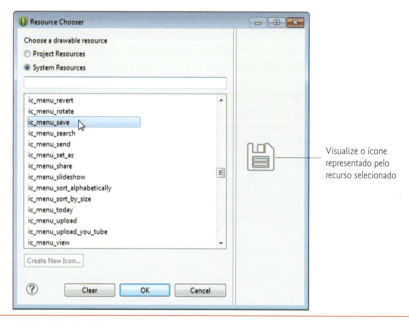

Figura 4.13 Caixa de diálogo **Resource Chooser**.

Com `tagEditText` selecionado, remova o valor da propriedade **Ems** do nó **TextView** na janela **Properties**. Em seguida, configure as seguintes propriedades:

- **Width** (nó **Layout Parameters**): `0dp` – O IDE recomenda esse valor quando a propriedade **Weight** também é configurada, para que possa organizar os componentes de forma mais eficiente.
- **Height** (nó **Layout Parameters**): `wrap_content`
- **Gravity** (nó **Layout Parameters**): `bottom|fill_horizontal` – Isso alinha a parte inferior do componente `tagEditText` com a parte inferior do componente `saveButton` e indica que `tagEditText` deve preencher o espaço horizontal disponível.
- **Weight** (nó **Layout Parameters**): `1` – Isso torna `tagEditText` mais importante do que `saveButton` nessa linha. Quando o Android organizar a linha, o componente `saveButton` ocupará apenas o espaço necessário, e o componente `tagEditText` ocupará todo o espaço horizontal restante.
- **Hint**: `@string/tagPrompt` – Crie um recurso `String` com o valor `"Tag your query"`.
- **IME Options** (nó **TextView**): `actionDone` – Esse valor indica que o teclado do componente `queryEditText` conterá um botão **Done**, no qual o usuário pode tocar para remover o teclado da tela.

Com `saveButton` selecionado, apague o valor da propriedade **Weight** (nó **Layout Parameters**) e, então, configure as seguintes propriedades:

- **Width** (nó **Layout Parameters**): `wrap_content`
- **Height** (nó **Layout Parameters**): `wrap_content`
- **Content Description**: `@string/saveDescription` – Crie um recurso de string com o valor `"Touch this button to save your tagged search"`.

> **Observação sobre aparência e comportamento 4.3**
> *Lembre-se de que, no Android, considera-se a melhor prática garantir que todo componente da interface gráfica do usuário possa ser usado com TalkBack. Para componentes que não têm texto descritivo, como ImageButton, forneça texto para sua propriedade* **Content Description**.

Passo 5: Criando a terceira linha do componente `GridLayout`

Esta linha é um componente `LinearLayout` vertical contendo um elemento `TextView` e um elemento `ListView`. Execute as tarefas a seguir para construir a interface gráfica do usuário da linha:

1. Arraste um componente **LinearLayout (Vertical)** da seção **Layouts** da **Palette** para o componente `GridLayout` na janela **Outline**.
2. Arraste um componente **Medium Text** da seção **Form Widgets** da **Palette** para o componente `LinearLayout`. Isso cria um componente `TextView` previamente configurado para exibir texto na fonte de tamanho médio do tema.
3. Arraste um componente **ListView** da seção **Composite** da **Palette** para o componente `LinearLayout` e configure a propriedade **Id** como `@android:id/list` – lembre-se de que esse é o **Id** exigido para `ListView` no layout personalizado de um componente `ListActivity`.

Com o componente LinearLayout vertical selecionado, configure as seguintes propriedades:

- **Heigth** (nó **Layout Parameters**): `0dp` – A altura real é determinada pela propriedade **Gravity**.

- **Gravity** (nó **Layout Parameters**): `fill` – Isso faz que o componente `LinearLayout` preencha todo o espaço horizontal e vertical disponível.
- **Top** (localizada no nó **Margins** do nó **Layout Parameters**): `@dimen/activity_vertical_margin` – Isso separa a parte superior do componente `LinearLayout` vertical do componente `LinearLayout` horizontal na segunda linha da interface gráfica do usuário.
- **Background** (nó **View**): `@android:color/holo_blue_bright` – Esse é um dos recursos de cor predefinidos no tema Android do aplicativo.
- **Padding Left/Right** (nó **View**): `@dimen/activity_horizontal_margin` – Isso garante que os componentes do elemento `LinearLayout` vertical sejam inseridos com uma distância de 16dp a partir das margens esquerda e direita do layout.
- **Padding Top** (nó **View**): `@dimen/activity_vertical_margin` – Isso garante que o componente superior dentro do elemento `LinearLayout` vertical seja inserido com uma distância de 16dp a partir da margem superior do layout.

Com o componente `TextView` vertical selecionado, configure as seguintes propriedades:

- **Width** (nó **Layout Parameters**): `match_parent`
- **Height** (nó **Layout Parameters**): `wrap_content`
- **Gravity** (nó **Layout Parameters**): `fill_horizontal` – Isso faz o componente `TextView` preencher a largura do componente `LinearLayout` vertical (menos o *padding* no layout).
- **Gravity** (nó **TextView**): `center_horizontal` – Isso centraliza o texto do componente `TextView`.
- **Text**: `@string/taggedSearches` – Crie um recurso de string com o valor `"Tagged Searches"`.
- **Padding Top** (nó **View**): `@dimen/activity_vertical_margin` – Isso garante que o componente superior dentro do elemento `LinearLayout` vertical seja inserido com uma distância de 16dp a partir da margem superior do layout.

Com o componente `ListView` selecionado, configure as seguintes propriedades:

- **Width** (nó **Layout Parameters**): `match_parent`
- **Heigth** (nó **Layout Parameters**): `0dp` – O IDE recomenda esse valor quando a propriedade **Weight** também é configurada, para que possa organizar os componentes de forma mais eficiente.
- **Weigth** (nó **Layout Parameters**): `1`
- **Gravity** (nó **Layout Parameters**): `fill` – O componente `ListView` deve preencher todo o espaço horizontal e vertical disponível.
- **Padding Top** (nó **View**): `@dimen/activity_vertical_margin` – Isso garante que o componente superior dentro do elemento `LinearLayout` vertical seja inserido com uma distância de 16dp a partir da margem superior do layout.
- **Top** e **Bottom** (localizadas no nó **Margins** do nó **Layout Parameters**): `@dimen/tagged_searches_padding` – Crie um novo recurso de dimensão `tagged_searches_padding` clicando no botão de reticências à direita da propriedade **Top**. Na caixa de diálogo **Resource Chooser**, clique em **New Dimension...** para criar um novo recurso de dimensão. Especifique `tagged_searches_padding` para **Name**, 8dp para **Value** e clique em

OK; então, selecione seu novo recurso de dimensão e clique em **OK**. Para a propriedade **Bottom**, basta selecionar esse novo recurso de dimensão. Essas propriedades garantem a existência de uma margem de 8dp entre o componente TextView e a parte superior do componente ListView, e entre a parte inferior de ListView e a parte inferior do componente LinearLayout vertical.

4.4.4 Barra de ferramentas do editor Graphical Layout

Agora você concluiu a interface gráfica do usuário de MainActivity. A barra de ferramentas do editor **Graphical Layout** (Fig. 4.14) contém vários botões que permitem visualizar o projeto para outros tamanhos e orientações de tela. Em particular, você pode ver imagens em miniatura de muitos tamanhos e orientações de tela clicando na seta que aponta para baixo ao lado do botão [d] e selecionando **Preview Representative Sample** ou **Preview All Screen Sizes**. Para cada miniatura existem botões + e − em que você pode clicar para ampliar e reduzir. A Figura 4.14 mostra alguns dos botões da barra de ferramentas do editor **Graphical Layout**.

Figura 4.14 Opções de configuração da tela de desenho (canvas).

Opção	Descrição
Opções de renderização	Visualiza uma tela de projeto por vez ou mostra seu projeto em diversos tamanhos de tela simultaneamente.
Tipo de tela	O Android funciona em diversos dispositivos, de modo que o editor **Graphical Layout** vem com muitas configurações de dispositivo que representam vários tamanhos e resoluções de tela que podem ser usados para projetar sua interface gráfica do usuário. Neste livro, usamos as telas predefinidas do **Nexus 4**, **Nexus 7** e **Nexus 10**, dependendo do aplicativo. Na Fig. 4.14, selecionamos **Nexus 4**.
Retrato/Paisagem	Alterna a área de projeto entre as orientações *retrato* e *paisagem*.
Tema	Pode ser usado para definir o tema da interface gráfica do usuário.
Atividade/Fragmento que está sendo projetado	Mostra a classe Activity ou Fragment correspondente à interface gráfica do usuário que está sendo projetada.
Localidade	Para aplicativos *internacionalizados* (Seção 2.8), permite selecionar um local específico para que você possa ver, por exemplo, como seu projeto fica com strings em um idioma diferente.
Nível de API	Especifica o nível de API utilizado para o projeto. Com cada novo nível de API normalmente existem novos recursos de interface gráfica do usuário. A janela do editor **Graphical Layout** mostra somente os recursos que estão disponíveis no nível de API selecionado.

Figura 4.15 Explicação das opções de configuração da tela de desenho.

4.4.5 Layout do item `ListView`: `list_item.xml`

Ao preencher um componente `ListView` com dados, você deve especificar o formato aplicado a cada item da lista. Neste aplicativo, cada item exibe o nome de identificador `String` de uma pesquisa salva. Para especificar a formatação de cada item da lista, você vai criar um novo layout contendo apenas um componente `TextView` com a formatação apropriada. Execute os passos a seguir:

1. Na janela **Package Explorer**, expanda a pasta res do projeto e, em seguida, clique com o botão direito do mouse na pasta layout e selecione **New > Other...** para exibir a caixa de diálogo **New**.
2. No nó **Android**, selecione **Android XML Layout File** e clique em **Next >** para exibir a caixa de diálogo da Fig. 4.16; em seguida, configure o arquivo como mostrado. O nome de arquivo do novo layout é `list_item.xml` e o elemento raiz do layout é um `TextView`.
3. Clique em **Finish** para criar o arquivo.

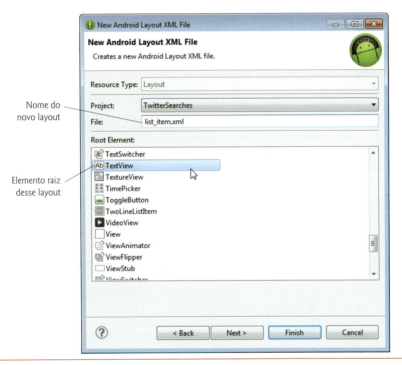

Figura 4.16   Criando um novo layout `list_item.xml` na caixa de diálogo **New Android Layout XML File**.

O IDE abre o novo layout no editor **Graphical Layout**. Selecione o componente `TextView` na janela **Outline** e, então, configure as seguintes propriedades:

- **Id**: `@+id/textView` – As propriedades **Id** dos componentes da interface gráfica do usuário começam com a primeira letra minúscula por convenção.
- **Heigth** (nó **Layout Parameters**): `?android:attr/listPreferredItemHeight` – Esse valor é um recurso predefinido do Android que representa a altura preferida de um

item de lista para responder corretamente aos toques do usuário com chance mínima de tocar no item errado.

> **Observação sobre aparência e comportamento 4.4**
> *As diretrizes de projeto do Android especificam que o tamanho mínimo recomendado para um item que pode ser tocado na tela seja de 48dp por 48dp. Para obter mais informações sobre dimensionamento e espaçamento na interface gráfica do usuário, consulte* `http://developer.android.com/design/style/metrics-grids.html`.

- **Gravity** (nó **Layout Parameters**): `center_vertical` – O componente `TextView` deve ser centralizado verticalmente dentro do item de `ListView`.
- **Text Appearance** (nó **TextView**): `?android:attr/textAppearanceMedium` – Esse é o recurso de tema predefinido que especifica a medida da fonte para texto de tamanho médio.

Itens de lista que exibem vários tipos de dados
Se um item de lista vai exibir vários tipos de dados, você precisará de um layout que seja composto de vários elementos, e cada elemento precisará de um atributo `android:id`.

Outros recursos predefinidos do Android
Existem muitos recursos predefinidos do Android, como os utilizados para configurar as propriedades **Height** e **Text Appearance** de um item de lista. Veja uma lista completa em:

`http://developer.android.com/reference/android/R.attr.html`

Para usar um valor em seus layouts, especifique-o no formato

`?android:attr/nomeDoRecurso`

4.5 Construção da classe `MainActivity`

As Figuras 4.17 a 4.27 implementam a lógica do aplicativo **Twitter Searches** na classe `MainActivity`, a qual estende `ListActivity`. O código padrão da classe `MainActivity` incluiu um método `onCreateOptionsMenu`, o qual removemos porque não é usado neste aplicativo – vamos discutir `onCreateOptionsMenu` no Capítulo 5. Por toda esta seção, supomos que você criará os recursos de `String` necessários à medida que os encontrar nas descrições de código.

4.5.1 As instruções package e import

A Figura 4.17 mostra as instruções package e import do aplicativo. A instrução package (inserida na linha 4 pelo IDE quando você criou o projeto) indica que a classe nesse arquivo faz parte do pacote `com.deitel.twittersearches`. As linhas 6 a 26 importam as classes e interfaces utilizadas pelo aplicativo.

```
1   // MainActivity.java
2   // Gerencia suas pesquisas favoritas no Twitter para
3   // facilitar o acesso e exibir no navegador Web do dispositivo
4   package com.deitel.twittersearches;
5
6   import java.util.ArrayList;
```

Figura 4.17 Instruções package e import de `MainActivity`. (*continua*)

```
 7  import java.util.Collections;
 8
 9  import android.app.AlertDialog;
10  import android.app.ListActivity;
11  import android.content.Context;
12  import android.content.DialogInterface;
13  import android.content.Intent;
14  import android.content.SharedPreferences;
15  import android.net.Uri;
16  import android.os.Bundle;
17  import android.view.View;
18  import android.view.View.OnClickListener;
19  import android.view.inputmethod.InputMethodManager;
20  import android.widget.AdapterView;
21  import android.widget.AdapterView.OnItemClickListener;
22  import android.widget.AdapterView.OnItemLongClickListener;
23  import android.widget.ArrayAdapter;
24  import android.widget.EditText;
25  import android.widget.ImageButton;
26  import android.widget.TextView;
27
```

Figura 4.17   Instruções package e import de `MainActivity`.

As linhas 6 e 7 importam as classes `ArrayList` e `Collections` do pacote `java.util`. Usamos a classe `ArrayList` para manter a lista de identificadores das pesquisas salvas e a classe `Collections` para *ordená-los* a fim de que apareçam em ordem alfabética. Das instruções import restantes, consideramos somente as dos recursos apresentados neste capítulo.

- A classe `AlertDialog` do pacote `android.app` (linha 9) é usada para exibir caixas de diálogo.

- A classe `ListActivity` do pacote `android.app` (linha 10) é a superclasse de `MainActivity`, a qual fornece o componente `ListView` do aplicativo e os métodos para manipulá-lo.

- A classe **Context** do pacote **android.content** (linha 11) dá acesso às informações sobre o ambiente no qual o aplicativo está sendo executado e permite usar vários serviços do Android. Vamos utilizar uma constante dessa classe quando ocultarmos o teclado virtual via programação, depois que o usuário salvar uma pesquisa.

- A classe **DialogInterface** do pacote `android.content` (linha 12) contém a interface aninhada **OnClickListener**. Implementamos essa interface para tratar os eventos que ocorrem quando o usuário toca em um botão em um componente `AlertDialog`.

- A classe `Intent` do pacote `android.content` (linha 13) é usada para criar um objeto que especifica uma *ação* a ser executada e os *dados* utilizados nessa ação – o Android utiliza objetos `Intent` para ativar as atividades apropriadas. Vamos usar essa classe para ativar o navegador Web do dispositivo, para exibir os resultados da busca no Twitter e para exibir um *selecionador de intenção* a fim de que o usuário possa escolher como vai compartilhar uma pesquisa.

- A classe `SharedPreferences` do pacote `android.content` (linha 14) é usada para manipular *pares chave-valor persistentes* que são armazenados em arquivos associados ao aplicativo.

- A classe **Uri** do pacote **android.net** (linha 15) permite converter uma URL para o formato exibido por um elemento `Intent` que ativa o navegador Web do dispositivo.

- A classe `View` do pacote `android.view` (linha 17) é utilizada em vários métodos de tratamento de eventos para representar o componente da interface gráfica com que o usuário interagiu para iniciar um evento.

- A classe `View` contém o componente `OnClickListener` aninhado da interface (linha 18). Implementamos essa interface para tratar o evento disparado quando o usuário toca no componente `ImageButton` para salvar uma pesquisa.

- A classe `InputMethodManager` do pacote `android.view.inputmethod` (linha 19) permite ocultar o teclado virtual quando o usuário salva uma pesquisa.

- O pacote `android.widget` (linhas 20 a 26) contém os componentes da interface gráfica do usuário e layouts utilizados nas interfaces gráficas do Android. A classe `AdapterView` (linha 20) é a classe base de `ListView` e é utilizada ao configurar o adaptador de `ListView` (o qual fornece os itens de `ListView`). A interface `AdapterView.OnItemClickListener` (linha 21) é implementada para responder quando o usuário *toca* em um item em um componente `ListView`. A interface `AdapterView.OnItemLongClickListener` (linha 22) é implementada para responder quando o usuário faz um *pressionamento longo* em um item em um componente `ListView`. A classe `ArrayAdapter` (linha 23) é usada para *vincular* itens a um componente `ListView`. A classe `ImageButton` (linha 25) representa um botão que exibe uma imagem.

4.5.2 Extensão de `ListActivity`

`MainActivity` (Figs. 4.18 a 4.27) é a única classe `Activity` do aplicativo **Twitter Searches**. Quando você criou o projeto `TwitterSearches`, o IDE gerou `MainActivity` como uma subclasse de `Activity` e forneceu a "casca" de um método sobrescrito `onCreate`, o qual toda subclasse de `Activity` *deve* sobrescrever. Mudamos a superclasse para `ListActivity` (Fig. 4.18, linha 28). Quando essa alteração é feita, o IDE não reconhece a classe `ListActivity`, de modo que é preciso atualizar suas instruções `import`. No IDE, você pode usar **Source > Organize Imports** para isso. O Eclipse sublinha todo nome de classe ou interface que não reconhece. Nesse caso, se você deixar o mouse uns instantes sobre o nome da classe ou interface, aparecerá uma lista de *correções rápidas*. Se o IDE reconhecer o nome, irá sugerir a instrução `import` ausente que precisa ser adicionada – basta clicar no nome para adicioná-la.

```
28   public class MainActivity extends ListActivity
29   {
```

Figura 4.18 A classe `MainActivity` é uma subclasse de `ListActivity`.

4.5.3 Campos da classe `MainActivity`

A Figura 4.19 contém as variáveis estáticas e de instância da classe `MainActivity`. A constante `String` `SEARCHES` (linha 31) representa o nome do arquivo que vai armazenar as pesquisas no dispositivo. As linhas 33 e 34 declaram os componentes `EditText` que vamos usar para acessar as consultas e identificadores digitados pelo usuário. A linha 35 declara a variável de instância `savedSearches` de `SharedPreferences`, a qual será usada para manipular os *pares chave-valor* que representam as pesquisas salvas do usuário. A linha 36 declara o elemento `ArrayList<String>` que vai armazenar os nomes de identificador ordenados das pesquisas do usuário. A linha 37 declara o elemento `ArrayAdapter<String>` que utiliza o conteúdo de `ArrayList<String>` como origem dos itens exibidos no componente `ListView` de `MainActivity`.

> **Boa prática de programação 4.1**
> *Para ter maior legibilidade e capacidade de modificação, use constantes String para representar nomes de arquivo (e outras literais String) que não precisem ser adaptados a outros idiomas e, portanto, não sejam definidos em strings.xml.*

```
30      // nome do arquivo XML de SharedPreferences que armazena as pesquisas salvas
31      private static final String SEARCHES = "searches";
32
33      private EditText queryEditText; // EditText onde o usuário digita uma consulta
34      private EditText tagEditText; // EditText onde o usuário identifica uma consulta
35      private SharedPreferences savedSearches; // pesquisas favoritas do usuário
36      private ArrayList<String> tags; // lista de identificadores das pesquisas salvas
37      private ArrayAdapter<String> adapter; // vincula identificadores a ListView
38
```

Figura 4.19 Campos da classe MainActivity.

4.5.4 Sobrescrevendo o método onCreate de Activity

O método onCreate (Fig. 4.20) é chamado pelo sistema:

- quando o aplicativo *é carregado;*
- se o processo do aplicativo tiver sido *eliminado* pelo sistema operacional enquanto o aplicativo estava em segundo plano e, então, é *restaurado;*
- sempre que a configuração é modificada, como quando o usuário *gira* o dispositivo ou quando *abre* ou *fecha* um teclado físico.

O método inicializa as variáveis de instância de Activity e componentes da interface gráfica do usuário – o mantemos simples para que o aplicativo seja carregado rapidamente. A linha 43 realiza a chamada *exigida* para o método onCreate da superclasse. Como no aplicativo anterior, a chamada para setContentView (linha 44) passa a constante R.layout.activity_main para *inflar a interface gráfica do usuário* de activity_main.xml.

```
39      // chamado quando MainActivity é criada
40      @Override
41      protected void onCreate(Bundle savedInstanceState)
42      {
43          super.onCreate(savedInstanceState);
44          setContentView(R.layout.activity_main);
45
46          // obtém referências para os EditText
47          queryEditText = (EditText) findViewById(R.id.queryEditText);
48          tagEditText = (EditText) findViewById(R.id.tagEditText);
49
50          // obtém os SharedPreferences que contêm as pesquisas salvas do usuário
51          savedSearches = getSharedPreferences(SEARCHES, MODE_PRIVATE);
52
53          // armazena os identificadores salvos em um ArrayList e, então, os ordena
54          tags = new ArrayList<String>(savedSearches.getAll().keySet());
55          Collections.sort(tags, String.CASE_INSENSITIVE_ORDER);
56
57          // cria ArrayAdapter e o utiliza para vincular os identificadores a ListView
58          adapter = new ArrayAdapter<String>(this, R.layout.list_item, tags);
59          setListAdapter(adapter);
```

Figura 4.20 Sobrescrevendo o método onCreate de Activity. *(continua)*

```
60
61      // registra receptor para salvar uma pesquisa nova ou editada
62      ImageButton saveButton =
63         (ImageButton) findViewById(R.id.saveButton);
64      saveButton.setOnClickListener(saveButtonListener);
65
66      // registra receptor que pesquisa quando o usuário toca em um identificador
67      getListView().setOnItemClickListener(itemClickListener);
68
69      // configura o receptor que permite ao usuário excluir ou editar uma pesquisa
70      getListView().setOnItemLongClickListener(itemLongClickListener);
71   } // fim do método onCreate
72
```

Figura 4.20 Sobrescrevendo o método onCreate de Activity.

Obtendo referências para os componentes EditText
As linhas 47 e 48 obtêm referências para os componentes queryEditText e tagEditText para inicializar as variáveis de instância correspondentes.

Obtendo um objeto SharedPreferences
A linha 51 usa o método **getSharedPreferences** (herdado da classe Context) para obter um objeto SharedPreferences que pode ler *pares identificador-consulta* (se houver) armazenados anteriormente no arquivo SEARCHES. O primeiro argumento indica o nome do arquivo que contém os dados. O segundo argumento especifica a acessibilidade do arquivo e pode ser configurado com uma das opções a seguir:

- **MODE_PRIVATE** – O arquivo é acessível *somente* para esse aplicativo. Na maioria dos casos, você vai usar esta opção.
- **MODE_WORLD_READABLE** – Qualquer aplicativo no dispositivo pode *ler* o arquivo.
- **MODE_WORLD_WRITABLE** – Qualquer aplicativo no dispositivo pode *gravar* no arquivo.

Essas constantes podem ser combinadas com o operador OU bit a bit (|). Não estamos lendo muitos dados neste aplicativo; portanto, ele é rápido o suficiente para carregar as pesquisas em onCreate.

> **Dica de desempenho 4.1**
> *O acesso a dados extensos não deve ser feito na thread UI; caso contrário, o aplicativo exibirá uma caixa de diálogo Application Not Responding (ANR) – normalmente após cinco segundos de inatividade. Para obter informações sobre projeto de aplicativos ágeis nas respostas, consulte* http://developer.android.com/guide/practices/design/responsiveness.html.

Obtendo as chaves armazenadas no objeto SharedPreferences
Queremos exibir os identificadores de pesquisa em ordem alfabética para que o usuário possa localizar facilmente uma pesquisa a ser feita. Primeiramente, a linha 54 obtém os objetos String que representam as chaves no objeto SharedPreferences e os armazena em identificadores (um elemento ArrayList<String>). O método **getAll** de SharedPreferences retorna todas as pesquisas salvas como um objeto Map (pacote java.util) – uma coleção de pares chave-valor. Então, chamamos o método **keySet** nesse objeto para obter todas as chaves como um objeto Set (pacote java.util) – uma coleção de valores únicos. O resultado é usado para inicializar tags.

Capítulo 4 Aplicativo Twitter® Searches   **115**

Classificando o componente *ArrayList* de identificadores

A linha 55 usa `Collections.sort` para ordenar tags. Como o usuário pode inserir identificadores usando misturas de letras maiúsculas e minúsculas, optamos por fazer uma *ordenação sem diferenciação de maiúsculas e minúsculas*, passando o objeto predefinido `String.CASE_INSENSITIVE_ORDER` de Comparator<String> como o segundo argumento para Collections.sort.

Usando um componente *ArrayAdapter* para preencher o elemento *ListView*

Para exibir os resultados em um elemento ListView, criamos um novo objeto ArrayAdapter<String> (linha 58), o qual faz o mapeamento dos identificadores de conteúdo para os componentes TextView que são exibidos no elemento ListView de MainActivity. O construtor de ArrayAdapter<String> recebe:

- o objeto Context (this) no qual o elemento ListView é exibido – this é o componente MainActivity;

- o identificador do recurso (R.layout.list_item) do layout utilizado para exibir cada item no componente ListView;

- um objeto List<String> contendo os itens a exibir – tags é um objeto ArrayList<String>, o qual implementa a interface List<String>; portanto, tags é um objeto List<String>.

A linha 59 usa o método herdado **setListAdapter** de ListActivity para vincular o componente ListView ao elemento ArrayAdapter, para que ListView possa exibir os dados.

Registrando receptores para *saveButton* e *ListView*

As linhas 62 e 63 obtêm uma referência para o componente saveButton, e a linha 64 registra seu receptor – a variável de instância saveButtonListener faz referência a um *objeto de classe interna anônima* que implementa a interface OnClickListener (Fig. 4.21). A linha 67 usa o método herdado **getListView** de ListActivity para obter uma referência para o componente ListView dessa atividade e, então, registra OnItemClickListener de ListView – a variável de instância itemClickListener faz referência a um *objeto de classe interna anônima* que implementa essa interface (Fig. 4.24). Do mesmo modo, a linha 70 registra OnItemLongClickListener de ListView – a variável de instância itemLongClickListener faz referência a um *objeto de classe interna anônima* que implementa essa interface (Fig. 4.25).

4.5.5   Classe interna anônima que implementa a interface *OnClickListener* de saveButton para salvar uma pesquisa nova ou atualizada

A Figura 4.21 declara e inicializa a variável de instância saveButtonListener, a qual faz referência a um *objeto de classe interna anônima* que implementa a interface OnClickListener. A linha 64 (Fig. 4.20) registrou saveButtonListener como rotina de tratamento de eventos de saveButton. As linhas 76 a 109 sobrescrevem o método onClick da interface OnClickListener. Se o usuário digitou uma consulta *e* um identificador (linhas 80 e 81), as linhas 83 e 84 chamam o método addTaggedSearch (Fig. 4.23) para armazenar o par identificador-consulta e as linhas 85 e 86 limpam os dois componentes EditText. As linhas 88 a 90 ocultam o teclado virtual.

```
73    // saveButtonListener salva um par identificador-consulta em SharedPreferences
74    public OnClickListener saveButtonListener = new OnClickListener()
75    {
76       @Override
77       public void onClick(View v)
78       {
79          // cria identificador se nem queryEditText nem tagEditText está vazio
80          if (queryEditText.getText().length() > 0 &&
81             tagEditText.getText().length() > 0)
82          {
83             addTaggedSearch(queryEditText.getText().toString(),
84                tagEditText.getText().toString());
85             queryEditText.setText(""); // limpa queryEditText
86             tagEditText.setText(""); // limpa tagEditText
87
88             ((InputMethodManager) getSystemService(
89                Context.INPUT_METHOD_SERVICE)).hideSoftInputFromWindow(
90                tagEditText.getWindowToken(), 0);
91          }
92          else // exibe mensagem solicitando que forneça uma consulta e um identificador
93          {
94             // cria um novo AlertDialog Builder
95             AlertDialog.Builder builder =
96                new AlertDialog.Builder(MainActivity.this);
97
98             // configura o título da caixa de diálogo e a mensagem a ser exibida
99             builder.setMessage(R.string.missingMessage);
100
101            // fornece um botão OK que simplesmente remove a caixa de diálogo
102            builder.setPositiveButton(R.string.OK, null);
103
104            // cria AlertDialog a partir de AlertDialog.Builder
105            AlertDialog errorDialog = builder.create();
106            errorDialog.show(); // exibe a caixa de diálogo modal
107         }
108      } // fim do método onClick
109   }; // fim da classe interna anônima OnClickListener
110
```

Figura 4.21 Classe interna anônima que implementa a interface `OnClickListener` de `saveButton` para salvar uma pesquisa nova ou atualizada.

Configurando um componente AlertDialog

Se o usuário não digitou uma consulta *e* um identificador, as linhas 92 a 108 exibem um elemento `AlertDialog` indicando que ele deve digitar ambos. Um objeto `AlertDialog.Builder` (linhas 95 e 96) ajuda a configurar e criar um componente `AlertDialog`. O argumento do construtor é o objeto `Context` no qual a caixa de diálogo vai ser exibida – neste caso, o elemento `MainActivity`, ao qual nos referimos por meio de sua referência `this`. Para acessar `this` a partir de uma *classe interna anônima*, você deve qualificá-lo totalmente com o nome da classe externa. A linha 99 configura a mensagem da caixa de diálogo com o recurso `String R.string.missingMessage` ("Enter both a Twitter search query and a tag").

Observação sobre aparência e comportamento 4.5
É possível configurar o título de `AlertDialog` (o qual aparece acima da mensagem da caixa de diálogo) com o método `setTitle` de `AlertDialog.Builder`. De acordo com as diretrizes de projeto do Android para caixas de diálogo (http://developer.android.com/design/building-blocks/dialogs.html), a maioria delas não precisa de títulos. Uma caixa de diálogo deve exibir um título para "uma operação de alto risco, envolvendo possível perda de dados, conectividade, cobranças extras e assim por diante". Além disso, as caixas de diálogo que exibem listas de opções utilizam o título para especificar sua finalidade.

Adicionando recursos de String a strings.xml

Para criar recursos de String, como R.string.missingMessage, abra o arquivo strings.xml, localizado na pasta res/values do projeto. O IDE mostra esse arquivo em um *editor de recurso* que tem duas guias – **Resources** e **strings.xml**. Na caixa de diálogo **Resources**, clique em **Add...** para exibir a caixa de diálogo da Fig. 4.22. Selecionar **String** e clicar em **OK** exibe os campos de texto **Name** e **Value**, em que você pode digitar um novo nome (por exemplo, missingMessage) e um novo valor de recurso String. Salve seu arquivo strings.xml após fazer as alterações. Você também pode usar a guia **Resource** do editor de recurso para selecionar um recurso String já existente a fim de alterar seu nome e valor.

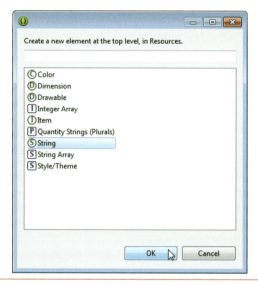

Figura 4.22 Adicionando um recurso String.

Especificando o botão positivo do componente AlertDialog

Neste componente AlertDialog, precisamos de apenas um botão que permita ao usuário aceitar a mensagem. Especificamos isso como o botão *positivo* da caixa de diálogo (Fig. 4.21, linha 102) – tocar nesse botão indica que o usuário aceita a mensagem exibida na caixa de diálogo. O método setPositiveButton recebe o rótulo do botão (especificado com o recurso String R.string.OK) e uma referência para a rotina de tratamento de eventos do botão. Para essa caixa de diálogo não precisamos responder ao evento; portanto, especificamos null para a rotina de tratamento de eventos. Quando o usuário toca no botão, a caixa de diálogo simplesmente desaparece da tela.

Criação e exibição do componente AlertDialog

Você cria o componente AlertDialog chamando o método create de AlertDialog.Builder (linha 105) e exibe a *caixa de diálogo modal* chamando o método show de AlertDialog (linha 106).

4.5.6 Método addTaggedSearch

A rotina de tratamento de eventos da Fig. 4.21 chama o método addTaggedSearch de MainActivity (Fig. 4.23) para adicionar uma nova pesquisa a savedSearches ou para modificar uma pesquisa já existente.

118 Android para programadores

```
111   // adiciona uma nova pesquisa ao arquivo de salvamento e, então, atualiza todos
      // os componentes Button
112   private void addTaggedSearch(String query, String tag)
113   {
114      // obtém um objeto SharedPreferences.Editor para armazenar novos pares
         // identificador-consulta
115      SharedPreferences.Editor preferencesEditor = savedSearches.edit();
116      preferencesEditor.putString(tag, query); // armazena pesquisa atual
117      preferencesEditor.apply(); // armazena as preferências atualizadas
118
119      // se o identificador é novo, adiciona-o, ordena tags e exibe a lista atualizada
120      if (!tags.contains(tag))
121      {
122         tags.add(tag); // adiciona o novo identificador
123         Collections.sort(tags, String.CASE_INSENSITIVE_ORDER);
124         adapter.notifyDataSetChanged(); // vincula os identificadores a ListView
125      }
126   }
127
```

Figura 4.23 Método addTaggedSearch da classe `MainActivity`.

Editando o conteúdo de um objeto *SharedPreferences*

Para alterar o conteúdo de um objeto `SharedPreferences`, você deve primeiramente chamar seu método **edit** a fim de obter um objeto `SharedPreferences.Editor` (linha 115), o qual pode adicionar e remover pares chave-valor e modificar o valor associado a uma chave específica em um arquivo `SharedPreferences`. A linha 116 chama o método **putString** de `SharedPreferences.Editor` para salvar o identificador da pesquisa (a chave) e a consulta (o valor correspondente) – caso o identificador já exista no objeto `Shared-Preferences`, isso atualiza o valor. A linha 117 *efetiva* as alterações, chamando o método **apply** de `SharedPreferences.Editor` para fazer as mudanças no arquivo.

Notificando o componente *ArrayAdapter* de que seus dados mudaram

Quando o usuário adiciona uma nova pesquisa, o componente `ListView` deve ser atualizado para exibi-la. As linhas 120 a 125 determinam se um novo identificador foi adicionado. Em caso positivo, as linhas 122 e 123 adicionam o identificador da nova pesquisa a tags e, então, ordenam a coleção. A linha 124 chama o método **notifyDataSetChanged** de `ArrayAdapter` para indicar que os dados subjacentes em tags foram alterados. Então, o adaptador notifica o componente `ListView` para que atualize sua lista de itens exibidos.

4.5.7 Classe interna anônima que implementa a interface `OnItemClickListener` de `ListView` para exibir resultados de pesquisa

A Figura 4.24 declara e inicializa a variável de instância itemClickListener, a qual faz referência a um *objeto de classe interna anônima* que implementa a interface OnItemClickListener. A linha 67 (Fig. 4.20) registrou itemClickListener como a rotina de tratamento de eventos de ListView que responde quando o usuário *toca* em um item no componente ListView. As linhas 131 a 145 sobrescrevem o método onItemClick da interface OnItemClickListener. Os argumentos do método são:

- O elemento AdapterView em que o usuário tocou em um item. O ? em Adapter-View<?> é um *curinga* nos tipos genéricos Java indicando que o método onItemClick pode receber um objeto AdapterView que exibe *qualquer* tipo de dado – neste caso, ListView<String>.

Capítulo 4   Aplicativo Twitter® Searches   **119**

- O elemento `View` em que o usuário tocou no objeto `AdapterView` – neste caso, o componente `TextView` que exibe o identificador de uma busca.

- O número do índice, com *base zero*, do item em que o usuário tocou.

- O identificador da linha do item que foi tocado – isso é usado principalmente para dados obtidos de um banco de dados (como você vai fazer no Capítulo 8).

```
128    // itemClickListener ativa o navegador Web para exibir resultados da busca
129    OnItemClickListener itemClickListener = new OnItemClickListener()
130    {
131       @Override
132       public void onItemClick(AdapterView<?> parent, View view,
133          int position, long id)
134       {
135          // obtém a string de consulta e cria uma URL representando a busca
136          String tag = ((TextView) view).getText().toString();
137          String urlString = getString(R.string.searchURL) +
138             Uri.encode(savedSearches.getString(tag, ""), "UTF-8");
139
140          // cria um objeto Intent para ativar um navegador Web
141          Intent webIntent = new Intent(Intent.ACTION_VIEW,
142             Uri.parse(urlString));
143
144          startActivity(webIntent); // ativa o navegador Web para ver os resultados
145       }
146    }; // fim da declaração de itemClickListener
147
```

Figura 4.24   Classe interna anônima que implementa a interface `OnItemClickListener` de `ListView` para exibir os resultados da pesquisa.

Obtendo recursos de *String*

A linha 136 obtém o texto do elemento `View` em que o usuário tocou no componente `ListView`. As linhas 137 e 138 criam um objeto `String` contendo a URL de busca no Twitter e a consulta a ser feita. Primeiramente, a linha 137 chama o método **getString** herdado de `Activity` com apenas um argumento para obter o recurso `String` chamado `searchURL`, o qual contém a URL da página de busca do Twitter:

```
http://mobile.twitter.com/search/
```

Como em todos os recursos de `String` neste aplicativo, você deve adicionar esse recurso a strings.xml.

Obtendo objetos *String* a partir de um objeto *SharedPreferences*

Anexamos o resultado da linha 138 à URL de busca para completar o objeto `urlString`. O método **getString** de `SharedPreferences` retorna a consulta associada ao identificador. Se o identificador ainda não existe, o segundo argumento (`""`, neste caso) é retornado. A linha 138 passa a consulta para o método encode de `Uri`, o qual *faz o escape* de quaisquer caracteres de URL especiais (como ?, /, :, etc.) e retorna o assim chamado objeto `String` *codificado em URL*. Isso é importante para garantir que o servidor Web do Twitter que recebe o pedido possa analisar a URL adequadamente para obter a consulta de busca.

Criando um objeto *Intent* para ativar o navegador *Web* do dispositivo

As linhas 141 e 142 criam um novo objeto `Intent`, o qual vamos usar para *ativar* o *navegador Web* do dispositivo e exibir os resultados da busca. Os objetos `Intent` podem ser usados para ativar outras atividades no mesmo aplicativo ou em outros aplicativos. O primeiro argumento do construtor do objeto Intent é uma constante descrevendo a *ação* a ser executada. `Intent.ACTION_VIEW` indica que queremos exibir uma representa-ção dos dados. Na classe `Intent` são definidas muitas constantes que descrevem ações como *pesquisar, escolher, enviar* e *reproduzir*. O segundo argumento (linha 142) é um `Uri` (uniform resource identifier) representando os *dados* nos quais queremos executar a ação. O **método parse** da classe `Uri` converte um objeto `String` representando uma URL (uniform resource locator) em um `Uri`.

Iniciando uma atividade para um objeto *Intent*

A linha 144 passa o objeto `Intent` para o método herdado `startActivity` de `Activity`, o qual inicia uma atividade que pode executar a *ação* especificada nos *dados* fornecidos. Neste caso, como especificamos a visualização de um URI, o objeto Intent ativa o nave-gador Web do dispositivo para exibir a página Web correspondente. Essa página mostra os resultados da busca fornecida no Twitter.

4.5.8 Classe interna anônima que implementa a interface OnItemLongClickListener de ListView para compartilhar, editar ou excluir uma pesquisa

A Figura 4.25 declara e inicializa a variável de instância `itemLongClickListener`, a qual faz referência a um *objeto de classe interna anônima* que implementa a interface `OnItemLongClickListener`. A linha 70 (Fig. 4.20) registrou `itemLongClickListener` como a rotina de tratamento de eventos de `ListView` que responde quando o usuário faz um pressionamento longo em um item no componente `ListView`. As linhas 153 a 210 so-brescrevem o método `onItemLongClick` da interface `OnItemLongClickListener`.

```
148   // itemLongClickListener exibe uma caixa de diálogo que permite ao usuário excluir
149   // ou editar uma pesquisa salva
150   OnItemLongClickListener itemLongClickListener =
151      new OnItemLongClickListener()
152      {
153         @Override
154         public boolean onItemLongClick(AdapterView<?> parent, View view,
155            int position, long id)
156         {
157            // obtém o identificador em que o usuário fez o pressionamento longo
158            final String tag = ((TextView) view).getText().toString();
159
160            // cria um novo componente AlertDialog
161            AlertDialog.Builder builder =
162               new AlertDialog.Builder(MainActivity.this);
163
164            // configura o título do componente AlertDialog
165            builder.setTitle(
166               getString(R.string.shareEditDeleteTitle, tag));
167
168            // define a lista de itens a exibir na caixa de diálogo
169            builder.setItems(R.array.dialog_items,
170               new DialogInterface.OnClickListener()
171               {
172                  // responde ao toque do usuário, compartilhando, editando ou
173                  // excluindo uma pesquisa salva
174                  @Override
175                  public void onClick(DialogInterface dialog, int which)
```

Figura 4.25   Classe interna anônima que implementa a interface `OnItemLongClickListener` de `ListView` para compartilhar, editar ou excluir. (*continua*)

```
176                        {
177                           switch (which)
178                           {
179                              case 0: // compartilha
180                                 shareSearch(tag);
181                                 break;
182                              case 1: // edita
183                                 // configura componentes EditText para corresponder ao
                                    // identificador e à consulta escolhidos
184                                 tagEditText.setText(tag);
185                                 queryEditText.setText(
186                                    savedSearches.getString(tag, ""));
187                                 break;
188                              case 2: // exclui
189                                 deleteSearch(tag);
190                                 break;
191                           }
192                        }
193                     } // fim de DialogInterface.OnClickListener
194                  ); // fim da chamada a builder.setItems
195
196                  // configura o componente Button negativo de AlertDialog
197                  builder.setNegativeButton(getString(R.string.cancel),
198                     new DialogInterface.OnClickListener()
199                     {
200                        // chamado quando o componente Button "Cancel" é clicado
201                        public void onClick(DialogInterface dialog, int id)
202                        {
203                           dialog.cancel(); // remove o componente AlertDialog
204                        }
205                     }
206                  ); // fim da chamada a setNegativeButton
207
208                  builder.create().show(); // exibe o componente AlertDialog
209                  return true;
210               } // fim do método onItemLongClick
211            }; // fim da declaração de OnItemLongClickListener
212
```

Figura 4.25 Classe interna anônima que implementa a interface `OnItemLongClickListener` de `ListView` para compartilhar, editar ou excluir.

Variáveis locais `final` para uso em classes internas anônimas

A linha 158 obtém o texto do item em que o usuário fez o *pressionamento longo* e o atribui à variável local `final` chamada `tag`. Toda variável local ou parâmetro de método que vai ser usado em uma classe interna anônima *precisa* ter a declaração `final`.

Componente `AlertDialog` que exibe uma lista de itens

As linhas 161 a 166 criam um elemento `AlertDialog.Builder` e configuram o título da caixa de diálogo com um objeto `String` formatado, no qual `tag` substitui o especificador de formato no recurso `R.string.shareEditDeleteTitle` (o qual representa "Share, Edit or Delete the search tagged as \"%s\""). A linha 166 chama o método herdado `getString` de `Activity`, o qual recebe *vários argumentos* – o primeiro é o identificador de um recurso `String` representando um objeto *String de formato,* e os restantes são os valores que devem substituir os especificadores de formato no objeto `String` de formato. Além dos botões, um componente `AlertDialog` pode exibir uma lista de itens em um elemento `ListView`. As linhas 169 a 194 especificam que a caixa de diálogo deve exibir o array de objetos `String` `R.array.dialog_items` (os quais representam os objetos `String`

122 Android para programadores

"Share", "Edit" e "Delete") e definem uma classe interna anônima para responder quando o usuário tocar em um item da lista.

Adicionando um recurso de array de Strings a strings.xml

O array de objetos String é definido como um recurso de array de Strings no arquivo strings.xml. Para adicionar um recurso de array de Strings a strings.xml:

1. Siga os passos da Seção 4.5.5 para adicionar um recurso String, mas selecione **String Array**, em vez de **String**, na caixa de diálogo da Fig. 4.22; em seguida, clique em **OK**.

2. Especifique o nome do array (dialog_items) no campo de texto **Name**.

3. Selecione o array na lista de recursos, no lado esquerdo do editor de recursos.

4. Clique em **Add...** e depois em **OK** para adicionar um novo objeto **Item** ao array.

5. Especifique o valor do novo objeto **Item** no campo de texto **Value**.

Execute esses passos para os itens Share, Edit e Delete (nessa ordem) e, então, salve o arquivo strings.xml.

Rotina de tratamento de eventos para a lista de itens da caixa de diálogo

A classe interna anônima nas linhas 170 a 193 determina o item selecionado pelo usuário na lista da caixa de diálogo e executa a ação apropriada. Se o usuário seleciona **Share**, o método shareSearch é chamado (linha 180). Se o usuário seleciona **Edit**, as linhas 184 a 186 exibem a consulta e o identificador da pesquisa (tag) nos componentes EditText. Se o usuário seleciona **Delete**, deleteSearch é chamado (linha 189).

Configurando o botão negativo e exibindo a caixa de diálogo

As linhas 197 a 206 configuram o botão *negativo* da caixa de diálogo para removê-la caso o usuário decida não compartilhar, editar ou excluir a pesquisa. A linha 208 cria e exibe a caixa de diálogo.

4.5.9 Método shareSearch

O método shareSearch (Fig. 4.26) é chamado pela rotina de tratamento de eventos da Fig. 4.25 quando o usuário opta por compartilhar uma pesquisa. As linhas 217 e 218 criam um objeto String representando a pesquisa a ser compartilhada. As linhas 221 a 227 criam e configuram um objeto Intent que permite ao usuário enviar a URL da busca usando uma atividade que pode manipular Intent.ACTION_SEND (linha 222).

```
213   // permite escolher um aplicativo para compartilhar a URL de uma pesquisa salva
214   private void shareSearch(String tag)
215   {
216      // cria a URL que representa a pesquisa
217      String urlString = getString(R.string.searchURL) +
218         Uri.encode(savedSearches.getString(tag, ""), "UTF-8");
219
220      // cria um objeto Intent para compartilhar urlString
221      Intent shareIntent = new Intent();
222      shareIntent.setAction(Intent.ACTION_SEND);
223      shareIntent.putExtra(Intent.EXTRA_SUBJECT,
224         getString(R.string.shareSubject));
```

Figura 4.26 Método shareSearch da classe MainActivity. (*continua*)

Capítulo 4   Aplicativo Twitter® Searches   **123**

```
225         shareIntent.putExtra(Intent.EXTRA_TEXT,
226            getString(R.string.shareMessage, urlString));
227         shareIntent.setType("text/plain");
228
229         // exibe os aplicativos que podem compartilhar texto
230         startActivity(Intent.createChooser(shareIntent,
231            getString(R.string.shareSearch)));
232      }
233
```

Figura 4.26   Método shareSearch da classe MainActivity.

Adicionando extras a um objeto Intent

Um objeto Intent inclui um elemento Bundle de *extras* – informações adicionais passadas para a atividade que manipula o objeto Intent. Por exemplo, uma atividade de e-mail pode receber *extras* representando o assunto do e-mail, endereços CC e BCC, e o miolo do texto. As linhas 223 a 226 usam o método **putExtra** do objeto Intent para adicionar um extra como um par chave-valor ao elemento Bundle do Intent. O primeiro argumento do método é uma chave String representando a finalidade do extra e o segundo são os dados extras correspondentes. Os extras podem ser valores de tipo primitivo, arrays de tipo primitivo, objetos Bundle inteiros e muito mais – consulte a documentação da classe Intent para ver uma lista completa das sobrecargas de putExtra.

O extra nas linhas 223 e 224 especifica o assunto de um e-mail com o recurso String R.string.shareSubject ("Twitter search that might interest you"). Para uma atividade que *não* usa um assunto (como compartilhamento em uma rede social), esse extra é *ignorado*. O extra nas linhas 225 e 226 representa o texto a ser compartilhado – um objeto String formatado, no qual urlString é substituído no recurso String R.string.shareMessage ("Check out the results of this Twitter search: %s"). A linha 227 configura o tipo MIME do objeto Intent como text/plain – esses dados podem ser manipulados por uma atividade capaz de enviar mensagens de texto puro.

Exibindo um selecionador de intenção

Para exibir o *selecionador de intenção* mostrado na Fig. 4.8(a), passamos o objeto Intent e um título String para o método estático **createChooser** de Intent (linha 230). O recurso R.string.shareSearch ("Share Search to:") é usado como título do selecionador de intenção. É importante definir esse título para lembrar o usuário de selecionar uma atividade apropriada. Você não pode controlar os aplicativos instalados no telefone de um usuário nem os filtros de Intent que podem ativar esses aplicativos; portanto, é possível que atividades incompatíveis apareçam no selecionador. O método createChooser retorna um objeto Intent, que passamos para startActivity a fim de exibir o selecionador de intenção.

4.5.10   Método deleteSearch

A rotina de tratamento de eventos da Fig. 4.25 chama o método deleteSearch (Figura 4.27) quando o usuário faz um pressionamento longo no identificador de uma pesquisa e seleciona **Delete**. Antes de excluir a pesquisa, o aplicativo exibe um elemento AlertDialog para confirmar a operação de exclusão. As linhas 241 e 242 criam o título da caixa de diálogo com um objeto String formatado, no qual tag substitui o especificador de formato no recurso R.string.confirmMessage ("Are you sure you want to delete the search \"%s\"?"). As linhas 245 a 254 configuram o botão negativo da caixa de diálogo

124 Android para programadores

para removê-la. O recurso String R.string.cancel representa "Cancel". As linhas 257 a 275 configuram o botão positivo da caixa de diálogo para remover a pesquisa. O recurso String R.string.delete representa "Delete". A linha 263 remove o identificador da coleção de identificadores, e as linhas 266 a 269 utilizam SharedPreferences.Editor para remover a busca do elemento SharedPreferences do aplicativo. Então, a linha 272 notifica o elemento ArrayAdapter de que os dados subjacentes mudaram para que o componente ListView possa atualizar sua lista de itens exibidos.

```
234    // exclui uma pesquisa depois que o usuário confirma a operação de exclusão
235    private void deleteSearch(final String tag)
236    {
237       // cria um novo componente AlertDialog
238       AlertDialog.Builder confirmBuilder = new AlertDialog.Builder(this);
239
240       // configura a mensagem do componente AlertDialog
241       confirmBuilder.setMessage(
242          getString(R.string.confirmMessage, tag));
243
244       // configura o elemento Button negativo do componente AlertDialog
245       confirmBuilder.setNegativeButton(getString(R.string.cancel),
246          new DialogInterface.OnClickListener()
247          {
248             // chamado quando o componente Button "Cancel" é clicado
249             public void onClick(DialogInterface dialog, int id)
250             {
251                dialog.cancel(); // remove a caixa de diálogo
252             }
253          }
254       ); // fim da chamada a setNegativeButton
255
256       // configura o elemento Button positivo do componente AlertDialog
257       confirmBuilder.setPositiveButton(getString(R.string.delete),
258          new DialogInterface.OnClickListener()
259          {
260             // chamado quando o componente Button "Cancel" é clicado
261             public void onClick(DialogInterface dialog, int id)
262             {
263                tags.remove(tag); // remove o identificador de tags
264
265                // obtém o SharedPreferences.Editor para remover pesquisa salva
266                SharedPreferences.Editor preferencesEditor =
267                   savedSearches.edit();
268                preferencesEditor.remove(tag); // remove a pesquisa
269                preferencesEditor.apply(); // salva as alterações
270
271                // vincula novamente o ArrayList de identificadores a ListView para
                   // mostrar a lista atualizada
272                adapter.notifyDataSetChanged();
273             }
274          } // fim de OnClickListener
275       ); // fim da chamada a setPositiveButton
276
277       confirmBuilder.create().show(); // exibe o componente AlertDialog
278    } // fim do método deleteSearch
279 } // fim da classe MainActivity
```

Figura 4.27   Método deleteSearch da classe MainActivity.

4.6 `AndroidManifest.xml`

Na Seção 3.6, você fez duas alterações no arquivo `AndroidManifest.xml`:

- A primeira indicou que o aplicativo **Tip Calculator** suportava somente a orientação retrato.

- A segunda forçava a exibição do teclado virtual quando o aplicativo começava a executar, para que o usuário pudesse inserir imediatamente o valor de uma conta no aplicativo **Tip Calculator.**

Este aplicativo aceita as orientações retrato e paisagem. Nenhuma alteração é necessária para indicar isso, pois todos os aplicativos aceitam as duas orientações por padrão.

A maioria dos usuários deste aplicativo vai ativá-lo para executar uma de suas pesquisas salvas. Quando o primeiro componente da interface gráfica do usuário é `Edit-Text`, o Android dá o foco a ele quando o aplicativo é carregado. Como você sabe, quando um componente `EditText` recebe o foco, o teclado virtual correspondente é exibido (a não ser que um teclado físico esteja presente). Neste aplicativo, queremos impedir a exibição do teclado virtual, a não ser que o usuário toque em um dos componentes `EditText`. Para fazer isso, siga os passos da Seção 3.6 para configurar a opção **Window soft input mode**, mas defina seu valor como `stateAlwaysHidden`.

4.7 **Para finalizar**

Neste capítulo, você criou o aplicativo **Twitter Searches**. Primeiramente, você projetou a interface gráfica do usuário. Apresentamos o componente `ListView` para exibir uma lista de itens rolante e o utilizamos para exibir a grande lista de pesquisas salvas. Cada pesquisa foi associada a um item no componente `ListView`, em que o usuário podia tocar a fim de passar a pesquisa para o navegador Web do dispositivo. Você também aprendeu a criar recursos de `String` para usar em seu código Java.

Armazenamos os pares identificador-consulta de pesquisa em um arquivo `Sha-redPreferences` associado ao aplicativo e mostramos como *ocultar* o teclado virtual via programação. Também usamos um objeto `SharedPreferences.Editor` para armazenar, modificar e remover valores de um arquivo `SharedPreferences`. Em resposta ao toque do usuário em um identificador de pesquisa, carregamos um `Uri` no navegador Web do dispositivo, criando um novo objeto `Intent` e passando-o para o método `startActivity` de `Context`. Você também usou um objeto `Intent` para exibir um selecionador de intenção, permitindo ao usuário selecionar uma atividade para compartilhar uma busca.

Você usou objetos `AlertDialog.Builder` para configurar e criar componentes `AlertDialog` a fim de exibir mensagens para o usuário. Por fim, discutimos o arquivo `AndroidManifest.xml` e mostramos como configurar o aplicativo de modo que o teclado virtual não aparecesse quando o aplicativo fosse ativado.

No Capítulo 5, você vai construir o aplicativo **Flag Quiz**, no qual o usuário vê um elemento gráfico, que é a bandeira de um país, e precisa adivinhar qual é esse país em 3, 6 ou 9 tentativas. Você vai usar um menu e caixas de seleção para personalizar o teste, limitando as bandeiras e os países escolhidos a regiões específicas do mundo.

5

Aplicativo Flag Quiz

Fragments, menus, preferências, AssetManager, animações com tween, Handler e Toast, objetos Intent explícitos, layouts para várias orientações de dispositivo

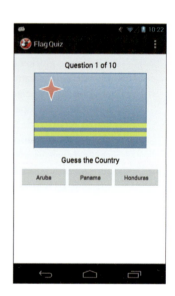

Objetivos

Neste capítulo, você vai:

- Usar objetos Fragment para fazer melhor uso do espaço útil disponível na tela na interface gráfica do usuário de uma Activity em telefones e tablets.
- Exibir um menu de opções na barra de ação para permitir aos usuários configurar as preferências do aplicativo.
- Usar um objeto PreferenceFragment para gerenciar automaticamente e persistir as preferências do usuário de um aplicativo.
- Usar as subpastas assets de um aplicativo para organizar recursos de imagem e manipulá-los com um componente AssetManager.
- Definir uma animação e aplicá-la a um elemento View.
- Usar um componente Handler a fim de agendar uma tarefa futura para execução na thread da interface gráfica do usuário.
- Usar um componente Toast para exibir brevemente mensagens para o usuário.
- Ativar uma atividade específica com um objeto Intent explícito.
- Usar várias coleções do pacote java.util.
- Definir layouts para várias orientações de dispositivo.
- Usar o mecanismo de log do Android para registrar mensagens de erro.

Capítulo 5 Aplicativo Flag Quiz   127

Resumo

5.1 Introdução
5.2 Teste do aplicativo **Flag Quiz**
   5.2.1 Importação e execução do aplicativo
   5.2.2 Configuração do teste
   5.2.3 O teste
5.3 Visão geral das tecnologias
   5.3.1 Menus
   5.3.2 Fragmentos
   5.3.3 Métodos de ciclo de vida de fragmento
   5.3.4 Gerenciamento de fragmentos
   5.3.5 Preferências
   5.3.6 Pasta `assets`
   5.3.7 Pastas de recurso
   5.3.8 Suporte para diferentes tamanhos e resoluções de tela
   5.3.9 Determinação do tamanho da tela
   5.3.10 Componentes `Toast` para exibir mensagens
   5.3.11 Uso de um objeto `Handler` para executar um objeto `Runnable` no futuro
   5.3.12 Aplicação de uma animação a um objeto `View`
   5.3.13 Registro de mensagens de exceção
   5.3.14 Uso de um objeto `Intent` explícito para ativar outra atividade no mesmo aplicativo
   5.3.15 Estruturas de dados em Java
5.4 Construção da interface gráfica do usuário e do arquivo de recursos
   5.4.1 Criação do projeto
   5.4.2 `strings.xml` e recursos de `String` formatados
   5.4.3 `arrays.xml`
   5.4.4 `colors.xml`
   5.4.5 `dimens.xml`
   5.4.6 Layout de `activity_settings.xml`
   5.4.7 Layout de `activity_main.xml` para orientação retrato de telefone e tablet

   5.4.8 Layout de `fragment_quiz.xml`
   5.4.9 Layout de `activity_main.xml` para orientação paisagem de tablet
   5.4.10 Arquivo `preferences.xml` para especificar as configurações do aplicativo
   5.4.11 Criação da animação da bandeira
5.5 Classe `MainActivity`
   5.5.1 Instrução package, instruções import e campos
   5.5.2 Método sobrescrito `onCreate` de `Activity`
   5.5.3 Método sobrescrito `onStart` de `Activity`
   5.5.4 Método sobrescrito `onCreateOptionsMenu` de `Activity`
   5.5.5 Método sobrescrito `onOptionsItemSelected` de `Activity`
   5.5.6 Classe interna anônima que implementa `OnSharedPreference-ChangeListener`
5.6 Classe `QuizFragment`
   5.6.1 A instrução package e as instruções import
   5.6.2 Campos
   5.6.3 Método sobrescrito `onCreateView` de `Fragment`
   5.6.4 Método `updateGuessRows`
   5.6.5 Método `updateRegions`
   5.6.6 Método `resetQuiz`
   5.6.7 Método `loadNextFlag`
   5.6.8 Método `getCountryName`
   5.6.9 Classe interna anônima que implementa `OnClickListener`
   5.6.10 Método `disableButtons`
5.7 Classe `SettingsFragment`
5.8 Classe `SettingsActivity`
5.9 `AndroidManifest.xml`
5.10 Para finalizar

5.1 Introdução

O aplicativo **Flag Quiz** testa sua capacidade de identificar corretamente bandeiras de 10 países (Fig. 5.1). Inicialmente, o aplicativo apresenta a imagem de uma bandeira e três componentes `Button` de palpite representando as respostas possíveis – uma corresponde à bandeira e as outras são respostas incorretas, não duplicadas, selecionadas aleatoriamente. O aplicativo exibe o progresso do usuário no teste, exibindo o número da pergunta (até 10) em um componente `TextView` acima da imagem de bandeira atual. Conforme você verá, o aplicativo também permite controlar a dificuldade do teste, especificando se vai exibir três, seis ou nove componentes `Button` de palpite e escolhendo as regiões do mundo que devem ser incluídas no teste. Essas opções são exibidas de for-

Figura 5.1 Aplicativo **Flag Quiz** sendo executado em um smartphone na orientação retrato.

mas diferentes, de acordo com o dispositivo que está executando o aplicativo e com sua orientação – o aplicativo aceita orientação retrato em *qualquer* dispositivo, mas orientação paisagem apenas em tablets. Na orientação retrato, o aplicativo exibe um *menu de opções* na barra de ação, contendo um item de menu **Settings**. Quando o usuário seleciona esse item, o aplicativo exibe uma atividade para configurar o número de componentes Button de palpite e as regiões do mundo a usar no teste. Em um tablet na orientação paisagem (Fig. 5.2), o aplicativo usa um layout diferente, que exibe suas configurações no lado esquerdo da tela e o teste no lado direito.

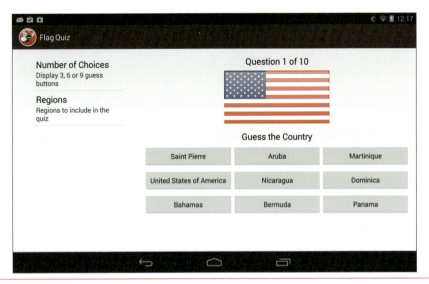

Figura 5.2 Aplicativo **Flag Quiz** sendo executado em um tablet na orientação paisagem.

Primeiramente, você vai testar o aplicativo. Em seguida, vamos ver um panorama das tecnologias utilizadas para construí-lo. Depois, você vai projetar a interface gráfica do usuário do aplicativo. Por fim, apresentaremos o código-fonte completo do aplicativo e o examinaremos, discutindo os novos recursos do aplicativo com mais detalhes.

5.2 Teste do aplicativo Flag Quiz

Agora você vai testar o aplicativo Flag Quiz. Abra o IDE e importe o projeto do aplicativo Flag Quiz. Esse aplicativo pode ser testado em um AVD de telefone, em um AVD de tablet ou em um aparelho real. As capturas de tela deste capítulo foram tiradas em um telefone Nexus 4 e em um tablet Nexus 7.

5.2.1 Importação e execução do aplicativo

Execute os passos a seguir para importar o aplicativo para o IDE:

1. **Abra a caixa de diálogo Import.** Selecione File > Import....

2. **Importe o projeto do aplicativo Flag Quiz.** Expanda o nó General e selecione Existing Projects into Workspace. Clique em Next > para continuar no passo Import Projects. Certifique-se de que Select root directory esteja selecionado e, em seguida, clique em Browse.... Localize a pasta FlagQuiz na pasta de exemplos do livro, selecione-a e clique em OK. Certifique-se de que Copy projects into workspace *não* esteja selecionado. Clique em Finish a fim de importar o projeto para que ele apareça na janela Package Explorer.

3. **Ative o aplicativo Flag Quiz.** Clique com o botão direito do mouse no projeto FlagQuiz e selecione Run As > Android Application para executar o aplicativo no AVD ou em um dispositivo. Isso constrói o projeto e executa o aplicativo (Fig. 5.1 ou Fig. 5.2).

5.2.2 Configuração do teste

Quando o aplicativo é instalado e executado pela primeira vez, o teste é configurado para exibir três componentes Button de palpite e selecionar bandeiras de *todas* as regiões do mundo. Para este teste, você vai alterar as opções do aplicativo para selecionar bandeiras da América do Norte e vai manter a configuração padrão de três componentes Button de palpite por bandeira. Em um telefone, tablet ou AVD na orientação retrato, toque no ícone do *menu de opções* (⋮, Fig. 5.1) na barra de ação para abrir o menu, e selecione Settings para ver as opções do aplicativo na tela Flag Quiz Settings (Fig. 5.3(a)). Em um tablet ou AVD de tablet na orientação *paisagem*, as opções de configuração do aplicativo aparecem no lado esquerdo da tela (Fig. 5.2). Toque em Number of Choices a fim de exibir a caixa de diálogo (Fig. 5.3(b)) para selecionar o número de componentes Button que devem aparecer com cada bandeira. (Em um tablet ou AVD de tablet na orientação paisagem, o aplicativo inteiro fica acinzentado e a caixa de diálogo aparece no centro da tela.) Por padrão, 3 é selecionado. Para tornar o teste mais desafiador, você pode selecionar 6 ou 9 e tocar em OK; senão, toque em Cancel para voltar à tela Flag Quiz Settings. Para este teste, utilizamos a configuração padrão de três componentes Button de palpite.

Em seguida, toque em Regions (Fig. 5.4(a)) para exibir as caixas de seleção que representam as regiões do mundo (Fig. 5.4(b)). Por padrão, todas as regiões são habilitadas quando o aplicativo é executado pela primeira vez; portanto, todas as bandeiras do mundo podem ser selecionadas aleatoriamente para o teste. Toque nas caixas de seleção

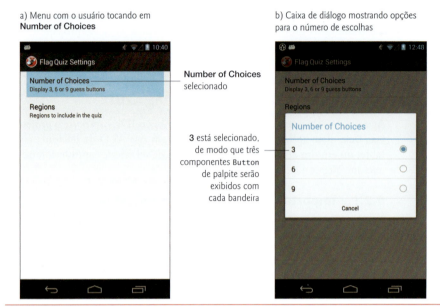

Figura 5.3 Tela de configurações do aplicativo **Flag Quiz** e a caixa de diálogo **Number of Choices**.

ao lado de **Africa, Asia, Europe, Oceania** e **South America** para desmarcá-las – isso exclui do teste os países dessas regiões. Toque em **OK** para reiniciar o teste com as configurações atualizadas. Em um telefone, tablet ou AVD na orientação retrato, toque no botão voltar (⬅) para voltar ao teste. Em um tablet ou AVD de tablet na orientação paisagem, um teste com as configurações atualizadas aparece imediatamente no lado direito da tela.

Figura 5.4 Tela de configurações do aplicativo **Flag Quiz** e a caixa de diálogo **Regions**.

5.2.3 O teste

Um novo teste começa com o número de escolhas de resposta selecionadas e bandeiras apenas da região North America. Faça o teste tocando no componente Button de palpite do país que você acha que corresponde a cada bandeira.

Quando se faz uma seleção correta
Se a escolha estiver correta (Fig. 5.5(a)), o aplicativo desabilita todos os componentes Button de resposta e exibe o nome do país em verde, seguido por um ponto de exclamação, na parte inferior da tela (Fig. 5.5(b)). Após uma curta espera, o aplicativo carrega a próxima bandeira e exibe um novo conjunto de componentes Button de resposta.

Figura 5.5 O usuário escolhendo a resposta correta e a resposta exibida.

Quando o usuário faz uma seleção incorreta
Se você faz uma seleção incorreta (Fig. 5.6(a)), o aplicativo desabilita o componente Button de nome de país correspondente, usa uma animação para fazer a bandeira *tremular* e exibe Incorrect! em vermelho, na parte inferior da tela (Fig. 5.6(b)). Continue arriscando até obter a resposta correta para essa bandeira.

Completando o teste
Depois que você seleciona os 10 nomes de país corretos, um componente AlertDialog pop-up aparece sobre o aplicativo e mostra o número total de palpites e a porcentagem de respostas certas (Fig. 5.7). Quando você toca no componente Button Reset Quiz da caixa de diálogo, inicia-se um novo teste com base nas opções atuais.

Figura 5.6 Resposta incorreta desabilitada no aplicativo **Flag Quiz**.

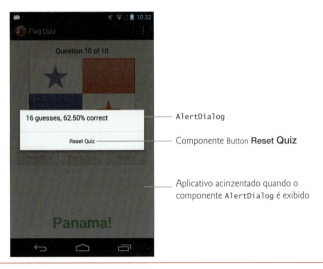

Figura 5.7 Resultados exibidos após a conclusão do teste.

5.3 Visão geral das tecnologias

Esta seção apresenta os recursos que você vai usar para construir o aplicativo **Flag Quiz**.

5.3.1 Menus

Quando o projeto de um aplicativo é criado no IDE, MainActivity é configurado para exibir um menu de opções (■) no lado direito da barra de ação. O menu contém um item **Settings** que normalmente é usado para mostrar ao usuário as configurações de um aplicativo. Em aplicativos posteriores, você vai aprender a criar mais itens de menu e a decidir quais devem ser exibidos diretamente na barra de ação ou no menu de opções.

Capítulo 5   Aplicativo Flag Quiz   **133**

O menu de opções é um objeto da classe `Menu` (pacote `android.view`). Para especificar as opções de `Menu`, sobrescreva o método **`onCreateOptionsMenu`** de `Activity` (Seção 5.5.4) a fim de adicionar as opções no argumento `Menu` do método. Quando o usuário seleciona um item de menu, o método **`onOptionsItemSelected`** de `Activity` (Seção 5.5.5) responde à seleção.

5.3.2   Fragmentos

Um fragmento normalmente representa uma parte reutilizável da interface do usuário de uma atividade, mas também pode representar uma lógica de programa reutilizável. Este aplicativo utiliza fragmentos para criar e gerenciar partes da interface gráfica do aplicativo. Você pode combinar vários fragmentos para criar interfaces do usuário que tiram proveito dos tamanhos de tela dos tablets. Pode também trocar facilmente os fragmentos para tornar suas interfaces gráficas mais dinâmicas – você vai aprender sobre isso no Capítulo 8.

`Fragment` (pacote `android.app`) é a classe base de todos os fragmentos. O aplicativo **Flag Quiz** define as seguintes subclasses diretas e indiretas de `Fragment`:

- Classe `QuizFragment` (Seção 5.6) – uma subclasse direta de `Fragment` – exibe a interface gráfica do usuário e define a lógica do teste (*quiz*). Assim como uma atividade, cada objeto `Fragment` tem seu próprio layout, normalmente definido como um recurso de layout, mas pode ser criado dinamicamente. Na Seção 5.4.8, você vai construir a interface gráfica do usuário de `QuizFragment`. Vai usar a classe `QuizFragment` nos layouts de `MainActivity` – uma para dispositivos na orientação retrato e uma para tablets na orientação paisagem.

- A classe `SettingsFragment` (Seção 5.7) é uma subclasse de **`PreferenceFragment`** (pacote **`android.preference`**), a qual pode manter automaticamente as preferências do usuário de um aplicativo em um arquivo `SharedPreferences` no dispositivo. Conforme você vai ver, é possível criar um arquivo XML descrevendo as preferências do usuário, e a classe `PreferenceFragment` pode usar esse arquivo XML para construir uma interface gráfica do usuário com as preferências apropriadas (Figs. 5.3 e 5.4.).

- Ao terminar um teste, a classe `QuizFragment` cria uma classe interna anônima que estende **`DialogFragment`** (pacote `android.app`) e a utiliza para exibir um componente `AlertDialog` contendo os resultados do teste (Seção 5.6.9).

Os objetos `Fragment` *devem* ficar em uma atividade – eles não podem ser executados independentemente. Quando este aplicativo é executado na orientação paisagem em um tablet, `MainActivity` armazena todos os objetos `Fragment`. Na orientação retrato (em qualquer dispositivo), `SettingsActivity` (Seção 5.8) armazena o elemento `SettingsFragment`, e `MainActivity` armazena os outros.

Apesar de os objetos `Fragment` terem sido introduzidos no Android 3.0, eles e outros recursos mais recentes do Android podem ser usados em versões anteriores por meio da Android Support Library. Para obter mais informações, visite:

```
http://developer.android.com/tools/support-library/index.html
```

5.3.3   Métodos do ciclo de vida de um fragmento

Como uma atividade, cada fragmento tem um *ciclo de vida* e fornece métodos que podem ser sobrescritos para responder a eventos de ciclo de vida. Neste aplicativo, você vai sobrescrever:

- **`onCreate`** – Este método (que você vai sobrescrever na classe `SettingsFragment`) é chamado quando um fragmento é criado. `QuizFragment` e `SettingsFragment` são criados quando os layouts de suas atividades pai são inflados e `DialogFragment`, que exibe os resultados do teste, é criado quando o teste é concluído.

- `onCreateView` – Este método (que você vai sobrescrever na classe `QuizFragment`) é chamado depois de `onCreate` para construir e retornar um objeto `View` contendo a interface gráfica do usuário do fragmento. Conforme você vai ver, este método recebe um objeto **`LayoutInflater`**, o qual vai ser usado para inflar a interface gráfica do usuário de um fragmento via programação, a partir dos componentes especificados em um layout XML predefinido.

Vamos discutir outros métodos de ciclo de vida de um fragmento à medida que os encontrarmos ao longo do livro. Para ver os detalhes completos do ciclo de vida, visite:

```
http://developer.android.com/guide/components/fragments.html
```

5.3.4 Gerenciamento de fragmentos

Uma atividade pai gerencia seus fragmentos com um objeto **`FragmentManager`** (pacote an-droid.app), que é retornado pelo método **`getFragmentManager`** de `Activity`. Se a atividade precisa interagir com um fragmento declarado no layout da atividade e tem uma proprie-dade Id, a atividade pode chamar o método **`findFragmentById`** de FragmentManager para obter uma referência para o fragmento especificado. Conforme você vai ver no Capítulo 8, um elemento FragmentManager pode usar objetos **`FragmentTransactions`** (pacote android.app) para *adicionar*, *remover* e *fazer a transição* entre fragmentos dinamicamente.

5.3.5 Preferências

Na Seção 5.2.2, você alterou as configurações do aplicativo para personalizar o teste. Um elemento `PreferenceFragment` utiliza objetos **`Preference`** (pacote android.preference) para gerenciar essas configurações. Este aplicativo usa a subclasse **`ListPreference`** de Pre-ference para gerenciar o número de componentes Button de palpite exibidos para cada bandeira, e a subclasse **`MultiSelectListPreference`** de Preference para gerenciar as re-giões do mundo a serem incluídas no teste. Os itens de um elemento ListPreference são *mutuamente exclusivos*, ao passo que qualquer número de itens pode ser selecionado em um elemento MultiSelectListPreference. Você vai usar um objeto **`PreferenceManager`** (pacote android.preference) para acessar e interagir com as preferências do aplicativo.

5.3.6 Pasta assets

As imagens[1] de bandeira são carregadas no aplicativo somente quando necessário e estão lo-calizadas na **pasta assets** do aplicativo. Para adicionar imagens ao projeto, arrastamos a pas-ta de cada região a partir de nosso sistema de arquivos para a pasta assets no **Package Explorer**. As imagens estão localizadas na pasta `images/FlagQuizImages` com os exemplos do livro.

Ao contrário das pastas `drawable` de um aplicativo, que exigem que seus conteúdos de imagem estejam no nível raiz em cada pasta, a pasta `assets` pode conter arquivos de qualquer tipo e eles podem ser organizados em subpastas – mantemos as imagens das bandeiras de cada região em uma subpasta separada. Os arquivos das subpastas de assets são acessados por meio de um componente **`AssetManager`** (pacote android.content.res), o qual pode fornecer uma lista de todos os nomes de arquivo de uma subpasta especifi-cada e pode ser usado para acessar cada asset.

---

[1] Obtivemos as imagens de `www.free-country-flags.com`.

5.3.7 Pastas de recurso

Na Seção 2.4.4, você aprendeu sobre as subpastas `drawable`, `layout` e `values` da pasta `res` de um aplicativo. Neste aplicativo, vai usar também as pastas de recurso `menu`, `anim` e `xml`. A Figura 5.8 mostra essas subpastas e também as subpastas `animator`, `color` e `raw`.

Subpasta de recurso	Descrição
`anim`	Nomes de pasta que começam com `anim` contêm arquivos XML que definem *animações com tween*, as quais podem mudar a *transparência*, o *tamanho*, a *posição* e a *rotação* de um objeto ao longo do tempo. Vamos definir uma animação assim na Seção 5.4.11 e, então, executá-la na Seção 5.6.9 para criar um *efeito de tremular* para dar uma resposta visual ao usuário.
`animator`	Nomes de pasta que começam com `animator` contêm arquivos XML que definem *animações de propriedade*, as quais alteram o valor de uma propriedade de um objeto ao longo do tempo. Em Java, normalmente uma propriedade é implementada em uma classe como uma variável de instância, com métodos de acesso *set* e *get*.
`color`	Nomes de pasta que começam com `color` contêm arquivos XML que definem uma lista de cores para vários estados, como os estados de um componente `Button` (*não pressionado, pressionado, habilitado*, etc.).
`raw`	Nomes de pasta que começam com `raw` contêm arquivos de recurso (como clipes de áudio) que são lidos em um aplicativo como fluxos de bytes. Vamos usar esses recursos no Capítulo 6 para reproduzir sons.
`menu`	Nomes de pasta que começam com `menu` contêm arquivos XML que descrevem o conteúdo de menus. Quando um projeto é criado, o IDE define automaticamente um menu com uma opção **Settings**.
`xml`	Nomes de pasta que começam com `xml` contêm arquivos XML que não se encaixam nas outras categorias de recurso. Frequentemente, são arquivos de dados XML brutos utilizados pelo aplicativo. Na Seção 5.4.10, você vai criar um arquivo XML que representa as preferências exibidas pelo componente `SettingsFragment` deste aplicativo.

Figura 5.8 Outras subpastas dentro da pasta `res` de um projeto.

5.3.8 Suporte para diferentes tamanhos e resoluções de tela

Na Seção 2.5.1, você aprendeu que os dispositivos Android têm vários *tamanhos de tela*, *resoluções* e *densidades de pixel* (pontos por polegada ou DPI). Aprendeu também que, normalmente, você fornece imagens e outros recursos visuais em diversas resoluções, para que o Android possa escolher o melhor recurso para a densidade de pixels de um dispositivo. Da mesma forma, na Seção 2.8, você aprendeu a fornecer recursos de string para diferentes idiomas e regiões. O Android utiliza pastas de recurso com *nomes qualificados* para escolher as imagens apropriadas de acordo com a densidade de pixels de um dispositivo, e as strings de idioma corretas de acordo com as configurações de localidade e região do dispositivo. Esse mecanismo também pode ser usado para selecionar recursos de qualquer uma das pastas de recurso discutidas na Seção 5.3.7.

Para a `MainActivity` deste aplicativo, você vai usar qualificadores de tamanho e orientação para determinar o layout a ser usado – um para orientação retrato em telefones e tablets e outro para orientação paisagem apenas em tablets. Para isso, vai definir dois layouts de `MainActivity`:

- `activity_main.xml`, na pasta `res/layout` do projeto, é o layout padrão.
- `activity_main.xml`, na pasta `res/layout-large-land` do projeto, é usado *apenas* em dispositivos grandes (isto é, tablets), quando o aplicativo está na orientação paisagem (`land`).

Os nomes de pasta de recurso qualificados têm o formato:

```
nome-qualificadores
```

onde *qualificadores* consiste em um ou mais qualificadores, separados por traços (-). Existem 18 tipos de qualificadores que podem ser adicionados aos nomes de pasta de recurso. Vamos explicar outros qualificadores à medida que os utilizarmos ao longo do livro. Para ver uma descrição completa de todos os qualificadores de subpasta res e as regras para a ordem na qual eles devem ser definidos no nome de uma pasta, visite:

```
http://developer.android.com/guide/topics/resources/
    providing-resources.html#AlternativeResources
```

5.3.9 Determinação do tamanho da tela

Neste aplicativo, exibimos o componente Menu somente quando ele está sendo executado em um dispositivo do tamanho de um telefone ou quando está sendo executado em um tablet na orientação retrato (Seção 5.5.4). Para determinar isso, vamos usar o componente WindowManager (pacote android.view) do Android a fim de obter um objeto Display que contenha a largura e altura atuais da tela. Isso muda com a orientação do dispositivo – na orientação retrato, a largura do dispositivo é menor que sua altura.

5.3.10 Componentes Toast para exibir mensagens

Um componente Toast (pacote android.widget) exibe uma mensagem brevemente e, então, desaparece da tela. Eles são frequentemente usados para exibir mensagens de erro secundárias ou mensagens informativas, como uma indicação de que o teste será reiniciado depois que o usuário mudar as preferências do aplicativo. Quando o usuário muda as preferências, exibimos um componente Toast para indicar que o teste começará de novo. Também exibimos um componente Toast para indicar que pelo menos uma região deve ser selecionada caso o usuário cancele a seleção de todas as regiões – nesse caso, o aplicativo define North America como região padrão para o teste.

5.3.11 Uso de um objeto Handler para executar um objeto Runnable no futuro

Quando o usuário dá um palpite correto, o aplicativo exibe a resposta certa por dois segundos, antes de exibir a próxima bandeira. Para isso, usamos um objeto Handler (pacote android.os). O método postDelayed de Handler recebe como argumentos um objeto Runnable para executar e um valor de tempo de espera em milissegundos. Decorrido o tempo de espera, o objeto Runnable de Handler é executado na *mesma thread* que criou o objeto Handler. *As operações que interagem com a interface gráfica do usuário ou a modificam devem ser efetuadas na thread da interface, pois os componentes da interface não são seguros para threads.*

5.3.12 Aplicação de uma animação a um objeto View

Quando o usuário faz uma escolha incorreta, o aplicativo faz a bandeira tremular ao aplicar um objeto Animation (pacote android.view.animation) no componente Image-View. Usamos o método estático loadAnimation de AnimationUtils para carregar a animação de um arquivo XML que especifica as opções de animação. Também especificamos o número de vezes que a animação deve se repetir com o método setRepeatCount de Animation e fazemos a animação chamando o método startAnimation de View (com o objeto Animation como argumento) no componente ImageView.

5.3.13 Registro de mensagens de exceção

Quando ocorrem exceções, você pode *registrá-las* para propósitos de depuração com o mecanismo de log interno do Android. O Android fornece a classe `Log` (pacote android.util) com vários métodos estáticos que representam mensagens com diversos detalhes. As mensagens registradas podem ser vistas na guia **LogCat**, na parte inferior do IDE, e também com a **ferramenta logcat do Android**. Para saber mais detalhes sobre mensagens de log, visite:

```
http://developer.android.com/reference/android/util/Log.html
```

5.3.14 Uso de um objeto `Intent` explícito para ativar outra atividade no mesmo aplicativo

Quando este aplicativo é executado na orientação retrato, as suas preferências aparecem no componente `SettingsActivity` (Seção 5.8). No Capítulo 4, mostramos como usar um objeto `Intent` *implícito* para exibir uma URL no navegador Web do dispositivo. A Seção 5.5.5 mostra como usar um objeto **Intent explícito** para ativar uma atividade específica no mesmo aplicativo.

5.3.15 Estruturas de dados em Java

Este aplicativo usa várias estruturas de dados do pacote java.util. Ele carrega dinamicamente os nomes de arquivo de imagem para as regiões habilitadas e os armazena em um componente `ArrayList<String>`. Usamos o método `shuffle` de `Collections` para tornar a ordem dos nomes de arquivo de imagem aleatória para cada novo jogo. Usamos um segundo componente `ArrayList<String>` para armazenar os nomes de arquivo de imagem dos países no teste atual. Usamos também um componente `Set<String>` para armazenar as regiões do mundo incluídas em um teste. Fazemos referência ao objeto `ArrayList<String>` com uma variável do tipo interface `List<String>` – essa é uma boa prática de programação com Java, que permite alterar estruturas de dados facilmente sem afetar o restante do código de seu aplicativo.

5.4 Construção da interface gráfica do usuário e do arquivo de recursos

Nesta seção, você vai criar o projeto e configurar os recursos de `String`, array, cor, dimensão, layout e animação utilizados pelo aplicativo **Flag Quiz**.

5.4.1 Criação do projeto

Antes de criar o novo projeto, exclua o projeto `FlagQuiz` que você testou na Seção 5.2 dando um clique nele com o botão direito do mouse e selecionando **Delete**. Na caixa de diálogo que aparece, certifique-se de que **Delete project contents on disk** *não* esteja selecionado e, em seguida, clique em **OK**.

Criação de um novo projeto Blank App

Então, crie um novo **Android Application Project**. Especifique os seguintes valores no primeiro passo de **New Android Application** da caixa de diálogo **New Android Project** e, em seguida, pressione **Next >**:

- **Application Name:** `Flag Quiz`
- **Project Name:** `FlagQuiz`

138 Android para programadores

- **Package Name:** `com.deitel.flagquiz`
- **Minimum Required SDK:** `API18: Android 4.3`
- **Target SDK:** `API19: Android 4.4`
- **Compile With:** `API19: Android 4.4`
- **Theme:** `Holo Light with Dark Action Bar`

No segundo passo de **New Android Application** da caixa de diálogo **New Android Project**, deixe as configurações padrão e pressione **Next >**. No passo **Configure Launcher Icon**, clique no botão **Browse...**, selecione uma imagem de ícone de aplicativo (fornecida na pasta images com os exemplos do livro), pressione **Open** e depois **Next >**. No passo **Create Activity**, selecione **Blank Activity** e pressione **Next >**. No passo **Blank Activity**, deixe as configurações padrão e clique em **Finish** para criar o projeto. Abra `activity-main.xml` no editor **Graphical Layout** e selecione **Nexus 4** na lista suspensa de tipo de tela. Mais uma vez, usaremos esse dispositivo como base para nosso projeto.

5.4.2 `strings.xml` e recursos de `String` formatados

Você criou recursos de `String` em capítulos anteriores, de modo que mostramos aqui apenas uma tabela (Fig. 5.9) dos nomes dos recursos de `String` e valores correspondentes. Clique duas vezes em `strings.xml` na pasta `res/values` a fim de exibir o editor de recursos para criar esses recursos de `String`.

Nome do recurso	Valor
`settings_activity`	`Flag Quiz Settings`
`number_of_choices`	`Number of Choices`
`number_of_choices_description`	`Display 3, 6 or 9 guess buttons`
`world_regions`	`Regions`
`world_regions_description`	`Regions to include in the quiz`
`guess_country`	`Guess the Country`
`results`	`%1$d guesses, %2$.02f%% correct`
`incorrect_answer`	`Incorrect!`
`default_region_message`	`Setting North America as the default region. One region must be selected.`
`restarting_quiz`	`Quiz will restart with your new settings`
`ok`	`OK`
`question`	`Question %1$d of %2$d`
`reset_quiz`	`Reset Quiz`
`image_description`	`Image of the current flag in the quiz`
`default_region`	`North_America`

Figura 5.9 Recursos de String usados no aplicativo `Flag Quiz`.

Formate Strings como recursos de String

Os recursos `result` e `question` são componentes `Strings` de formatação utilizados com o método `format` de `String`. Quando um recurso `String` contém vários especificadores de formato, você deve numerá-los para propósitos de adaptação ao idioma. No recurso `results`, a notação `1$` em `%1$d` indica que o *primeiro* argumento do método `format` de `String` após a `String` de formatação deve substituir o especificador de formato `%1$d`. Da mesma forma, `2$` em `%2$.02f` indica que o *segundo* argumento após a `String` de formatação deve substituir o especificador de formato %2$.02f. O d no primeiro especificador de formato indica que estamos formatando um valor inteiro, e o f no segundo especificador formata um número em ponto flutuante. Nas versões adaptadas ao idioma de strings.xml, os especificadores de formato %1$d e %2$.02f podem ser reordenados, conforme for necessário, para traduzir corretamente o recurso String. O *primeiro* argumento após a String de formatação substituirá %1$d – independentemente de onde ele apareça na String de formatação –, e o *segundo* argumento substituirá %2$.02f *independentemente* de onde apareça na String de formatação.

5.4.3 arrays.xml

Na Seção 4.5.8, você criou um recurso de array de Strings no arquivo strings.xml do aplicativo. Tecnicamente, todos os recursos da pasta res/values de seu aplicativo podem ser definidos no *mesmo* arquivo. Contudo, para facilitar o gerenciamento de diferentes tipos de recursos, separamos os arquivos que normalmente são usados para cada um deles. Por exemplo, os recursos de array normalmente são definidos em arrays.xml, de cores em colors.xml, de String em strings.xml e de valores numéricos em values.xml. Este aplicativo usa três recursos de array de Strings que são definidos em arrays.xml:

- regions_list especifica os nomes das regiões do mundo com as palavras separadas por sublinhados – esses valores são usados para carregar nomes de arquivo de imagem das pastas apropriadas e também como os valores selecionados das regiões do mundo escolhidas pelo usuário no componente SettingsFragment.

- regions_list_for_settings especifica os nomes das regiões do mundo com as palavras separadas por espaços – esses valores são usados no componente Settings-Fragment para mostrar os nomes de região para o usuário.

- guesses_list especifica as Strings 3, 6 e 9 – esses valores são usados no componente SettingsFragment para mostrar as opções do número de componentes Button de palpite a serem exibidos.

A Figura 5.10 mostra os nomes e valores de elemento desses três recursos de array.

Nome do recurso de array	Valores
regions_list	Africa, Asia, Europe, North_America, Oceania, South_America
regions_list_for_settings	Africa, Asia, Europe, North America, Oceania, South America
guesses_list	3, 6, 9

Figura 5.10 Recursos de array String definidos em arrays.xml.

Para criar o arquivo e configurar os recursos de array, execute os passos a seguir:

1. Na pasta res do projeto, clique com o botão direito do mouse na pasta values e, então, selecione **New > Android XML File** para exibir a caixa de diálogo **New Android XML File**. Como você clicou na pasta values com o botão direito do mouse, a caixa de diálogo é previamente configurada para adicionar um arquivo de recurso Values a essa pasta.

2. Especifique arrays.xml no campo **File** e clique em **Finish** para criar o arquivo.

3. Se o IDE abrir o novo arquivo no modo de exibição de XML, clique na guia **Resources**, na parte inferior da janela, para ver o editor de recursos.

140   Android para programadores

4. Para criar um recurso de array de Strings, clique em **Add...**, selecione **String Array** e clique em **OK**.

5. No campo **Name**, digite regions_list e salve o arquivo.

6. Selecione o novo recurso de array de Strings e, então, use o botão **Add** para adicionar itens para cada um dos valores mostrados para o array na Fig. 5.10.

7. Repita os passos 4 a 6 para os arrays regions_list_for_settings e guesses_list. Quando você clicar em **Add...** para criar os recursos de **String Array** adicionais, precisará primeiro selecionar o botão de opção **Create a new element at the top level in Resources**.

5.4.4 colors.xml

Este aplicativo exibe as respostas corretas na cor verde e as incorretas em vermelho. Como qualquer outro recurso, os de cor devem ser definidos em XML para que você possa alterar as cores facilmente, sem modificar o código-fonte Java de seu aplicativo. Normalmente, as cores são definidas em um nome de arquivo colors.xml, o qual você precisa criar. Conforme você aprendeu na Seção 3.4.5, as cores são definidas com os esquemas de cor RGB ou ARGB.

Para criar o arquivo e configurar os dois recursos de cor, execute os passos a seguir:

1. Na pasta res do projeto, clique com o botão direito do mouse na pasta values e, então, selecione **New > Android XML File** para exibir a caixa de diálogo **New Android XML File**.

2. Especifique colors.xml no campo **File** e clique em **Finish** para criar o arquivo.

3. Se o IDE abrir o novo arquivo no modo de exibição de XML, clique na guia **Resources**, na parte inferior da janela, para ver o editor de recursos.

4. Para criar um recurso de cor, clique em **Add...**, selecione **Color** e clique em **OK**.

5. Nos campos **Name** e **Value** que aparecem, digite correct_answer e #00CC00, respectivamente, e salve o arquivo.

6. Repita os passos 4 e 5, mas digite incorrect_answer e #FF0000.

5.4.5 dimens.xml

Você criou recursos de dimensão em capítulos anteriores, de modo que mostramos aqui apenas uma tabela (Fig. 5.11) dos nomes e valores de recurso de dimensão. Abra dimens.xml na pasta res/values a fim de exibir o editor de recursos para criar esses recursos. O recurso spacing é usado nos layouts como espaçamento entre os vários componentes da interface gráfica do usuário, e o recurso answer_size especifica o tamanho da fonte do componente answerTextView. Lembre, da Seção 2.5.3, que os tamanhos de fonte devem ser especificados em pixels independentes de escala (sp) para que as fontes em seu aplicativo também possam mudar de escala de acordo com o tamanho de fonte preferido do usuário (conforme especificado nas configurações do dispositivo).

Nome do recurso	Valor
spacing	8dp
answer_size	40sp

Figura 5.11   Recursos de dimensão usados no aplicativo **Flag Quiz**.

5.4.6 Layout de `activity_settings.xml`

Nesta seção, você vai criar o layout do componente `SettingsActivity` (Seção 5.8) que exibirá o elemento `SettingsFragment` (Seção 5.7). O layout de `SettingsActivity` consistirá apenas em um componente `LinearLayout` contendo a interface gráfica do usuário de `SettingsFragment`. Conforme você vai ver, quando um fragmento é adicionado a um layout, o IDE pode criar a classe do objeto `Fragment` automaticamente. Para criar esse layout, execute os passos a seguir:

1. Na pasta res do projeto, clique com o botão direito do mouse em `layout` e selecione **New > Android XML File** para exibir a caixa de diálogo **New Android XML File**. Como você clicou na pasta `layout` com o botão direito do mouse, a caixa de diálogo é previamente configurada para adicionar um arquivo de recurso **Layout**.

2. No campo **File**, digite `activity_settings.xml`.

3. Na seção **Root Element**, selecione **LinearLayout** e clique em **Finish** para criar o arquivo.

4. Da seção **Layouts** da **Palette**, arraste um objeto **Fragment** para a área de projeto ou para o nó `LinearLayout` na janela **Outline**.

5. O passo anterior exibe a caixa de diálogo **Choose Fragment Class**. Se você definisse a classe `Fragment` antes de seu layout, poderia selecionar a classe aqui. Clique em **Create New...** para exibir a caixa de diálogo **New Java Class**.

6. Digite `SettingsFragment` no campo **Name** da caixa de diálogo, mude o valor do campo **Superclass** para `android.preference.PreferenceFragment` e clique em **Finish** para criar a classe. O IDE abre o arquivo Java da classe, o qual você pode fechar por enquanto.

7. Salve `activity_settings.xml`.

5.4.7 Layout de `activity_main.xml` para orientação retrato para telefones e tablets

Nesta seção, você vai criar o layout do componente `MainActivity` (Seção 5.5) que será utilizado na orientação retrato em todos os dispositivos. O layout da orientação paisagem para tablets vai ser definido na Seção 5.4.9. Esse layout vai exibir apenas o componente `QuizFragment` (Seção 5.6):

1. Na pasta `res/layout` do projeto, abra `activity_main.xml` e siga os passos da Seção 2.5.2 para trocar de `FrameLayout` para `RelativeLayout`.

2. Da seção **Layouts** da **Palette**, arraste um objeto **Fragment** para o nó `RelativeLayout` na janela **Outline**.

3. Na caixa de diálogo **Choose Fragment Class**, clique em **Create New...** para exibir a caixa de diálogo **New Java Class**.

4. No campo **Name** da caixa de diálogo, digite `QuizFragment` e, então, clique em **Finish** para criar a classe. O IDE abre o arquivo Java da classe, o qual você pode fechar por enquanto.

5. Em `activity_main.xml`, selecione o componente `QuizFragment` na janela **Outline**, configure sua propriedade **Id** como `@+id/quizFragment` e, nas propriedades **Layout Parameters**, configure **Width** e **Height** como `match_parent`.

6. Salve `activity_main.xml`.

5.4.8 Layout de fragment_quiz.xml

Normalmente, você define um layout para cada um de seus fragmentos. Para cada layout de fragmento, você vai adicionar um arquivo XML de layout à pasta (ou pastas) res/layout de seu aplicativo e especificar a qual classe Fragment o layout está associado. Note que não é preciso definir um layout para o componente SettingsFragment deste aplicativo, pois sua interface gráfica do usuário é gerada automaticamente pelos recursos herdados da classe PreferenceFragment.

Esta seção apresenta o layout de QuizFragment (fragment_quiz.xml). Você vai definir seu arquivo de layout apenas uma vez na pasta res/layout do aplicativo, pois usamos o mesmo layout para QuizFragment em todos os dispositivos e orientações de dispositivo. A Figura 5.12 mostra os nomes dos componentes da interface gráfica de usuário do componente QuizFragment.

Figura 5.12 Componentes da interface gráfica do aplicativo **Flag Quiz** rotulados com seus valores de propriedade **Id**.

Criando fragment_quiz.xml

Para criar esse fragment_quiz.xml, execute os passos a seguir:

1. Na pasta res do projeto, clique com o botão direito do mouse na pasta layout e, então, selecione **New > Android XML File** para exibir a caixa de diálogo **New Android XML File**.
2. No campo **File**, digite fragment_quiz.xml.
3. Na seção **Root Element**, selecione **LinearLayout (Vertical)** e clique em **Finish** para criar o arquivo de layout.
4. Use o editor **Graphical Layout** e a janela **Outline** para formar a estrutura de layout mostrada na Fig. 5.13. À medida que criar os componentes da interface gráfica do usuário, configure suas propriedades **Id**. Para questionNumberTextView e guessCountryTextView, usamos componentes **Medium Text** da seção **Form Widgets** da **Palette**. Para os componentes Button, usamos componentes **Small Button**, os quais utilizam um tamanho de fonte menor para que possam encaixar mais texto.

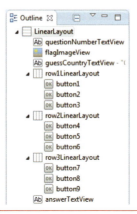

Figura 5.13 Janela **Outline** para fragment_quiz.xml.

5. Quando terminar o passo 4, configure as propriedades dos componentes da interface gráfica do usuário com os valores mostrados na Fig. 5.14. Configurar a propriedade **Height** de flagImageView como 0dp e a propriedade **Weight** como 1 permite que esse componente seja redimensionado verticalmente para ocupar todo o espaço restante não utilizado pelos outros componentes da interface gráfica. Do mesmo modo, configurar a propriedade **Width** de cada componente Button como 0dp e **Weight** como 1 permite que os componentes Button de determinado elemento LinearLayout dividam o espaço horizontal igualmente. O valor fitCenter de **Scale Type** para flagImageView dimensiona a imagem de modo a preencher a largura ou altura do componente ImageView, ao passo que mantém a proporção da imagem original. Configurar a propriedade **Adjust View Bounds** de ImageView como true indica que o componente ImageView mantém a proporção de seu elemento Drawable.

Componente da interface gráfica do usuário	Propriedade	Valor
questionNumberTextView	*Parâmetros do layout*	
	Width	wrap_content
	Height	wrap_content
	Gravity	center_horizontal
	Outras propriedades	
	Text	@string/question
flagImageView	*Parâmetros do layout*	
	Width	wrap_content
	Height	0dp
	Gravity	center
	Weight	1
	Margins	
	Left/Right	@dimen/activity_horizontal_margin
	Top/Bottom	@dimen/activity_vertical_margin
	Outras propriedades	
	Adjust View Bounds	true
	Content Description	@string/image_description
	Scale Type	fitCenter

Figura 5.14 Valores de propriedade para os componentes da interface gráfica do usuário em fragment_quiz.xml. (*continua*)

144 Android para programadores

Componente da interface gráfica do usuário	Propriedade	Valor
guessCountryTextView	*Parâmetros do layout*	
	Width	wrap_content
	Height	wrap_content
	Gravity	center_horizontal
	Outras propriedades	
	Text	@string/guess_country
LinearLayouts	*Parâmetros do layout*	
	Width	match_parent
	Height	wrap_content
	Margins	
	Bottom	@dimen/spacing
Buttons	*Parâmetros do layout*	
	Width	0dp
	Height	fill_parent
	Weight	1
answerTextView	*Parâmetros do layout*	
	Width	wrap_content
	Height	wrap_content
	Gravity	center|bottom
	Outras propriedades	
	Gravity	center_horizontal
	Text Size	@dimen/answer_size
	Text Style	bold

Figura 5.14 Valores de propriedade para os componentes da interface gráfica do usuário em `fragment_quiz.xml`.

5.4.9 Layout de `activity_main.xml` para orientação paisagem para tablets

Na Seção 5.4.7, você definiu o layout da orientação retrato de MainActivity, o qual continha apenas o componente QuizFragment. Agora, você vai definir o layout da orientação paisagem de MainActivity para tablets, o qual conterá os componentes SettingsFragment e QuizFragment. Para criar o layout, execute os passos a seguir:

1. Clique com o botão direito do mouse na pasta res do projeto e, em seguida, selecione **New > Folder**. No campo **Folder name**, digite layout-large-land e clique em **Finish**. Os qualificadores large e land garantem que quaisquer layouts definidos nessa pasta vão ser usados somente em dispositivos grandes, nos quais o aplicativo esteja sendo executado na orientação paisagem.

2. Clique com o botão direito do mouse na pasta layout-large-land e selecione **New > Android XML File** para exibir a caixa de diálogo **New Android XML File**; em seguida, digite activity_main.xml no campo **File**. Na seção **Root Element**, selecione **Linear-Layout (Horizontal)** e clique em **Finish** para criar o arquivo de layout.

3. Selecione o componente LinearLayout e configure sua propriedade **Base Aligned** como false.

4. Da seção **Layouts** do editor **Graphical Layout**, arraste um componente **Fragment** para o nó LinearLayout na janela **Outline**. Na caixa de diálogo **Choose Fragment Class**, selecione SettingsFragment e clique em **OK**.

Capítulo 5   Aplicativo Flag Quiz   **145**

5. Repita o passo 5, mas selecione `QuizFragment` e clique em **OK**.

6. Selecione o nó `SettingsFragment` na janela **Outline**. Na seção **Layout Parameters**, configure **Width** como 0dp, **Height** como match_parent e **Weight** como 1.

7. Selecione o nó `QuizFragment` na janela **Outline**. Na seção **Layout Parameters**, configure **Width** como 0dp, **Height** como match_parent e **Weight** como 2.

Como a propriedade **Weight** de `QuizFragment` é 2 e a de `SettingsFragment` é 1, o componente `QuizFragment` ocupará dois terços do espaço horizontal do layout.

5.4.10   Arquivo `preferences.xml` para especificar as configurações do aplicativo

Nesta seção, você vai criar o arquivo `preferences.xml` utilizado pelo componente `SettingsFragment` para exibir as preferências do aplicativo. Para criar o arquivo:

1. Clique com o botão direito do mouse na pasta res e, então, selecione **New > Folder**; no campo **Folder name,** digite xml e clique em **Finish**.

2. Clique com o botão direito do mouse na pasta xml e selecione **New > Android XML File** para exibir a caixa de diálogo **New Android XML File**.

3. No campo de texto **File**, digite o nome `preferences.xml`.

4. Certifique-se de que **Resource Type** esteja configurado como **Preference** e **Root Element** como **PreferenceScreen**, o que representa uma tela na qual as preferências são exibidas.

5. Clique em **Finish** para criar o arquivo. Se o IDE exibir o código XML bruto, clique na guia **Structure**, na parte inferior da janela, para configurar as preferências.

6. No lado esquerdo da janela, selecione `PreferenceScreen` e clique em **Add...**.

7. Na caixa de diálogo que aparece, selecione **ListPreference** e clique em **OK**. Essa preferência exibirá uma lista de opções mutuamente exclusivas.

8. No lado esquerdo da janela, selecione **PreferenceScreen** e clique em **Add...**.

9. Na caixa de diálogo que aparece, selecione **MultiSelectListPreference** e clique em **OK**. Essa preferência exibirá uma lista de opções na qual vários itens podem ser selecionados. Todos os itens selecionados são salvos como o valor dessa preferência.

10. Selecione **ListPreference** e, então, configure as propriedades conforme a Fig. 5.15.

11. Selecione **MultiSelectListPreference** e, então, configure as propriedades conforme a Fig. 5.16.

12. Salve e feche `preferences.xml`.

Propriedade	Valor	Descrição
Entries	`@array/guesses_list`	Array de `Strings` que será exibida na lista de opções.
Entry values	`@array/guesses_list`	Array dos valores associados às opções na propriedade **Entries**. O valor da entrada selecionada será armazenado no elemento `SharedPreferences` do aplicativo.
Key	`pref_numberOfChoices`	O nome da preferência armazenada no elemento `SharedPreferences` do aplicativo.

Figura 5.15   Valores da propriedade ListPreference. (*continua*)

146 Android para programadores

Propriedade	Valor	Descrição
Title	@string/number_of_choices	O título da preferência exibida na interface gráfica do usuário.
Summary	@string/number_of_choices_description	Descrição resumida da preferência, que é exibida abaixo de seu título.
Persistent	true	Se a preferência deve persistir ou não depois que o aplicativo terminar – se for true, a classe PreferenceFragment faz o valor da preferência persistir imediatamente sempre que ele mudar.
Default value	3	O item da propriedade **Entries** que é selecionado por padrão.

Figura 5.15 Valores da propriedade ListPreference.

Propriedade	Valor	Descrição
Entries	@array/regions_list_for_settings	Array de Strings que será exibida na lista de opções.
Entry values	@array/regions_list	Array dos valores associados às opções na propriedade **Entries**. Os valores das entradas selecionadas serão *todos* armazenados no elemento SharedPreferences do aplicativo.
Key	pref_regionsToInclude	O nome da preferência armazenada no elemento SharedPreferences do aplicativo.
Title	@string/world_regions	O título da preferência exibida na interface gráfica do usuário.
Summary	@string/world_regions_description	Descrição resumida da preferência, que é exibida abaixo de seu título.
Persistent	true	Se a preferência deve persistir depois que o aplicativo terminar.
Default value	@array/regions_list	Array dos valores padrão para essa preferência – neste caso, todas as regiões serão selecionadas por padrão.

Figura 5.16 Valores da propriedade MultiSelectListPreference.

5.4.11 Criação da animação da bandeira

Nesta seção, você vai criar a animação que faz a bandeira tremular quando o usuário dá um palpite incorreto. Vamos mostrar como essa animação é utilizada pelo aplicativo na Seção 5.6.9. Para criar a animação:

1. Clique com o botão direito do mouse na pasta res e, então, selecione **New > Folder**; no campo **Folder name,** digite anim e clique em **Finish**.

2. Clique com o botão direito do mouse na pasta anim e selecione **New > Android XML File** para exibir a caixa de diálogo **New Android XML File**.

3. No campo de texto **File**, digite o nome incorrect_shake.xml.

4. Certifique-se de que **Resource Type** seja **Tween Animation** e de que **Root Element** seja **set**.

5. Clique em **Finish** para criar o arquivo. O arquivo se abre imediatamente no modo de exibição de **XML**.

6. Infelizmente, o IDE não fornece um editor para animações; portanto, você precisa modificar o conteúdo XML do arquivo como mostrado na Fig. 5.17.

```
 1    <?xml version="1.0" encoding="utf-8"?>
 2
 3    <set xmlns:android="http://schemas.android.com/apk/res/android"
 4       android:interpolator="@android:anim/decelerate_interpolator">
 5
 6       <translate android:fromXDelta="0" android:toXDelta="-5%p"
 7          android:duration="100"/>
 8
 9       <translate android:fromXDelta="-5%p" android:toXDelta="5%p"
10          android:duration="100" android:startOffset="100"/>
11
12       <translate android:fromXDelta="5%p" android:toXDelta="-5%p"
13          android:duration="100" android:startOffset="200"/>
14    </set>
```

Figura 5.17 Animação de tremular (`incorrect_shake.xml`) aplicada à bandeira quando o usuário dá um palpite incorreto.

Neste exemplo, usamos **animações de View** para criar um *efeito de tremular* que consiste em três animações em um elemento **set de animação** (linhas 3 a 14) – uma coleção de animações que constituem uma animação maior. Os elementos set de animação podem conter qualquer combinação de **animações com tween** – **alpha** (transparência), **scale** (redimensionamento), **translate** (movimento) e **rotate** (rotação). Nossa animação de tremular consiste em uma série de três animações translate. Uma animação translate movimenta um componente View dentro de seu componente pai. O Android também suporta *animações de propriedade*, com as quais é possível animar qualquer propriedade de qualquer objeto.

A primeira animação translate (linhas 6 e 7) move um componente View de um ponto inicial para uma posição final durante um período de tempo especificado. O **atributo android:fromXDelta** é o deslocamento do componente View quando a animação começa, e o **atributo android:toXDelta** é o deslocamento desse componente quando a animação termina. Esses atributos podem ter

- valores absolutos (em pixels)
- uma porcentagem do tamanho do componente View animado
- uma porcentagem do tamanho do *pai* do componente View animado

Para o atributo android:fromXDelta, especificamos o valor absoluto 0. Para o atributo android:toXDelta, especificamos o valor -5%p, o qual indica que o componente View deve se mover para a *esquerda* (devido ao sinal de subtração) por 5% da largura do pai (indicado pelo p). Se quiséssemos mover por 5% da largura do componente View, omitiríamos o p. O **atributo android:duration** especifica quanto tempo dura a animação, em milissegundos. Assim, a animação nas linhas 6 e 7 vai mover o componente View para a esquerda por 5% da largura de seu pai, em 100 milissegundos.

A segunda animação (linhas 9 e 10) continua a partir de onde a primeira terminou, movendo o componente View do deslocamento de -5%p até um deslocamento de %5p, em 100 milissegundos. Por padrão, as animações de um elemento set de animação são aplicadas simultaneamente (ou seja, em paralelo), mas você pode usar o **atributo android:startOffset** para especificar o número de milissegundos no futuro até que uma animação seja iniciada. Isso pode ser usado para sequenciar as animações em um elemento set. Neste caso, a segunda animação começa 100 milissegundos após a primeira. A terceira animação (linhas 12 e 13) é igual à segunda, mas na direção oposta, e começa 200 milissegundos depois da primeira animação.

5.5 Classe `MainActivity`

A classe `MainActivity` (Figs. 5.18 a 5.23) contém o elemento `QuizFragment` do aplicativo quando este está sendo executado na orientação retrato e contém `SettingsFragment` e (`QuizFragment`) quando está sendo executado em um tablet na orientação paisagem.

5.5.1 Instrução package, instruções `import` e campos

A Figura 5.18 mostra a instrução package, as instruções `import` e os campos de `MainActivity`. As linhas 6 a 21 importam as diversas classes e interfaces Java e Android utilizadas pelo aplicativo. Realçamos as instruções `import` novas e discutimos as classes e interfaces correspondentes na Seção 5.3 e à medida que forem encontradas nas Seções 5.5.2 a 5.5.6.

```java
 1  // MainActivity.java
 2  // Hospeda o componente QuizFragment em um telefone e os
 3  // componentes QuizFragment e SettingsFragment em um tablet
 4  package com.deitel.flagquiz;
 5
 6  import java.util.Set;
 7
 8  import android.app.Activity;
 9  import android.content.Intent;
10  import android.content.SharedPreferences;
11  import android.content.SharedPreferences.OnSharedPreferenceChangeListener;
12  import android.content.pm.ActivityInfo;
13  import android.content.res.Configuration;
14  import android.graphics.Point;
15  import android.os.Bundle;
16  import android.preference.PreferenceManager;
17  import android.view.Display;
18  import android.view.Menu;
19  import android.view.MenuItem;
20  import android.view.WindowManager;
21  import android.widget.Toast;
22
23  public class MainActivity extends Activity
24  {
25     // chaves para ler dados de SharedPreferences
26     public static final String CHOICES = "pref_numberOfChoices";
27     public static final String REGIONS = "pref_regionsToInclude";
28
29     private boolean phoneDevice = true; // usado para impor o modo retrato
30     private boolean preferencesChanged = true; // as preferências mudaram?
31
```

Figura 5.18 Instrução package, instruções import e campos de `MainActivity`.

As linhas 26 e 27 definem constantes para as chaves de preferência criadas na Seção 5.4.10. Você vai utilizá-las para acessar os valores de preferência correspondentes. A variável booleana `phoneDevice` (linha 29) especifica se o aplicativo está sendo executado em um telefone – em caso positivo, só permitirá a orientação retrato. A variável booleana `preferencesChanged` (linha 30) especifica se as preferências do aplicativo mudaram – em caso positivo, o método de ciclo de vida `onStart` de `MainActivity` (Seção 5.5.3) chamará os métodos `updateGuessRows` (Seção 5.6.4) e `updateRegions` (Seção 5.6.5) de `QuizFragment` para reconfigurar o teste com base nas novas configurações do usuário. Configuramos essa variável booleana inicialmente como `true` para que, quando o aplicativo for executado pela primeira vez, o teste seja configurado com as preferências padrão.

5.5.2 Método sobrescrito onCreate de Activity

O método sobrescrito onCreate de Activity (Fig. 5.19) chama setContentView (linha 36) para configurar a interface gráfica do usuário de MainActivity. Se o aplicativo está sendo executado na orientação retrato, o Android escolhe o arquivo activity_main.xml da pasta res/layout; senão, se está sendo executado em um tablet na orientação paisagem, escolhe res/layout-large-land.

```
32   @Override
33   protected void onCreate(Bundle savedInstanceState)
34   {
35      super.onCreate(savedInstanceState);
36      setContentView(R.layout.activity_main);
37
38      // configura valores padrão no elemento SharedPreferences do aplicativo
39      PreferenceManager.setDefaultValues(this, R.xml.preferences, false);
40
41      // registra receptor para alterações em SharedPreferences
42      PreferenceManager.getDefaultSharedPreferences(this).
43         registerOnSharedPreferenceChangeListener(
44            preferenceChangeListener);
45
46      // determina o tamanho da tela
47      int screenSize = getResources().getConfiguration().screenLayout &
48         Configuration.SCREENLAYOUT_SIZE_MASK;
49
50      // se o dispositivo é um tablet, configura phoneDevice como false
51      if (screenSize == Configuration.SCREENLAYOUT_SIZE_LARGE ||
52         screenSize == Configuration.SCREENLAYOUT_SIZE_XLARGE )
53         phoneDevice = false; // não é um dispositivo do tamanho de um telefone
54
55      // se estiver sendo executado em dispositivo do tamanho de um telefone, só
         // permite orientação retrato
56      if (phoneDevice)
57         setRequestedOrientation(
58            ActivityInfo.SCREEN_ORIENTATION_PORTRAIT);
59   } // fim do método onCreate
60
```

Figura 5.19   Método sobrescrito onCreate de Activity em MainActivity.

Configurando os valores de preferência padrão e registrando um receptor de alteração

Quando o aplicativo é instalado e ativado pela primeira vez, a linha 39 configura as *preferências padrão* chamando o método **setDefaultValues** de PreferenceManager – isso cria e inicializa o arquivo SharedPreferences do aplicativo usando os valores padrão especificados em preferences.xml. O método exige três argumentos:

- o elemento Context das preferências – a atividade (this) para a qual você está configurando as preferências padrão;

- o identificador do recurso para o arquivo XML de preferências (R.xml.preferences) que você criou na Seção 5.4.10;

- uma variável booleana indicando se os valores padrão devem ser redefinidos sempre que o método setDefaultValues for chamado – false indica que os valores de preferência padrão devem ser configurados somente na primeira vez que esse método for chamado.

Sempre que o usuário altera as preferências do aplicativo, `MainActivity` deve chamar o método `updateGuessRows` ou `updateRegions` de `QuizFragment` (de acordo com a preferência alterada) para reconfigurar o teste. `MainActivity` registra um elemento `OnSharedPreferenceChangedListener` (linhas 42 a 44) para que seja notificado sempre que uma preferência mudar. O método **`getDefaultSharedPreferences`** de `PreferenceManager` retorna uma referência para o objeto `SharedPreferences` que representa as preferências do aplicativo, e o método **`registerOnSharedPreferenceChangeListener`** de SharedPreferences registra o receptor (listener), o qual está definido na Seção 5.5.6.

Configurando um telefone para a orientação retrato

As linhas 47 a 53 determinam se o aplicativo está sendo executado em um tablet ou em um telefone. O método herdado **`getResources`** retorna o objeto **`Resources`** (pacote `android.content.res`) do aplicativo, que pode ser usado para acessar os seus recursos e descobrir informações sobre o ambiente do aplicativo. O método **`getConfiguration`** de `Resources` retorna um objeto **`Configuration`** (pacote `android.content.res`) que contém a variável de instância `public screenLayout`, a qual você pode usar para determinar a categoria do tamanho da tela do dispositivo. Para isso, primeiro você combina o valor de `screenLayout` com `Configuration.SCREENLAYOUT_SIZE_MASK` usando o operador E bit a bit (&). Então, compara o resultado com as constantes de `Configuration` `SCREENLAYOUT_SIZE_LARGE` e `SCREENLAYOUT_SIZE_XLARGE` (linhas 51 e 52). Se uma ou outra corresponder, o aplicativo está sendo executado em um dispositivo com tamanho de tablet. Por fim, se o dispositivo é um telefone, as linhas 57 e 58 chamam o método herdado **`setRequestedOrientation`** de `Activity` para obrigar o aplicativo a exibir `MainActivity` somente na orientação retrato.

5.5.3   Método sobrescrito onStart de Activity

O método de ciclo de vida sobrescrito **`onStart`** de `Activity` (Fig. 5.20) é chamado em dois cenários:

- Quando o aplicativo é executado pela primeira vez, `onStart` é chamado após `onCreate`. Usamos `onStart` neste caso para garantir que o teste seja configurado corretamente, com base nas preferências padrão do aplicativo, quando este for instalado e executado pela primeira vez, ou com base nas preferências atualizadas do usuário, quando for ativado subsequentemente.

- Quando o aplicativo está sendo executado na orientação retrato e o usuário abre a atividade `SettingsActivity`, a `MainActivity` é *pausada*, enquanto `SettingsActivity` é exibido. Quando o usuário retorna para `MainActivity`, `onStart` é chamado novamente. Usamos `onStart` neste caso para garantir que o teste seja reconfigurado corretamente caso o usuário tenha feito quaisquer alterações nas preferências.

Nos dois casos, se `preferencesChanged` for true, `onStart` chama os métodos `updateGuessRows` (Seção 5.6.4) e `updateRegions` (Seção 5.6.5) de `QuizFragment` para reconfigurar o teste. Para obter uma referência para `QuizFragment`, a fim de que possamos chamar seus métodos, as linhas 71 e 72 utilizam o método herdado `getFragmentManager` de `Activity` para obter o elemento `FragmentManager` e, então, chamam seu método `findFragmentById`. Em seguida, as linhas 73 a 76 chamam os métodos `updateGuessRows` e `updateRegions` de `QuizFragment`, passando como argumento o objeto `SharedPreferences` do aplicativo para que esses métodos possam carregar as preferências atuais. A linha 77 reinicia o teste.

Capítulo 5 Aplicativo Flag Quiz **151**

```
61   // chamado depois que onCreate completa a execução
62   @Override
63   protected void onStart()
64   {
65      super.onStart();
66
67      if (preferencesChanged)
68      {
69         // agora que as preferências padrão foram configuradas,
70         // inicializa QuizFragment e inicia o teste
71         QuizFragment quizFragment = (QuizFragment)
72            getFragmentManager().findFragmentById(R.id.quizFragment);
73         quizFragment.updateGuessRows(
74            PreferenceManager.getDefaultSharedPreferences(this));
75         quizFragment.updateRegions(
76            PreferenceManager.getDefaultSharedPreferences(this));
77         quizFragment.resetQuiz();
78         preferencesChanged = false;
79      }
80   } // fim do método onStart
81
```

Figura 5.20   Método herdado onStart de Activity em MainActivity.

5.5.4   Método sobrescrito onCreateOptionsMenu de Activity

Sobrescrevemos o método OnCreateOptionsMenu de Activity (Fig. 5.21) para inicializar o menu de opções padrão de Activity. O sistema passa o objeto Menu onde as opções vão aparecer. Neste caso, queremos mostrar o menu somente quando o aplicativo estiver sendo executado na orientação retrato. As linhas 87 e 88 usam WindowManager para obter um objeto Display que contém a largura e altura atuais da tela, as quais mudam de acordo com a orientação do dispositivo. Se a largura é menor que a altura, então o dispositivo está na orientação retrato. A linha 89 cria um objeto Point para armazenar a largura e altura atuais; então, a linha 90 chama o método getRealSize de Display, o qual armazena a largura e altura da tela nas variáveis de instância public x e y (respectivamente) de Point. Se a largura é menor que a altura (linha 93), a linha 95 cria o menu a partir de menu.xml – o recurso de menu padrão configurado pelo IDE quando você criou o projeto. O método herdado **getMenuInflater** de Activity retorna um objeto **MenuInflater**, sobre o qual chamamos **inflate** com dois argumentos – o identificador do recurso de menu que preenche o menu e o objeto Menu no qual os itens do menu vão ser colocados. Retornar true de onCreateOptionsMenu indica que o menu deve ser exibido.

```
82   // mostra o menu se o aplicativo estiver sendo executado em um telefone ou em um
     // tablet na orientação retrato
83   @Override
84   public boolean onCreateOptionsMenu(Menu menu)
85   {
86      // obtém o objeto Display padrão que representa a tela
87      Display display = ((WindowManager)
88         getSystemService(WINDOW_SERVICE)).getDefaultDisplay();
89      Point screenSize = new Point(); // usado para armazenar o tamanho da tela
90      display.getRealSize(screenSize); // armazena o tamanho em screenSize
91
92      // só exibe o menu do aplicativo na orientação retrato
93      if (screenSize.x < screenSize.y) // x é a largura, y é a altura
```

Figura 5.21   Método sobrescrito onCreateOptionsMenu de Activity em MainActivity. *(continua)*

152 Android para programadores

```
94      {
95          getMenuInflater().inflate(R.menu.main, menu); // infla o menu
96          return true;
97      }
98      else
99          return false;
100   } // fim do método onCreateOptionsMenu
101
```

Figura 5.21 Método sobrescrito `onCreateOptionsMenu` de `Activity` em `MainActivity`.

5.5.5 Método sobrescrito onOptionsItemSelected de Activity

O método `onOptionsItemSelected` (Fig. 5.22) é chamado quando um item de menu é selecionado. Neste aplicativo, o menu padrão, fornecido pelo IDE quando você criou o projeto, contém apenas o item **Settings**; portanto, se esse método foi chamado, o usuário selecionou **Settings**. A linha 106 cria um objeto `Intent` explícito para ativar a `SettingsActivity`. O construtor de `Intent` usado aqui recebe o objeto `Context`, a partir do qual a atividade vai ser ativada, e a classe que representa essa atividade (`SettingsActivity.class`). Então, passamos esse objeto `Intent` para o método herdado `startActivity` de `Activity` para ativar a atividade.

```
102      // exibe SettingsActivity ao ser executado em um telefone
103      @Override
104      public boolean onOptionsItemSelected(MenuItem item)
105      {
106          Intent preferencesIntent = new Intent(this, SettingsActivity.class);
107          startActivity(preferencesIntent);
108          return super.onOptionsItemSelected(item);
109      }
110
```

Figura 5.22 Método sobrescrito `onOptionsItemSelected` de `Activity` em `MainActivity`.

5.5.6 Classe interna anônima que implementa OnSharedPreferenceChangeListener

`preferenceChangeListener` (Fig. 5.23) é um objeto de classe interna anônima que implementa a interface `OnSharedPreferenceChangeListener`. Esse objeto foi registrado no método `onCreate` para detectar as alterações feitas no elemento `SharedPreferences` do aplicativo. Quando uma alteração ocorre, o método `onSharedPreferenceChanged` configura `preferencesChanged` como `true` (linha 120) e depois obtém uma referência para o elemento `QuizFragment` (linhas 122 e 123) para que o teste possa ser reiniciado com as novas preferências. Se a preferência `CHOICES` mudou, as linhas 127 e 128 chamam os métodos `updateGuessRows` e `resetQuiz` de `QuizFragment`.

```
111      // receptor para alterações feitas no elemento SharedPreferences do aplicativo
112      private OnSharedPreferenceChangeListener preferenceChangeListener =
113          new OnSharedPreferenceChangeListener()
114      {
115          // chamado quando o usuário altera as preferências do aplicativo
```

Figura 5.23 Classe interna anônima que implementa `OnSharedPreferenceChangeListener`. (*continua*)

Capítulo 5 Aplicativo Flag Quiz **153**

```
116     @Override
117     public void onSharedPreferenceChanged(
118        SharedPreferences sharedPreferences, String key)
119     {
120        preferencesChanged = true; // o usuário mudou as configurações do aplicativo
121
122        QuizFragment quizFragment = (QuizFragment)
123           getFragmentManager().findFragmentById(R.id.quizFragment);
124
125        if (key.equals(CHOICES)) // o nº de escolhas a exibir mudou
126        {
127           quizFragment.updateGuessRows(sharedPreferences);
128           quizFragment.resetQuiz();
129        }
130        else if (key.equals(REGIONS)) // as regiões a incluir mudaram
131        {
132           Set<String> regions =
133              sharedPreferences.getStringSet(REGIONS, null);
134
135           if (regions != null && regions.size() > 0)
136           {
137              quizFragment.updateRegions(sharedPreferences);
138              quizFragment.resetQuiz();
139           }
140           else // deve selecionar uma região -- configura North America como padrão
141           {
142              SharedPreferences.Editor editor = sharedPreferences.edit();
143              regions.add(
144                 getResources().getString(R.string.default_region));
145              editor.putStringSet(REGIONS, regions);
146              editor.commit();
147              Toast.makeText(MainActivity.this,
148                 R.string.default_region_message,
149                 Toast.LENGTH_SHORT).show();
150           }
151        }
152
153        Toast.makeText(MainActivity.this,
154           R.string.restarting_quiz, Toast.LENGTH_SHORT).show();
155     } // fim do método onSharedPreferenceChanged
156  }; // fim da classe interna anônima
157 } // fim da classe MainActivity
```

Figura 5.23 Classe interna anônima que implementa OnSharedPreferenceChangeListener.

Se a preferência REGIONS mudou, as linhas 132 a 133 obtêm o objeto Set<String> contendo as regiões habilitadas. O método **getStringSet** de SharedPreferences retorna um objeto Set<String> para a chave especificada. O teste deve ter pelo menos uma região habilitada; portanto, se o objeto Set<String> não está vazio, as linhas 137 e 138 chamam os métodos updateRegions e resetQuiz de QuizFragment. Caso contrário, as linhas 142 a 146 atualizam a preferência REGIONS, com North America configurado como região padrão, e as linhas 147 a 149 usam um componente Toast para indicar que a região padrão foi configurada. O método **makeText** de Toast recebe como argumentos o objeto Context no qual o componente Toast é exibido, a mensagem a ser exibida e a duração da exibição. O método show de Toast exibe o componente Toast. Independentemente da preferência alterada, as linhas 153 e 154 exibem o componente Toast, indicando que o teste será reiniciado com as novas preferências. A Figura 5.24 mostra o componente Toast que aparece depois que o usuário altera as preferências do aplicativo.

154 Android para programadores

> Quiz will restart with your new settings

Figura 5.24 Componente `Toast` exibido após uma preferência mudar.

5.6 Classe QuizFragment

A classe `QuizFragment` (Figs. 5.25 a 5.34) constrói a interface gráfica do usuário do aplicativo **Flag Quiz** e implementa a lógica do teste.

5.6.1 A instrução package e as instruções import

A Figura 5.25 mostra a instrução package e as instruções import de `QuizFragment`. As linhas 5 a 33 importam as diversas classes e interfaces Java e Android utilizadas pelo aplicativo. Realçamos as instruções import novas e discutimos as classes e interfaces correspondentes na Seção 5.3 e à medida que forem encontradas nas Seções 5.6.2 a 5.6.10.

```java
// QuizFragment.java
// Contém a lógica do aplicativo Flag Quiz
package com.deitel.flagquiz;

import java.io.IOException;
import java.io.InputStream;
import java.security.SecureRandom;
import java.util.ArrayList;
import java.util.Collections;
import java.util.List;
import java.util.Set;

import android.app.AlertDialog;
import android.app.Dialog;
import android.app.DialogFragment;
import android.app.Fragment;
import android.content.DialogInterface;
import android.content.SharedPreferences;
import android.content.res.AssetManager;
import android.graphics.drawable.Drawable;
import android.os.Bundle;
import android.os.Handler;
import android.util.Log;
import android.view.LayoutInflater;
import android.view.View;
import android.view.View.OnClickListener;
import android.view.ViewGroup;
import android.view.animation.Animation;
import android.view.animation.AnimationUtils;
import android.widget.Button;
import android.widget.ImageView;
import android.widget.LinearLayout;
import android.widget.TextView;

```

Figura 5.25 Instrução package e instruções import de QuizFragment.

5.6.2 Campos

A Figura 5.26 lista as variáveis estáticas e de instância da classe `QuizFragment`. A constante `TAG` (linha 38) é usada quando registramos mensagens de erro usando a classe `Log` (Fig. 5.31) para diferenciar as mensagens de erro dessa atividade das outras que estão sendo gravadas no log do dispositivo. A constante `FLAGS_IN_QUIZ` (linha 40) representa o número de bandeiras no teste.

```java
35  public class QuizFragment extends Fragment
36  {
37     // String usada ao registrar mensagens de erro
38     private static final String TAG = "FlagQuiz Activity";
39
40     private static final int FLAGS_IN_QUIZ = 10;
41
42     private List<String> fileNameList; // nomes de arquivo de bandeira
43     private List<String> quizCountriesList; // países no teste atual
44     private Set<String> regionsSet; // regiões do mundo no teste atual
45     private String correctAnswer; // país correto da bandeira atual
46     private int totalGuesses; // número de palpites dados
47     private int correctAnswers; // número de palpites corretos
48     private int guessRows; // número de linhas exibindo Button de palpite
49     private SecureRandom random; // usado para tornar o teste aleatório
50     private Handler handler; // usado para atrasar o carregamento da próxima bandeira
51     private Animation shakeAnimation; // animação para palpite incorreto
52
53     private TextView questionNumberTextView; // mostra o número da pergunta atual
54     private ImageView flagImageView; // exibe uma bandeira
55     private LinearLayout[] guessLinearLayouts; // linhas de Buttons de resposta
56     private TextView answerTextView; // exibe Correct! ou Incorrect!
57
```

Figura 5.26 Campos de `QuizFragment`.

A variável `fileNameList` (linha 42) armazena os nomes de arquivo de imagem das bandeiras para as regiões geográficas correntemente habilitadas. A variável `quizCountriesList` (linha 43) armazena os nomes de arquivo das bandeiras para os países utilizados no teste atual. A variável `regionsSet` (linha 44) armazena as regiões geográficas que estão habilitadas.

A variável `correctAnswer` (linha 45) armazena o nome de arquivo da bandeira para a resposta correta da bandeira atual. A variável `totalGuesses` (linha 46) armazena o número total de palpites corretos e incorretos dados pelo jogador até o momento. A variável `correctAnswers` (linha 47) é o número de palpites corretos até o momento; isso finalmente será igual a `FLAGS_IN_QUIZ` se o usuário completar o teste. A variável `guessRows` (linha 48) é o número de elementos `LinearLayout` de três componentes `Button` que exibem as escolhas de resposta para a bandeira.

A variável `random` (linha 49) é o gerador de números aleatórios utilizado para selecionar aleatoriamente as bandeiras que serão incluídas no teste e qual dos três componentes `Button` dos elementos `LinearLayout` representa a resposta correta. Quando o usuário seleciona uma resposta correta e o teste não acabou, usamos o elemento `handler` do objeto `Handler` (linha 50) para carregar a próxima bandeira, após um breve espaço de tempo.

O elemento `shakeAnimation` de `Animation` armazena a *animação de tremular*, inflada dinamicamente, que é aplicada à imagem da bandeira quando é dado um palpite incorreto. As linhas 53 a 56 contêm variáveis que usamos para manipular vários componentes da interface gráfica do usuário via programação.

156 Android para programadores

5.6.3 Método sobrescrito onCreateView de Fragment

O método onCreateView de QuizFragment (Fig. 5.27) infla a interface gráfica do usuário e inicializa a maioria das variáveis de instância de QuizFragment – guessRows e regionsSet são inicializadas quando MainActivity chama os métodos updateGuessRows e updateRegions de QuizFragment. Após a chamada do método onCreateView da superclasse (linha 63), inflamos a interface gráfica do usuário de QuizFragment (linhas 64 e 65) usando o objeto LayoutInflater recebido como argumento pelo método onCreateView. O método **inflate** de LayoutInflater recebe três argumentos:

- o identificador do recurso de layout indicando o layout a ser inflado;
- o elemento ViewGroup (objeto layout) no qual o fragmento será exibido, o qual é recebido como segundo argumento de onCreateView;
- uma variável booleana indicando se a interface gráfica do usuário inflada precisa ou não ser anexada ao componente ViewGroup no segundo argumento – false significa que o fragmento foi declarado no layout da atividade pai, e true indica que você está criando o fragmento dinamicamente e sua interface gráfica deve ser anexada.

O método inflate retorna uma referência para um elemento View que contém a interface gráfica do usuário inflada. Armazenamos isso na variável local view para que possa ser retornada por onCreateView depois que as outras variáveis de instância de QuizFragment forem inicializadas.

```java
58   // configura QuizFragment quando sua View é criada
59   @Override
60   public View onCreateView(LayoutInflater inflater, ViewGroup container,
61      Bundle savedInstanceState)
62   {
63      super.onCreateView(inflater, container, savedInstanceState);
64      View view =
65         inflater.inflate(R.layout.fragment_quiz, container, false);
66
67      fileNameList = new ArrayList<String>();
68      quizCountriesList = new ArrayList<String>();
69      random = new SecureRandom();
70      handler = new Handler();
71
72      // carrega a animação de tremular utilizada para respostas incorretas
73      shakeAnimation = AnimationUtils.loadAnimation(getActivity(),
74         R.anim.incorrect_shake);
75      shakeAnimation.setRepeatCount(3); // a animação se repete 3 vezes
76
77      // obtém referências para componentes da interface gráfica do usuário
78      questionNumberTextView =
79         (TextView) view.findViewById(R.id.questionNumberTextView);
80      flagImageView = (ImageView) view.findViewById(R.id.flagImageView);
81      guessLinearLayouts = new LinearLayout[3];
82      guessLinearLayouts[0] =
83         (LinearLayout) view.findViewById(R.id.row1LinearLayout);
84      guessLinearLayouts[1] =
85         (LinearLayout) view.findViewById(R.id.row2LinearLayout);
86      guessLinearLayouts[2] =
87         (LinearLayout) view.findViewById(R.id.row3LinearLayout);
88      answerTextView = (TextView) view.findViewById(R.id.answerTextView);
89
```

Figura 5.27 Método sobrescrito onCreateView de Fragment em QuizFragment. (*continua*)

Capítulo 5 Aplicativo Flag Quiz **157**

```
90        // configura receptores para os componentes Button de palpite
91        for (LinearLayout row : guessLinearLayouts)
92        {
93           for (int column = 0; column < row.getChildCount(); column++)
94           {
95              Button button = (Button) row.getChildAt(column);
96              button.setOnClickListener(guessButtonListener);
97           }
98        }
99
100       // configura o texto de questionNumberTextView
101       questionNumberTextView.setText(
102          getResources().getString(R.string.question, 1, FLAGS_IN_QUIZ));
103       return view; // retorna a view do fragmento para exibir
104    } // fim do método onCreateView
105
```

Figura 5.27 Método sobrescrito onCreateView de Fragment em QuizFragment.

As linhas 67 e 68 criam os objetos ArrayList<String> que armazenarão os nomes de arquivo de imagem das bandeiras para as regiões geográficas correntemente habilitadas e os nomes dos países do teste atual, respectivamente. A linha 69 cria o objeto SecureRandom para tornar aleatórios as bandeiras e os componentes Button de palpite do teste. A linha 70 cria o objeto handler, o qual vamos usar para atrasar a exibição da próxima bandeira por dois segundos, depois que o usuário der um palpite correto para a bandeira atual.

As linhas 73 e 74 carregam dinamicamente a *animação de tremular* que vai ser aplicada à bandeira quando for dado um palpite incorreto. O método estático loadAnimation de AnimationUtils carrega a animação do arquivo XML representado pela constante R.anim.incorrect_shake. O primeiro argumento indica o objeto Context que contém os recursos que serão animados – o método herdado getActivity de Fragment retorna a classe Activity que armazena esse fragmento. Activity é uma subclasse indireta de Context. A linha 75 especifica o número de vezes que a animação deve se repetir com o método setRepeatCount de Animation.

As linhas 78 a 88 obtêm referências para vários componentes da interface gráfica de usuário que vamos manipular via programação. As linhas 91 a 98 obtêm cada componente Button de palpite dos três elementos guessLinearLayout e registram guessButton-Listener (Seção 5.6.9) como o objeto OnClickListener.

As linhas 101 e 102 configuram o texto em questionNumberTextView como a String retornada pelo método estático format de String. O primeiro argumento de format é o recurso String R.string.question, que é a String de formatação que contém espaços reservados para dois valores inteiros (conforme descrito na Seção 5.4.2). O método herdado **getResources** de Fragment retorna um objeto Resources (pacote android.content.res) que pode ser usado para carregar recursos. Então, chamamos o método **getString** desse objeto para carregar o recurso R.string.question, o qual representa a String

```
Question %1$d of %2$d
```

A linha 103 retorna a interface gráfica do usuário de QuizFragment.

5.6.4 Método updateGuessRows

O método updateGuessRows (Fig. 5.28) é chamado a partir do componente MainActivity do aplicativo quando este é ativado e sempre que o usuário muda o número de componentes Button de palpite a exibir com cada bandeira. As linhas 110 e 111 utilizam o argumento SharedPreferences do método para obter a String da chave MainActivity. CHOICES – uma constante contendo o nome da preferência na qual o elemento SettingsFragment armazena o número de componentes Button de palpite a exibir. A linha 112 converte o valor da preferência para int e o divide por 3 para determinar o valor dos elementos guessRow, o qual indica quantos dos componentes guessLinearLayouts devem ser exibidos – cada um com três componentes Button de palpite. Em seguida, as linhas 115 e 116 ocultam todos os componentes guessLinearLayout, para que as linhas 119 e 120 possam mostrar os componentes guessLinearLayout apropriados, com base no valor dos elementos guessRow.

```
106    // atualiza guessRows com base no valor em SharedPreferences
107    public void updateGuessRows(SharedPreferences sharedPreferences)
108    {
109        // obtém o número de botões de palpite que devem ser exibidos
110        String choices =
111            sharedPreferences.getString(MainActivity.CHOICES, null);
112        guessRows = Integer.parseInt(choices) / 3;
113
114        // oculta todos os componentes LinearLayout de botão de palpite
115        for (LinearLayout layout : guessLinearLayouts)
116            layout.setVisibility(View.INVISIBLE);
117
118        // exibe os componentes LinearLayout de botão de palpite apropriados
119        for (int row = 0; row < guessRows; row++)
120            guessLinearLayouts[row].setVisibility(View.VISIBLE);
121    }
122
```

Figura 5.28 Método updateGuessRows de QuizFragment.

5.6.5   Método updateRegions

O método updateRegions (Fig. 5.29) é chamado a partir do componente MainActivity do aplicativo quando este é ativado e sempre que o usuário muda as regiões do mundo que devem ser incluídas no teste. As linhas 126 e 127 usam o argumento SharedPreferences do método para obter os nomes de todas as regiões habilitadas como um objeto Set<String>. MainActivity.REGIONS é uma constante contendo o nome da preferência na qual SettingsFragment armazena as regiões do mundo habilitadas.

```
123    // atualiza as regiões do mundo para o teste, com base nos valores de
       // SharedPreferences
124    public void updateRegions(SharedPreferences sharedPreferences)
125    {
126        regionsSet =
127            sharedPreferences.getStringSet(MainActivity.REGIONS, null);
128    }
129
```

Figura 5.29 Método updateRegions de QuizFragment.

5.6.6   Método resetQuiz

O método resetQuiz (Fig. 5.30) prepara e inicia um teste. Lembre-se de que as imagens do jogo estão armazenadas na pasta assets do aplicativo. Para acessar o conteúdo dessa pasta, o método obtém o componente AssetManager do aplicativo (linha 134) chamando

Capítulo 5 Aplicativo Flag Quiz **159**

o método **getAssets** da atividade pai. Em seguida, a linha 135 limpa a lista fileNameList a fim de preparar o carregamento dos nomes de arquivo de imagem apenas das regiões geográficas habilitadas. As linhas 140 a 147 iteram por todas as regiões do mundo habilitadas. Para cada uma delas, usamos o método list de AssetManager (linha 143) para obter um array dos nomes de arquivo de imagem das bandeiras, os quais armazenamos no array String paths. As linhas 145 e 146 removem a extensão .png de cada nome de arquivo e colocam os nomes no componente fileNameList. O método list de AssetManager lança exceções IOException, as quais são *verificadas* (portanto, você deve capturar ou declarar a exceção). Se ocorrer uma exceção porque o aplicativo não consegue acessar a pasta assets, as linhas 149 a 152 a capturam e a *registram* para propósitos de depuração, com o mecanismo de log interno do Android. O método estático **e** de log é usado para registrar mensagens de erro. Você pode ver uma lista completa de métodos de Log em

```
http://developer.android.com/reference/android/util/Log.html
```

```
130    // prepara e inicia o próximo teste
131    public void resetQuiz()
132    {
133        // usa AssetManager para obter nomes de arquivo de imagem para as regiões
           // habilitadas
134        AssetManager assets = getActivity().getAssets();
135        fileNameList.clear(); // esvazia a lista de nomes de arquivo de imagem
136
137        try
138        {
139            // faz loop por cada região
140            for (String region : regionsSet)
141            {
142                // obtém uma lista de todos os arquivos de imagem de bandeira nessa região
143                String[] paths = assets.list(region);
144
145                for (String path : paths)
146                    fileNameList.add(path.replace(".png", ""));
147            }
148        }
149        catch (IOException exception)
150        {
151            Log.e(TAG, "Error loading image file names", exception);
152        }
153
154        correctAnswers = 0; // redefine o número de respostas corretas dadas
155        totalGuesses = 0; // redefine o número total de palpites dados pelo usuário
156        quizCountriesList.clear(); // limpa a lista anterior de países do teste
157
158        int flagCounter = 1;
159        int numberOfFlags = fileNameList.size();
160
161        // adiciona FLAGS_IN_QUIZ nomes de arquivo aleatórios a quizCountriesList
162        while (flagCounter <= FLAGS_IN_QUIZ)
163        {
164            int randomIndex = random.nextInt(numberOfFlags);
165
166            // obtém o nome de arquivo aleatório
167            String fileName = fileNameList.get(randomIndex);
168
169            // se a região está habilitada e ainda não foi escolhida
170            if (!quizCountriesList.contains(fileName))
```

Figura 5.30 Método resetQuiz de QuizFragment. (*continua*)

160 Android para programadores

```
171        {
172            quizCountriesList.add(fileName); // adiciona o arquivo à lista
173            ++flagCounter;
174        }
175    }
176
177    loadNextFlag(); // inicia o teste carregando a primeira bandeira
178 } // fim do método resetQuiz
179
```

Figura 5.30 Método `resetQuiz` de `QuizFragment`.

Em seguida, as linhas 154 a 156 redefinem os contadores para o número de palpites corretos dados pelo usuário (`correctAnswers`) e para o número total de palpites (`totalGuesses`) como 0 e limpam a lista `quizCountriesList`.

As linhas 162 a 175 adicionam `FLAGS_IN_QUIZ` (10) nomes de arquivo selecionados aleatoriamente à lista `quizCountriesList`. Obtemos o número total de bandeiras e então geramos o índice aleatoriamente, no intervalo de 0 até o número de bandeiras menos um. Usamos esse índice para selecionar um nome de arquivo de imagem da lista `fileNamesList`. Se `quizCountriesList` ainda não contém esse nome de arquivo, o adicionamos em `quizCountriesList` e incrementamos `flagCounter`. Repetimos esse processo até que a quantidade de nomes de arquivo únicos correspondente a `FLAGS_IN_QUIZ` tenha sido selecionada. Então, a linha 177 chama `loadNextFlag` (Fig. 5.31) para carregar a primeira bandeira do teste.

5.6.7   Método `loadNextFlag`

O método `loadNextFlag` (Fig. 5.31) carrega e exibe a próxima bandeira e o conjunto de componentes `Button` de resposta correspondente. Os nomes de arquivo de imagem em `quizCountriesList` têm o formato:

nomeRegião-nomePaís

sem a extensão `.png`. Se um *nomeRegião* ou um *nomePaís* contém várias palavras, elas são separadas por sublinhados (_).

```
180 // depois que adivinha uma bandeira correta, carrega a próxima bandeira
181 private void loadNextFlag()
182 {
183    // obtém o nome do arquivo da próxima bandeira e o remove da lista
184    String nextImage = quizCountriesList.remove(0);
185    correctAnswer = nextImage; // atualiza a resposta correta
186    answerTextView.setText(""); // limpa answerTextView
187
188    // exibe o número da pergunta atual
189    questionNumberTextView.setText(
190        getResources().getString(R.string.question,
191            (correctAnswers + 1), FLAGS_IN_QUIZ));
192
193    // extrai a região a partir do nome da próxima imagem
194    String region = nextImage.substring(0, nextImage.indexOf('-'));
195
196    // usa AssetManager para carregar a próxima imagem da pasta assets
197    AssetManager assets = getActivity().getAssets();
198
```

Figura 5.31 Método `loadNextFlag` de `QuizFragment`. (*continua*)

Capítulo 5 Aplicativo Flag Quiz **161**

```
199        try
200        {
201           // obtém um objeto InputStream para o asset que representa a próxima bandeira
202           InputStream stream =
203              assets.open(region + "/" + nextImage + ".png");
204
205           // carrega o asset como um objeto Drawable e exibe no componente flagImageView
206           Drawable flag = Drawable.createFromStream(stream, nextImage);
207           flagImageView.setImageDrawable(flag);
208        }
209        catch (IOException exception)
210        {
211           Log.e(TAG, "Error loading " + nextImage, exception);
212        }
213
214        Collections.shuffle(fileNameList); // embaralha os nomes de arquivo
215
216        // coloca a resposta correta no final de fileNameList
217        int correct = fileNameList.indexOf(correctAnswer);
218        fileNameList.add(fileNameList.remove(correct));
219
220        // adiciona 3, 6 ou 9 componentes Button de palpite, baseado no valor de guessRows
221        for (int row = 0; row < guessRows; row++)
222        {
223           // coloca componentes Button em currentTableRow
224           for (int column = 0;
225              column < guessLinearLayouts[row].getChildCount(); column++)
226           {
227              // obtém referência para o componente Button a configurar
228              Button newGuessButton =
229                 (Button) guessLinearLayouts[row].getChildAt(column);
230              newGuessButton.setEnabled(true);
231
232              // obtém o nome do país e o configura como o texto de newGuessButton
233              String fileName = fileNameList.get((row * 3) + column);
234              newGuessButton.setText(getCountryName(fileName));
235           }
236        }
237
238        // substitui aleatoriamente um componente Button com a resposta correta
239        int row = random.nextInt(guessRows); // seleciona linha aleatória
240        int column = random.nextInt(3); // seleciona coluna aleatória
241        LinearLayout randomRow = guessLinearLayouts[row]; // obtém a linha
242        String countryName = getCountryName(correctAnswer);
243        ((Button) randomRow.getChildAt(column)).setText(countryName);
244     } // fim do método loadNextFlag
245
```

Figura 5.31 Método `loadNextFlag` de `QuizFragment`. (*continua*)

A linha 184 remove o primeiro nome de `quizCountriesList` e o armazena em `nextImage`. Também o salvamos em `correctAnswer` para que possa ser usado posteriormente para determinar se o usuário deu um palpite correto. Em seguida, limpamos o componente `answerTextView` e exibimos o número da pergunta atual no componente `questionNumberTextView` (linhas 189 a 191) usando o recurso formatado `String R.string.question`.

A linha 194 extrai de `nextImage` a região a ser usada como nome da subpasta assets a partir da qual vamos carregar a imagem. Em seguida, obtemos o componente `AssetManager` e, então, o utilizamos na instrução `try` para abrir um elemento `InputStream` (pacote `java.io`) para ler os bytes do arquivo da imagem de bandeira. Usamos

162 Android para programadores

esse fluxo (stream) como argumento para o método estático `createFromStream` da classe `Drawable`, o qual cria um objeto `Drawable` (pacote `android.graphics.drawable`). O objeto `Drawable` é configurado como item de `flagImageView` a exibir, chamando seu método `setImageDrawable`. Se ocorrer uma exceção, a registramos para propósitos de depuração (linha 211).

Em seguida, a linha 214 embaralha `fileNameList`, e as linhas 217 e 218 localizam a resposta correta (`correctAnswer`) e movem para o final de `fileNameList` — posteriormente, vamos inserir essa resposta aleatoriamente em um dos componentes `Button` de palpite.

As linhas 221 a 236 iteram pelos componentes `Button` em `guessLinearLayouts` pelo número atual de `guessRows`. Para cada componente `Button`:

- as linhas 228 e 229 obtêm uma referência para o próximo objeto `Button`
- a linha 230 habilita o componente `Button`
- a linha 233 obtém o nome de arquivo de bandeira de `fileNameList`
- a linha 234 configura o texto do componente `Button` com o nome do país retornado pelo método `getCountryName` (Seção 5.6.8)

As linhas 239 a 243 escolhem uma linha (com base no número atual de `guessRows`) e uma coluna aleatórias e, então, configuram o texto do componente Button correspondente.

5.6.8 Método getCountryName

O método `getCountryName` (Fig. 5.32) obtém o nome do país via parsing, a partir do nome de arquivo de imagem. Primeiramente, obtemos uma substring a partir do traço (-) que separa a região do nome do país. Então, chamamos o método `replace` de `String` para substituir os sublinhados (_) por espaços.

```
246    // obtém o nome do arquivo de bandeira de países via parsing e retorna o nome do país
247    private String getCountryName(String name)
248    {
249       return name.substring(name.indexOf('-') + 1).replace('_', ' ');
250    }
251
```

Figura 5.32 Método `getCountryName` de `QuizFragment`.

5.6.9 Classe interna anônima que implementa OnClickListener

As linhas 91 a 98 (Fig. 5.27) registraram `guessButtonListener` (Fig. 5.33) como objeto de tratamento de eventos para cada componente `Button` de palpite. A variável de instância `guessButtonListener` faz referência a um objeto de classe interna anônima que implementa a interface `OnClickListener` para responder a eventos de `Button`. O método recebe como parâmetro `v` o componente `Button` que foi clicado. Obtemos o texto do componente `Button` (linha 259) e o nome do país obtido via parsing (linha 260) e, em seguida, incrementamos `totalGuesses` (o total de palpites).

Se o palpite estiver correto (linha 263), incrementamos `correctAnswers`. Em seguida, configuramos o texto de `answerTextView` com o nome do país e mudamos sua cor para aquela representada pela constante `R.color.correct_answer` (verde) e chamamos nosso método utilitário `disableButtons` (Seção 5.6.10) para desabilitar todos os componentes `Button` de resposta.

Capítulo 5 Aplicativo Flag Quiz   **163**

```java
252    // chamado quando um componente Button de palpite é tocado
253    private OnClickListener guessButtonListener = new OnClickListener()
254    {
255       @Override
256       public void onClick(View v)
257       {
258          Button guessButton = ((Button) v);
259          String guess = guessButton.getText().toString();
260          String answer = getCountryName(correctAnswer);
261          ++totalGuesses; // incrementa o número de palpites dados pelo usuário
262
263          if (guess.equals(answer)) // se o palpite é correto
264          {
265             ++correctAnswers; // incrementa o número de respostas corretas
266
267             // exibe a resposta correta em texto verde
268             answerTextView.setText(answer + "!");
269             answerTextView.setTextColor(
270                getResources().getColor(R.color.correct_answer));
271
272             disableButtons(); // desabilita todos os componentes Button de palpite
273
274             // se o usuário identificou FLAGS_IN_QUIZ bandeiras corretamente
275             if (correctAnswers == FLAGS_IN_QUIZ)
276             {
277                // DialogFragment para exibir as estatísticas do teste e iniciar outro
278                DialogFragment quizResults =
279                   new DialogFragment()
280                   {
281                      // cria um componente AlertDialog e o retorna
282                      @Override
283                      public Dialog onCreateDialog(Bundle bundle)
284                      {
285                         AlertDialog.Builder builder =
286                            new AlertDialog.Builder(getActivity());
287                         builder.setCancelable(false);
288
289                         builder.setMessage(
290                            getResources().getString(R.string.results,
291                            totalGuesses, (1000 / (double) totalGuesses)));
292
293                         // componente Button "Reset Quiz"
294                         builder.setPositiveButton(R.string.reset_quiz,
295                            new DialogInterface.OnClickListener()
296                            {
297                               public void onClick(DialogInterface dialog,
298                                  int id)
299                               {
300                                  resetQuiz();
301                               }
302                            } // fim da classe interna anônima
303                         ); // fim da chamada a setPositiveButton
304
305                         return builder.create(); // retorna o componente AlertDialog
306                      } // fim do método onCreateDialog
307                   }; // fim da classe interna anônima DialogFragment
308
309                // usa FragmentManager para exibir o componente DialogFragment
310                quizResults.show(getFragmentManager(), "quiz results");
311             }
312             else // a resposta está correta, mas o teste não acabou
```

Figura 5.33 Classe interna anônima que implementa `OnClickListener`. (*continua*)

164 Android para programadores

```
313                {
314                    // carrega a próxima bandeira após um atraso de 2 segundos
315                    handler.postDelayed(
316                       new Runnable()
317                       {
318                          @Override
319                          public void run()
320                          {
321                             loadNextFlag();
322                          }
323                       }, 2000); // 2000 milissegundos para um atraso de 2 segundos
324                }
325             }
326             else // o palpite foi incorreto
327             {
328                flagImageView.startAnimation(shakeAnimation); // reproduz o tremular
329
330                // exibe "Incorrect!" em vermelho
331                answerTextView.setText(R.string.incorrect_answer);
332                answerTextView.setTextColor(
333                   getResources().getColor(R.color.incorrect_answer));
334                guessButton.setEnabled(false); // desabilita a resposta incorreta
335             }
336          }
337    }; // fim de guessButtonListener
338
```

Figura 5.33 Classe interna anônima que implementa `OnClickListener`. (*continua*)

Se `correctAnswers` for igual a `FLAGS_IN_QUIZ` (linha 275), o teste terminou. As linhas 278 a 307 criam uma nova classe interna anônima que estende `DialogFragment` e será usada para exibir os resultados do teste. O método **onCreateDialog** de `DialogFragment` usa um elemento `AlertDialog.Builder` para configurar e criar um componente `AlertDialog` e, então, o retorna. Quando o usuário toca no componente `Button` **Reset Quiz** da caixa de diálogo, o método `resetQuiz` é chamado para iniciar um novo jogo (linha 300). Para exibir o componente `DialogFragment`, a linha 310 chama seu método **show**, passando como argumentos o elemento `FragmentManager` retornado por `getFragmentManager` e uma `String`. O segundo argumento pode ser usado com o método **getFragmentByTag** de `FragmentManager` para obter uma referência para o componente `DialogFragment` posteriormente – não usamos essa capacidade neste aplicativo.

Se `correctAnswers` for menor do que `FLAGS_IN_QUIZ`, as linhas 315 a 323 chamam o método `postDelayed` do objeto `handler`. O primeiro argumento define uma classe interna anônima que implementa a interface `Runnable` – isso representa a tarefa a ser executada (`loadNextFlag`) após alguns milissegundos no futuro. O segundo argumento é o atraso em milissegundos (2000). Se o palpite estiver incorreto, a linha 328 chama o método `startAnimation` de `flagImageView` para reproduzir a animação `shakeAnimation` que foi carregada no método `onCreateView`. Também configuramos o texto em `answerTextView` para mostrar "Incorrect!" em vermelho (linhas 331 a 333) e, então, desabilitamos o componente `guessButton` correspondente à resposta incorreta.

5.6.10 Método `disableButtons`

O método `disableButtons` (Fig. 5.34) itera pelos componentes `Button` de palpite e os desabilita.

Capítulo 5 Aplicativo Flag Quiz **165**

```
339    // método utilitário que desabilita todos os componentes Button de resposta
340    private void disableButtons()
341    {
342       for (int row = 0; row < guessRows; row++)
343       {
344          LinearLayout guessRow = guessLinearLayouts[row];
345          for (int i = 0; i < guessRow.getChildCount(); i++)
346             guessRow.getChildAt(i).setEnabled(false);
347       }
348    }
349 } // fim da classe FlagQuiz
```

Figura 5.34 Método disableButtons de QuizFragment.

5.7 Classe SettingsFragment

A classe SettingsFragment (Fig. 5.35) estende PreferenceFragment, a qual fornece recursos para gerenciar as configurações do aplicativo. O método sobrescrito onCreate (linhas 11 a 16) é chamado quando a classe SettingsFragment é criada – ou por SettingsActivity, quando o aplicativo está sendo executado na orientação retrato, ou por MainActivity, quando está sendo executado em um tablet na orientação paisagem. A linha 15 usa o método herdado **addPreferencesFromResource** de PreferenceFragment para construir a interface gráfica de preferências do usuário. O argumento é o identificador de recurso do arquivo preferences.xml que você criou na Seção 5.4.10.

```
1  // SettingsFragment.java
2  // Subclasse de PreferenceFragment para gerenciar configurações do aplicativo
3  package com.deitel.flagquiz;
4
5  import android.os.Bundle;
6  import android.preference.PreferenceFragment;
7
8  public class SettingsFragment extends PreferenceFragment
9  {
10    // cria interface gráfica de preferências do usuário a partir do arquivo
      // preferences.xml em res/xml
11    @Override
12    public void onCreate(Bundle savedInstanceState)
13    {
14       super.onCreate(savedInstanceState);
15       addPreferencesFromResource(R.xml.preferences); // carrega do XML
16    }
17 } // fim da classe SettingsFragment
```

Figura 5.35 Subclasse de PreferenceFragment para gerenciar configurações do aplicativo.

5.8 Classe SettingsActivity

A classe SettingsActivity (Fig. 5.36) armazena o componente SettingsFragment quando o aplicativo está sendo executado na orientação retrato. Para criar essa classe, clique com o botão direito do mouse no pacote (com.deitel.flagquiz) e selecione **New > Class** para exibir a caixa de diálogo **New Java Class**. Configure o campo **Name** da nova classe como SettingsActivity, configure **Superclass** como android.app.Activity e clique em **Finish**.

O método sobrescrito onCreate (linhas 11 a 16) chama o método setContentView de Activity para inflar a interface gráfica do usuário definida por activity_settings. xml (Seção 5.4.6) – representada pelo recurso R.layout.activity_settings.

166 Android para programadores

```java
1   // SettingsActivity.java
2   // atividade para exibir SettingsFragment em um telefone
3   package com.deitel.flagquiz;
4
5   import android.app.Activity;
6   import android.os.Bundle;
7
8   public class SettingsActivity extends Activity
9   {
10     // usa FragmentManager para exibir SettingsFragment
11     @Override
12     protected void onCreate(Bundle savedInstanceState)
13     {
14         super.onCreate(savedInstanceState);
15         setContentView(R.layout.activity_settings);
16     }
17  } // fim da classe SettingsActivity
```

Figura 5.36 Atividade para exibir `SettingsFragment` em um telefone.

5.9 `AndroidManifest.xml`

Cada atividade em um aplicativo deve ser declarada no arquivo `AndroidManifest.xml`; caso contrário, o Android não saberá que a atividade existe e não poderá ativá-la. Quando você criou o aplicativo, o IDE declarou seu componente `MainActivity` em `AndroidManifest.xml`. Para declarar o componente `SettingsActivity` do aplicativo:

1. Abra `AndroidManifest.xml` e clique na guia **Application**, na parte inferior do editor de manifesto.

2. Na seção **Application Nodes**, clique em **Add...**, selecione **Activity** na caixa de diálogo que aparece e clique em **OK**.

3. Na seção **Application Nodes**, selecione o novo nó **Activity** para exibir seus atributos na seção **Attributes for Activity**.

4. No campo **Name**, digite `.SettingsActivity`. O ponto (`.`) antes de `SettingsActivity` é a notação abreviada para o nome de pacote do aplicativo (`com.deitel.flagquiz`).

5. No campo **Label**, digite `@string/settings_activity` – esse recurso de string aparece na barra de ação quando o componente `SettingsActivity` está sendo sendo executado.

Para ver os detalhes completos do arquivo de manifesto, visite `http://developer.android.com/guide/topics/manifest/manifest-intro.html`.

5.10 Para finalizar

Neste capítulo, você construiu o aplicativo **Flag Quiz**, que testa a capacidade de um usuário identificar bandeiras de países corretamente. Um aspecto importante deste aplicativo foi o uso de fragmentos para criar partes da interface gráfica do usuário de uma atividade. Você usou duas atividades para exibir os componentes `QuizFragment` e `SettingsFragment` quando o aplicativo estava sendo executado na orientação retrato, e usou uma atividade para exibir os dois fragmentos quando o aplicativo estava sendo executado em um tablet na orientação paisagem – fazendo, assim, um melhor uso do espaço disponível na tela. Você usou uma subclasse de `PreferenceFragment` para manter automaticamente e fazer persistir as configurações do aplicativo, e usou uma subclasse de `DialogFragment` para exibir um componente `AlertDialog` para o usuário. Discutimos partes do ciclo de vida de um fragmento e mostramos como usar o componente `FragmentManager` para obter uma referência para um fragmento a fim de que você pudesse interagir com ele via programação.

Na orientação retrato, você usou o menu de ações do aplicativo para permitir ao usuário exibir a atividade `SettingsActivity` contendo o fragmento `SettingsFragment`. Para ativar o componente `SettingsActivity`, você usou um objeto `Intent` explícito.

Mostramos como usar o componente `WindowManager` do Android para obter um objeto `Display` a fim de que você pudesse determinar se o aplicativo estava sendo executado em um tablet na orientação paisagem. Neste caso, você impediu que o menu aparecesse, porque o componente `SettingsFragment` já estava na tela.

Demonstramos como gerenciar um grande número de recursos de imagem utilizando subpastas na pasta `assets` do aplicativo e como acessar esses recursos por meio de um componente `AssetManager`. Você criou um elemento `Drawable` a partir dos bytes de uma imagem, lendo-os de um `InputStream` e, então, exibiu o elemento `Drawable` em um componente `ImageView`.

Você conheceu subpastas adicionais da pasta `res` do aplicativo – `menu` para armazenar arquivos de recurso de menu, `anim` para armazenar arquivos de recurso de animação e `xml` para armazenar arquivos de dados XML brutos. Discutimos também como usar qualificadores para criar uma pasta para armazenar um layout que só deve ser usado em dispositivos grandes na orientação paisagem.

Você usou objetos `Toast` para exibir mensagens de erro secundárias ou informativas, que aparecem brevemente na tela. Para exibir a próxima bandeira no teste, após uma breve espera, usou um objeto `Handler`, o qual executa um `Runnable` após um número especificado de milissegundos. Você aprendeu que o `Runnable` de um `Handler` é executado na thread que criou o objeto `Handler` (a thread da interface gráfica do usuário, neste aplicativo).

Definimos uma animação em XML e a aplicamos ao componente `ImageView` do aplicativo quando o usuário dava um palpite incorreto, para fornecer a ele uma resposta visual. Você aprendeu a registrar exceções para propósitos de depuração com o mecanismo de `log` interno do Android. Também usou classes e interfaces adicionais do pacote `java.util`, incluindo `List`, `ArrayList`, `Collections` e `Set`.

No Capítulo 6, você vai criar o aplicativo **Cannon Game** usando múltiplas threads e animação quadro a quadro. Vai manipular gestos de toque para disparar um canhão. Vai também aprender a criar um loop de jogo que atualiza a tela o mais rápido possível para gerar animações suaves e fazer que o jogo pareça ser executado com a mesma rapidez, independentemente da velocidade do processador do dispositivo. Também vamos mostrar como fazer detecção de colisão simples.

6

Aplicativo Cannon Game

Detecção de toques, animação quadro a quadro manual, elementos gráficos, som, threads, SurfaceView e SurfaceHolder

Objetivos

Neste capítulo, você vai:

- Criar um aplicativo de jogo simples, divertido e fácil de codificar.
- Criar uma subclasse personalizada de `SurfaceView` para exibir os elementos gráficos do jogo a partir de uma thread de execução separada.
- Desenhar elementos gráficos usando componentes `Paint` e um `Canvas`.
- Sobrescrever o método `onTouchEvent` de `View` para disparar uma bala de canhão quando o usuário toca na tela.
- Realizar detecção de colisão simples.
- Adicionar som a seu aplicativo usando `SoundPool` e `AudioManager`.
- Sobrescrever os métodos de ciclo de vida `onPause` e `onDestroy` de `Fragment`.

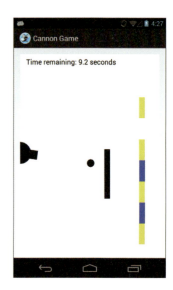

Capítulo 6 Aplicativo Cannon Game 169

Resumo

6.1 Introdução
6.2 Teste do aplicativo **Cannon Game**
6.3 Visão geral das tecnologias
    6.3.1 Anexação de um componente `View` personalizado a um layout
    6.3.2 Uso da pasta de recurso `raw`
    6.3.3 Métodos de ciclo de vida de `Activity` e `Fragment`
    6.3.4 Sobrescrevendo o método `onTouchEvent` de `View`
    6.3.5 Adição de som com `SoundPool` e `AudioManager`
    6.3.6 Animação quadro a quadro com `Threads`, `SurfaceView` e `SurfaceHolder`
    6.3.7 Detecção de colisão simples
    6.3.8 Desenho de elementos gráficos com `Paint` e `Canvas`
6.4 Construção da interface gráfica do usuário e arquivos de recurso do aplicativo
    6.4.1 Criação do projeto
    6.4.2 `strings.xml`
    6.4.3 `fragment_game.xml`
    6.4.4 `activity_main.xml`
    6.4.5 Adição dos sons ao aplicativo

6.5 A classe `Line` mantém os extremos de uma linha
6.6 Subclasse `MainActivity` de `Activity`
6.7 Subclasse `CannonGameFragment` de `Fragment`
6.8 Subclasse `CannonView` de `View`
    6.8.1 As instruções package e import
    6.8.2 Variáveis de instância e constantes
    6.8.3 Construtor
    6.8.4 Sobrescrevendo o método `onSizeChanged` de `View`
    6.8.5 Método `newGame`
    6.8.6 Método `updatePositions`
    6.8.7 Método `fireCannonball`
    6.8.8 Método `alignCannon`
    6.8.9 Método `drawGameElements`
    6.8.10 Método `showGameOverDialog`
    6.8.11 Métodos `stopGame` e `releaseResources`
    6.8.12 Implementando os métodos de `SurfaceHolder.Callback`
    6.8.13 Sobrescrevendo o método `onTouchEvent` de `View`
    6.8.14 `CannonThread`: usando uma `Thread` para criar um loop do jogo
6.9 Para finalizar

6.1 Introdução

O aplicativo **Cannon Game** o desafia a destruir um alvo de sete partes antes que um limite de 10 segundos expire (Fig. 6.1). O jogo consiste em quatro componentes visuais – um *canhão* controlado por você, uma *bala de canhão*, o *alvo* e uma *barreira* que defende o alvo. Você aponta e dispara o canhão *tocando* na tela – o canhão então mira no ponto tocado e dispara a bala em linha reta nessa direção. Ao final do jogo, o aplicativo exibe um componente `AlertDialog` indicando se você ganhou ou perdeu e mostrando o número de tiros disparados e o tempo decorrido (Fig. 6.2).

O jogo começa com um *limite de tempo de 10 segundos*. Sempre que você destrói uma seção do alvo, três segundos de bônus são *adicionados* ao tempo restante, e sempre que você atinge a barreira, uma penalidade de dois segundos é *subtraída* do tempo restante. Você ganha destruindo todas as seções do alvo antes que o tempo termine – se o cronômetro zerar, você perdeu.

Quando você dispara o canhão, o jogo reproduz um *som de disparo*. Quando a bala do canhão atinge uma parte do alvo, um *som de vidro quebrando* é emitido e essa parte do alvo desaparece. Quando a bala do canhão atinge a barreira, é emitido um *som de golpe* e a bala ricocheteia. A barreira não pode ser destruída. O alvo e a barreira se movem *verticalmente* em velocidades diferentes, mudando de direção quando atingem a parte superior ou inferior da tela.

[*Obs.:* Devido a problemas de desempenho no Android Emulator, você deve testar este aplicativo em um dispositivo Android.]

170 Android para programadores

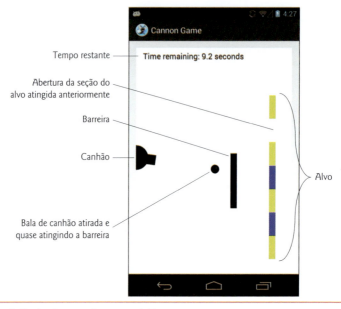

Figura 6.1 Aplicativo **Cannon Game** concluído.

a) Componente `AlertDialog` exibido depois que o usuário destrói todas as sete seções do alvo

b) Componente `AlertDialog` exibido quando o jogo termina antes que o usuário destrua todas as sete seções do alvo

Figura 6.2 Componentes `AlertDialog` do aplicativo **Cannon Game** mostrando uma vitória e uma derrota.

6.2 Teste do aplicativo Cannon Game

Abrindo e executando o aplicativo

Abra o Eclipse e importe o projeto do aplicativo Cannon Game. Execute os passos a seguir:

1. ***Abra a caixa de diálogo Import.*** Selecione File > Import... para abrir a caixa de diálogo Import.

2. ***Importe o projeto do aplicativo Cannon Game.*** Na caixa de diálogo Import, expanda o nó General e selecione Existing Projects into Workspace; em seguida, clique em Next > para passar à etapa Import Projects. Certifique-se de que Select root directory esteja selecionado e, em seguida, clique no botão Browse.... Na caixa de diálogo Browse for Folder, localize a pasta CannonGame na pasta de exemplos do livro, selecione-a e clique em OK. Clique em Finish a fim de importar o projeto para o Eclipse. Agora o projeto aparece na janela Package Explorer, no lado esquerdo da janela do Eclipse.

3. ***Ative o aplicativo Cannon Game.*** No Eclipse, clique com o botão direito do mouse no projeto CannonGame na janela Package Explorer e, em seguida, selecione Run As > Android Application no menu que aparece.

Jogando

Toque na tela para mirar e disparar o canhão. Você só poderá disparar uma bala de canhão se não houver outra na tela. Se estiver executando o jogo em um AVD, seu "dedo" é o mouse. Tente destruir o alvo o mais rápido que puder – o jogo termina se o cronômetro expira ou se você destrói todas as sete partes do alvo.

6.3 Visão geral das tecnologias

Esta seção apresenta as tecnologias novas que usamos no aplicativo Cannon Game, na ordem em que são encontradas no capítulo.

6.3.1 Anexação de um componente `View` personalizado a um layout

Você pode criar uma visualização *personalizada* estendendo a classe `View` ou uma de suas subclasses, como fazemos com a classe `CannonView` (Seção 6.8), a qual estende `SurfaceView` (discutida em breve). Para adicionar um componente personalizado ao arquivo XML de um layout, você deve *qualificar totalmente* seu nome (isto é, seu nome de pacote e de classe); portanto, a classe do componente `View` personalizado deve existir antes que se possa adicioná-la ao layout. Demonstramos como criar a classe `CannonView` e como adicioná-la a um layout na Seção 6.4.3.

6.3.2 Uso da pasta de recurso `raw`

Os arquivos de mídia, como os sons usados no aplicativo Cannon Game, são colocados na pasta de recursos `res/raw` do aplicativo. A Seção 6.4.5 discute como criar essa pasta. Então, você vai arrastar os arquivos de som do aplicativo para ela.

6.3.3 Métodos de ciclo de vida de `Activity` e `Fragment`

Quando um fragmento é anexado a uma atividade, como fizemos no Capítulo 5 e faremos neste, seu ciclo de vida é vinculado ao de sua atividade pai. Existem seis métodos de ciclo de vida de Activity que têm métodos de ciclo de vida de Fragment correspondentes – onCreate, onStart, onResume, onPause, onStop e onDestroy. Quando o sistema chamar esses métodos em uma atividade, chamará também esses métodos correspondentes (e possivelmente outros métodos de ciclo de vida de Fragment) em todos os fragmentos anexados da atividade.

Este aplicativo utiliza os métodos de ciclo de vida onPause e onDestroy de Fragment. O método **onPause** de uma atividade (Activity) é chamado quando *outra* atividade recebe o foco, o que pausa aquela que perde o foco e a envia para o segundo plano. Quando uma atividade armazena fragmentos e é pausada, os métodos **onPause** de todos os seus fragmentos são chamados. Neste aplicativo, o componente CannonView é exibido em um fragmento chamado CannonGameFragment (Seção 6.7). Sobrescrevemos onPause para suspender a interação no componente CannonView a fim de que o jogo não continue a ser executado quando o usuário não puder interagir com ele – isso economiza a energia da bateria. Muitos métodos de ciclo de vida de Activity têm métodos correspondentes no ciclo de vida de um fragmento.

Quando uma atividade é encerrada, seu método **onDestroy** é chamado, o qual, por sua vez, chama os métodos **onDestroy** de todos os fragmentos armazenados pela atividade. Usamos esse método no componente CannonFragment para *liberar* os recursos de som de CannonView.

Discutiremos outros métodos de ciclo de vida de Activity e Fragment quando forem necessários. Para obter mais informações sobre o ciclo de vida completo de Activity, visite:

```
http://developer.android.com/reference/android/app/Activity.
    html#ActivityLifecycle
```

e para obter mais informações sobre o ciclo de vida completo de Fragment, visite:

```
http://developer.android.com/guide/components/fragments.html#Lifecycle
```

6.3.4   Sobrescrevendo o método onTouchEvent de View

Os usuários interagem com este aplicativo tocando na tela do dispositivo. Um *toque* alinha o canhão para o ponto do toque na tela e, então, dispara o canhão. Para processar eventos de toque simples para o componente CannonView, você vai sobrescrever o método **onTouchEvent** de View (Seção 6.8.13) e, então, vai usar constantes da classe **MotionEvent** (pacote android. view) para testar qual tipo de evento ocorreu e processá-lo de forma correspondente.

6.3.5   Adição de som com SoundPool e AudioManager

Os efeitos sonoros de um aplicativo são gerenciados com um objeto **SoundPool** (pacote android.media), o qual pode ser usado para *carregar*, *reproduzir* e *descarregar* sons. Os sons são reproduzidos por meio de um dos fluxos (streams) de áudio do Android para *alarmes, música, notificações, toques de telefone, sons do sistema, chamadas telefônicas* e muito mais. A documentação do Android recomenda que os jogos utilizem o *fluxo de áudio de música* para reproduzir sons. Usamos o método **setVolumeControlStream** de Activity para especificar que o volume do jogo pode ser controlado com as teclas de volume do dispositivo. O método recebe uma constante da classe **AudioManager** (pacote android. media), a qual dá acesso aos controles de volume e toque de telefone do dispositivo.

6.3.6   Animação quadro a quadro com Threads, SurfaceView e SurfaceHolder

Este aplicativo *faz suas animações manualmente* ao atualizar os elementos do jogo em uma thread de execução separada. Para isso, usamos uma subclasse de Thread com um método run que instrui nosso objeto `CannonView` personalizado a atualizar as posições de todos os elementos do jogo e, então, os desenha. O método `run` faz as *animações quadro a quadro* – isso é conhecido como **loop do jogo**.

Normalmente, todas as atualizações da interface do usuário de um aplicativo devem ser feitas na thread de execução da interface gráfica do usuário. No Android, é importante minimizar o volume de trabalho feito na thread da interface gráfica para garantir que suas respostas permaneçam rápidas e que não sejam exibidas caixas de diálogo ANR (Application Not Responding). Contudo, os jogos frequentemente exigem lógica complexa que deve ser executada em threads de execução separadas, e essas threads muitas vezes precisam desenhar na tela. Para esses casos, o Android fornece a classe **Surface-View** – uma subclasse de `View` na qual uma thread pode desenhar e, então, indicar que os resultados devem ser exibidos na thread da interface gráfica do usuário. Você manipula um elemento `SurfaceView` por meio de um objeto da classe **SurfaceHolder**, o qual permite obter um elemento `Canvas` no qual elementos gráficos podem ser desenhados. A classe `SurfaceHolder` também fornece métodos que dão a uma thread *acesso exclusivo* ao `Canvas` para desenhar – somente uma thread por vez pode desenhar em um elemento `Surface-View`. Cada subclasse de `SurfaceView` deve implementar a interface **SurfaceHolder.Callback**, a qual contém métodos que são chamados quando o objeto `SurfaceView` é *criado*, *alterado* (por exemplo, em seu tamanho ou sua orientação) ou *destruído*.

6.3.7 Detecção de colisão simples

O elemento `CannonView` realiza *detecção de colisão* simples para determinar se a bala do canhão atingiu uma de suas bordas, a barreira ou uma seção do alvo. Essas técnicas são apresentadas na Seção 6.8. Os frameworks de desenvolvimento de jogos normalmente fornecem recursos de detecção de colisão mais sofisticados, "com precisão de pixel". Estão disponíveis muitos frameworks de desenvolvimento de jogos de código-fonte aberto.

6.3.8 Desenho de elementos gráficos com `Paint` e `Canvas`

Usamos métodos da classe **Canvas** (pacote `android.graphics`) para desenhar texto, linhas e círculos. Os métodos de `Canvas` desenham no objeto **Bitmap** de um componente `View`. Cada método de desenho da classe `Canvas` utiliza um objeto da classe **Paint** (pacote `android.graphics`) para especificar as características do desenho, incluindo cor, espessura da linha, tamanho da fonte e muito mais. Esses recursos são apresentados com o método `drawGameElements` na Seção 6.8. Para obter mais detalhes sobre as características de desenho que podem ser especificadas com um objeto `Paint`, visite

```
http://developer.android.com/reference/android/graphics/Paint.html
```

6.4 Construção da interface gráfica do usuário e arquivos de recurso do aplicativo

Nesta seção, você vai criar os arquivos de recurso do aplicativo e o arquivo de layout `main.xml`.

6.4.1 Criação do projeto

Comece criando um novo projeto Android chamado `CannonGame`. Especifique os seguintes valores na caixa de diálogo **New Android Project:**

174 Android para programadores

- **Application Name:** Cannon Game
- **Project Name:** CannonGame
- **Package Name:** com.deitel.cannongame
- **Minimum Required SDK:** API18: Android 4.3
- **Target SDK:** API19: Android 4.4
- **Compile With:** API19: Android 4.4
- **Theme:** Holo Light with Dark Action Bar

No segundo passo de **New Android Application** da caixa de diálogo **New Android Project**, deixe as configurações padrão e pressione **Next >**. No passo **Configure Launcher Icon**, selecione uma imagem de ícone de aplicativo e, então, pressione **Next >**. No passo **Create Activity**, selecione **Blank Activity** e pressione **Next >**. No passo **Blank Activity**, deixe as configurações padrão e clique em **Finish** para criar o projeto. Abra activity_main.xml no editor **Graphical Layout** e selecione **Nexus 4** na lista suspensa de tipo de tela. Mais uma vez, usaremos esse dispositivo como base para nosso projeto.

Configure o aplicativo para a orientação retrato
O jogo do canhão é projetado para funcionar melhor na orientação retrato. Siga os passos executados na Seção 3.6 para configurar a orientação da tela do aplicativo como retrato.

6.4.2 strings.xml
Você criou recursos de String em capítulos anteriores, de modo que mostramos aqui apenas uma tabela (Fig. 6.3) dos nomes dos recursos de String e valores correspondentes. Clique duas vezes em strings.xml na pasta res/values a fim de exibir o editor de recurso para criar esses recursos de String.

Nome do recurso	Valor
results_format	Shots fired: %1$d\nTotal time: %2$.1f
reset_game	Reset Game
win	You win!
lose	You lose!
time_remaining_format	Time remaining: %.1f seconds

Figura 6.3 Recursos de String usados no aplicativo **Cannon Game**.

6.4.3 fragment_game.xml
O layout de fragment_game.xml para o componente CannonGameFragment contém um objeto FrameLayout que exibe o elemento CannonView. Um objeto **FrameLayout** é projetado para exibir apenas um componente View — neste caso, o elemento CannonView. Nesta seção, você vai criar o layout de CannonGameFragment e a classe de CannonView. Para adicionar o layout de fragment_game.xml, execute os passos a seguir:

1. Expanda o nó res/layout do projeto no **Package Explorer**.
2. Clique com o botão direito do mouse na pasta layout e selecione **New > Android XML File** para exibir a caixa de diálogo **New Android XML File**.
3. No campo **File** da caixa de diálogo, digite fragment_game.xml.
4. Na seção **Root Element**, selecione **FrameLayout** e, então, clique em **Finish**.

Capítulo 6   Aplicativo Cannon Game   **175**

5. Da seção **Advanced** da **Palette**, arraste um objeto **view** (com **v** minúsculo) para a área de projeto.

6. O passo anterior exibe a caixa de diálogo **Choose Custom View Class**. Nessa caixa de diálogo, clique em **Create New...** para exibir a caixa de diálogo **New Java Class**.

7. No campo **Name**, digite `CannonView`. No campo **Superclass**, mude a superclasse de `android.view.View` para `android.view.SurfaceView`. Certifique-se de que **Construc-tors from superclass** esteja selecionado e, em seguida, clique em **Finish**. Isso cria e abre `CannonView.java`. Vamos usar somente o construtor com dois argumentos; portanto, exclua os outros dois. Salve e feche `CannonView.java`.

8. Em `fragment_game.xml`, selecione **view1** na janela **Outline**. Na seção **Layout Parameters** da janela **Properties**, configure **Width** e **Height** como `match_parent`.

9. Na janela **Outline**, clique com o botão direito do mouse em **view1**, selecione **Edit ID...**, mude o nome de `view1` para `cannonView` e clique em **OK**.

10. Salve `fragment_game.xml`.

6.4.4   `activity_main.xml`

O layout de `activity_main.xml` para o componente `MainActivity` deste aplicativo contém apenas o elemento `CannonGameFragment`. Para adicionar esse fragmento ao layout:

1. Abra `activity_main.xml` no editor **Graphical Layout** e siga os passos da Seção 2.5.2 para mudar de `FrameLayout` para `RelativeLayout`.

2. Da seção **Layouts** da **Palette**, arraste um objeto **Fragment** para a área de projeto ou para o nó `RelativeLayout` na janela **Outline**.

3. O passo anterior exibe a caixa de diálogo **Choose Fragment Class**. Clique em **Create New...** para exibir a caixa de diálogo **New Java Class**.

4. Digite `CannonGameFragment` no campo **Name** da caixa de diálogo, mude o valor do campo **Superclass** para `android.app.Fragment` e clique em **Finish** para criar a classe. O IDE abre o arquivo Java da classe, o qual você pode fechar por enquanto.

5. Salve `activity_main.xml`.

6.4.5   Adição dos sons ao aplicativo

Conforme mencionamos anteriormente, os arquivos de som estão armazenados na pasta res/raw do aplicativo. Este aplicativo usa três arquivos de som – `blocker_hit.wav`, `target_hit.wav` e `cannon_fire.wav` –, os quais se encontram com os exemplos do livro na pasta sounds. Para adicionar esses arquivos em seu projeto:

1. Clique com o botão direito do mouse na pasta `res` do aplicativo e, em seguida, selecione **New > Folder**.

2. Especifique o nome de pasta raw e clique em **Finish** para criar a pasta.

3. Arraste os arquivos de som para a pasta res/raw.

6.5   A classe Line mantém os extremos de uma linha

Este aplicativo consiste em quatro classes:

- `Line` (Fig. 6.4)
- `MainActivity` (a subclasse de `Activity`; Seção 6.6)

176 Android para programadores

- CannonGameFragment (Seção 6.7)
- CannonView (Seção 6.8)

Nesta seção, discutimos a classe `Line`, a qual representa os componentes `Point` inicial e final de uma linha. Os objetos dessa classe definem a barreira e o alvo do jogo. Para adicionar a classe `Line` no projeto:

1. Expanda o nó src do projeto no **Package Explorer**.
2. Clique com o botão direito do mouse no pacote (`com.deitel.cannongame`) e selecione **New > Class** para exibir a caixa de diálogo **New Java Class**.
3. No campo **Name** da caixa de diálogo, digite `Line` e clique em **Finish**.
4. Insira o código da Figura 6.4 no arquivo `Line.java`. O construtor padrão de `Point` configura as variáveis de instância `public x e y` de `Point` como 0.

```
1   // Line.java
2   // A classe Line representa uma linha com dois pontos extremos.
3   package com.deitel.cannongame;
4
5   import android.graphics.Point;
6
7   public class Line
8   {
9      public Point start = new Point(); // objeto Point inicial -- (0,0) por padrão
10     public Point end = new Point(); // objeto Point final -- (0,0) por padrão
11  } // fim da classe Line
```

Figura 6.4   A classe `Line` representa uma linha com dois pontos extremos.

6.6   Subclasse `MainActivity` de `Activity`

A classe `MainActivity` (Fig. 6.5) armazena o elemento `CannonGameFragment` do aplicativo **Cannon Game**. Neste aplicativo, sobrescrevemos apenas o método `onCreate` de `Activity`, o qual infla a interface gráfica do usuário.

```
1   // MainActivity.java
2   // MainActivity exibe o elemento CannonGameFragment
3   package com.deitel.cannongame;
4
5   import android.app.Activity;
6   import android.os.Bundle;
7
8   public class MainActivity extends Activity
9   {
10     // chamado quando o aplicativo é ativado pela primeira vez
11     @Override
12     public void onCreate(Bundle savedInstanceState)
13     {
14        super.onCreate(savedInstanceState); // chama o método onCreate de super
15        setContentView(R.layout.activity_main); // infla o layout
16     }
17  } // fim da classe MainActivity
```

Figura 6.5   `MainActivity` exibe o elemento `CannonGameFragment`.

6.7 Subclasse CannonGameFragment de Fragment

A classe CannonGameFragment (Fig. 6.6) sobrescreve quatro métodos de Fragment:

- onCreateView (linhas 17 a 28) – Conforme você aprendeu na Seção 5.3.3, este método é chamado depois do método onCreate de um objeto Fragment para construir e retornar um objeto View contendo a interface gráfica do fragmento. As linhas 22 e 23 inflam a interface gráfica do usuário. A linha 26 obtém uma referência para o objeto CannonView de CannonGameFragment a fim de que possamos chamar seus métodos.

- onActivityCreated (linhas 31 a 38) – Este método é chamado depois que a atividade que armazena o fragmento é criada. A linha 37 chama o método setVolumeControlStream de Activity para permitir que o áudio do jogo seja controlado pelas teclas de volume do dispositivo.

- onPause (linhas 41 a 46) – Quando MainActivity é enviada para o *segundo plano* (e, assim, pausada), o método onPause de CannonGameFragment é executado. A linha 45 chama o método stopGame de CannonView (Seção 6.8.11) para interromper o loop do jogo.

- onDestroy (linhas 49 a 54) – Quando MainActivity é destruída, seu método onDestroy chama onDestroy de CannonGameFragment. A linha 46 chama o método releaseResources de CannonView (Seção 6.8.11) para liberar os recursos de som.

```java
1  // CannonGameFragment.java
2  // CannonGameFragment cria e gerencia um componente CannonView
3  package com.deitel.cannongame;
4
5  import android.app.Fragment;
6  import android.media.AudioManager;
7  import android.os.Bundle;
8  import android.view.LayoutInflater;
9  import android.view.View;
10 import android.view.ViewGroup;
11
12 public class CannonGameFragment extends Fragment
13 {
14    private CannonView cannonView; // view personalizada para mostrar o jogo
15
16    // chamado quando a view do fragmento precisa ser criada
17    @Override
18    public View onCreateView(LayoutInflater inflater, ViewGroup container,
19       Bundle savedInstanceState)
20    {
21       super.onCreateView(inflater, container, savedInstanceState);
22       View view =
23          inflater.inflate(R.layout.fragment_game, container, false);
24
25       // obtém o componente CannonView
26       cannonView = (CannonView) view.findViewById(R.id.cannonView);
27       return view;
28    }
29
30    // configura o controle de volume quando a atividade é criada
31    @Override
32    public void onActivityCreated(Bundle savedInstanceState)
33    {
```

Figura 6.6 CannonGameFragment cria e gerencia um componente CannonView. (*continua*)

178 Android para programadores

```
34          super.onActivityCreated(savedInstanceState);
35
36          // permite que as teclas de volume ajustem o volume do jogo
37          getActivity().setVolumeControlStream(AudioManager.STREAM_MUSIC);
38       }
39
40       // quando MainActivity é pausada, CannonGameFragment termina o jogo
41       @Override
42       public void onPause()
43       {
44          super.onPause();
45          cannonView.stopGame(); // termina o jogo
46       }
47
48       // quando MainActivity é pausada, CannonGameFragment libera os recursos
49       @Override
50       public void onDestroy()
51       {
52          super.onDestroy();
53          cannonView.releaseResources();
54       }
55    } // fim da classe CannonGameFragment
```

Figura 6.6 CannonGameFragment cria e gerencia um componente CannonView.

6.8   Subclasse CannonView de View

A classe CannonView (Figs. 6.7 a 6.20) é uma subclasse personalizada de View que implementa a lógica do aplicativo **Cannon Game** e desenha objetos do jogo na tela.

6.8.1   As instruções package e import

A Figura 6.7 lista a instrução package e as instruções import da classe CannonView. A Seção 6.3 discute as novas classes e interfaces importantes utilizadas pela classe CannonView. Nós as realçamos na Figura 6.7.

```
 1    // CannonView.java
 2    // Exibe e controla o aplicativo Cannon Game
 3    package com.deitel.cannongame;
 4
 5    import android.app.Activity;
 6    import android.app.AlertDialog;
 7    import android.app.Dialog;
 8    import android.app.DialogFragment;
 9    import android.content.Context;
10    import android.content.DialogInterface;
11    import android.graphics.Canvas;
12    import android.graphics.Color;
13    import android.graphics.Paint;
14    import android.graphics.Point;
15    import android.media.AudioManager;
16    import android.media.SoundPool;
17    import android.os.Bundle;
18    import android.util.AttributeSet;
19    import android.util.Log;
20    import android.util.SparseIntArray;
21    import android.view.MotionEvent;
22    import android.view.SurfaceHolder;
23    import android.view.SurfaceView;
24
```

Figura 6.7   Instruções package e import da classe CannonView.

6.8.2 Variáveis de instância e constantes

A Figura 6.8 lista o grande número de constantes e variáveis de instância da classe Can-nonView. A maioria é óbvia, mas vamos explicar cada uma delas à medida que as encontrarmos na discussão.

```java
public class CannonView extends SurfaceView
   implements SurfaceHolder.Callback
{
   private static final String TAG = "CannonView"; // para registrar erros

   private CannonThread cannonThread; // controla o loop do jogo
   private Activity activity; // para exibir a caixa de diálogo Game Over na
                              // thread da interface gráfica do usuário
   private boolean dialogIsDisplayed = false;

   // constantes para interação do jogo
   public static final int TARGET_PIECES = 7; // seções no alvo
   public static final int MISS_PENALTY = 2; // segundos subtraídos em caso de erro
   public static final int HIT_REWARD = 3; // segundos adicionados em caso de acerto

   // variáveis para o loop do jogo e controle de estatísticas
   private boolean gameOver; // o jogo terminou?
   private double timeLeft; // tempo restante em segundos
   private int shotsFired; // tiros disparados pelo usuário
   private double totalElapsedTime; // segundos decorridos

   // variáveis para a barreira e para o alvo
   private Line blocker; // pontos inicial e final da barreira
   private int blockerDistance; // distância da barreira a partir da esquerda
   private int blockerBeginning; // distância do topo da barreira até a parte superior
   private int blockerEnd; // distância da parte inferior da barreira até o topo
   private int initialBlockerVelocity; // multiplicador de velocidade inicial da barreira
   private float blockerVelocity; // multiplicador de velocidade da barreira durante o jogo

   private Line target; // pontos inicial e final do alvo
   private int targetDistance; // distância do alvo a partir da esquerda
   private int targetBeginning; // distância do alvo a partir do topo
   private double pieceLength; // comprimento de uma parte do alvo
   private int targetEnd; // distância da parte inferior do alvo a partir do topo
   private int initialTargetVelocity; // multiplicador de velocidade inicial do alvo
   private float targetVelocity; // multiplicador de velocidade do alvo

   private int lineWidth; // largura do alvo e da barreira
   private boolean[] hitStates; // cada parte do alvo foi atingida?
   private int targetPiecesHit; // número de partes do alvo atingidas (até 7)

   // variáveis para o canhão e para a bala
   private Point cannonball; // canto superior esquerdo da imagem da bala
   private int cannonballVelocityX; // velocidade x da bala
   private int cannonballVelocityY; // velocidade y da bala
   private boolean cannonballOnScreen; // se a bala está na tela ou não
   private int cannonballRadius; // raio da bala
   private int cannonballSpeed; // velocidade da bala
   private int cannonBaseRadius; // raio da base do canhão
   private int cannonLength; // comprimento do cano do canhão
   private Point barrelEnd; // o ponto extremo do cano do canhão
   private int screenWidth;
   private int screenHeight;
```

Figura 6.8 Campos da classe CannonView. (*continua*)

180 Android para programadores

```
78    // constantes e variáveis para gerenciar sons
79    private static final int TARGET_SOUND_ID = 0;
80    private static final int CANNON_SOUND_ID = 1;
81    private static final int BLOCKER_SOUND_ID = 2;
82    private SoundPool soundPool; // reproduz os efeitos sonoros
83    private SparseIntArray soundMap; // mapeia identificadores em SoundPool
84
85    // variáveis Paint utilizadas ao desenhar cada item na tela
86    private Paint textPaint; // objeto Paint usado para desenhar texto
87    private Paint cannonballPaint; // objeto Paint usado para desenhar a bala de canhão
88    private Paint cannonPaint; // objeto Paint usado para desenhar o canhão
89    private Paint blockerPaint; // objeto Paint usado para desenhar a barreira
90    private Paint targetPaint; // objeto Paint usado para desenhar o alvo
91    private Paint backgroundPaint; // objeto Paint usado para limpar a área de desenho
92
```

Figura 6.8 Campos da classe `CannonView`.

6.8.3 Construtor

A Figura 6.9 mostra o construtor da classe `CannonView`. Quando um objeto `View` é infla-do, seu construtor é chamado com um objeto `Context` e um `AttributeSet` como argu-mentos. O objeto `Context` é a atividade que exibe o elemento `CannonGameFragment` que contém o componente `CannonView`, e **`AttributeSet`** (pacote android.util) contém os valores de atributo de `CannonView` configurados no documento XML do layout. Esses argumentos são passados para o construtor da superclasse (linha 96) para garantir que o objeto `View` personalizado seja corretamente configurado com os valores de quaisquer atributos padrão de `View` especificados no código XML. A linha 97 armazena uma refe-rência para o objeto `MainActivity` a fim de que possamos usá-lo ao final de um jogo para exibir um componente `AlertDialog` a partir da thread da interface gráfica da atividade.

```
93    // construtor public
94    public CannonView(Context context, AttributeSet attrs)
95    {
96       super(context, attrs); // chama o construtor da superclasse
97       activity = (Activity) context; // armazena referência para MainActivity
98
99       // registra o receptor de SurfaceHolder.Callback
100      getHolder().addCallback(this);
101
102      // inicializa Lines e Point representando itens do jogo
103      blocker = new Line(); // cria a barreira como um objeto Line
104      target = new Line(); // cria o alvo como um objeto Line
105      cannonball = new Point(); // cria a bala de canhão como um objeto Point
106
107      // inicializa hitStates como um array booleano
108      hitStates = new boolean[TARGET_PIECES];
109
110      // inicializa SoundPool para reproduzir os três efeitos sonoros do aplicativo
111      soundPool = new SoundPool(1, AudioManager.STREAM_MUSIC, 0);
112
113      // cria objeto Map de sons e carrega os sons previamente
114      soundMap = new SparseIntArray(3); // cria novo objeto SparseIntArray
115      soundMap.put(TARGET_SOUND_ID,
116         soundPool.load(context, R.raw.target_hit, 1));
117      soundMap.put(CANNON_SOUND_ID,
118         soundPool.load(context, R.raw.cannon_fire, 1));
```

Figura 6.9 Construtor de `CannonView`. *(continua)*

```
119    soundMap.put(BLOCKER_SOUND_ID,
120        soundPool.load(context, R.raw.blocker_hit, 1));
121
122    // constrói objetos Paint para desenhar o texto, a bala, o canhão,
123    // a barreira e o alvo; eles são configurados no método onSizeChanged
124    textPaint = new Paint();
125    cannonPaint = new Paint();
126    cannonballPaint = new Paint();
127    blockerPaint = new Paint();
128    targetPaint = new Paint();
129    backgroundPaint = new Paint();
130  } // fim do construtor de CannonView
131
```

Figura 6.9 Construtor de `CannonView`.

Registrando o receptor *SurfaceHolder.Callback*

A linha 100 registra `this` (isto é, o elemento `CannonView`) como o objeto que implementa `SurfaceHolder.Callback` para receber as chamadas de método que indicam quando o objeto `SurfaceView` é *criado*, *atualizado* e *destruído*. O método herdado **getHolder** de `SurfaceView` retorna o objeto `SurfaceHolder` correspondente para gerenciar `SurfaceView`, e o método **addCallback** de `SurfaceHolder` armazena o objeto que implementa a interface `SurfaceHolder.Callback`.

Criando a barreira, o alvo e a bala de canhão

As linhas 103 a 105 criam a barreira e o alvo como objetos `Line` e a bala de canhão como um objeto `Point`. Em seguida, criamos o array booleano `hitStates` para controlar quais das sete partes do alvo foram atingidas (e que, portanto, não devem ser desenhadas).

Configurando o componente *SoundPool* e carregando os sons

As linhas 111 a 120 configuram os sons que usamos no aplicativo. Primeiramente, criamos o objeto `SoundPool` utilizado para carregar e reproduzir os efeitos sonoros do aplicativo. O primeiro argumento do construtor representa o número máximo de fluxos de som simultâneos que podem ser reproduzidos. Reproduzimos apenas um som por vez; portanto, passamos 1. O segundo argumento especifica qual fluxo de áudio vai ser usado para reproduzir os sons. Existem sete fluxos de som, identificados pelas constantes na classe `AudioManager`, mas a documentação da classe `SoundPool` recomenda usar o fluxo para tocar música (`AudioManager.STREAM_MUSIC`) para som em jogos. O último argumento representa a qualidade do som, mas a documentação indica que esse valor não é usado atualmente e que 0 deve ser especificado como valor padrão.

A linha 114 cria um elemento `SparseIntArray` (`soundMap`) que mapeia chaves inteiras a valores inteiros. `SparseIntArray` é semelhante – porém, mais eficiente – a um elemento `HashMap<Integer, Integer>` para números pequenos de pares chave-valor. Neste caso, mapeamos as chaves de som (definidas na Fig. 6.8, linhas 79 a 81) para os identificadores dos sons carregados, os quais são representados pelos valores de retorno do **método load** de `SoundPool` (chamado na Fig. 6.9, linhas 116, 118 e 120). Cada identificador de som pode ser usado para *reproduzir* um som (e depois para devolver seus recursos para o sistema). O método `load` de `SoundPool` recebe três argumentos – o objeto `Context` do aplicativo, um identificador de recurso que representa o arquivo de som a ser carregado e a prioridade do som. De acordo com a documentação desse método, o último argumento não é usado atualmente e deve ser especificado como 1.

182 Android para programadores

Criando os objetos Paint usados para desenhar os elementos do jogo

As linhas 124 a 129 criam os objetos Paint utilizados ao se desenhar os elementos do jogo. Configuramos isso no método onSizeChanged (Seção 6.8.4), pois algumas das configurações de Paint dependem de mudanças na escala dos elementos do jogo com base no tamanho da tela do dispositivo.

6.8.4 Sobrescrevendo o método onSizeChanged de View

A Figura 6.10 sobrescreve o **método onSizeChanged** da classe View, o qual é chamado quando o tamanho da View muda, inclusive quando o objeto View é adicionado à hierarquia de Views, quando o layout é inflado. Este aplicativo sempre aparece no *modo retrato*; portanto, onSizeChanged é chamado somente uma vez, quando o método onCreate da atividade infla a interface gráfica do usuário. O método recebe a largura e altura novas do objeto View e a largura e altura antigas – quando esse método é chamado pela primeira vez, a largura e altura antigas são 0. Os cálculos efetuados aqui *mudam a escala* dos elementos do jogo na tela com base na largura e na altura em pixels do dispositivo. Chegamos a nossos fatores de escala por meio de tentativa e erro, escolhendo valores que faziam os elementos do jogo ter a melhor aparência na tela. As linhas 170 a 175 configuram os objetos Paint utilizados ao especificar as características de desenho dos elementos do jogo. Após os cálculos, a linha 177 chama o método newGame (Fig. 6.11).

```
132    // chamado por surfaceChanged quando o tamanho do componente SurfaceView
133    // muda, como quando ele é adicionado à hierarquia de Views
134    @Override
135    protected void onSizeChanged(int w, int h, int oldw, int oldh)
136    {
137        super.onSizeChanged(w, h, oldw, oldh);
138
139        screenWidth = w; // armazena a largura de CannonView
140        screenHeight = h; // armazena a altura de CannonView
141        cannonBaseRadius = h / 18; // o raio da base do canhão tem 1/18 da altura da tela
142        cannonLength = w / 8; // o comprimento do canhão tem 1/8 da largura da tela
143
144        cannonballRadius = w / 36; // o raio da bala tem 1/36 da largura da tela
145        cannonballSpeed = w * 3 / 2; // multiplicador de velocidade da bala
146
147        lineWidth = w / 24; // o alvo e a barreira têm 1/24 da largura da tela
148
149        // configura variáveis de instância relacionadas à barreira
150        blockerDistance = w * 5 / 8; // a barreira tem 5/8 da largura da tela a partir
                                       // da esquerda
151        blockerBeginning = h / 8; // a distância a partir do topo é de 1/8 da altura da tela
152        blockerEnd = h * 3 / 8; // a distância a partir do topo é de 3/8 da altura da tela
153        initialBlockerVelocity = h / 2; // multiplicador de velocidade inicial da barreira
154        blocker.start = new Point(blockerDistance, blockerBeginning);
155        blocker.end = new Point(blockerDistance, blockerEnd);
156
157        // configura variáveis de instância relacionadas ao alvo
158        targetDistance = w * 7 / 8; // o alvo tem 7/8 da largura da tela a partir da esquerda
159        targetBeginning = h / 8; // a distância a partir do topo é de 1/8 da altura da tela
160        targetEnd = h * 7 / 8; // a distância a partir do topo é de 7/8 da altura da tela
161        pieceLength = (targetEnd - targetBeginning) / TARGET_PIECES;
162        initialTargetVelocity = -h / 4; // multiplicador de velocidade inicial do alvo
163        target.start = new Point(targetDistance, targetBeginning);
```

Figura 6.10 Método onSizeChanged sobrescrito. *(continua)*

Capítulo 6   Aplicativo Cannon Game   **183**

```
164         target.end = new Point(targetDistance, targetEnd);
165
166         // o ponto extremo do cano do canhão aponta horizontalmente no início
167         barrelEnd = new Point(cannonLength, h / 2);
168
169         // configura objetos Paint para desenhar os elementos do jogo
170         textPaint.setTextSize(w / 20); // o tamanho do texto tem 1/20 da largura da tela
171         textPaint.setAntiAlias(true); // suaviza o texto
172         cannonPaint.setStrokeWidth(lineWidth * 1.5f); // configura a espessura da linha
173         blockerPaint.setStrokeWidth(lineWidth); // configura a espessura da linha
174         targetPaint.setStrokeWidth(lineWidth); // configura a espessura da linha
175         backgroundPaint.setColor(Color.WHITE); // configura a cor de fundo
176
177         newGame(); // prepara e inicia um novo jogo
178      } // fim do método onSizeChanged
179
```

Figura 6.10   Método onSizeChanged sobrescrito.

6.8.5   Método newGame

O método newGame (Fig. 6.11) reinicia as variáveis de instância utilizadas para controlar o jogo. Se a variável gameOver for true – o que ocorre somente *após* o primeiro jogo terminar –, a linha 203 zera gameOver e as linhas 204 e 205 criam um novo objeto CannonThread e o iniciam para começar o *loop* que controla o jogo. Você vai aprender mais sobre isso na Seção 6.8.14.

```
180   // reinicia todos os elementos de tela e inicia um novo jogo
181   public void newGame()
182   {
183      // configura cada elemento de hitStates como false -- restaura partes do alvo
184      for (int i = 0; i < TARGET_PIECES; i++)
185         hitStates[i] = false;
186
187      targetPiecesHit = 0; // nenhuma parte do alvo foi atingida
188      blockerVelocity = initialBlockerVelocity; // configura a velocidade inicial
189      targetVelocity = initialTargetVelocity; // configura a velocidade inicial
190      timeLeft = 10; // inicia a contagem regressiva em 10 segundos
191      cannonballOnScreen = false; // a bala de canhão não está na tela
192      shotsFired = 0; // configura o número inicial de tiros disparados
193      totalElapsedTime = 0.0; // configura o tempo decorrido como zero
194
195      // configura os objetos Point inicial e final da barreira e do alvo
196      blocker.start.set(blockerDistance, blockerBeginning);
197      blocker.end.set(blockerDistance, blockerEnd);
198      target.start.set(targetDistance, targetBeginning);
199      target.end.set(targetDistance, targetEnd);
200
201      if (gameOver) // iniciando um novo jogo depois que o último terminou
202      {
203         gameOver = false; // o jogo não terminou
204         cannonThread = new CannonThread(getHolder()); // cria thread
205         cannonThread.start(); // inicia a thread do loop do jogo
206      } // fim do if
207   } // fim do método newGame
208
```

Figura 6.11   Método newGame de CannonView.

6.8.6 Método updatePositions

O método updatePositions (Fig. 6.12) é chamado pelo método run de CannonThread (Seção 6.8.14) para atualizar as posições dos elementos na tela e para fazer a *detecção de colisão* simples. Os novos locais dos elementos do jogo são calculados com base no tempo decorrido, em milissegundos, entre o quadro anterior e o quadro atual da animação. Isso permite que o jogo atualize a quantidade pela qual cada elemento se move com base na *taxa de atualização* do dispositivo. Discutiremos isso com mais detalhes quando abordarmos os loops do jogo na Seção 6.8.14.

```
209    // chamado repetidamente por CannonThread para atualizar os elementos do jogo
210    private void updatePositions(double elapsedTimeMS)
211    {
212        double interval = elapsedTimeMS / 1000.0; // converte em segundos
213
214        if (cannonballOnScreen) // se um tiro foi disparado no momento
215        {
216            // atualiza a posição da bala de canhão
217            cannonball.x += interval * cannonballVelocityX;
218            cannonball.y += interval * cannonballVelocityY;
219
220            // verifica se houve colisão com a barreira
221            if (cannonball.x + cannonballRadius > blockerDistance &&
222                cannonball.x - cannonballRadius < blockerDistance &&
223                cannonball.y + cannonballRadius > blocker.start.y &&
224                cannonball.y - cannonballRadius < blocker.end.y)
225            {
226                cannonballVelocityX *= -1; // direção inversa da bala de canhão
227                timeLeft -= MISS_PENALTY; // penaliza o usuário
228
229                // reproduz o som da barreira
230                soundPool.play(soundMap.get(BLOCKER_SOUND_ID), 1, 1, 1, 0, 1f);
231            }
232            // verifica se houve colisões com as paredes esquerda e direita
233            else if (cannonball.x + cannonballRadius > screenWidth ||
234                cannonball.x - cannonballRadius < 0)
235            {
236                cannonballOnScreen = false; // remove a bala de canhão da tela
237            }
238            // verifica se houve colisões com as paredes superior e inferior
239            else if (cannonball.y + cannonballRadius > screenHeight ||
240                cannonball.y - cannonballRadius < 0)
241            {
242                cannonballOnScreen = false; // remove a bala de canhão da tela
243            }
244            // verifica se houve colisão da bala com o alvo
245            else if (cannonball.x + cannonballRadius > targetDistance &&
246                cannonball.x - cannonballRadius < targetDistance &&
247                cannonball.y + cannonballRadius > target.start.y &&
248                cannonball.y - cannonballRadius < target.end.y)
249            {
250                // determina o número da seção do alvo (0 é a parte superior)
251                int section =
252                    (int) ((cannonball.y - target.start.y) / pieceLength);
253
254                // verifica se a parte ainda não foi atingida
255                if ((section >= 0 && section < TARGET_PIECES) &&
```

Figura 6.12 Método updatePositions de CannonView. (*continua*)

Capítulo 6   Aplicativo Cannon Game   **185**

```
256                    !hitStates[section])
257                {
258                    hitStates[section] = true; // a seção foi atingida
259                    cannonballOnScreen = false; // remove a bala de canhão
260                    timeLeft += HIT_REWARD; // acrescenta recompensa ao tempo restante
261
262                    // reproduz o som de alvo atingido
263                    soundPool.play(soundMap.get(TARGET_SOUND_ID), 1,
264                        1, 1, 0, 1f);
265
266                    // se todas as partes foram atingidas
267                    if (++targetPiecesHit == TARGET_PIECES)
268                    {
269                        cannonThread.setRunning(false); // termina a thread
270                        showGameOverDialog(R.string.win); // mostra caixa de diálogo
                                                           // de vitória
271                        gameOver = true;
272                    }
273                }
274            }
275        }
276
277        // configura a posição da barreira
278        double blockerUpdate = interval * blockerVelocity;
279        blocker.start.y += blockerUpdate;
280        blocker.end.y += blockerUpdate;
281
282        // atualiza a posição do alvo
283        double targetUpdate = interval * targetVelocity;
284        target.start.y += targetUpdate;
285        target.end.y += targetUpdate;
286
287        // se a barreira atingiu a parte superior ou inferior, inverte a direção
288        if (blocker.start.y < 0 || blocker.end.y > screenHeight)
289            blockerVelocity *= -1;
290
291        // se o alvo atingiu a parte superior ou inferior, inverte a direção
292        if (target.start.y < 0 || target.end.y > screenHeight)
293            targetVelocity *= -1;
294
295        timeLeft -= interval; // subtrai do tempo restante
296
297        // se o cronômetro foi zerado
298        if (timeLeft <= 0.0)
299        {
300            timeLeft = 0.0;
301            gameOver = true; // o jogo terminou
302            cannonThread.setRunning(false); // termina a thread
303            showGameOverDialog(R.string.lose); // mostra caixa de diálogo de derrota
304        }
305    } // fim do método updatePositions
306
```

Figura 6.12   Método updatePositions de CannonView.

Tempo decorrido desde o último quadro de animação
A linha 212 converte o tempo decorrido desde o último quadro da animação, de milissegundos para segundos. Esse valor é usado para modificar as posições de vários elementos do jogo.

Verificando se houve colisões com a barreira

A linha 214 verifica se a bala de canhão está na tela. Se estiver, atualizamos sua posição adicionando a distância que ela deve ter percorrido desde o último evento do cronômetro. Isso é calculado multiplicando sua velocidade pela quantidade de tempo decorrido (linhas 217 e 218). As linhas 221 a 224 verificam se a bala de canhão *colidiu* com a barreira. Fazemos *detecção de colisão* simples, com base no limite retangular da bala de canhão. Existem quatro condições que devem ser satisfeitas se a bala de canhão estiver em contato com a barreira:

- A coordenada *x* da bala de canhão mais o raio da bala devem ser maiores que a distância da barreira a partir da margem esquerda da tela (`blockerDistance`) (linha 221). Isso significa que a bala de canhão atingiu a distância da barreira a partir da margem esquerda da tela.

- A coordenada *x* da bala de canhão menos o raio da bala também deve ser menor que a distância da barreira a partir da margem esquerda da tela (linha 222). Isso garante que a bala de canhão ainda não passou pela barreira.

- Parte da bala de canhão deve estar mais baixa do que a parte superior da barreira (linha 223).

- Parte da bala de canhão deve estar mais alta do que a parte inferior da barreira (linha 224).

Se todas essas condições forem satisfeitas, *invertemos* a direção da bala de canhão na tela (linha 226), *penalizamos* o usuário *subtraindo* `MISS_PENALTY` de `timeLeft` e, então, chamamos o **método `play`** de `SoundPool` para reproduzir o som de golpe na barreira – `BLOCKER_SOUND_ID` é usado como chave de `soundMap` para localizar o identificador de som em `SoundPool`.

Verificando se a bala de canhão saiu da tela

Removemos a bala de canhão se ela atingir qualquer uma das margens da tela. As linhas 233 a 237 testam se a bala de canhão *colidiu* com a parede esquerda ou direita e, caso tenha colidido, removem a bala de canhão da tela. As linhas 239 a 243 removem a bala de canhão se ela colidir com a parte superior ou inferior da tela.

Verificando se houve colisões com o alvo

Em seguida, verificamos se a bala de canhão atingiu o alvo (linhas 245 a 248). As condições são semelhantes às usadas para determinar se a bala de canhão colidiu com a barreira. Se a bala atingiu o alvo, as linhas 251 e 252 determinam a *seção* atingida – dividindo a distância entre a bala de canhão e a parte inferior do alvo pelo comprimento de uma parte. Essa expressão é avaliada como 0 para a seção superior e como 6 para a inferior. Verificamos se essa seção foi atingida anteriormente usando o array `hitStates` (linha 256). Caso não tenha sido, configuramos o elemento `hitStates` correspondente como `true` e removemos a bala de canhão da tela. Então, somamos `HIT_REWARD` a `timeLeft`, aumentando o tempo restante do jogo, e reproduzimos o som de golpe no alvo (`TARGET_SOUND_ID`). Incrementamos `targetPiecesHit` e, em seguida, determinamos se ele é igual a `TARGET_PIECES` (linha 267). Se for, o jogo terminou; portanto, terminamos `CannonThread` chamando seu método `setRunning` com o argumento `false`, chamamos o método `showGameOverDialog` com o identificador do recurso de `String` que representa a mensagem de vitória e configuramos `gameOver` como `true`.

Atualizando as posições da barreira e do alvo

Agora que todas as colisões possíveis da bala de canhão foram verificadas, as posições da barreira e do alvo devem ser atualizadas. As linhas 278 a 280 mudam a posição da barreira multiplicando blockerVelocity pela quantidade de tempo decorrido desde a última atualização e somando esse valor às coordenadas *x* e *y* atuais. As linhas 283 a 285 fazem o mesmo para o alvo. Se a barreira colidiu com a parede superior ou inferior, sua direção é *invertida*, multiplicando-se sua velocidade por -1 (linhas 288 e 289). As linhas 292 e 293 fazem a mesma verificação e ajuste para o comprimento total do alvo, incluindo quaisquer seções que já foram destruídas.

Atualizando o tempo restante e determinando se o tempo esgotou

Diminuímos timeLeft do tempo decorrido desde o quadro de animação anterior (linha 295). Se timeLeft chegar a zero, o jogo terminou – configuramos timeLeft como 0.0 para o caso de ser negativo (caso contrário, às vezes mostraríamos um tempo final negativo na tela). Então, configuramos gameOver como true, terminamos CannonThread chamando seu método setRunning com o argumento false e chamamos o método showGameOverDialog com o identificador do recurso de String que representa a mensagem de derrota.

6.8.7 Método fireCannonball

Quando o usuário *toca* na tela, o método onTouchEvent (Seção 6.8.13) chama fireCannonball (Fig. 6.13). Se já existe uma bala de canhão na tela, o método *retorna imediatamente*. A linha 313 chama alignCannon para mirar o canhão no *ponto do toque* e obter o ângulo do canhão. As linhas 316 e 317 "carregam o canhão" (isto é, posicionam a bala dentro do canhão). Em seguida, as linhas 320 e 323 calculam os componentes horizontal e vertical da velocidade da bala. Então, configuramos cannonballOnScreen como true para que a bala seja desenhada pelo método drawGameElements (Fig. 6.15) e incrementamos shotsFired. Por fim, reproduzimos o som de disparo do canhão (representado por CANNON_SOUND_ID).

```java
307    // dispara uma bala de canhão
308    public void fireCannonball(MotionEvent event)
309    {
310       if (cannonballOnScreen) // se uma bala já está na tela
311          return; // nada faz
312
313       double angle = alignCannon(event); // obtém o ângulo do cano do canhão
314
315       // move a bala para dentro do canhão
316       cannonball.x = cannonballRadius; // alinha a coordenada x com o canhão
317       cannonball.y = screenHeight / 2; // centraliza a bala verticalmente
318
319       // obtém o componente x da velocidade total
320       cannonballVelocityX = (int) (cannonballSpeed * Math.sin(angle));
321
322       // obtém o componente y da velocidade total
323       cannonballVelocityY = (int) (-cannonballSpeed * Math.cos(angle));
324       cannonballOnScreen = true; // a bala de canhão está na tela
325       ++shotsFired; // incrementa shotsFired
326
327       // reproduz o som de canhão disparado
328       soundPool.play(soundMap.get(CANNON_SOUND_ID), 1, 1, 1, 0, 1f);
329    } // fim do método fireCannonball
330
```

Figura 6.13   Método fireCannonball de CannonView.

6.8.8 Método alignCannon

O método alignCannon (Fig. 6.14) mira o canhão para o ponto onde o usuário tocou na tela. A linha 335 obtém as coordenadas *x* e *y* do *toque* a partir do argumento MotionEvent. Calculamos a distância vertical do toque a partir do centro da tela. Se ela não for zero, calculamos o ângulo do cano do canhão a partir da horizontal (linha 345). Se o toque ocorrer na metade inferior da tela, ajustamos o ângulo com Math.PI (linha 349). Então, usamos cannonLength e angle para determinar os valores de coordenada *x* e *y* do ponto extremo do cano do canhão – isso é usado para desenhar uma linha do centro da base do canhão na margem esquerda da tela até o ponto extremo do cano do canhão.

```
331    // alinha o canhão em resposta a um toque do usuário
332    public double alignCannon(MotionEvent event)
333    {
334       // obtém o local do toque nessa view de exibição
335       Point touchPoint = new Point((int) event.getX(), (int) event.getY());
336
337       // calcula a distância do toque a partir do centro da tela
338       // no eixo y
339       double centerMinusY = (screenHeight / 2 - touchPoint.y);
340
341       double angle = 0; // inicializa o ângulo com 0
342
343       // calcula o ângulo do cano em relação à horizontal
344       if (centerMinusY != 0) // evita divisão por 0
345          angle = Math.atan((double) touchPoint.x / centerMinusY);
346
347       // se o toque foi dado na metade inferior da tela
348       if (touchPoint.y > screenHeight / 2)
349          angle += Math.PI; // ajusta o ângulo
350
351       // calcula o ponto extremo do cano do canhão
352       barrelEnd.x = (int) (cannonLength * Math.sin(angle));
353       barrelEnd.y =
354          (int) (-cannonLength * Math.cos(angle) + screenHeight / 2);
355
356       return angle; // retorna o ângulo calculado
357    } // fim do método alignCannon
358
```

Figura 6.14 Método alignCannon de CannonView.

6.8.9 Método drawGameElements

O método drawGameElements (Fig. 6.15) desenha o *canhão*, a *bala*, a *barreira* e o *alvo* no componente SurfaceView usando o elemento Canvas que CannonThread (Seção 6.8.14) obtém do objeto SurfaceHolder de SurfaceView.

```
359    // desenha o jogo no objeto Canvas dado
360    public void drawGameElements(Canvas canvas)
361    {
362       // limpa o plano de fundo
363       canvas.drawRect(0, 0, canvas.getWidth(), canvas.getHeight(),
364          backgroundPaint);
365
```

Figura 6.15 Método drawGameElements de CannonView. (*continua*)

Capítulo 6   Aplicativo Cannon Game   **189**

```
366        // exibe o tempo restante
367        canvas.drawText(getResources().getString(
368           R.string.time_remaining_format, timeLeft), 30, 50, textPaint);
369
370        // se uma bala de canhão está na tela, a desenha
371        if (cannonballOnScreen)
372           canvas.drawCircle(cannonball.x, cannonball.y, cannonballRadius,
373              cannonballPaint);
374
375        // desenha o cano do canhão
376        canvas.drawLine(0, screenHeight / 2, barrelEnd.x, barrelEnd.y,
377           cannonPaint);
378
379        // desenha a base do canhão
380        canvas.drawCircle(0, (int) screenHeight / 2,
381           (int) cannonBaseRadius, cannonPaint);
382
383        // desenha a barreira
384        canvas.drawLine(blocker.start.x, blocker.start.y, blocker.end.x,
385           blocker.end.y, blockerPaint);
386
387        Point currentPoint = new Point(); // início da seção do alvo atual
388
389        // inicializa currentPoint com o ponto inicial do alvo
390        currentPoint.x = target.start.x;
391        currentPoint.y = target.start.y;
392
393        // desenha o alvo
394        for (int i = 0; i < TARGET_PIECES; i++)
395        {
396           // se essa parte do alvo não foi atingida, a desenha
397           if (!hitStates[i])
398           {
399              // alterna o colorido das partes
400              if (i % 2 != 0)
401                 targetPaint.setColor(Color.BLUE);
402              else
403                 targetPaint.setColor(Color.YELLOW);
404
405              canvas.drawLine(currentPoint.x, currentPoint.y, target.end.x,
406                 (int) (currentPoint.y + pieceLength), targetPaint);
407           }
408
409           // move currentPoint para o início da próxima parte
410           currentPoint.y += pieceLength;
411        }
412     } // fim do método drawGameElements
413
```

Figura 6.15   Método drawGameElements de CannonView.

Limpando o elemento Canvas com o método drawRect

Primeiramente, chamamos o **método drawRect** de Canvas (linhas 363 e 364) para limpar o componente Canvas a fim de que todos os elementos do jogo possam aparecer em suas novas posições. O método recebe como argumentos as coordenadas *x-y* do canto superior esquerdo do retângulo, a largura e altura do retângulo e o objeto Paint que especifica as características do desenho – lembre-se de que backgroundPaint configura a cor do desenho como branca.

Exibindo o tempo restante com o método *drawText* de Canvas

Em seguida, chamamos o **método drawText** de Canvas (linhas 367 e 368) para exibir o tempo restante no jogo. Passamos como argumentos para o objeto String a ser exibido as coordenadas *x* e *y* nas quais ele vai aparecer e o objeto textPaint (configurado nas linhas 170 e 171) para descrever como o texto deve ser apresentado (isto é, o tamanho da fonte, a cor e outros atributos do texto).

Desenhando a bala de canhão com o método *drawCircle* de Canvas

Se a bala de canhão estiver na tela, as linhas 372 e 373 usam o **método drawCircle** de Canvas para desenhá-la em sua posição atual. Os dois primeiros argumentos representam as coordenadas do *centro* do círculo. O terceiro argumento é o *raio* do círculo. O último argumento é o objeto Paint que especifica as características de desenho do círculo.

Desenhando o cano do canhão, a barreira e o alvo com o método *drawLine* de Canvas

Usamos o **método drawLine** de Canvas para exibir o *cano* do canhão (linhas 376 e 377), a *barreira* (linhas 384 e 385) e as *partes do alvo* (linhas 405 e 406). Esse método recebe cinco parâmetros – os quatro primeiros representam as coordenadas *x-y* do início e do fim da linha, e o último é o objeto Paint que especifica as características da linha, como sua espessura.

Desenhando a base do canhão com o método *drawCircle* de Canvas

As linhas 380 e 381 usam o método drawCircle de Canvas para desenhar a base semicircular do canhão, desenhando um círculo centralizado na margem esquerda da tela – como um círculo é exibido com base em seu ponto central, metade dele é desenhada fora do lado esquerdo do componente SurfaceView.

Desenhando as seções do alvo com o método *drawLine* de Canvas

As linhas 390 a 411 desenham as seções do alvo. Iteramos pelas seções, desenhando cada uma na cor correta – azul para as partes de numeração ímpar, amarelo para as outras. São exibidas somente as seções que não foram atingidas.

6.8.10 Método showGameOverDialog

Quando o jogo termina, o método showGameOverDialog (Fig. 6.16) exibe um elemento DialogFragment (usando as técnicas que você aprendeu na Seção 5.6.9) contendo um componente AlertDialog que indica se o jogador ganhou ou perdeu, o número de tiros disparados e o tempo total decorrido. A chamada do método setPositiveButton (linhas 433 a 444) cria um botão de reinício para começar um novo jogo.

```
414    // exibe um componente AlertDialog quando o jogo termina
415    private void showGameOverDialog(final int messageId)
416    {
417       // DialogFragment para exibir estatísticas do jogo e começar um novo teste
418       final DialogFragment gameResult =
419          new DialogFragment()
420          {
421             // cria um componente AlertDialog e o retorna
422             @Override
423             public Dialog onCreateDialog(Bundle bundle)
```

Figura 6.16 Método showGameOverDialog de CannonView. (*continua*)

Capítulo 6 Aplicativo Cannon Game **191**

```
424              {
425                  // cria caixa de diálogo exibindo recurso String pelo messageId
426                  AlertDialog.Builder builder =
427                      new AlertDialog.Builder(getActivity());
428                  builder.setTitle(getResources().getString(messageId));
429
430                  // exibe o número de tiros disparados e o tempo total decorrido
431                  builder.setMessage(getResources().getString(
432                      R.string.results_format, shotsFired, totalElapsedTime));
433                  builder.setPositiveButton(R.string.reset_game,
434                      new DialogInterface.OnClickListener()
435                      {
436                          // chamado quando o componente Button "Reset Game" é pressionado
437                          @Override
438                          public void onClick(DialogInterface dialog, int which)
439                          {
440                              dialogIsDisplayed = false;
441                              newGame(); // prepara e inicia um novo jogo
442                          }
443                      } // fim da classe interna anônima
444                  ); // fim da chamada a setPositiveButton
445
446                  return builder.create(); // retorna o componente AlertDialog
447              } // fim do método onCreateDialog
448          }; // fim da classe interna anônima DialogFragment
449
450      // em uma thread de interface gráfica do usuário, usa FragmentManager para
         // exibir o componente DialogFragment
451      activity.runOnUiThread(
452          new Runnable() {
453              public void run()
454              {
455                  dialogIsDisplayed = true;
456                  gameResult.setCancelable(false); // caixa de diálogo modal
457                  gameResult.show(activity.getFragmentManager(), "results" );
458              }
459          } // fim de Runnable
460      ); // fim da chamada a runOnUiThread
461  } // fim do método showGameOverDialog
462
```

Figura 6.16 Método showGameOverDialog de CannonView.

O método onClick do receptor do botão indica que a caixa de diálogo não está mais aparecendo e chama newGame para configurar e iniciar um novo jogo. Uma caixa de diálogo deve ser exibida a partir da thread da interface gráfica do usuário, de modo que as linhas 451 a 460 chamam o método **runOnUiThread** de Activity para especificar um objeto Runnable, que deve ser executado na thread da interface assim que possível. O argumento é um objeto de uma classe interna anônima que implementa Runnable. O método run de Runnable indica que a caixa de diálogo está sendo exibida e, então, a exibe.

6.8.11 Métodos stopGame e releaseResources

Os métodos onPause e onDestroy da classe CannonGameFragment (Seção 6.7) chamam os métodos stopGame e releaseResources da classe CannonView, respectivamente (Fig. 6.17). O método stopGame (linhas 464 a 468) é chamado a partir do objeto Activity principal para interromper o jogo quando o método onPause de Activity é chamado – por simplicidade, não armazenamos o estado do jogo neste exemplo. O método releaseResources

192 Android para programadores

(linhas 471 a 475) chama o **método release** de SoundPool para liberar os recursos associados ao objeto SoundPool.

```
463    // interrompe o jogo; chamado pelo método onPause de CannonGameFragment
464    public void stopGame()
465    {
466        if (cannonThread != null)
467            cannonThread.setRunning(false); // diz à thread para terminar
468    }
469
470    // libera recursos; chamado pelo método onDestroy de CannonGame
471    public void releaseResources()
472    {
473        soundPool.release(); // libera todos os recursos usados por SoundPool
474        soundPool = null;
475    }
476
```

Figura 6.17 Métodos stopGame e releaseResources de CannonView.

6.8.12 Implementando os métodos de SurfaceHolder.Callback

A Figura 6.18 implementa os métodos **surfaceChanged**, **surfaceCreated** e **surfaceDestroyed** da interface SurfaceHolder.Callback. O método surfaceChanged tem um corpo vazio neste aplicativo, pois este *sempre* é exibido na *orientação retrato*. Esse método é chamado quando o tamanho ou a orientação da SurfaceView muda, e normalmente seria usado para exibir os elementos gráficos outra vez, com base nessas alterações. O método surfaceCreated (linhas 485 a 494) é chamado quando o objeto SurfaceView é criado – por exemplo, quando o aplicativo é carregado pela primeira vez ou quando é retomado do segundo plano. Usamos surfaceCreated para criar e iniciar a thread CannonThread a fim de iniciar o loop de jogo. O método surfaceDestroyed (linhas 497 a 515) é chamado quando o objeto SurfaceView é destruído – por exemplo, quando o aplicativo termina. Usamos o método para garantir que CannonThread termine corretamente. Primeiramente, a linha 502 chama o método setRunning de CannonThread com false como argumento, para indicar que a thread deve *parar*; então, as linhas 504 a 515 esperam que a thread *termine*. Isso garante que não seja feita qualquer tentativa de desenhar na SurfaceView uma vez que surfaceDestroyed termine de ser executado.

```
477    // chamado quando o tamanho da superfície muda
478    @Override
479    public void surfaceChanged(SurfaceHolder holder, int format,
480        int width, int height)
481    {
482    }
483
484    // chamado quando a superfície é criada
485    @Override
486    public void surfaceCreated(SurfaceHolder holder)
487    {
488        if (!dialogIsDisplayed)
489        {
490            cannonThread = new CannonThread(holder); // cria a thread
```

Figura 6.18 Implementando os métodos de SurfaceHolder.Callback. (*continua*)

Capítulo 6 Aplicativo Cannon Game **193**

```java
491            cannonThread.setRunning(true); // começa a executar o jogo
492            cannonThread.start(); // inicia a thread do loop do jogo
493         }
494      }
495
496      // chamado quando a superfície é destruída
497      @Override
498      public void surfaceDestroyed(SurfaceHolder holder)
499      {
500         // garante que essa thread termine corretamente
501         boolean retry = true;
502         cannonThread.setRunning(false); // termina cannonThread
503
504         while (retry)
505         {
506            try
507            {
508               cannonThread.join(); // espera cannonThread terminar
509               retry = false;
510            }
511            catch (InterruptedException e)
512            {
513               Log.e(TAG, "Thread interrupted", e);
514            }
515         }
516      } // fim do método surfaceDestroyed
517
```

Figura 6.18   Implementando os métodos de SurfaceHolder.Callback.

6.8.13   Sobrescrevendo o método onTouchEvent de View

Neste exemplo, sobrescrevemos o método onTouchEvent de View (Fig. 6.19) para determinar quando o usuário toca na tela. O parâmetro MotionEvent contém informações sobre o evento ocorrido. A linha 523 usa o método getAction de MotionEvent para determinar o tipo de evento de toque. Em seguida, as linhas 526 e 527 determinam se o usuário tocou na tela (MotionEvent.ACTION_DOWN) ou arrastou um dedo nela (MotionEvent. ACTION_MOVE). De qualquer modo, a linha 529 chama o método fireCannonball de cannonView para apontar e disparar o canhão na direção do ponto desse toque. Então, a linha 532 retorna true para indicar que o evento de toque foi tratado.

```java
518   // chamado quando o usuário toca na tela nessa atividade
519   @Override
520   public boolean onTouchEvent(MotionEvent e)
521   {
522      // obtém valor int representando o tipo de ação que causou esse evento
523      int action = e.getAction();
524
525      // o usuário tocou na tela ou arrastou o dedo pela tela
526      if (action == MotionEvent.ACTION_DOWN ||
527         action == MotionEvent.ACTION_MOVE)
528      {
529         fireCannonball(e); // dispara a bala de canhão na direção do ponto do toque
530      }
531
532      return true;
533   } // fim do método onTouchEvent
534
```

Figura 6.19   Sobrescrevendo o método onTouchEvent de View.

6.8.14 CannonThread: usando uma thread para criar um loop de jogo

A Figura 6.20 define uma subclasse de Thread que atualiza o jogo. A thread mantém uma referência para SurfaceHolder de SurfaceView (linha 538) e um valor booleano que indica se a thread está *em execução*. O método run da classe (linhas 556 a 587) faz as *animações quadro a quadro* – isso é conhecido como *loop do jogo*. Cada atualização dos elementos do jogo na tela é feita com base no número de milissegundos decorridos desde a última atualização. A linha 559 obtém a hora atual do sistema, em milissegundos, quando a thread começa a ser executada. As linhas 561 a 586 fazem loop até que threadIsRunning seja false.

```java
535    // subclasse de Thread para controlar o loop do jogo
536    private class CannonThread extends Thread
537    {
538       private SurfaceHolder surfaceHolder; // para manipular a tela de desenho
539       private boolean threadIsRunning = true; // executando por padrão
540
541       // inicializa holder de superfície
542       public CannonThread(SurfaceHolder holder)
543       {
544          surfaceHolder = holder;
545          setName("CannonThread");
546       }
547
548       // altera o estado de execução
549       public void setRunning(boolean running)
550       {
551          threadIsRunning = running;
552       }
553
554       // controla o loop do jogo
555       @Override
556       public void run()
557       {
558          Canvas canvas = null; // usado para desenhar
559          long previousFrameTime = System.currentTimeMillis();
560
561          while (threadIsRunning)
562          {
563             try
564             {
565                // obtém objeto Canvas para desenho exclusivo a partir dessa thread
566                canvas = surfaceHolder.lockCanvas(null);
567
568                // bloqueia surfaceHolder para desenhar
569                synchronized(surfaceHolder)
570                {
571                   long currentTime = System.currentTimeMillis();
572                   double elapsedTimeMS = currentTime - previousFrameTime;
573                   totalElapsedTime += elapsedTimeMS / 1000.0;
574                   updatePositions(elapsedTimeMS); // atualiza o estado do jogo
575                   drawGameElements(canvas); // desenha usando a tela de desenho
576                   previousFrameTime = currentTime; // atualiza o tempo anterior
577                }
578             }
579             finally
580             {
```

Figura 6.20   Objeto Runnable que atualiza o jogo a cada TIME_INTERVAL milissegundos. (*continua*)

```
581              // exibe o conteúdo da tela de desenho no componente CannonView
582              // e permite que outras threads utilizem o objeto Canvas
583              if (canvas != null)
584                 surfaceHolder.unlockCanvasAndPost(canvas);
585           }
586        } // fim de while
587     } // fim do método run
588  } // fim da classe aninhada CannonThread
589 } // fim da classe CannonView
```

Figura 6.20   Objeto `Runnable` que atualiza o jogo a cada `TIME_INTERVAL` milissegundos.

Primeiramente, obtemos o objeto `Canvas` para desenhar no elemento `SurfaceView`, chamando o método **`lockCanvas`** de `SurfaceHolder` (linha 566). Somente uma thread por vez pode desenhar em um elemento `SurfaceView`. Para garantir isso, você deve primeiro *bloquear* o elemento `SurfaceHolder`, especificando-o como a expressão entre parênteses de um bloco `synchronized` (linha 569). Em seguida, obtemos o tempo atual, em milissegundos, e então calculamos o tempo decorrido e o somamos ao tempo total até o momento – isso vai ser usado para ajudar a exibir a quantidade de tempo restante no jogo. A linha 574 chama o método `updatePositions` para mover todos os elementos do jogo, passando como argumento o tempo decorrido, em milissegundos. Isso garante que o jogo opere na mesma velocidade, *independente do quanto o dispositivo seja rápido*. Se o tempo entre os quadros for maior (isto é, o dispositivo é mais lento), os elementos do jogo vão se mover mais quando cada quadro da animação for exibido. Se o tempo entre os quadros for menor (isto é, o dispositivo é mais rápido), os elementos do jogo vão se mover menos quando cada quadro da animação for exibido. Por fim, a linha 575 desenha os elementos do jogo usando o objeto `Canvas` de `SurfaceView`, e a linha 576 armazena o objeto `currentTime` como `previousFrameTime` a fim de se preparar para calcular o tempo decorrido entre esse quadro da animação e o *próximo*.

6.9   Para finalizar

Neste capítulo, você criou o aplicativo **Cannon Game**, o qual desafia o jogador a destruir um alvo de sete partes antes que um limite de tempo de 10 segundos expire. O usuário mira e dispara o canhão tocando na tela. Para desenhar na tela a partir de uma thread separada, você criou uma visualização personalizada, estendendo a classe `Surface-ceView`. Você aprendeu que os nomes de classe de componentes personalizados devem ser totalmente qualificados no elemento de layout XML que representa o componente. Apresentamos mais métodos do ciclo de vida de `Fragment`. Você aprendeu que o método `onPause` é chamado quando um fragmento é pausado e que o método `onDestroy` é chamado quando o fragmento é destruído. Você tratou toques sobrescrevendo o método `onTouchEvent` de `View`. Adicionou efeitos sonoros à pasta `res/raw` do aplicativo e os gerenciou com um objeto `SoundPool`. Também usou o serviço `AudioManager` do sistema para obter o volume de música atual do dispositivo e o utilizou como volume de reprodução.

Este aplicativo realiza suas animações manualmente, atualizando os elementos do jogo em um componente `SurfaceView` de uma thread de execução separada. Para isso, você estendeu a classe `Thread` e criou um método `run` que exibe elementos gráficos chamando métodos da classe `Canvas`. Você usou o objeto `SurfaceHolder` da `SurfaceView` para obter o `Canvas` apropriado. Também aprendeu a construir um loop que controla um jogo com base na quantidade de tempo decorrido entre quadros de animação, para que o jogo opere na mesma velocidade global em todos os dispositivos, independentemente da velocidade de seus processadores.

No Capítulo 7, apresentamos o aplicativo **Doodlz**, o qual utiliza recursos gráficos do Android para transformar a tela de um dispositivo em uma *tela de desenho virtual*. Você também vai aprender sobre o novo modo imersivo e sobre os recursos de impressão do Android 4.4.

7

Aplicativo Doodlz

Elementos gráficos bidimensionais, `Canvas`, `Bitmap`, acelerômetro, `SensorManager`, eventos multitouch, `MediaStore`, impressão, modo imersivo

Objetivos

Neste capítulo, você vai:

- Detectar quando o usuário toca na tela, move o dedo pela tela e retira o dedo da tela.
- Processar múltiplos toques na tela para que o usuário possa desenhar simultaneamente com vários dedos.
- Usar um componente `SensorManager` e o acelerômetro para detectar eventos de movimento.
- Usar um objeto `Paint` para especificar a cor e a largura de uma linha.
- Usar objetos `Path` para armazenar os dados de cada linha e um objeto `Canvas` para desenhar cada linha em um componente `Bitmap`.
- Criar um menu e exibir itens de menu na barra de ação.
- Usar o modo imersivo do Android 4.4 para permitir ao usuário desenhar na tela inteira.
- Usar o framework de impressão do Android 4.4 e a classe `PrintHelper` da Android Support Library para permitir ao usuário imprimir um desenho.

Resumo

7.1 Introdução
7.2 Visão geral das tecnologias
   7.2.1 Uso de SensorManager para detectar eventos de acelerômetro
   7.2.2 Componentes DialogFragment personalizados
   7.2.3 Desenho com Canvas e Bitmap
   7.2.4 Processamento de múltiplos eventos de toque e armazenamento de linhas em elementos Path
   7.2.5 Modo imersivo do Android 4.4
   7.2.6 GestureDetector e SimpleOnGestureListener
   7.2.7 Salvando o desenho na galeria do dispositivo
   7.2.8 Impressão no Android 4.4 e a classe PrintHelper da Android Support Library
7.3 Construção da interface gráfica do usuário e arquivos de recurso do aplicativo
   7.3.1 Criação do projeto
   7.3.2 strings.xml
   7.3.3 dimens.xml
   7.3.4 Menu do componente DoodleFragment
   7.3.5 Layout de activity_main.xml para MainActivity
   7.3.6 Layout de fragment_doodle.xml para DoodleFragment
   7.3.7 Layout de fragment_color.xml para ColorDialogFragment
   7.3.8 Layout de fragment_line_width.xml para LineWidthDialogFragment
   7.3.9 Adição da classe EraseImageDialogFragment
7.4 Classe MainActivity
7.5 Classe DoodleFragment
7.6 Classe DoodleView
7.7 Classe ColorDialogFragment
7.8 Classe LineWidthDialogFragment
7.9 Classe EraseImageDialogFragment
7.10 Para finalizar

7.1 Introdução

O aplicativo **Doodlz** (Fig. 7.1) permite que você pinte arrastando um ou mais dedos pela tela. Ele utiliza o *modo imersivo* do Android 4.4 para que você possa desenhar na tela inteira – as *barras de sistema* e a *barra de ação* do dispositivo alternam entre estarem visíveis e ocultas quando você dá um toque rápido na tela.

Figura 7.1 Aplicativo **Doodlz** com um desenho finalizado.

As opções do aplicativo permitem configurar a cor do desenho e a largura da linha. A caixa de diálogo **Choose Color** (Fig. 7.2(a)) fornece componentes SeekBar (isto é, controles deslizantes) para *alfa (transparência)*, vermelho, verde e azul que permitem selecionar a cor ARGB (apresentada na Seção 1.9). Quando você move o cursor de cada componente SeekBar, a cor atualizada aparece debaixo dele. A caixa de diálogo **Choose Line Width** (Fig. 7.2(b)) fornece um componente SeekBar que controla a espessura da linha que vai ser desenhada. Outros itens no *menu de opções* do aplicativo (Fig. 7.3) permitem transformar seu dedo em uma borracha (**Eraser**), limpar a tela (**Clear**), salvar o desenho atual (**Save**) na galeria (**Gallery**) de seu dispositivo e, em dispositivos Android 4.4, imprimir o desenho atual. Dependendo do tamanho da tela de seu dispositivo, alguns ou todos os itens de menu do aplicativo aparecem diretamente na barra de ação – os que não couberem serão exibidos no menu de opções. A qualquer momento, você pode *chacoalhar* o dispositivo para apagar todo o desenho da tela. Você testou este aplicativo na Seção 1.9, de modo que não apresentaremos um teste neste capítulo. Embora ele funcione em AVDs, os recursos são mais fluidos em dispositivos reais. [*Obs.:* Devido a um erro no aplicativo **Gallery** quando este livro estava sendo produzido, em alguns dispositivos talvez seja necessário tirar uma foto com a câmera do aparelho antes que você possa salvar corretamente a partir do aplicativo **Doodlz**.]

a) Caixa de diálogo **Choose Color**

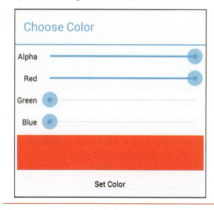

b) Caixa de diálogo **Choose Line Width**

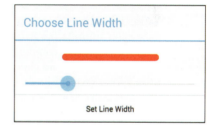

Figura 7.2 Caixas de diálogo **Choose Color** e **Choose Line Width** do aplicativo **Doodlz**.

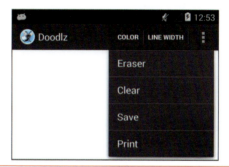

Figura 7.3 Opções de menu adicionais do aplicativo **Doodlz**, conforme aparecem em um telefone Android 4.4.

7.2 Visão geral das tecnologias

Esta seção apresenta as novas tecnologias que usamos no aplicativo **Doodlz**.

7.2.1 Uso de SensorManager para detectar eventos de acelerômetro

Neste aplicativo, você pode chacoalhar o dispositivo para apagar o desenho atual. A maioria dos dispositivos tem um **acelerômetro** que permite aos aplicativos detectar movimentos. Outros sensores atualmente suportados pelo Android incluem gravidade, giroscópio, luz, aceleração linear, campo magnético, orientação, pressão, proximidade, vetor de rotação e temperatura. A lista de constantes de **Sensor** que representam esses tipos de sensor pode ser encontrada no endereço:

```
http://developer.android.com/reference/android/hardware/Sensor.html
```

Na Seção 7.5, vamos discutir o tratamento de eventos de acelerômetro e sensor. Para ver uma discussão completa sobre outros sensores do Android, consulte o *Sensors Overview*, no endereço

```
http://developer.android.com/guide/topics/sensors/sensors_overview.html
```

7.2.2 Componentes DialogFragment personalizados

Vários aplicativos têm usado elementos AlertDialog em componentes DialogFragment para exibir informações para o usuário ou para fazer perguntas e receber respostas na forma de cliques em componentes Button. Os elementos AlertDialog que você usou até aqui foram criados com classes internas anônimas que estendiam DialogFragment e exibiam apenas texto e botões. Os elementos AlertDialog também podem conter objetos View personalizados. Neste aplicativo, você vai definir três subclasses de DialogFragment:

- ColorDialogFragment (Seção 7.7) exibe um elemento AlertDialog com um objeto View personalizado que contém componentes de interface gráfica do usuário para visualizar e selecionar uma nova cor de desenho ARGB.
- LineWidthDialogFragment (Seção 7.8) exibe um elemento AlertDialog com um objeto View personalizado que contém componentes de interface gráfica do usuário para visualizar e selecionar a espessura da linha.
- EraseImageDialogFragment (Seção 7.9) exibe um elemento AlertDialog padrão solicitando ao usuário para que confirme se a imagem inteira deve ser apagada.

Para ColorDialogFragment e EraseImageDialogFragment, você vai inflar o objeto View personalizado a partir de um arquivo de recurso de layout. Em cada uma das três subclasses de DialogFragment, vai também sobrescrever os seguintes métodos de ciclo de vida de Fragment:

- **onAttach** – O primeiro método de ciclo de vida de Fragment chamado quando um fragmento é anexado a uma atividade pai.
- **onDetach** – O último método de ciclo de vida de Fragment chamado quando um fragmento está para ser desanexado de uma atividade pai.

Impedindo que várias caixas de diálogo apareçam ao mesmo tempo

É possível que a rotina de tratamento do evento de chacoalhar tente exibir a caixa de diálogo de confirmação para apagar uma imagem quando outra caixa de diálogo já estiver na tela. Para evitar isso, você vai usar onAttach e onDetach para configurar o valor de

Capítulo 7   Aplicativo Doodlz   **201**

uma variável booleana que indica se uma caixa de diálogo está na tela. Quando o valor da variável `boolean` é `true`, não permitimos que a rotina de tratamento do evento de chacoalhar exiba uma caixa de diálogo.

7.2.3   Desenho com Canvas e `Bitmap`

Este aplicativo desenha linhas em objetos `Bitmap` (pacote android.graphics). Você pode associar um `Canvas` a um `Bitmap` e, então, usar o `Canvas` para fazer um desenho no `Bitmap`, o qual pode então ser exibido na tela (Seção 7.6). Um objeto `Bitmap` também pode ser salvo em um arquivo – vamos usar essa capacidade para armazenar desenhos na galeria do dispositivo quando o usuário tocar na opção **Save**.

7.2.4   Processamento de múltiplos eventos de toque e armazenamento de linhas em objetos `Path`

Você pode arrastar um ou mais dedos pela tela para desenhar. O aplicativo armazena a informação de *cada* dedo como um objeto `Path` (pacote android.graphics) que representa segmentos de linha e curvas. Os *eventos de toque* são processados sobrescrevendo-se o método `onTouchEvent` de View (Seção 7.6). Esse método recebe um objeto `MotionEvent` (pacote android.view) que contém o tipo de evento de toque ocorrido e o identificador do dedo (isto é, ponteiro) que gerou o evento. Usamos identificadores para distinguir os diferentes dedos e adicionar informações aos objetos Path correspondentes. Usamos o tipo do evento de toque para determinar se o usuário *tocou* na tela, *arrastou* pela tela ou *tirou um dedo* da tela.

7.2.5   Modo imersivo do Android 4.4

O Android 4.4 apresenta um novo **modo imersivo** (Seção 7.6), o qual permite a um aplicativo utilizar a tela inteira, mas ainda permite que o usuário possa acessar as barras de sistema quando necessário. Você vai usar esse modo quando este aplicativo estiver sendo executado em um dispositivo Android 4.4 ou mais recente.

7.2.6   `GestureDetector` e `SimpleOnGestureListener`

Este aplicativo utiliza um componente `GestureDetector` (pacote android.view) para ocultar ou exibir as barras de sistema do dispositivo e sua barra de ação. Um componente `GestureDetector` permite a um aplicativo reagir às interações do usuário, como *movimentos rápidos (swipes)*, *toques rápidos*, *toques rápidos duplos*, *pressionamentos longos* e *rolagens*, implementando os métodos das interfaces `GestureDetector.OnGestureListener` e `GestureDetector.OnDoubleTapListener`. A classe `GestureDetector.SimpleOnGesture-Listener` é uma *classe adaptadora* que implementa todos os métodos dessas duas interfaces, de modo que você pode estender essa classe e sobrescrever apenas o método (ou métodos) necessário dessas interfaces. Na Seção 7.6, você vai inicializar um componente `GestureDetector` com um objeto `SimpleOnGestureListener`, o qual vai tratar o evento de *toque rápido* que oculta ou exibe as barras de sistema e a barra de ação.

7.2.7   Salvando o desenho na galeria do dispositivo

O aplicativo fornece uma opção **Save** que permite ao usuário salvar um desenho na galeria do dispositivo – o local padrão no qual são armazenadas as fotos tiradas com o dispositivo.* (ver nota pág. 237) Um objeto `ContentResolver` (pacote android.content) permite ao aplicativo ler e armazenar dados em um dispositivo. Você vai usar um objeto `ContentResolver`

(Seção 7.6) e o método `insertImage` da classe MediaStore.Images.Media para salvar uma imagem na **galeria** do dispositivo. O componente **MediaStore** gerencia os arquivos de mídia (imagens, áudio e vídeo) armazenados em um dispositivo.

7.2.8 Impressão no Android 4.4 e a classe `PrintHelper` da Android Support Library

Agora o Android 4.4 inclui um framework de impressão. Neste aplicativo, usamos a classe `PrintHelper` (Seção 7.6) para imprimir o desenho atual. A classe `PrintHelper` fornece uma interface de usuário para selecionar uma impressora, tem um método para determinar se um dispositivo suporta impressão e fornece um método para imprimir um objeto `Bitmap`. `PrintHelper` faz parte da *Android Support Library* – um conjunto de bibliotecas comumente usadas a fim de fornecer novos recursos Android para uso em versões mais antigas do Android. As bibliotecas também contêm recursos de conveniência adicionais, como a classe PrintHelper, que suporta versões específicas do Android.

7.3 Construção da interface gráfica do usuário e arquivos de recurso do aplicativo

Nesta seção, você vai criar os arquivos de recurso, os arquivos de layout da interface gráfica do usuário e as classes do aplicativo **Doodlz**.

7.3.1 Criação do projeto

Comece criando um novo projeto Android chamado `Doodlz`. Especifique os valores a seguir na caixa de diálogo **New Android Project** e, em seguida, pressione **Finish:**

- **Application Name:** `Doodlz`
- **Project Name:** `Doodlz`
- **Package Name:** `com.deitel.doodlz`
- **Minimum Required SDK:** `API18: Android 4.3`
- **Target SDK:** `API19: Android 4.4`
- **Compile With:** `API19: Android 4.4`
- **Theme:** `Holo Light with Dark Action Bar`

No segundo passo de **New Android Application** da caixa de diálogo **New Android Project**, deixe as configurações padrão e pressione **Next >**. No passo **Configure Launcher Icon**, selecione uma imagem de ícone de aplicativo e, então, pressione **Next >**. No passo **Create Activity**, selecione **Blank Activity** e pressione **Next >**. No passo **Blank Activity**, deixe as configurações padrão e clique em **Finish** para criar o projeto. Abra `activity_main.xml` no editor **Graphical Layout**, selecione **Nexus 4** na lista suspensa de tipo de tela. Mais uma vez, usaremos esse dispositivo como base para nosso projeto.

O novo projeto será automaticamente configurado para usar a versão atual da Android Support Library. Caso esteja atualizando um projeto já existente, você pode adicionar a ele a versão mais recente da Android Support Library. Para ver os detalhes, visite:

```
http://developer.android.com/tools/support-library/index.html
http://developer.android.com/tools/support-library/setup.html
```

7.3.2 `strings.xml`

Você criou recursos de `String` em capítulos anteriores, de modo que mostramos aqui apenas uma tabela dos nomes de recursos de `String` e valores correspondentes (Fig. 7.4). Clique duas vezes em `strings.xml` na pasta `res/values` a fim de exibir o editor de recursos para criar esses recursos de `String`.

Nome do recurso	Valor
app_name	Doodlz
button_erase	Erase Image
button_cancel	Cancel
button_set_color	Set Color
button_set_line_width	Set Line Width
line_imageview_description	This displays the line thickness
label_alpha	Alpha
label_red	Red
label_green	Green
label_blue	Blue
menuitem_clear	Clear
menuitem_color	Color
menuitem_eraser	Eraser
menuitem_line_width	Line Width
menuitem_save	Save
menuitem_print	Print
message_erase	Erase the drawing?
message_error_saving	There was an error saving the image
message_saved	Your painting has been saved to the Gallery
message_error_printing	Your device does not support printing
title_color_dialog	Choose Color
title_line_width_dialog	Choose Line Width

Figura 7.4 Recursos de `String` usados no aplicativo **Doodlz**.

7.3.3 `dimens.xml`

A Figura 7.5 mostra uma tabela dos nomes e valores de recurso de dimensão que adicionamos a `dimens.xml`. Abra `dimens.xml` na pasta `res/values` a fim de exibir o editor de recursos para criar esses recursos. O recurso `line_imageview_height` especifica a altura do objeto `ImageView` que mostra a largura da linha no componente `LineWidthDialogFragment`, e o recurso `color_view_height` especifica a altura do objeto `View` que mostra a cor de desenho no componente `ColorDialogFragment`.

Nome do recurso	Valor
line_imageview_height	50dp
color_view_height	80dp

Figura 7.5 Recursos de dimensão usados no aplicativo **Doodlz**.

7.3.4 Menu do componente `DoodleFragment`

No Capítulo 5, você usou o menu padrão fornecido pelo IDE para exibir o item de menu **Settings** do aplicativo **Flag Quiz**. No Doodlz, não vamos usar o menu padrão, de modo que você pode excluir o arquivo `main.xml` na pasta `res/menu` de seu projeto; você vai definir seu próprio menu para o componente `DoodleFragment`.

Menus para diferentes versões de Android

Você vai fornecer duas versões do menu de `DoodleFragment` – uma para dispositivos Android 4.3 e anteriores e outra para dispositivos Android 4.4 e posteriores. A impressão só está disponível no Android 4.4 e posteriores; portanto, apenas o menu para esses dispositivos vai conter uma opção **Print**. Para permitir menus distintos, você vai definir um recurso de menu na pasta `res/menu` e outro separado na pasta `res/menu-v19` – 19 é a versão da API do Android correspondente ao Android 4.4. O Android vai escolher o recurso de menu na pasta `res/menu-v19` quando o aplicativo estiver sendo executado em dispositivos Android 4.4 e posteriores. Para criar a pasta `res/menu-v19`, clique com o botão direito do mouse na pasta res, selecione **New > Folder**, especifique menu-v19 para **Folder name** e clique em **Finish**.

Menu para Android 4.3 e versões anteriores

Para criar o recurso de menu para Android 4.3 e versões anteriores:

1. Clique com o botão direito do mouse na pasta `res/menu` e selecione **New > Android XML File**.

2. Na caixa de diálogo que aparece, chame o arquivo de `doodle_fragment_menu.xml` e clique em **Finish**. O IDE abre o arquivo no editor de recursos de menu.

3. Clique em **Add...**, clique na guia **Layout** na caixa de diálogo do editor que aparece, selecione **Item** e clique em **OK**. O IDE realça o novo item e exibe seus atributos à direita.

4. Altere suas propriedades **Id** para `@+id/color`, **Title** para `@string/menuitem_color` e **Show as action** para `ifRoom`. O valor `ifRoom` indica que o Android deve exibir o item de menu na barra de ação, caso haja espaço; caso contrário, o item aparecerá no menu de opções, à direita da barra de ação. Outros valores de **Show as action** podem ser encontrados em `http://developer.android.com/guide/topics/resources/menu-resource.html`.

5. Repita os passos 3 e 4 para os itens `lineWidth`, `eraser`, `clear` e save da Fig. 7.6. Observe que, quando você clicar em **Add...** para cada item de menu adicional, precisará selecionar **Create a new element at the top level in Menu** na caixa de diálogo que aparece.

6. Salve e feche `doodle_fragment_menu.xml`.

Id	Título
`@+id/lineWidth`	`@string/menuitem_line_width`
`@+id/eraser`	`@string/menuitem_eraser`
`@+id/clear`	`@string/menuitem_clear`
`@+id/save`	`@string/menuitem_save`

Figura 7.6 Itens de menu adicionais para o componente `DoodleFragment`.

Capítulo 7 Aplicativo Doodlz **205**

Menu para Android 4.4 e versões posteriores
Para criar o recurso de menu para dispositivos Android 4.4 e posteriores:

1. Copie `doodle_fragment_menu.xml` de `res/menu`, cole em `res/menu-v19` e abra o arquivo.

2. Clique em **Add...**, selecione **Create a new element at the top level in Menu** na caixa de diálogo que aparece, selecione **Item** e clique em **OK**.

3. No novo item, altere as propriedades **Id** para `@+id/print`, **Title** para `@string/menuitem_print` e **Show as action** para `ifRoom`.

7.3.5 Layout de `activity_main.xml` para `MainActivity`

O layout de `activity_main.xml` para o componente `MainActivity` deste aplicativo contém apenas o elemento `DoodleFragment`. Para adicionar esse fragmento ao layout:

1. Abra `activity_main.xml` no editor **Graphical Layout** e siga os passos da Seção 2.5.2 para mudar de `FrameLayout` para `RelativeLayout`.

2. Da seção **Layouts** da **Palette**, arraste um objeto **Fragment** para a área de projeto ou para o nó `RelativeLayout` na janela **Outline**.

3. O passo anterior exibe a caixa de diálogo **Choose Fragment Class**. Clique em **Create New...** para exibir a caixa de diálogo **New Java Class**.

4. Digite `DoodleFragment` no campo **Name** da caixa de diálogo, mude o valor do campo **Superclass** para `android.app.Fragment` e clique em **Finish** para criar a classe. O IDE abre o arquivo Java da classe, o qual você pode fechar por enquanto.

5. Altere a propriedade **Id** do novo fragmento para `@+id/doodleFragment` e salve o layout.

7.3.6 Layout de `fragment_doodle.xml` para `DoodleFragment`

O layout de `fragment_doodle.xml` para o componente `DoodleFragment` contém um objeto `FrameLayout` que exibe o elemento `DoodleView`. Nesta seção, você vai criar o layout de `DoodleFragment` e a classe `DoodleView`. Para adicionar o layout de `fragment_doodle.xml`:

1. Expanda o nó `res/layout` do projeto no **Package Explorer**.

2. Clique com o botão direito do mouse na pasta layout e selecione **New > Android XML File** para exibir a caixa de diálogo **New Android XML File**.

3. No campo **File** da caixa de diálogo, digite `fragment_doodle.xml`.

4. Na seção **Root Element**, selecione **FrameLayout** e, então, clique em **Finish**.

5. Da seção **Advanced** da **Palette**, arraste um objeto **view** (com **v** minúsculo) para a interface gráfica do usuário.

6. O passo anterior exibe a caixa de diálogo **Choose Custom View Class**. Nessa caixa de diálogo, clique em **Create New...** para exibir a caixa de diálogo **New Java Class**.

7. No campo **Name**, digite `DoodleView`. Certifique-se de que **Constructor from superclass** esteja selecionado e, em seguida, clique em **Finish**. Isso cria e abre `DoodleView.java`. Vamos usar somente o construtor de dois argumentos; portanto, exclua os outros dois. Salve e feche `DoodleView.java`.

8. Em `fragment_doodle.xml`, selecione **view1** na janela **Outline**. Na seção **Layout Parameters** da janela **Properties**, configure **Width** e **Height** como `match_parent`.

9. Na janela **Outline**, clique com o botão direito do mouse em **view1**, selecione **Edit ID...**, mude o nome de view1 para doodleView e clique em **OK**.
10. Salve e feche fragment_doodle.xml.

7.3.7 Layout de fragment_color.xml para ColorDialogFragment

O layout de fragment_color.xml para o componente ColorDialogFragment contém um elemento GridLayout que exibe uma interface gráfica do usuário para selecionar e visualizar uma nova cor de desenho. Nesta seção, você vai criar o layout de ColorDialogFragment e a classe ColorDialogFragment. Para adicionar o layout de fragment_color.xml:

1. Expanda o nó res/layout do projeto no **Package Explorer**.
2. Clique com o botão direito do mouse na pasta layout e selecione **New > Android XML File** para exibir a caixa de diálogo **New Android XML File**.
3. No campo **File** da caixa de diálogo, digite fragment_color.xml.
4. Na seção **Root Element**, selecione **GridLayout** e, então, clique em **Finish**.
5. Na janela **Outline**, selecione o componente **GridLayout** e altere o valor de sua propriedade **Id** para @+id/colorDialogGridLayout.
6. Usando a **Palette** do editor **Graphical Layout**, arraste componentes **TextView**, **SeekBar** e um objeto **View** para o nó colorDialogGridLayout na janela **Outline**. Arraste os itens na ordem em que estão listados na Fig. 7.7 e configure a propriedade **Id** de cada item como mostrado na figura.

Figura 7.7 Visualização **Outline** para fragment_color.xml.

7. Depois de terminar o passo 6, configure as propriedades dos componentes da interface gráfica do usuário com os valores mostrados na Fig. 7.8 e, então, salve e feche fragment_color.xml.

Componente da interface gráfica do usuário	Propriedade	Valor
colorDialogGridLayout	Column Count	2
	Orientation	vertical
	Use Default Margins	true

Figura 7.8 Valores de propriedade para os componentes da interface gráfica do usuário em fragment_color.xml. *(continua)*

Capítulo 7 Aplicativo Doodlz **207**

Componente da interface gráfica do usuário	Propriedade	Valor
alphaTextView	*Parâmetros do layout*	
	Column	0
	Gravity	right|center_vertical
	Row	0
	Outras propriedades	
	Text	@string/label_alpha
alphaSeekBar	*Parâmetros do layout*	
	Column	1
	Gravity	fill_horizontal
	Row	0
	Outras propriedades	
	Max	255
redTextView	*Parâmetros do layout*	
	Column	0
	Gravity	right|center_vertical
	Row	1
	Outras propriedades	
	Text	@string/label_red
redSeekBar	*Parâmetros do layout*	
	Column	1
	Gravity	fill_horizontal
	Row	1
	Outras propriedades	
	Max	255
greenTextView	*Parâmetros do layout*	
	Column	0
	Gravity	right|center_vertical
	Row	2
	Outras propriedades	
	Text	@string/label_green
greenSeekBar	*Parâmetros do layout*	
	Column	1
	Gravity	fill_horizontal
	Row	2
	Outras propriedades	
	Max	255
blueTextView	*Parâmetros do layout*	
	Column	0
	Gravity	right|center_vertical
	Row	3
	Outras propriedades	
	Text	@string/label_blue

Figura 7.8 Valores de propriedade para os componentes da interface gráfica do usuário em `fragment_color.xml`. (*continua*)

208 Android para programadores

Componente da interface gráfica do usuário	Propriedade	Valor
blueSeekBar	*Parâmetros do layout*	
	Column	1
	Gravity	fill_horizontal
	Row	3
	Outras propriedades	
	Max	255
colorView	*Parâmetros do layout*	
	Height	@dimen/color_view_height
	Column	0
	Column Span	2
	Gravity	fill_horizontal

Figura 7.8 Valores de propriedade para os componentes da interface gráfica do usuário em `fragment_color.xml`.

Adicionando a classe `ColorDialogFragment` ao projeto
Para adicionar a classe `ColorDialogFragment` ao projeto:

1. Clique com o botão direito do mouse no pacote `com.deitel.doodlz` na pasta `src` do projeto e selecione **New > Class** para exibir a caixa de diálogo **New Java Class**.
2. No campo **Name**, digite `ColorDialogFragment`.
3. No campo **Superclass**, mude a superclasse para `android.app.DialogFragment`.
4. Clique em **Finish** para criar a classe.

7.3.8 Layout de `fragment_line_width.xml` para `LineWidthDialogFragment`

O layout de `fragment_line_width.xml` para o componente `LineWidthDialogFragment` contém um elemento `GridLayout` que exibe uma interface gráfica do usuário para selecionar e visualizar uma nova espessura de linha. Nesta seção, você vai criar o layout de `LineWidthDialogFragment` e a classe `LineWidthDialogFragment`. Para adicionar o layout de `fragment_line_width.xml`:

1. Expanda o nó `res/layout` do projeto no **Package Explorer**.
2. Clique com o botão direito do mouse na pasta `layout` e selecione **New > Android XML File** para exibir a caixa de diálogo **New Android XML File**.
3. No campo **File** da caixa de diálogo, digite `fragment_line_width.xml`.
4. Na seção **Root Element**, selecione **GridLayout** e, então, clique em **Finish**.
5. Na janela **Outline**, selecione o componente **GridLayout** e altere o valor de sua propriedade **Id** para `@+id/lineWidthDialogGridLayout`.
6. Usando a **Palette** do editor **Graphical Layout**, arraste um componente **ImageView** e um componente **SeekBar** para o nó `lineWidthDialogGridLayout` na janela **Outline**, a fim de que a janela apareça como mostrado na Fig. 7.9. Configure a propriedade **Id** de cada item como mostrado na figura.

7. Depois de terminar o passo 6, configure as propriedades dos componentes da interface gráfica do usuário com os valores mostrados na Fig. 7.10 e, então, salve e feche fragment_line_width.xml.

Figura 7.9 Visualização **Outline** para fragment_line_width.xml.

Componente da interface gráfica do usuário	Propriedade	Valor
lineWidthDialogGridLayout	Column Count	1
	Orientation	vertical
	Use Default Margins	true
widthImageView	Parâmetros do layout	
	Height	@dimen/line_imageview_height
	Gravity	fill_horizontal
	Outras propriedades	
	Content Description	@string/line_imageview_description
widthSeekBar	Parâmetros do layout	
	Gravity	fill_horizontal
	Outras propriedades	
	Max	50

Figura 7.10 Valores de propriedade para os componentes da interface gráfica do usuário em fragment_line_width.xml.

Adicionando a classe LineWidthDialogFragment ao projeto

Para adicionar a classe LineWidthDialogFragment ao projeto:

1. Clique com o botão direito do mouse no pacote com.deitel.doodlz na pasta src do projeto e selecione **New > Class** para exibir a caixa de diálogo **New Java Class**.
2. No campo **Name**, digite LineWidthDialogFragment.
3. No campo **Superclass**, mude a superclasse para android.app.DialogFragment.
4. Clique em **Finish** para criar a classe.

7.3.9 Adição da classe EraseImageDialogFragment

A classe EraseImageDialogFragment não exige um recurso de layout, pois vai exibir um componente AlertDialog simples contendo texto. Para adicionar a classe EraseImageDialogFragment ao projeto:

1. Clique com o botão direito do mouse no pacote com.deitel.doodlz na pasta src do projeto e selecione **New > Class** para exibir a caixa de diálogo **New Java Class**.
2. No campo **Name**, digite EraseImageDialogFragment.
3. No campo **Superclass**, mude a superclasse para android.app.DialogFragment.
4. Clique em **Finish** para criar a classe.

210 Android para programadores

7.4 Classe `MainActivity`

O aplicativo consiste em seis classes:

- `MainActivity` (Fig. 7.11) – Serve como atividade pai para os fragmentos deste aplicativo.
- `DoodleFragment` (Seção 7.5) – Gerencia o componente `DoodleView` e o tratamento de eventos de acelerômetro.
- `DoodleView` (Seção 7.6) – Fornece os recursos de desenho, salvamento e impressão.
- `ColorDialogFragment` (Seção 7.7) – Um componente `DialogFragment` exibido quando o usuário dá um toque rápido em **COLOR** para definir a cor do desenho.
- `LineWidthDialogFragment` (Seção 7.8) – Um componente `DialogFragment` exibido quando o usuário dá um toque rápido em **LINE WIDTH** para definir a largura da linha.
- `EraseImageDialogFragment` (Seção 7.9) – Um componente `DialogFragment` exibido quando o usuário dá um toque rápido em **CLEAR** ou chacoalha o dispositivo para apagar o desenho atual.

O método `onCreate` da classe `MainActivity` (Fig. 7.11) infla a interface gráfica do usuário (linha 16) e, então, usa as técnicas que você aprendeu na Seção 5.2.2 para determinar o tamanho do dispositivo e configurar a orientação de `MainActivity`. Se este aplicativo estiver sendo executado em um dispositivo extragrande (linha 24), configuramos a orientação como paisagem (linhas 25 e 26); caso contrário, a configuramos como retrato (linhas 28 e 29).

```java
 1   // MainActivity.java
 2   // Configura o layout de MainActivity
 3   package com.deitel.doodlz;
 4
 5   import android.app.Activity;
 6   import android.content.pm.ActivityInfo;
 7   import android.content.res.Configuration;
 8   import android.os.Bundle;
 9
10   public class MainActivity extends Activity
11   {
12      @Override
13      protected void onCreate(Bundle savedInstanceState)
14      {
15         super.onCreate(savedInstanceState);
16         setContentView(R.layout.activity_main);
17
18         // determina o tamanho da tela
19         int screenSize =
20            getResources().getConfiguration().screenLayout &
21            Configuration.SCREENLAYOUT_SIZE_MASK;
22
23         // usa paisagem para tablets extragrandes; caso contrário, usa retrato
24         if (screenSize == Configuration.SCREENLAYOUT_SIZE_XLARGE)
25            setRequestedOrientation(
26               ActivityInfo.SCREEN_ORIENTATION_LANDSCAPE);
27         else
```

Figura 7.11 Classe `MainActivity`. (*continua*)

Capítulo 7 Aplicativo Doodlz **211**

```
28              setRequestedOrientation(
29                  ActivityInfo.SCREEN_ORIENTATION_PORTRAIT);
30      }
31  } // fim da classe MainActivity
```

Figura 7.11 Classe `MainActivity`.

7.5 Classe `DoodleFragment`

A classe `DoodleFragment` (Figs. 7.12 a 7.19) exibe o componente `DoodleView` (Seção 7.6), gerencia as opções de menu mostradas na barra de ação e no menu de opções e gerencia o tratamento de eventos de sensor para o recurso *chacoalhar para apagar* do aplicativo.

Instrução package, instruções import e campos

A Seção 7.2 discutiu as novas classes e interfaces importantes utilizadas pela classe `DoodleFragment`. Realçamos essas classes e interfaces na Figura 7.12. A variável `doodleView` de `DoodleView` (linha 22) representa a área de desenho. As variáveis `float` declaradas nas linhas 23 a 25 são usadas para calcular alterações na aceleração do dispositivo a fim de determinar quando ocorre um *evento de chacoalhar* (para que possamos perguntar se o usuário quer apagar o desenho), e a constante na linha 29 é usada para garantir que movimentos pequenos *não* sejam interpretados como um chacoalhar – escolhemos essa constante por tentativa e erro, chacoalhando o aplicativo em vários dispositivos. A linha 26 define uma variável `boolean` com o valor padrão `false`, a qual vai ser usada em toda essa classe para especificar quando uma caixa de diálogo está na tela a fim de que possamos impedir que várias caixas de diálogo sejam exibidas ao mesmo tempo – por exemplo, se a caixa de diálogo **Choose Color** está sendo exibida e o usuário chacoalha o dispositivo sem querer, a caixa de diálogo para apagar a imagem *não* deve aparecer.

```
 1  // DoodleFragment.java
 2  // Fragmento no qual o componente DoodleView é exibido
 3  package com.deitel.doodlz;
 4
 5  import android.app.Fragment;
 6  import android.content.Context;
 7  import android.graphics.Color;
 8  import android.hardware.Sensor;
 9  import android.hardware.SensorEvent;
10  import android.hardware.SensorEventListener;
11  import android.hardware.SensorManager;
12  import android.os.Bundle;
13  import android.view.LayoutInflater;
14  import android.view.Menu;
15  import android.view.MenuInflater;
16  import android.view.MenuItem;
17  import android.view.View;
18  import android.view.ViewGroup;
19
20  public class DoodleFragment extends Fragment
21  {
22      private DoodleView doodleView; // trata eventos de toque e desenha
```

Figura 7.12 Instrução package, instruções import e campos da classe `DoodleFragment` (*continua*)

212 Android para programadores

```
23    private float acceleration;
24    private float currentAcceleration;
25    private float lastAcceleration;
26    private boolean dialogOnScreen = false;
27
28    // valor usado para determinar se o usuário chacoalhou o dispositivo para apagar
29    private static final int ACCELERATION_THRESHOLD = 100000;
30
```

Figura 7.12 Instrução package, instruções import e campos da classe DoodleFragment

Sobrescrevendo o método onCreateView de Fragment

O método onCreateView (Fig. 7.13) infla a interface gráfica do usuário e inicializa as variáveis de instância de DoodleFragment. Assim como uma atividade, um fragmento pode colocar itens na barra de ação e no menu de opções do aplicativo. Para isso, o fragmento deve chamar seu método setHasOptionsMenu com o argumento true. Se a atividade pai também tem itens no menu de opções, então os itens da atividade e os do fragmento serão colocados na barra de ação e no menu de opções (de acordo com suas configurações).

```
31    // chamado quando a view do fragmento precisa ser criada
32    @Override
33    public View onCreateView(LayoutInflater inflater, ViewGroup container,
34       Bundle savedInstanceState)
35    {
36       super.onCreateView(inflater, container, savedInstanceState);
37       View view =
38          inflater.inflate(R.layout.fragment_doodle, container, false);
39
40       setHasOptionsMenu(true); // este fragmento tem itens de menu a exibir
41
42       // obtém referência para o componente DoodleView
43       doodleView = (DoodleView) view.findViewById(R.id.doodleView);
44
45       // inicializa valores de aceleração
46       acceleration = 0.00f;
47       currentAcceleration = SensorManager.GRAVITY_EARTH;
48       lastAcceleration = SensorManager.GRAVITY_EARTH;
49       return view;
50    }
51
```

Figura 7.13 Sobrescrevendo o método onCreateView de Fragment.

A linha 43 obtém uma referência para o componente DoodleView e, então, as linhas 46 a 48 inicializam as variáveis de instância que ajudam a calcular mudanças de aceleração para determinar se o usuário chacoalhou o dispositivo. Inicialmente, configuramos as variáveis currentAcceleration e lastAcceleration com a constante GRAVITY_EARTH de SensorManager, a qual representa a aceleração devido à gravidade da Terra. SensorManager também fornece constantes para outros planetas do sistema solar, para a Lua e para vários outros valores interessantes, os quais você pode ver no endereço:

```
http://developer.android.com/reference/android/hardware/SensorManager.html
```

Métodos *onStart* e *enableAccelerometerListening*

A *detecção do acelerômetro* deve ser habilitada somente quando o componente Doodle-Fragment está na tela. Por isso, sobrescrevemos o método de ciclo de vida **onStart** de Fragment (Fig. 7.14, linhas 53 a 58), o qual chama o método enableAccelerometer-Listening (linhas 61 a 72) para começar a detectar eventos de acelerômetro. Um componente SensorManager é usado para registrar receptores para eventos de acelerômetro.

```
52    // começa a detectar eventos de sensor
53    @Override
54    public void onStart()
55    {
56       super.onStart();
57       enableAccelerometerListening(); // detecta chacoalho
58    }
59
60    // habilita a detecção de eventos de acelerômetro
61    public void enableAccelerometerListening()
62    {
63       // obtém o componente SensorManager
64       SensorManager sensorManager =
65          (SensorManager) getActivity().getSystemService(
66             Context.SENSOR_SERVICE);
67
68       // registra a detecção de eventos de acelerômetro
69       sensorManager.registerListener(sensorEventListener,
70          sensorManager.getDefaultSensor(Sensor.TYPE_ACCELEROMETER),
71          SensorManager.SENSOR_DELAY_NORMAL);
72    }
73
```

Figura 7.14 Métodos onStart e enableAccelerometerListening.

O método enableAccelerometerListening primeiramente usa getSystemService de Activity para recuperar o serviço SensorManager do sistema, o qual permite que o aplicativo interaja com os sensores do dispositivo. Então, as linhas 69 a 71 registram o recebimento de eventos de acelerômetro usando o método **registerListener** de Sensor-Manager, o qual recebe três argumentos:

- O SensorEventListener que responde aos eventos (definidos na Fig. 7.16)
- Um objeto Sensor representando o tipo de dado de sensor que o aplicativo deseja receber – isso é recuperado chamando o método **getDefaultSensor** de SensorManager e passando uma constante do tipo Sensor (Sensor.TYPE_ACCELEROMETER neste aplicativo).
- Uma taxa na qual os eventos de sensor devem ser enviados para o aplicativo. Escolhemos SENSOR_DELAY_NORMAL para receber eventos de sensor na taxa padrão – uma taxa mais alta pode ser usada para obter dados mais precisos, mas isso também utiliza mais CPU e bateria.

Métodos *onPause* e *disableAccelerometerListening*

Para garantir que a detecção do acelerômetro seja desabilitada quando o elemento DoodleFragment não estiver na tela, sobrescrevemos o método de ciclo de vida onPause de Fragment (Fig. 7.15, linhas 75 a 80), o qual chama o método disableAccelerometerListening (linhas 83 a 93). O método disableAccelerometerListening usa o método **unregisterListener** da classe SensorManager para parar de detectar eventos de acelerômetro.

214 Android para programadores

```
74    // para de detectar eventos de sensor
75    @Override
76    public void onPause()
77    {
78        super.onPause();
79        disableAccelerometerListening(); // para de detectar chacoalho
80    }
81
82    // desabilita a detecção de eventos de acelerômetro
83    public void disableAccelerometerListening()
84    {
85        // obtém o componente SensorManager
86        SensorManager sensorManager =
87            (SensorManager) getActivity().getSystemService(
88                Context.SENSOR_SERVICE);
89
90        // para de detectar eventos de acelerômetro
91        sensorManager.unregisterListener(sensorEventListener,
92            sensorManager.getDefaultSensor(Sensor.TYPE_ACCELEROMETER));
93    }
94
```

Figura 7.15 Métodos `onPause` e `disableAccelerometerListening`.

Classe interna anônima que implementa a interface *SensorEventListener para processar eventos de acelerômetro*

A Figura 7.16 sobrescreve o método **onSensorChanged** de SensorEventListener (linhas 100 a 125) para processar eventos de acelerômetro. Se o usuário movimenta o dispositivo, esse método determina se o movimento foi suficiente para ser considerado um chacoalhar. Em caso positivo, a linha 123 chama o método confirmErase (Fig. 7.17) para exibir um elemento EraseImageDialogFragment (Seção 7.9) e confirmar se o usuário realmente quer apagar a imagem. A interface SensorEventListener contém também o método onAccuracyChanged (linhas 128 a 131) – não usamos esse método neste aplicativo, de modo que fornecemos um corpo vazio, pois o método é exigido pela interface.

```
95     // rotina de tratamento para eventos de acelerômetro
96     private SensorEventListener sensorEventListener =
97        new SensorEventListener()
98        {
99            // usa acelerômetro para determinar se o usuário chacoalhou o dispositivo
100           @Override
101           public void onSensorChanged(SensorEvent event)
102           {
103               // garante que outras caixas de diálogo não sejam exibidas
104               if (!dialogOnScreen)
105               {
106                   // obtém valores x, y e z para o componente SensorEvent
107                   float x = event.values[0];
108                   float y = event.values[1];
109                   float z = event.values[2];
110
111                   // salva valor de aceleração anterior
112                   lastAcceleration = currentAcceleration;
113
114                   // calcula a aceleração atual
```

Figura 7.16 Classe interna anônima que implementa a interface SensorEventListener para processar eventos de acelerômetro. *(continua)*

Capítulo 7 Aplicativo Doodlz **215**

```
115             currentAcceleration = x * x + y * y + z * z;
116
117             // calcula a mudança na aceleração
118             acceleration = currentAcceleration *
119                 (currentAcceleration - lastAcceleration);
120
121             // se a aceleração está acima de determinado limite
122             if (acceleration > ACCELERATION_THRESHOLD)
123                 confirmErase();
124         }
125     } // fim do método onSensorChanged
126
127     // método obrigatório da interface SensorEventListener
128     @Override
129     public void onAccuracyChanged(Sensor sensor, int accuracy)
130     {
131     }
132     }; // fim da classe interna anônima
133
```

Figura 7.16 Classe interna anônima que implementa a interface `SensorEventListener` para processar eventos de acelerômetro.

O usuário pode chacoalhar o dispositivo mesmo quando caixas de diálogo já estão exibidas na tela. Por isso, `onSensorChanged` primeiramente verifica se uma caixa de diálogo está sendo exibida (linha 104). Esse teste garante que nenhuma outra caixa de diálogo esteja sendo exibida; caso contrário, `onSensorChanged` simplesmente retorna. Isso é importante, pois os eventos de sensor ocorrem em uma thread de execução diferente. Sem esse teste, poderíamos exibir a caixa de diálogo de confirmação para apagar a imagem quando outra caixa de diálogo estivesse na tela.

O parâmetro **SensorEvent** contém informações sobre a alteração ocorrida no sensor. Para eventos de acelerômetro, o array `values` desse parâmetro contém três elementos, representando a aceleração (em *metros/segundo*^{2}) nas direções x (esquerda/direita), y (para cima/para baixo) e z (para frente/para trás). Uma descrição e o diagrama do sistema de coordenadas usado pela API de `SensorEvent` estão disponíveis no endereço:

```
developer.android.com/reference/android/hardware/SensorEvent.html
```

Esse link também descreve os significados no mundo real dos valores de x, y e z de `SensorEvent` para cada objeto `Sensor` diferente.

As linhas 107 a 109 armazenam os valores de aceleração. É importante tratar os eventos de sensor rapidamente ou copiar os dados do evento (como fizemos), pois o array de valores de sensor é *reutilizado* para cada evento de sensor. A linha 112 armazena o último valor de `currentAcceleration`. A linha 115 soma os quadrados dos valores de x, y e z da aceleração e os armazena em `currentAcceleration`. Em seguida, usando os valores de `currentAcceleration` e `lastAcceleration`, calculamos um valor (`acceleration`) que pode ser comparado com nossa constante `ACCELERATION_THRESHOLD`. Se o valor for maior que a constante, o usuário movimentou o dispositivo o bastante para que o aplicativo considere o movimento um chacoalhar. Nesse caso, chamamos o método `confirmErase`.

Método *confirmErase*

O método `confirmErase` (Fig. 7.17) simplesmente cria um elemento `EraseImageDialogFragment` (Seção 7.9) e utiliza o método show de `DialogFragment` para exibi-lo.

216 Android para programadores

```
134    // confirma se a imagem deve ser apagada
135    private void confirmErase()
136    {
137       EraseImageDialogFragment fragment = new EraseImageDialogFragment();
138       fragment.show(getFragmentManager(), "erase dialog");
139    }
140
```

Figura 7.17 O método confirmErase exibe um elemento EraseImageDialogFragment.

Métodos sobrescritos onCreateOptionsMenu e onOptionsItemSelected de Fragment

A Figura 7.18 sobrescreve o método **onCreateOptionsMenu** de Fragment (linhas 142 a 147) para adicionar as opções ao argumento Menu do método usando seu argumento MenuInflater. Quando o usuário seleciona um item de menu, o método **onOptionsItemSelected** de Fragment (linhas 150 a 180) responde à seleção.

```
141    // exibe os itens de menu deste fragmento
142    @Override
143    public void onCreateOptionsMenu(Menu menu, MenuInflater inflater)
144    {
145       super.onCreateOptionsMenu(menu, inflater);
146       inflater.inflate(R.menu.doodle_fragment_menu, menu);
147    }
148
149    // trata a escolha no menu de opções
150    @Override
151    public boolean onOptionsItemSelected(MenuItem item)
152    {
153       // escolhe com base no identificador de MenuItem
154       switch (item.getItemId())
155       {
156          case R.id.color:
157             ColorDialogFragment colorDialog = new ColorDialogFragment();
158             colorDialog.show(getFragmentManager(), "color dialog");
159             return true; // consome o evento de menu
160          case R.id.lineWidth:
161             LineWidthDialogFragment widthdialog =
162                new LineWidthDialogFragment();
163             widthdialog.show(getFragmentManager(), "line width dialog");
164             return true; // consome o evento de menu
165          case R.id.eraser:
166             doodleView.setDrawingColor(Color.WHITE); // cor de linha branca
167             return true; // consome o evento de menu
168          case R.id.clear:
169             confirmErase(); // confirma antes de apagar a imagem
170             return true; // consome o evento de menu
171          case R.id.save:
172             doodleView.saveImage(); // salva a imagem atual
173             return true; // consome o evento de menu
174          case R.id.print:
175             doodleView.printImage(); // imprime a imagem atual
176             return true; // consome o evento de menu
177       } // fim de switch
178
179       return super.onOptionsItemSelected(item); // chama o método de super
180    } // fim do método onOptionsItemSelected
181
```

Figura 7.18 Métodos sobrescritos onCreateOptionsMenu e onOptionsItemSelected de Fragment.

Usamos o método **getItemID** do argumento de MenuItem (linha 154) para obter o identificador de recurso do item de menu selecionado e, então, adotamos diferentes ações, de acordo com a seleção. As ações são as seguintes:

- Para R.id.color, as linhas 157 e 158 criam e mostram um elemento ColorDialogFragment (Seção 7.7) para permitir que o usuário selecione uma nova cor de desenho.

- Para R.id.lineWidth, as linhas 161 a 163 criam e mostram um elemento LineWidthDialogFragment (Seção 7.8) para permitir que o usuário selecione uma nova espessura de linha.

- Para R.id.eraser, a linha 166 configura a cor de desenho de doodleView como branca, o que transforma os dedos do usuário em *borrachas*.

- Para R.id.clear, a linha 169 chama o método confirmErase (Fig. 7.17) para exibir um elemento EraseImageDialogFragment (Seção 7.9) e confirmar se o usuário realmente quer apagar a imagem.

- Para R.id.save, a linha 172 chama o método saveImage de doodleView para salvar a pintura como uma imagem armazenada na **Galeria** do dispositivo.

- Para R.id.print, a linha 175 chama o método printImage de doodleView para permitir que o usuário salve a imagem como PDF ou a imprima.

Métodos getDoodleView e setDialogOnScreen

Os métodos getDoodleView e setDialogOnScreen (Fig. 7.19) são chamados pelos métodos das subclasses de DialogFragment do aplicativo. O método getDoodleView retorna uma referência para o objeto DoodleView desse fragmento para que um elemento DialogFragment possa definir a cor de desenho, a largura da linha ou limpar a imagem. O método setDialogOnScreen é chamado pelos métodos de ciclo de vida de Fragment das subclasses de DialogFragment do aplicativo, para indicar quando uma caixa de diálogo está na tela.

```
182    // retorna o objeto DoodleView
183    public DoodleView getDoodleView()
184    {
185        return doodleView;
186    }
187
188    // indica se uma caixa de diálogo está sendo exibida
189    public void setDialogOnScreen(boolean visible)
190    {
191        dialogOnScreen = visible;
192    }
193 }
```

Figura 7.19 Métodos getDoodleView e setDialogOnScreen.

7.6   Classe DoodleView

A classe DoodleView (Figs. 7.20 a 7.33) processa os toques do usuário e desenha as linhas correspondentes.

A instrução package e as instruções import de DoodleView

A Figura 7.20 lista a instrução package, as instruções import e os campos da classe DoodleView. As classes e interfaces novas estão realçadas aqui. Muitas delas foram discu-

218 Android para programadores

tidas na Seção 7.2 e as restantes serão discutidas na medida em que as usarmos ao longo da classe `DoodleView`.

```java
1   // DoodleView.java
2   // Visualização principal do aplicativo Doodlz.
3   package com.deitel.doodlz;
4
5   import java.util.HashMap;
6   import java.util.Map;
7
8   import android.content.Context;
9   import android.graphics.Bitmap;
10  import android.graphics.Canvas;
11  import android.graphics.Color;
12  import android.graphics.Paint;
13  import android.graphics.Path;
14  import android.graphics.Point;
15  import android.os.Build;
16  import android.provider.MediaStore;
17  import android.support.v4.print.PrintHelper;
18  import android.util.AttributeSet;
19  import android.view.GestureDetector;
20  import android.view.GestureDetector.SimpleOnGestureListener;
21  import android.view.Gravity;
22  import android.view.MotionEvent;
23  import android.view.View;
24  import android.widget.Toast;
25
```

Figura 7.20 Instrução package e instruções import de DoodleView.

Variáveis estáticas e variáveis de instância de DoodleView

As variáveis estáticas e de instância da classe `DoodleView` (Fig. 7.21, linhas 30 a 43) são usadas para gerenciar os dados do conjunto de linhas que o usuário está desenhando e para desenhar essas linhas. A linha 38 cria o elemento `PathMap`, o qual mapeia cada identificador de dedo (conhecido como ponteiro) em um objeto `Path` correspondente para as linhas que estão sendo desenhadas. As linhas 39 e 40 criam o objeto `previousPointMap`, o qual mantém o último ponto de cada dedo – à medida que cada dedo se move, desenhamos uma linha de seu ponto atual até seu ponto anterior. Vamos discutir outros campos à medida que os utilizarmos na classe `DoodleView`.

```java
26  // a tela principal que é pintada
27  public class DoodleView extends View
28  {
29     // usado para determinar se o usuário moveu um dedo o suficiente para
        // desenhar novamente
30     private static final float TOUCH_TOLERANCE = 10;
31
32     private Bitmap bitmap; // área de desenho a exibir ou salvar
33     private Canvas bitmapCanvas; // usado para desenhar no bitmap
34     private final Paint paintScreen; // usado para desenhar o bitmap na tela
35     private final Paint paintLine; // usado para desenhar linhas no bitmap
36
37     // mapas dos objetos Path que estão sendo desenhados e os
        // objetos Point desses objetos Path
38     private final Map<Integer, Path> pathMap = new HashMap<Integer, Path>();
```

Figura 7.21 Variáveis estáticas e variáveis de instância de DoodleView. (*continua*)

Capítulo 7 Aplicativo Doodlz **219**

```
39    private final Map<Integer, Point> previousPointMap =
40        new HashMap<Integer, Point>();
41
42    // usado para ocultar/mostrar barras de sistema
43    private GestureDetector singleTapDetector;
44
```

Figura 7.21 Variáveis estáticas e variáveis de instância de DoodleView.

Construtor de DoodleView

O construtor (Fig. 7.22) inicializa diversas variáveis de instância da classe – os dois componentes Map são inicializados em suas declarações na Fig. 7.21. A linha 49 cria o objeto PaintScreen de Paint que vai ser usado para exibir o desenho do usuário na tela, e a linha 52 cria o objeto PaintLine que especifica as configurações da(s) linha(s) que o usuário está desenhando. As linhas 53 a 57 especificam as configurações do objeto paintLine. Passamos true para o método **setAntiAlias** de Paint para habilitar o *anti--aliasing* que suaviza as bordas das linhas. Em seguida, configuramos o estilo de Paint como Paint.Style.STROKE, com o método **setStyle** de Paint. O estilo pode ser STROKE, FILL ou FILL_AND_STROKE para uma linha, para uma forma preenchida sem borda e para uma forma preenchida com borda, respectivamente. A opção padrão é Paint.Style. FILL. Configuramos a largura da linha usando o método setStrokeWidth de Paint. Isso define a *largura de linha padrão* do aplicativo como cinco pixels. Também usamos o método setStrokeCap de Paint para arredondar as extremidades das linhas com Paint. Cap.ROUND. As linhas 60 e 61 criam um objeto GestureDetector que utiliza o elemento singleTapListener para buscar eventos de toque rápido.

```
45    // o construtor de DoodleView o inicializa
46    public DoodleView(Context context, AttributeSet attrs)
47    {
48        super(context, attrs); // passa o contexto para o construtor de View
49        paintScreen = new Paint(); // usado para exibir bitmap na tela
50
51        // ajusta as configurações de exibição iniciais da linha pintada
52        paintLine = new Paint();
53        paintLine.setAntiAlias(true); // suaviza as bordas da linha desenhada
54        paintLine.setColor(Color.BLACK); // a cor padrão é preto
55        paintLine.setStyle(Paint.Style.STROKE); // linha cheia
56        paintLine.setStrokeWidth(5); // configura a largura de linha padrão
57        paintLine.setStrokeCap(Paint.Cap.ROUND); // extremidades da linha arredondadas
58
59        // GestureDetector para toques rápidos
60        singleTapDetector =
61            new GestureDetector(getContext(), singleTapListener);
62    }
63
```

Figura 7.22 Construtor de DoodleView.

Método sobrescrito onSizeChanged de View

O tamanho de DoodleView não é determinado até que ele seja inflado e adicionado à hierarquia de Views de MainActivity; portanto, não podemos determinar o tamanho do objeto Bitmap de desenho em onCreate. Assim, sobrescrevemos o método onSizeChanged de View (Fig. 7.23), o qual é chamado quando o tamanho de DoodleView é modificado — por exemplo, quando é adicionado à hierarquia de Views de uma atividade ou quando o

220 Android para programadores

usuário gira o dispositivo. Neste aplicativo, onSizeChanged é chamado somente quando DoodleView é adicionado à hierarquia de Views da atividade de Doodlz, pois o aplicativo sempre aparece no modo *retrato* em telefones e tablets pequenos, e no modo *paisagem* em tablets grandes.

```
64    // O método onSizeChanged cria Bitmap e Canvas após exibir o aplicativo
65    @Override
66    public void onSizeChanged(int w, int h, int oldW, int oldH)
67    {
68        bitmap = Bitmap.createBitmap(getWidth(), getHeight(),
69           Bitmap.Config.ARGB_8888);
70        bitmapCanvas = new Canvas(bitmap);
71        bitmap.eraseColor(Color.WHITE); // apaga o Bitmap com branco
72    }
73
```

Figura 7.23 Método sobrescrito onSizeChanged de View.

O método estático **createBitmap** de Bitmap cria um objeto Bitmap com a largura e a altura especificadas – aqui, usamos a largura e a altura de DoodleView como dimensões do Bitmap. O último argumento de createBitmap é a codificação de Bitmap, a qual especifica como cada pixel do objeto Bitmap é armazenado. A constante Bitmap.Config. ARGB_8888 indica que a cor de cada pixel é armazenada em quatro bytes (um byte para cada valor de alfa, vermelho, verde e azul) da cor do pixel. Em seguida, criamos um novo Canvas, que é usado para desenhar formas diretamente no objeto Bitmap. Por fim, usamos o método eraseColor de Bitmap para preencher o objeto Bitmap com pixels brancos – o fundo padrão de Bitmap é preto.

Métodos *clear*, *setDrawingColor*, *getDrawingColor*, *setLineWidth* e *getLineWidth* de *DoodleView*

A Figura 7.24 define os métodos clear (linhas 75 a 81), setDrawingColor (linhas 84 a 87), getDrawingColor (linhas 90 a 93), setLineWidth (linhas 96 a 99) e getLineWidth (linhas 102 a 105), os quais são chamados a partir de DoodleFragment. O método clear, o qual usamos no elemento EraseImageDialogFragment, esvazia PathMap e previousPoint-Map, apaga o objeto Bitmap configurando todos os seus pixels com a cor branca e, então, chama o método **invalidate** herdado de View para indicar que a View precisa ser redesenhada. Em seguida, o sistema determina automaticamente quando o método onDraw de View deve ser chamado. O método setDrawingColor muda a cor de desenho atual, configurando a cor do objeto paintLine de Paint. O método setColor de Paint recebe um valor int representando a nova cor no formato ARGB. O método getDrawingColor retorna a cor atual, a qual usamos em ColorDialogFragment. O método setLineWidth configura a largura do traço de paintLine com o número especificado de pixels. O método getLineWidth retorna a largura de traço atual, a qual usamos em LineWidthDialogFragment.

```
74    // limpa o desenho
75    public void clear()
76    {
77        pathMap.clear(); // remove todos os caminhos
78        previousPointMap.clear(); // remove todos os pontos anteriores
```

Figura 7.24 Métodos clear, setDrawingColor, getDrawingColor, setLineWidth e getLineWidth de DoodleView. *(continua)*

Capítulo 7 Aplicativo Doodlz **221**

```
79          bitmap.eraseColor(Color.WHITE); // apaga o bitmap
80          invalidate(); // atualiza a tela
81      }
82
83      // configura a cor da linha pintada
84      public void setDrawingColor(int color)
85      {
86          paintLine.setColor(color);
87      }
88
89      // retorna a cor da linha pintada
90      public int getDrawingColor()
91      {
92          return paintLine.getColor();
93      }
94
95      // configura a largura da linha pintada
96      public void setLineWidth(int width)
97      {
98          paintLine.setStrokeWidth(width);
99      }
100
101     // retorna a largura da linha pintada
102     public int getLineWidth()
103     {
104         return (int) paintLine.getStrokeWidth();
105     }
106
```

Figura 7.24 Métodos clear, setDrawingColor, getDrawingColor, setLineWidth e getLineWidth de DoodleView.

Método sobrescrito onDraw de View

Quando uma View precisa ser *redesenhada*, seu método **onDraw** é chamado. A Figura 7.25 sobrescreve onDraw para exibir o bitmap (o objeto Bitmap que contém o desenho) em DoodleView, chamando o método **drawBitmap** do argumento de Canvas. O primeiro argumento é o objeto Bitmap a ser desenhado, os dois argumentos seguintes são as coordenadas *x-y* onde deve ser colocado o canto superior esquerdo do objeto Bitmap na View, e o último argumento é o objeto Paint que especifica as características do desenho. Então, as linhas 115 e 116 fazem um loop pelos componentes Path que estão sendo desenhados e os exibem. Para cada chave Integer no elemento pathMap, passamos o objeto Path correspondente para o método **drawPath** de Canvas, para desenhar o objeto Path usando o objeto paintLine, o qual define a *largura* e a *cor* da linha.

```
107     // chamado sempre que essa View é desenhada
108     @Override
109     protected void onDraw(Canvas canvas)
110     {
111         // desenha a tela de fundo
112         canvas.drawBitmap(bitmap, 0, 0, paintScreen);
113
114         // para cada caminho que está sendo desenhado
115         for (Integer key : pathMap.keySet())
116             canvas.drawPath(pathMap.get(key), paintLine); // desenha a linha
117     }
118
```

Figura 7.25 Método sobrescrito onDraw de View.

Métodos *hideSystemBars* e *showSystemBars* de *DoodleView*

Este aplicativo utiliza o novo *modo imersivo* do Android 4.4 para permitir que os usuários desenhem na tela inteira. Quando o usuário dá um toque rápido na tela, um elemento `SimplyOnGestureListener` de `GestureDetector` (Fig. 7.27) determina se as barras de sistema e a barra de ação estão sendo exibidas. Em caso positivo, o método `hideSystemBars` (Fig. 7.26, linhas 120 a 130) é chamado; caso contrário, o método `showSystemBars` (Fig. 7.26, linhas 133 a 140) é chamado. Para este aplicativo, habilitamos o modo imersivo somente para Android 4.4. Assim, ambos os métodos primeiro verificam se a versão de Android em execução no dispositivo – `Build.VERSION_SDK_INT` – é maior ou igual à constante do Android 4.4 (API nível 19) – `Build.VERSION_CODES_KITKAT`. Se for, os dois métodos usam o método **setSystemUiVisibility** de `View` para configurar as barras de sistema e a barra de ação. Para ocultar as barras de sistema e a barra de ação e colocar a interface do usuário no modo imersivo, passamos para `setSystemUiVisibility` as constantes que são combinadas por meio do operador OU bit a bit (|) nas linhas 124 a 129. Para mostrar as barras de sistema e a barra de ação, passamos para `setSystemUiVisibility` as constantes que são combinadas nas linhas 137 a 139. Essas combinações de constantes de `View` garantem que o elemento `DoodleView` *não* seja redimensionado toda vez que as barras de sistema e a barra de ação forem ocultadas e reexibidas. Em vez disso, as barras de sistema e a barra de ação se *sobrepõem* ao elemento `DoodleView` – isto é, parte do elemento `DoodleView` fica temporariamente oculta quando as barras de sistema e a barra de ação estão na tela. A constante `View.SYSTEM_UI_FLAG_IMMERSIVE` é novidade no Android 4.4. Para obter mais informações sobre o modo imersivo, visite:

```
http://developer.android.com/training/system-ui/immersive.html
```

```
119    // oculta as barras de sistema e a barra de ação
120    public void hideSystemBars()
121    {
122       if (Build.VERSION.SDK_INT >= Build.VERSION_CODES.KITKAT)
123          setSystemUiVisibility(
124             View.SYSTEM_UI_FLAG_LAYOUT_STABLE |
125             View.SYSTEM_UI_FLAG_LAYOUT_HIDE_NAVIGATION |
126             View.SYSTEM_UI_FLAG_LAYOUT_FULLSCREEN |
127             View.SYSTEM_UI_FLAG_HIDE_NAVIGATION |
128             View.SYSTEM_UI_FLAG_FULLSCREEN |
129             View.SYSTEM_UI_FLAG_IMMERSIVE);
130    }
131
132    // mostra as barras de sistema e a barra de ação
133    public void showSystemBars()
134    {
135       if (Build.VERSION.SDK_INT >= Build.VERSION_CODES.KITKAT)
136          setSystemUiVisibility(
137             View.SYSTEM_UI_FLAG_LAYOUT_STABLE |
138             View.SYSTEM_UI_FLAG_LAYOUT_HIDE_NAVIGATION |
139             View.SYSTEM_UI_FLAG_LAYOUT_FULLSCREEN);
140    }
141
```

Figura 7.26 Métodos hideSystemBars e showSystemBars de DoodleView.

Classe interna anônima que implementa a interface SimpleOnGestureListener

A Figura 7.27 cria o receptor SimpleOnGestureListener chamado singleTapListener, o qual foi registrado nas linhas 60 e 61 (Fig. 7.22) com GestureDetector. Lembre-se de que SimpleOnGestureListener é uma classe adaptadora que implementa as interfaces OnGestureListener e OnDoubleTapListener. Os métodos simplesmente retornam false – indicando que os eventos *não foram tratados*. Sobrescrevemos somente o método **onSingleTap** (linhas 146 a 155), o qual é chamado quando o usuário dá toques rápidos na tela. Determinamos se as barras de sistema e a barra de aplicativo estão sendo exibidas (linhas 149 e 150) chamando o método **getSystemUiVisibilty** de View e combinando seu resultado com a constante View.SYSTEM_UI_FLAG_HIDE_NAVIGATION. Se o resultado for 0, as barras de sistema e a barra de aplicativo estão sendo exibidas; portanto, chamamos o método hideSystemBars; caso contrário, chamamos showSystemBars. Retornar true indica que o evento de toque rápido foi tratado.

```
142    // cria SimpleOnGestureListener para eventos de toque rápido
143    private SimpleOnGestureListener singleTapListener =
144        new SimpleOnGestureListener()
145        {
146            @Override
147            public boolean onSingleTapUp(MotionEvent e)
148            {
149                if ((getSystemUiVisibility() &
150                    View.SYSTEM_UI_FLAG_HIDE_NAVIGATION) == 0)
151                    hideSystemBars();
152                else
153                    showSystemBars();
154                return true;
155            }
156        };
157
```

Figura 7.27   Classe interna anônima que implementa a interface SimpleOnGestureListener.

Método sobrescrito onTouchEvent de View

O método onTouchEvent (Fig. 7.28) é chamado quando a View recebe um evento de toque. O Android suporta *multitouch* – isto é, vários dedos tocando na tela. A qualquer momento, o usuário pode tocar na tela com mais dedos ou retirar os dedos dela. Por isso, cada dedo – conhecido como *ponteiro* – tem um identificador exclusivo que o diferencia nos eventos de toque. Vamos usar esse identificador para localizar os objetos Path correspondentes que representam cada linha que está sendo desenhada. Esses objetos Path são armazenados em pathMap.

```
158    // trata evento de toque
159    @Override
160    public boolean onTouchEvent(MotionEvent event)
161    {
```

Figura 7.28   Método sobrescrito onTouchEvent de View. (*continua*)

224 Android para programadores

```
162    // obtém o tipo de evento e o identificador do ponteiro que causou o evento
163    // se um evento de toque rápido ocorreu em dispositivo KitKat ou mais recente
164    if (singleTapDetector.onTouchEvent(event))
165        return true;
166
167    int action = event.getActionMasked(); // tipo de evento
168    int actionIndex = event.getActionIndex(); // ponteiro (isto é, o dedo)
169
170    // determina se o toque começou, terminou ou está ocorrendo
171    if (action == MotionEvent.ACTION_DOWN ||
172        action == MotionEvent.ACTION_POINTER_DOWN)
173    {
174        touchStarted(event.getX(actionIndex), event.getY(actionIndex),
175            event.getPointerId(actionIndex));
176    }
177    else if (action == MotionEvent.ACTION_UP ||
178        action == MotionEvent.ACTION_POINTER_UP)
179    {
180        touchEnded(event.getPointerId(actionIndex));
181    }
182    else
183    {
184        touchMoved(event);
185    }
186
187    invalidate(); // redesenha
188    return true;
189 } // fim do método onTouchEvent
190
```

Figura 7.28 Método sobrescrito onTouchEvent de View.

Quando ocorre um evento de toque, a linha 164 chama o método onTouchEvent de GestureDetector (singleTapDetector) para primeiramente determinar se o evento foi um toque rápido, a fim de ocultar ou mostrar as barras de sistema e a barra de aplicativo. Se o evento de movimento foi um toque rápido, o método retorna imediatamente.

O método **getActionMasked** de MotionEvent (linha 167) retorna um valor int representando o tipo de MotionEvent, o qual você pode usar com constantes da classe MotionEvent para determinar como vai tratar cada evento. O método **getActionIndex** de MotionEvent (linha 168) retorna um índice inteiro representando o dedo que causou o evento. Esse índice *não* é o identificador exclusivo do dedo – é apenas o índice no qual a informação do dedo está localizada nesse objeto MotionEvent. Para obtermos o identificador exclusivo do dedo, que persiste entre os objetos MotionEvent até que o usuário retire esse dedo da tela, vamos usar o método **getPointerID** de MotionEvent (linhas 175 e 180), passando o índice do dedo como argumento.

Se a ação for MotionEvent.ACTION_DOWN ou MotionEvent.ACTION_POINTER_DOWN (linhas 171 e 172), o usuário *tocou na tela com um novo dedo*. O primeiro dedo a tocar na tela gera um evento MotionEvent.ACTION_DOWN, e todos os outros dedos geram eventos MotionEvent. ACTION_POINTER_DOWN. Para esses casos, chamamos o método touchStarted (Fig. 7.29) para armazenar as coordenadas iniciais do toque. Se ação for MotionEvent.ACTION_UP ou MotionEvent.ACTION_POINTER_UP, o usuário *retirou um dedo da tela*, de modo que chamamos o método touchEnded (Fig. 7.31) para desenhar o objeto Path completo no bitmap, a fim de que tenhamos um registro permanente desse objeto Path. Para todos os outros eventos de toque, chamamos o método touchMoved (Fig. 7.30) para desenhar as linhas. Depois que o evento é processado, a linha 187 chama o método invalidate herdado de View para redesenhar a tela, e a linha 188 retorna true para indicar que o evento foi processado.

Método *touchStarted* da classe *DoodleView*

O método touchStarted (Fig. 7.29) é chamado quando um dedo *toca* a tela pela primeira vez. As coordenadas do toque e seu identificador são fornecidos como argumentos. Se um objeto Path já existe para determinado identificador (linha 198), chamamos o método **reset** de Path para *limpar* quaisquer pontos já existentes, a fim de que possamos *reutilizar* o objeto Path para um novo traço. Caso contrário, criamos um novo objeto Path, o adicionamos a PathMap e, então, adicionamos um novo objeto Point a previous-PointMap. As linhas 213 a 215 chamam o método **moveTo** de Path para configurar as coordenadas iniciais de Path e especificar os novos valores x e y de Point.

```
191    // chamado quando o usuário toca na tela
192    private void touchStarted(float x, float y, int lineID)
193    {
194        Path path; // usado para armazenar o caminho para o identificador de toque dado
195        Point point; // usado para armazenar o último ponto no caminho
196
197        // se já existe um caminho para lineID
198        if (pathMap.containsKey(lineID))
199        {
200            path = pathMap.get(lineID); // obtém o objeto Path
201            path.reset(); // redefine o objeto Path, pois um novo toque começou
202            point = previousPointMap.get(lineID); // obtém o último ponto de Path
203        }
204        else
205        {
206            path = new Path();
207            pathMap.put(lineID, path); // adiciona o objeto Path ao mapa
208            point = new Point(); // cria um novo objeto Point
209            previousPointMap.put(lineID, point); // adiciona o objeto Point ao mapa
210        }
211
212        // move até as coordenadas do toque
213        path.moveTo(x, y);
214        point.x = (int) x;
215        point.y = (int) y;
216    } // fim do método touchStarted
217
```

Figura 7.29   Método touchStarted da classe DoodleView.

Método *touchMoved* da classe *DoodleView*

O método touchMoved (Fig. 7.30) é chamado quando o usuário movimenta um ou mais dedos pela tela. O evento de sistema MotionEvent passado a partir de onTouchEvent contém informações de toque para vários movimentos na tela, caso ocorram ao mesmo tempo. O método **getPointerCount** de MotionEvent (linha 222) retorna o número de toques que esse objeto MotionEvent descreve. Para cada um, armazenamos o identificador do dedo (linha 225) em pointerID e armazenamos o índice do dedo correspondente desse objeto MotionEvent (linha 226) em pointerIndex. Então, verificamos se existe um objeto Path correspondente no HashMap pathMap (linha 229). Se existir, usamos os métodos getX e getY de MotionEvent para obter as últimas coordenadas desse evento de *arrastar* para o pointerIndex especificado. Obtemos o objeto Path correspondente e o último objeto Point para o pointerID de cada HashMap respectivo e, então, calculamos a diferença entre o último ponto e o ponto atual – queremos atualizar o objeto Path *somente* se o usuário tiver realizado um movimento por uma distância maior que nossa constante TOUCH_TOLE-RANCE. Fazemos isso porque muitos dispositivos são sensíveis o suficiente para gerar objetos

MotionEvent indicando pequenos movimentos quando o usuário está tentando manter um dedo imóvel na tela. Se o usuário movimentou um dedo por mais do que TOUCH_TO-LERANCE, usamos o método **quadTo** de Path (linhas 248 e 249) para adicionar uma curva geométrica (especificamente, uma *curva Bezier quadrática*) do objeto Point anterior até o novo objeto Point. Então, atualizamos o objeto Point mais recente para esse dedo.

```java
218   // chamado quando o usuário arrasta o dedo pela tela
219   private void touchMoved(MotionEvent event)
220   {
221      // para cada um dos ponteiros em MotionEvent
222      for (int i = 0; i < event.getPointerCount(); i++)
223      {
224         // obtém o identificador e o índice do ponteiro
225         int pointerID = event.getPointerId(i);
226         int pointerIndex = event.findPointerIndex(pointerID);
227
228         // se existe um caminho associado ao ponteiro
229         if (pathMap.containsKey(pointerID))
230         {
231            // obtém as novas coordenadas do ponteiro
232            float newX = event.getX(pointerIndex);
233            float newY = event.getY(pointerIndex);
234
235            // obtém o objeto Path e o objeto Point
236            // anterior associados a esse ponteiro
237            Path path = pathMap.get(pointerID);
238            Point point = previousPointMap.get(pointerID);
239
240            // calcula quanto o usuário moveu a partir da última atualização
241            float deltaX = Math.abs(newX - point.x);
242            float deltaY = Math.abs(newY - point.y);
243
244            // se a distância é significativa o suficiente para ter importância
245            if (deltaX >= TOUCH_TOLERANCE || deltaY >= TOUCH_TOLERANCE)
246            {
247               // move o caminho para o novo local
248               path.quadTo(point.x, point.y, (newX + point.x) / 2,
249                  (newY + point.y) / 2);
250
251               // armazena as novas coordenadas
252               point.x = (int) newX;
253               point.y = (int) newY;
254            }
255         }
256      }
257   } // fim do método touchMoved
258
```

Figura 7.30 Método touchMoved da classe DoodleView.

Método *touchEnded* da classe *DoodleView*

O método touchEnded (Fig. 7.31) é chamado quando o usuário retira um dedo da tela. O método recebe como argumento o identificador do dedo (lineID) para o toque que acabou de terminar. A linha 262 obtém o objeto Path correspondente. A linha 263 chama o método drawPath de bitmapCanvas para desenhar o Path no objeto Bitmap chamado bitmap antes de chamarmos o método reset de Path para limpar o traço. Redefinir Path não apaga sua linha pintada correspondente da tela, pois essas linhas já foram desenhadas no bitmap que está sendo exibido. As linhas que estão sendo desenhadas pelo usuário são exibidas por cima desse bitmap.

Capítulo 7 Aplicativo Doodlz **227**

```
259   // chamado quando o usuário finaliza um toque
260   private void touchEnded(int lineID)
261   {
262      Path path = pathMap.get(lineID); // obtém o objeto Path correspondente
263      bitmapCanvas.drawPath(path, paintLine); // desenha em bitmapCanvas
264      path.reset(); // redefine o objeto Path
265   }
266
```

Figura 7.31 Método touchEnded da classe DoodleView.

Método saveImage de DoodleView

O método saveImage (Fig. 7.32) salva o desenho atual em um arquivo na galeria do dispositivo.* (ver nota pág. 237) A linha 271 cria um nome de arquivo para a imagem e, então, as linhas 274 a 276 armazenam a imagem na **Galeria** do dispositivo chamando o método insertImage da classe MediaStore.Images.Media. O método recebe quatro argumentos:

- um ContentResolver, utilizado para determinar onde a imagem deve ser armazenada no dispositivo
- o objeto Bitmap a ser armazenado
- o nome da imagem
- uma descrição da imagem

O método insertImage retorna um objeto String representando o local da imagem no dispositivo, ou null, caso a imagem não possa ser salva. As linhas 278 a 295 verificam se a imagem foi salva e exibem o elemento Toast apropriado.

```
267   // salva a imagem atual na Galeria
268   public void saveImage()
269   {
270      // usa "Doodlz", seguido da hora atual, como nome da imagem
271      String name = "Doodlz" + System.currentTimeMillis() + ".jpg";
272
273      // insere a imagem na Galeria do dispositivo
274      String location = MediaStore.Images.Media.insertImage(
275         getContext().getContentResolver(), bitmap, name,
276         "Doodlz Drawing");
277
278      if (location != null) // a imagem foi salva
279      {
280         // exibe uma mensagem indicando que a imagem foi salva
281         Toast message = Toast.makeText(getContext(),
282            R.string.message_saved, Toast.LENGTH_SHORT);
283         message.setGravity(Gravity.CENTER, message.getXOffset() / 2,
284            message.getYOffset() / 2);
285         message.show();
286      }
287      else
288      {
289         // exibe uma mensagem indicando que a imagem não foi salva
290         Toast message = Toast.makeText(getContext(),
291            R.string.message_error_saving, Toast.LENGTH_SHORT);
292         message.setGravity(Gravity.CENTER, message.getXOffset() / 2,
```

Figura 7.32 Método saveImage de DoodleView. (continua)

```
293                  message.getYOffset() / 2);
294            message.show();
295          }
296     } // fim do método saveImage
297
```

Figura 7.32   Método saveImage de DoodleView.

Método *printImage* de *DoodleView*

Nos dispositivos Android 4.4 e mais recentes, o método printImage (Fig. 7.33) utiliza a classe PrintHelper da Android Support Library para imprimir o desenho atual. A linha 301 primeiramente confirma se, no dispositivo, existe suporte para impressão. Em caso positivo, a linha 304 cria um objeto PrintHelper. Em seguida, a linha 307 especifica o *modo de escala* da imagem – PrintHelper.SCALE_MODE_FIT indica que a imagem deve caber dentro da área imprimível do papel. Existe também o modo de escala PrintHelper. SCALE_MODE_FILL, o qual faz a imagem preencher o papel, possivelmente cortando parte da imagem. Por fim, a linha 308 chama o método **printBitmap** da classe PrintHelper, passando como argumentos o nome da tarefa de impressão (usado pela impressora para identificar a impressão) e o objeto Bitmap que contém a imagem a ser impressa. Isso exibe a caixa de diálogo de impressão do Android, a qual permite ao usuário escolher se vai salvar a imagem como um documento PDF no dispositivo ou se vai imprimi-la em uma impressora disponível.

```
298     // imprime a imagem atual
299     public void printImage()
300     {
301        if (PrintHelper.systemSupportsPrint())
302        {
303           // usa PrintHelper da Android Support Library para imprimir a imagem
304           PrintHelper printHelper = new PrintHelper(getContext());
305
306           // encaixa a imagem nos limites da página e a imprime
307           printHelper.setScaleMode(PrintHelper.SCALE_MODE_FIT);
308           printHelper.printBitmap("Doodlz Image", bitmap);
309        }
310        else
311        {
312           // exibe uma mensagem indicando que o sistema não permite impressão
313           Toast message = Toast.makeText(getContext(),
314              R.string.message_error_printing, Toast.LENGTH_SHORT);
315           message.setGravity(Gravity.CENTER, message.getXOffset() / 2,
316              message.getYOffset() / 2);
317           message.show();
318        }
319     }
320  } // fim da classe DoodleView
```

Figura 7.33   Método printImage de DoodleView.

7.7 Classe ColorDialogFragment

A classe ColorDialogFragment (Figs. 7.34 a 7.38) estende DialogFragment a fim de criar um componente AlertDialog para configurar a cor de desenho. As variáveis de instância da classe (linhas 19 a 24) são usadas para referenciar os controles da interface gráfica do usuário para selecionar a nova cor, exibir uma visualização dela e armazená-la como um valor int de 32 bits representando os valores ARGB da cor.

```java
1   // ColorDialogFragment.java
2   // Permite ao usuário configurar a cor de desenho no elemento DoodleView
3   package com.deitel.doodlz;
4
5   import android.app.Activity;
6   import android.app.AlertDialog;
7   import android.app.Dialog;
8   import android.app.DialogFragment;
9   import android.content.DialogInterface;
10  import android.graphics.Color;
11  import android.os.Bundle;
12  import android.view.View;
13  import android.widget.SeekBar;
14  import android.widget.SeekBar.OnSeekBarChangeListener;
15
16  // classe para a caixa de diálogo Select Color
17  public class ColorDialogFragment extends DialogFragment
18  {
19     private SeekBar alphaSeekBar;
20     private SeekBar redSeekBar;
21     private SeekBar greenSeekBar;
22     private SeekBar blueSeekBar;
23     private View colorView;
24     private int color;
25
```

Figura 7.34 Instrução package, instruções import e variáveis de instância de ColorDialogFragment.

Método sobrescrito onCreateDialog de DialogFragment

O método onCreateDialog (Fig. 7.35) infla o objeto View personalizado (linhas 32 a 34) definido por fragment_color.xml, que contém a interface gráfica do usuário para selecionar uma cor, e anexa esse objeto View ao componente AlertDialog chamando o método setView de AlertDialog.Builder (linha 35). As linhas 42 a 50 obtêm referências para os componentes SeekBar e colorView da caixa de diálogo. Em seguida, as linhas 53 a 56 registram colorChangedListener (Fig. 7.38) como receptor para os eventos dos componentes SeekBar.

```java
26  // cria um componente AlertDialog e o retorna
27  @Override
28  public Dialog onCreateDialog(Bundle bundle)
29  {
30     AlertDialog.Builder builder =
31        new AlertDialog.Builder(getActivity());
32     View colorDialogView =
33        getActivity().getLayoutInflater().inflate(
34           R.layout.fragment_color, null);
```

Figura 7.35 Método sobrescrito onCreateDialog de DialogFragment. (*continua*)

230 Android para programadores

```
35        builder.setView(colorDialogView); // adiciona a interface gráfica do usuário à
                                             // caixa de diálogo
36
37        // configura a mensagem de AlertDialog
38        builder.setTitle(R.string.title_color_dialog);
39        builder.setCancelable(true);
40
41        // obtém os componentes SeekBar de cor e configura seus receptores onChange
42        alphaSeekBar = (SeekBar) colorDialogView.findViewById(
43           R.id.alphaSeekBar);
44        redSeekBar = (SeekBar) colorDialogView.findViewById(
45           R.id.redSeekBar);
46        greenSeekBar = (SeekBar) colorDialogView.findViewById(
47           R.id.greenSeekBar);
48        blueSeekBar = (SeekBar) colorDialogView.findViewById(
49           R.id.blueSeekBar);
50        colorView = colorDialogView.findViewById(R.id.colorView);
51
52        // registra receptores de eventos de SeekBar
53        alphaSeekBar.setOnSeekBarChangeListener(colorChangedListener);
54        redSeekBar.setOnSeekBarChangeListener(colorChangedListener);
55        greenSeekBar.setOnSeekBarChangeListener(colorChangedListener);
56        blueSeekBar.setOnSeekBarChangeListener(colorChangedListener);
57
58        // usa a cor de desenho atual para configurar os valores dos SeekBar
59        final DoodleView doodleView = getDoodleFragment().getDoodleView();
60        color = doodleView.getDrawingColor();
61        alphaSeekBar.setProgress(Color.alpha(color));
62        redSeekBar.setProgress(Color.red(color));
63        greenSeekBar.setProgress(Color.green(color));
64        blueSeekBar.setProgress(Color.blue(color));
65
66        // adiciona o componente Button Set Color
67        builder.setPositiveButton(R.string.button_set_color,
68           new DialogInterface.OnClickListener()
69           {
70              public void onClick(DialogInterface dialog, int id)
71              {
72                 doodleView.setDrawingColor(color);
73              }
74           }
75        ); // fim da chamada a setPositiveButton
76
77        return builder.create(); // retorna a caixa de diálogo
78     } // fim do método onCreateDialog
79
```

Figura 7.35 Método sobrescrito onCreateDialog de DialogFragment.

A linha 59 chama o método getDoodleFragment (Fig. 7.36) a fim de obter uma referência para o componente DoodleFragment e, então, chama o método getDoodleView de DoodleFragment para obter o elemento DoodleView. As linhas 60 a 64 obtêm a cor de desenho atual de DoodleView e, então, a utilizam para configurar o valor de cada componente SeekBar. Os métodos estáticos **alpha**, **red**, **green** e **blue** de Color extraem os valores ARGB da cor, e o método setProgress de SeekBar posiciona os cursores. As linhas 67 a 75 configuram o botão positivo de AlertDialog para configurar a nova cor de desenho de DoodleView. A linha 77 retorna o componente AlertDialog.

Método getDoodleFragment

O método getDoodleFragment (Fig. 7.36) simplesmente usa o componente FragmentMa-nager a fim de obter uma referência para DoodleFragment.

```
80    // obtém uma referência para o componente DoodleFragment
81    private DoodleFragment getDoodleFragment()
82    {
83        return (DoodleFragment) getFragmentManager().findFragmentById(
84            R.id.doodleFragment);
85    }
86
```

Figura 7.36 Método getDoodleFragment.

Métodos sobrescritos de ciclo de vida onAttach e onDetach de Fragment

Quando o componente ColorDialogFragment é adicionado a uma atividade pai, o mé-todo onAttach (Fig. 7.37, linhas 88 a 96) é chamado. A linha 92 obtém uma referência para o componente DoodleFragment. Se essa referência não é nula, a linha 95 chama o método setDialogOnScreen de DoodleFragment para indicar que a caixa de diálogo **Choo-se Color** está sendo exibida no momento. Quando o componente ColorDialogFragment é removido de uma atividade pai, o método onDetach (linhas 99 a 107) é chamado. A linha 106 chama o método setDialogOnScreen de DoodleFragment para indicar que a caixa de diálogo **Choose Color** não está mais na tela.

```
87     // informa DoodleFragment de que a caixa de diálogo está sendo exibida
88     @Override
89     public void onAttach(Activity activity)
90     {
91         super.onAttach(activity);
92         DoodleFragment fragment = getDoodleFragment();
93
94         if (fragment != null)
95             fragment.setDialogOnScreen(true);
96     }
97
98     // informa DoodleFragment de que a caixa de diálogo não está mais sendo exibida
99     @Override
100    public void onDetach()
101    {
102        super.onDetach();
103        DoodleFragment fragment = getDoodleFragment();
104
105        if (fragment != null)
106            fragment.setDialogOnScreen(false);
107    }
108
```

Figura 7.37 Métodos de ciclo de vida sobrescritos onAttach e onDetach de Fragment.

Classe interna anônima que implementa a interface OnSeekBarChangeListener para responder aos eventos dos componentes SeekBar para alfa, vermelho, verde e azul

A Figura 7.38 define uma classe interna anônima que implementa a interface OnSeekBar-ChangeListener para responder aos eventos quando o usuário ajusta os componentes Seek-

232 Android para programadores

Bar do componente Dialog **Choose Color**. Isso foi registrado como rotina de tratamento de eventos dos componentes SeekBar na Figura 7.35 (linhas 53 a 56). O método onProgress-Changed (linhas 115 a 123) é chamado quando a posição do cursor de um componente SeekBar muda. Se o usuário moveu o cursor de um componente SeekBar (linha 118), as linhas 119 a 121 armazenam a nova cor. O método estático **argb** da classe Color combina os valores dos componentes SeekBar em um objeto Color e retorna a cor apropriada como um valor int. Então, usamos o método **setBackgroundColor** da classe View para atualizar o elemento colorView com a cor correspondente ao estado dos componentes SeekBar.

```
109   // OnSeekBarChangeListener para os componentes SeekBar na caixa de diálogo de cor
110   private OnSeekBarChangeListener colorChangedListener =
111      new OnSeekBarChangeListener()
112   {
113      // exibe a cor atualizada
114      @Override
115      public void onProgressChanged(SeekBar seekBar, int progress,
116         boolean fromUser)
117      {
118         if (fromUser) // o usuário, não o programa, alterou o cursor do
                          // componente SeekBar
119            color = Color.argb(alphaSeekBar.getProgress(),
120               redSeekBar.getProgress(), greenSeekBar.getProgress(),
121               blueSeekBar.getProgress());
122         colorView.setBackgroundColor(color);
123      }
124
125      @Override
126      public void onStartTrackingTouch(SeekBar seekBar) // obrigatório
127      {
128      }
129
130      @Override
131      public void onStopTrackingTouch(SeekBar seekBar) // obrigatório
132      {
133      }
134   }; // fim de colorChanged
135 } // fim da classe ColorDialogFragment
```

Figura 7.38 Classe interna anônima que implementa a interface OnSeekBarChangeListener para responder aos eventos dos componentes SeekBar para alfa, vermelho, verde e azul.

7.8 Classe LineWidthDialogFragment

A classe LineWidthDialogFragment (Fig. 7.39) estende DialogFragment a fim de criar um componente AlertDialog para configurar a largura da linha. Ela é semelhante à classe ColorDialogFragment; portanto, discutimos aqui somente as principais diferenças. A única variável de instância da classe é um elemento ImageView (linha 22), no qual desenhamos uma linha mostrando a configuração de largura de linha atual.

```
1   // LineWidthDialogFragment.java
2   // Permite ao usuário configurar a cor de desenho no elemento DoodleView
3   package com.deitel.doodlz;
4
5   import android.app.Activity;
6   import android.app.AlertDialog;
```

Figura 7.39 Classe LineWidthDialogFragment. (*continua*)

Capítulo 7   Aplicativo Doodlz   **233**

```java
7   import android.app.Dialog;
8   import android.app.DialogFragment;
9   import android.content.DialogInterface;
10  import android.graphics.Bitmap;
11  import android.graphics.Canvas;
12  import android.graphics.Paint;
13  import android.os.Bundle;
14  import android.view.View;
15  import android.widget.ImageView;
16  import android.widget.SeekBar;
17  import android.widget.SeekBar.OnSeekBarChangeListener;
18
19  // classe para a caixa de diálogo Select Color
20  public class LineWidthDialogFragment extends DialogFragment
21  {
22     private ImageView widthImageView;
23
24     // cria um componente AlertDialog e o retorna
25     @Override
26     public Dialog onCreateDialog(Bundle bundle)
27     {
28        AlertDialog.Builder builder =
29           new AlertDialog.Builder(getActivity());
30        View lineWidthDialogView = getActivity().getLayoutInflater().inflate(
31           R.layout.fragment_line_width, null);
32        builder.setView(lineWidthDialogView); // adiciona a interface gráfica do
                                                // usuário à caixa de diálogo
33
34        // configura a mensagem de AlertDialog
35        builder.setTitle(R.string.title_line_width_dialog);
36        builder.setCancelable(true);
37
38        // obtém o componente ImageView
39        widthImageView = (ImageView) lineWidthDialogView.findViewById(
40           R.id.widthImageView);
41
42        // configura widthSeekBar
43        final DoodleView doodleView = getDoodleFragment().getDoodleView();
44        final SeekBar widthSeekBar = (SeekBar)
45           lineWidthDialogView.findViewById(R.id.widthSeekBar);
46        widthSeekBar.setOnSeekBarChangeListener(lineWidthChanged);
47        widthSeekBar.setProgress(doodleView.getLineWidth());
48
49        // adiciona o componente Button Set Line Width
50        builder.setPositiveButton(R.string.button_set_line_width,
51           new DialogInterface.OnClickListener()
52           {
53              public void onClick(DialogInterface dialog, int id)
54              {
55                 doodleView.setLineWidth(widthSeekBar.getProgress());
56              }
57           }
58        ); // fim da chamada a setPositiveButton
59
60        return builder.create(); // retorna a caixa de diálogo
61     } // fim do método onCreateDialog
62
63     // obtém uma referência para o componente DoodleFragment
64     private DoodleFragment getDoodleFragment()
65     {
66        return (DoodleFragment) getFragmentManager().findFragmentById(
```

Figura 7.39   Classe LineWidthDialogFragment. (*continua*)

234 Android para programadores

```java
67          R.id.doodleFragment);
68      }
69
70      // informa DoodleFragment de que a caixa de diálogo está sendo exibida
71      @Override
72      public void onAttach(Activity activity)
73      {
74          super.onAttach(activity);
75          DoodleFragment fragment = getDoodleFragment();
76
77          if (fragment != null)
78              fragment.setDialogOnScreen(true);
79      }
80
81      // informa DoodleFragment de que a caixa de diálogo não está mais sendo exibida
82      @Override
83      public void onDetach()
84      {
85          super.onDetach();
86          DoodleFragment fragment = getDoodleFragment();
87
88          if (fragment != null)
89              fragment.setDialogOnScreen(false);
90      }
91
92      // OnSeekBarChangeListener para o componente SeekBar na caixa de diálogo de largura
93      private OnSeekBarChangeListener lineWidthChanged =
94          new OnSeekBarChangeListener()
95          {
96              Bitmap bitmap = Bitmap.createBitmap(
97                  400, 100, Bitmap.Config.ARGB_8888);
98              Canvas canvas = new Canvas(bitmap); // associa ao Canvas
99
100             @Override
101             public void onProgressChanged(SeekBar seekBar, int progress,
102                 boolean fromUser)
103             {
104                 // configura um objeto Paint para o valor de SeekBar atual
105                 Paint p = new Paint();
106                 p.setColor(
107                     getDoodleFragment().getDoodleView().getDrawingColor());
108                 p.setStrokeCap(Paint.Cap.ROUND);
109                 p.setStrokeWidth(progress);
110
111                 // apaga o bitmap e redesenha a linha
112                 bitmap.eraseColor(
113                     getResources().getColor(android.R.color.transparent));
114                 canvas.drawLine(30, 50, 370, 50, p);
115                 widthImageView.setImageBitmap(bitmap);
116             }
117
118             @Override
119             public void onStartTrackingTouch(SeekBar seekBar) // obrigatório
120             {
121             }
122
123             @Override
124             public void onStopTrackingTouch(SeekBar seekBar)  // obrigatório
125             {
126             }
127         }; // fim de lineWidthChanged
128 }
```

Figura 7.39 Classe LineWidthDialogFragment.

Capítulo 7 Aplicativo Doodlz **235**

Método onCreateDialog

O método onCreateDialog (llinhas 25 a 61) infla o objeto View personalizado (linhas 30 e 31) definido por fragment_line_width.xml, o qual exibe a interface gráfica do usuário para selecionar a largura da linha, e anexa esse objeto View ao componente AlertDialog chamando o método setView de AlertDialog.Builder (linha 32). As linhas 39 e 40 obtêm uma referência para o elemento ImageView no qual a amostra da linha será desenhada. Em seguida, as linhas 43 a 47 obtêm uma referência para o elemento widthSeekBar, registram lineWidthChanged (linhas 93 a 127) como receptor de SeekBar e configuram o valor atual do componente SeekBar com a largura de linha atual. As linhas 50 a 58 definem o botão positivo da caixa de diálogo para chamar o método setLineWidth de DoodleView quando o usuário tocar no botão **Set Line Width**. A linha 60 retorna o componente AlertDialog para exibição.

Classe interna anônima que implementa a interface OnSeekBarChangeListener para responder aos eventos do componente widthSeekBar

As linhas 93 a 127 definem o receptor OnSeekBarChangeListener de lineWidthChanged que responde aos eventos quando o usuário ajusta o componente SeekBar na caixa de diálogo **Choose Line Width**. As linhas 96 e 97 criam um objeto Bitmap para exibir uma amostra da linha representando a espessura selecionada. A linha 98 cria um Canvas para desenhar no objeto Bitmap. O método onProgressChanged (linhas 100 a 116) desenha a amostra de linha com base na cor de desenho atual e no valor do componente SeekBar. Primeiramente, as linhas 105 a 109 configuram um objeto Paint para desenhar a amostra de linha. O método **setStrokeCap** da classe Paint (linha 108) especifica a aparência das extremidades da linha – neste caso, elas são arredondadas (Paint.Cap.ROUND). As linhas 112 e 113 limpam o fundo do bitmap com a cor android.R.color.transparent predefinida do Android com o método **eraseColor** de Bitmap. Usamos canvas para desenhar a amostra de linha. Por fim, a linha 115 exibe o bitmap em widthImageView, passando-o para o método **setImageBitmap** de ImageView.

7.9 Classe EraseImageDialogFragment

A classe EraseImageDialogFragment (Fig. 7.40) estende DialogFragment para criar um componente AlertDialog que confirma se o usuário quer realmente apagar a imagem inteira. Ela é semelhante às classes ColorDialogFragment e LineWidthDialogFragment; portanto, discutimos aqui somente o método onCreateDialog (linhas 16 a 41). O método cria um componente AlertDialog com botões **Erase Image** e **Cancel**. As linhas 27 a 35 configuram **Erase Image** como o botão positivo – quando o usuário toca nele, a linha 32 no receptor do botão chama o método clear de DoodleView para apagar a imagem. A linha 38 configura **Cancel** como o botão negativo – quando o usuário toca nele, a caixa de diálogo é descartada. A linha 40 retorna o componente AlertDialog.

```
1  // EraseImageDialogFragment.java
2  // Permite ao usuário apagar a imagem
3  package com.deitel.doodlz;
4
5  import android.app.Activity;
6  import android.app.AlertDialog;
```

Figura 7.40 Classe EraseImageDialogFragment. (*continua*)

236 Android para programadores

```java
 7   import android.app.Dialog;
 8   import android.app.DialogFragment;
 9   import android.content.DialogInterface;
10   import android.os.Bundle;
11
12   // classe para a caixa de diálogo Select Color
13   public class EraseImageDialogFragment extends DialogFragment
14   {
15      // cria um componente AlertDialog e o retorna
16      @Override
17      public Dialog onCreateDialog(Bundle bundle)
18      {
19         AlertDialog.Builder builder =
20            new AlertDialog.Builder(getActivity());
21
22         // configura a mensagem de AlertDialog
23         builder.setMessage(R.string.message_erase);
24         builder.setCancelable(false);
25
26         // adiciona o componente Button Erase
27         builder.setPositiveButton(R.string.button_erase,
28            new DialogInterface.OnClickListener()
29            {
30               public void onClick(DialogInterface dialog, int id)
31               {
32                  getDoodleFragment().getDoodleView().clear(); // apaga a imagem
33               }
34            }
35         ); // fim da chamada a setPositiveButton
36
37         // adiciona o componente Button Cancel
38         builder.setNegativeButton(R.string.button_cancel, null);
39
40         return builder.create(); // retorna a caixa de diálogo
41      } // fim do método onCreateDialog
42
43      // obtém uma referência para o componente DoodleFragment
44      private DoodleFragment getDoodleFragment()
45      {
46         return (DoodleFragment) getFragmentManager().findFragmentById(
47            R.id.doodleFragment);
48      }
49
50      // informa DoodleFragment de que a caixa de diálogo está sendo exibida
51      @Override
52      public void onAttach(Activity activity)
53      {
54         super.onAttach(activity);
55         DoodleFragment fragment = getDoodleFragment();
56
57         if (fragment != null)
58            fragment.setDialogOnScreen(true);
59      }
60
61      // informa DoodleFragment de que a caixa de diálogo não está mais sendo exibida
62      @Override
63      public void onDetach()
64      {
65         super.onDetach();
66         DoodleFragment fragment = getDoodleFragment();
67
```

Figura 7.40   Classe `EraseImageDialogFragment`. (*continua*)

```
68        if (fragment != null)
69            fragment.setDialogOnScreen(false);
70    }
71  } // fim da classe EraseImageDialogFragment
```

Figura 7.40 Classe `EraseImageDialogFragment`.

7.10 **Para finalizar**

Neste capítulo, você construiu o aplicativo **Doodlz**, que permite aos usuários pintar arrastando um ou mais dedos pela tela. Você implementou um recurso de chacoalhar para apagar usando o componente `SensorManager` do Android para registrar um receptor `SensorEventListener` que responde a eventos de acelerômetro, e aprendeu que o Android suporta muitos outros sensores.

Você criou subclasses de `DialogFragment` que exibiam objetos `View` personalizados em componentes `AlertDialog`. Também sobrescreveu os métodos de ciclo de vida `onAttach` e `onDetach` de `Fragment`, os quais são chamados quando um fragmento é anexado ou desanexado de uma atividade pai, respectivamente.

Mostramos como associar um `Canvas` a um `Bitmap` e usar o `Canvas` para desenhar no `Bitmap`, e como tratar eventos multitouch para que o usuário possa desenhar com vários dedos. Você armazenou as informações de cada dedo como um objeto `Path`. processou os eventos de toque sobrescrevendo o método `onTouchEvent` de `View`, que recebe um parâmetro `MotionEvent` com o tipo de evento e o identificador do ponteiro que o gerou. Usou os identificadores para diferenciar dedos e adicionou as informações nos objetos `Path` correspondentes.

Você usou o novo modo imersivo do Android 4.4, que permite que um aplicativo utilize a tela inteira sem restringir o acesso do usuário às barras. Para alternar para o modo imersivo, você usou um elemento `GestureDetector` a fim de determinar quando o usuário deu um toque rápido na tela.

Você usou um elemento `ContentResolver` e o método de `MediaStore.Images.Media.insertImage` para salvar uma imagem na **Galeria** do dispositivo. Por último, mostramos como usar o novo framework de impressão do Android 4.4 para permitir aos usuários imprimir seus desenhos. Você usou a classe `PrintHelper` da Android Support Library para imprimir um bitmap. A classe `PrintHelper` exibiu uma interface de usuário para selecionar uma impressora ou salvar a imagem em um documento PDF.

No Capítulo 8, construiremos o aplicativo **Address Book**, voltado a bancos de dados, o qual oferece acesso rápido e fácil às informações de contato armazenadas e capacidade de adicionar, excluir e editar contatos. Você vai aprender a alternar entre fragmentos dinamicamente em uma interface gráfica de usuário e, mais uma vez, a fornecer layouts que otimizam o espaço disponível na tela em telefones e tablets.

---

* N. de E.: Se a função **Save** do aplicativo não estiver funcionando corretamente no seu sistema, experimente os passos a seguir:

1. Abra o arquivo `AndroidManifest.xml` no IDE Eclipse.
2. Clique na aba **Permissions** e, em seguida, no botão **Add...** .
3. Escolha a opção **User Permissions** na caixa de diálogo que aparece e, em seguida, clique em **OK**.
4. Selecione o nó **User Permission** adicionado no passo anterior. Na caixa **Name**, escolha a permissão `android.permission.WRITE_EXTERNAL_STORAGE`.

8

Aplicativo Address Book

ListFragment, FragmentTransaction e a
pilha de retrocesso de fragmentos, threads e AsyncTask,
CursorAdapter, SQLite e estilos de interface
gráfica do usuário

Objetivos

Neste capítulo, você vai:

- Usar um componente `ListFragment` para exibir e gerenciar um elemento `ListView`.
- Usar componentes `FragmentTransaction` e a pilha de retrocesso para anexar e desanexar dinamicamente fragmentos da interface gráfica do usuário.
- Criar e abrir bancos de dados SQLite usando um elemento `SQLiteOpenHelper` e inserir, excluir e consultar dados em um banco de dados SQLite usando um objeto `SQLiteDatabase`.
- Usar um objeto `SimpleCursorAdapter` para vincular resultados de consulta de banco de dados aos itens de um elemento ListView.
- Usar um objeto `Cursor` para manipular resultados de uma consulta de banco de dados.
- Usar múltiplas threads e elementos `AsyncTask` para efetuar operações de banco de dados fora da thread da interface gráfica do usuário e manter a rapidez de resposta do aplicativo.
- Definir estilos contendo atributos e valores comuns de interface gráfica do usuário e, em seguida, aplicá-los em vários componentes da interface.

Resumo

8.1 Introdução
8.2 Teste do aplicativo **Address Book**
8.3 Visão geral das tecnologias
   8.3.1 Exibição de fragmentos com componentes `FragmentTransaction`
   8.3.2 Comunicação de dados entre um fragmento e uma atividade hospedeira
   8.3.3 Método `onSaveInstanceState`
   8.3.4 Definindo estilos e aplicando-os nos componentes da interface gráfica do usuário
   8.3.5 Especificação de um fundo para um componente `TextView`
   8.3.6 Extensão da classe `ListFragment` para criar um fragmento contendo um componente `ListView`
   8.3.7 Manipulação de um banco de dados SQLite
   8.3.8 Execução de operações de banco de dados fora da thread da interface gráfica do usuário com elementos `AsyncTask`

8.4 Construção da interface gráfica do usuário e do arquivo de recursos
   8.4.1 Criação do projeto
   8.4.2 Criação das classes do aplicativo
   8.4.3 `strings.xml`
   8.4.4 `styles.xml`
   8.4.5 `textview_border.xml`
   8.4.6 Layout de `MainActivity`: `activity_main.xml`
   8.4.7 Layout de `DetailsFragment`: `fragment_details.xml`
   8.4.8 Layout de `AddEditFragment`: `fragment_add_edit.xml`
   8.4.9 Definição dos menus dos fragmentos

8.5 Classe `MainActivity`
8.6 Classe `ContactListFragment`
8.7 Classe `AddEditFragment`
8.8 Classe `DetailsFragment`
8.9 Classe utilitária `DatabaseConnector`
8.10 Para finalizar

8.1 Introdução

O aplicativo **Address Book** (Fig. 8.1) fornece acesso a informações de contato armazenadas em um banco de dados SQLite no dispositivo. Você pode rolar por uma lista de contatos em ordem alfabética e ver os detalhes de cada contato tocando em seu nome.

Figura 8.1 Lista de contatos e os detalhes de um contato selecionado.

240 Android para programadores

Quando os detalhes de um contato são exibidos, tocar em *editar* (![pencil]) exibe um fragmento contendo componentes `EditText` previamente preenchidos, para edição dos dados do contato (Fig. 8.2). Tocar em *excluir* (![x]) exibe um componente `DialogFragment` pedindo ao usuário para que confirme a exclusão (Fig. 8.3).

Figura 8.2 Editando os dados de um contato.

Figura 8.3 Excluindo um contato do banco de dados.

Capítulo 8 Aplicativo Address Book **241**

Ao visualizar a lista de contatos, se tocar em *adicionar* (⊕) será exibido um fragmento contendo componentes EditText que podem ser usados para adicionar os dados do novo contato (Fig. 8.4). Ao editar um contato já existente ou adicionar um novo, você toca no botão **Save Contact** para salvar os dados do contato. A Figura 8.5 mostra o aplicativo sendo executado em um tablet na orientação paisagem. Em tablets, a lista de contatos é sempre exibida no lado esquerdo do aplicativo.

a) Toque no ícone de adição para adicionar um novo contato

b) Fragmento para adicionar o contato

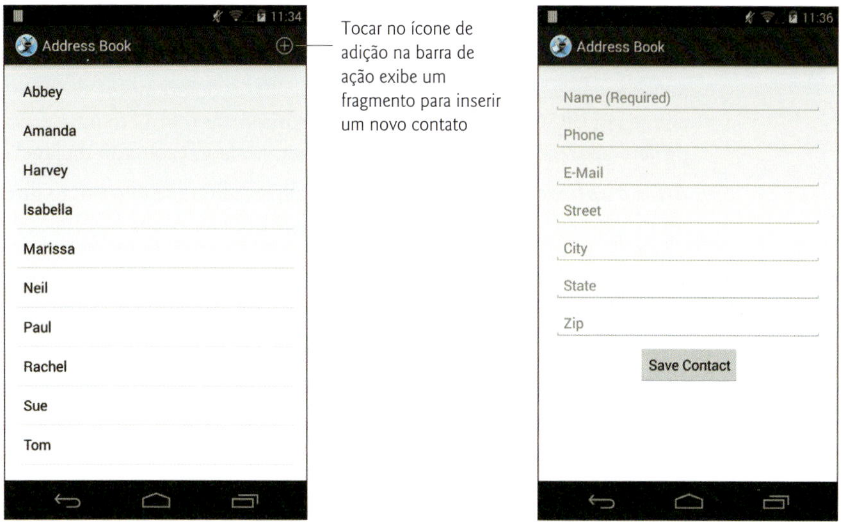

Tocar no ícone de adição na barra de ação exibe um fragmento para inserir um novo contato

Figura 8.4 Adicionando um contato ao banco de dados.

a) Na orientação paisagem, em um telefone ou tablet, os ícones da barra de ação aparecem com seus textos

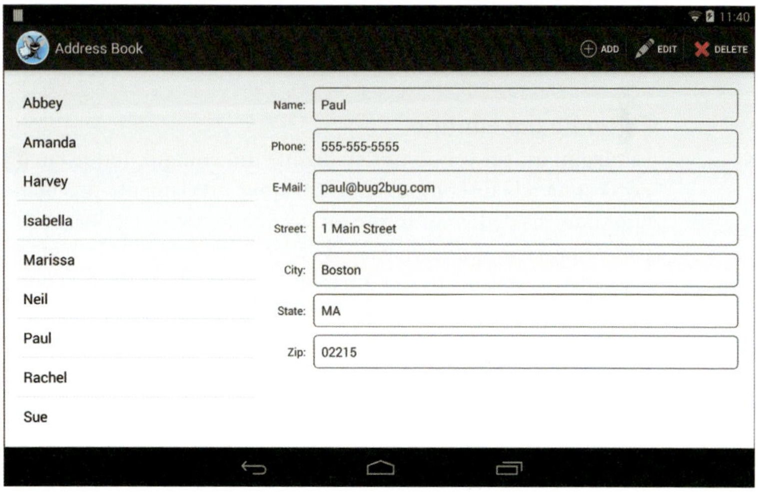

Figura 8.5 O aplicativo **Address Book** sendo executado no modo paisagem em um tablet.

242 Android para programadores

8.2 Teste do aplicativo Address Book

Abrindo e executando o aplicativo

Abra o Eclipse e importe o projeto do aplicativo Address Book. Execute os passos a seguir:

1. **Abra a caixa de diálogo Import.** Selecione File > Import... para abrir a caixa de diálogo Import.

2. **Importe o projeto do aplicativo Address Book.** Na caixa de diálogo Import, expanda o nó General e selecione Existing Projects into Workspace; em seguida, clique em Next > para passar à etapa Import Projects. Certifique-se de que Select root directory esteja selecionado e, em seguida, clique no botão Browse.... Na caixa de diálogo Browse for Folder, localize a pasta AddressBook na pasta de exemplos do livro, selecione-a e clique em OK. Clique em Finish a fim de importar o projeto para o Eclipse. Agora o projeto aparece na janela Package Explorer, no lado esquerdo da janela do Eclipse.

3. **Ative o aplicativo Address Book.** No Eclipse, clique com o botão direito do mouse no projeto AddressBook na janela Package Explorer e, em seguida, selecione Run As > Android Application no menu que aparece.

Adicionando um contato

Na primeira vez que você executar o aplicativo, a lista de contatos estará vazia e exibirá No Contacts no centro da tela. Toque em ⊕ na barra de ação a fim de exibir a tela para adicionar uma nova entrada. Após adicionar as informações do contato, toque no botão Save Contact para armazenar o contato no banco de dados e voltar à tela principal do aplicativo. Se optar por não adicionar o contato, você pode simplesmente tocar no botão voltar do dispositivo para voltar à tela principal. Adicione mais contatos, se desejar. Em um tablet, após a adição de um contato, os detalhes do novo contato aparecerão à direita da lista de contatos, como na Fig. 8.5.

Visualizando um contato

Para ver os detalhes de um contato, toque no nome do contato que você acabou de adicionar na lista de contatos. Em um tablet, os detalhes aparecem à direita da lista de contatos.

Editando um contato

Enquanto estiver vendo os detalhes de um contato, toque em ✎ na barra de ação para exibir uma tela de componentes EditText previamente preenchidos com dados de contato. Edite os dados conforme for necessário e, em seguida, toque no botão Save Contact para armazenar as informações de contato atualizadas no banco de dados e voltar à tela principal do aplicativo. Em um tablet, após a edição de um contato, os detalhes do novo contato aparecerão à direita da lista de contatos.

Excluindo um contato

Enquanto estiver vendo os detalhes de um contato, toque em ✖ na barra de ação para excluir o contato. Vai aparecer uma caixa de diálogo pedindo que você confirme essa ação. Se você confirmar, o contato será removido do banco de dados e o aplicativo exibirá a lista de contatos atualizada.

8.3 Visão geral das tecnologias

Esta seção apresenta as novas tecnologias que usamos no aplicativo **Address Book**, na ordem em que são encontradas ao longo do capítulo.

8.3.1 Exibição de fragmentos com componentes `FragmentTransaction`

Em aplicativos anteriores que usavam fragmentos, você declarou cada fragmento no layout de uma atividade ou, para um componente `DialogFragment`, chamou seu método `show` para criá-lo. O aplicativo **Flag Quiz** demonstrou como usar várias atividades para armazenar cada um dos fragmentos do aplicativo em um telefone. Neste aplicativo, você vai usar apenas uma atividade para armazenar todos os fragmentos. Em um dispositivo do tamanho de um telefone, você vai exibir um fragmento por vez. Em um tablet, sempre vai exibir o fragmento que contém a lista de contatos e, conforme for necessário, vai exibir os fragmentos para ver, adicionar e editar contatos no lado direito do aplicativo. Você vai usar o elemento `FragmentManager` e componentes `FragmentTransaction` para exibir fragmentos dinamicamente. Além disso, vai usar a **pilha de retrocesso** de fragmentos do Android – uma estrutura de dados que armazena fragmentos na ordem "último a entrar, primeiro a sair" (LIFO) – para fornecer suporte automático para o botão voltar da barra de sistema do Android e para permitir que o aplicativo remova fragmentos na ordem contrária à qual foram adicionados.

8.3.2 Comunicação de dados entre um fragmento e uma atividade hospedeira

A melhor forma de comunicar dados entre fragmentos e uma atividade hospedeira ou outros fragmentos da atividade é por meio da atividade hospedeira – isso torna os fragmentos mais fáceis de reutilizar, pois não fazem referência entre si diretamente. Normalmente, cada fragmento define uma *interface* de *métodos de callback* que são implementados na atividade hospedeira. Vamos usar essa técnica para permitir que a atividade `MainActivity` deste aplicativo seja notificada quando o usuário selecionar um contato para exibir, tocar em um item da barra de ação (⊕, ✎ ou ✖), ou terminar de editar um contato já existente ou de adicionar um novo contato.

8.3.3 Método `onSaveInstanceState`

O método *onSaveInstanceState* é chamado pelo sistema quando a configuração do dispositivo muda durante a execução do aplicativo – por exemplo, quando o usuário gira o dispositivo ou abre o teclado em um dispositivo com teclado físico. Esse método pode ser usado para salvar informações de estado que você gostaria de restaurar quando o método `onCreate` do aplicativo fosse chamado como parte da alteração de configuração. Quando um aplicativo é simplesmente colocado em segundo plano, talvez para que o usuário possa atender a uma ligação telefônica ou iniciar outro aplicativo, os componentes da interface gráfica do aplicativo salvam seus conteúdos automaticamente para quando o aplicativo for novamente trazido para o primeiro plano (desde que o sistema não encerre o aplicativo). Usamos `onSaveInstanceState` na Fig. 8.47.

8.3.4 Definindo estilos e aplicando-os nos componentes da interface gráfica do usuário

Você pode definir pares atributo-valor comuns de componentes da interface gráfica do usuário como **recursos style** (Seção 8.4.4). Então, pode aplicar os estilos em todos os componentes que compartilham esses valores (Seção 8.4.7) usando o **atributo style**. Todas as alterações subsequentes feitas em um componente style são aplicadas automaticamente a todos os componentes da interface gráfica que o utilizam. Usamos isso para estilizar os componentes TextView que exibem as informações de um contato.

8.3.5 Especificação de um fundo para um componente TextView

Por padrão, os componentes TextView não têm borda. Para definir uma, você pode especificar Drawable como o valor do atributo android:background de TextView. Drawable pode ser uma imagem, mas neste aplicativo você vai definir um Drawable como um objeto shape em um arquivo de recurso (Seção 8.4.5). O arquivo de recurso desse Drawable é definido em uma ou mais das pastas drawable do aplicativo – neste aplicativo, textview_border.xml é definido na pasta drawable-mdpi.

8.3.6 Extensão da classe ListFragment para criar um fragmento contendo um componente ListView

Quando a tarefa principal de um fragmento é exibir uma lista de itens rolante, você pode estender a classe **ListFragment** (pacote android.app, Seção 8.6) – é quase idêntico a estender ListActivity, como você fez no Capítulo 4. Um componente ListFragment usa um elemento ListView como layout padrão. Neste aplicativo, em vez de ArrayAdpater, vamos usar um objeto **CursorAdapter** (pacote android.widget) para exibir os resultados de uma consulta de banco de dados no componente ListView.

8.3.7 Manipulação de um banco de dados SQLite

As informações de contato são armazenadas em um banco de dados SQLite. De acordo com o site www.sqlite.org, SQLite é um dos mecanismos de banco de dados mais amplamente distribuídos do mundo. Cada fragmento deste aplicativo interage com um banco de dados SQLite por intermédio da classe utilitária DatabaseConnector (Seção 8.9). Essa classe usa uma subclasse aninhada de **SQLiteOpenHelper** (pacote **android.database.sqlite**), a qual simplifica a criação do banco de dados e permite obter um objeto **SQLiteDatabase** (pacote android.database.sqlite) para manipular o conteúdo de um banco de dados. As consultas ao banco de dados são feitas com SQL (Structured Query Language), e os resultados da consulta são gerenciados por meio de um objeto **Cursor** (pacote **android.database**).

8.3.8 Execução de operações de banco de dados fora da thread da interface gráfica do usuário com elementos AsyncTask

Você deve efetuar *operações longas* ou operações que *bloqueiam* a execução até que terminem (por exemplo, acesso a arquivos e a bancos de dados) *fora* da thread da interface gráfica do usuário. Isso ajuda a manter a velocidade de resposta do aplicativo e evita *caixas de diálogo Activity Not Responding (ANR)*, que aparecem quando o Android acha que a interface gráfica não está respondendo. Quando precisarmos dos resultados de uma operação de banco de dados na thread da interface gráfica, vamos usar uma subclasse

Capítulo 8 Aplicativo Address Book **245**

de `AsyncTask` (pacote android.os) para efetuar a operação em uma thread e receber os resultados na thread da interface. Os detalhes da criação e manipulação de threads são tratados pela classe `AsyncTask`, assim como a comunicação dos resultados de `AsyncTask` para a thread da interface gráfica do usuário.

8.4 Construção da interface gráfica do usuário e do arquivo de recursos

Nesta seção, você vai criar os arquivos de código-fonte Java adicionais, os arquivos de recurso e os arquivos de layout da interface gráfica do usuário do aplicativo **Address Book**.

8.4.1 Criação do projeto

Comece criando um novo projeto Android. Especifique os valores a seguir na caixa de diálogo **New Android Project** e, em seguida, pressione **Finish**:

- **Application Name:** `Address Book`
- **Project Name:** `AddressBook`
- **Package Name:** `com.deitel.addressbook`
- **Minimum Required SDK:** `API18: Android 4.3`
- **Target SDK:** `API19: Android 4.4`
- **Compile With:** `API19: Android 4.4`
- **Theme:** `Holo Light with Dark Action Bar`

No segundo passo de **New Android Application** da caixa de diálogo **New Android Project**, deixe as configurações padrão e pressione **Next >**. No passo **Configure Launcher Icon**, selecione uma imagem de ícone de aplicativo e, então, pressione **Next >**. No passo **Create Activity**, selecione **Blank Activity** e pressione **Next >**. No passo **Blank Activity**, deixe as configurações padrão e clique em **Finish** para criar o projeto. Abra `activity_main.xml` no editor **Graphical Layout**, selecione **Nexus 4** na lista suspensa de tipo de tela. Mais uma vez, usaremos esse dispositivo como base para o nosso projeto.

8.4.2 Criação das classes do aplicativo

O aplicativo consiste em cinco classes:

- A classe `MainActivity` (Seção 8.5) gerencia os fragmentos do aplicativo e coordena as interações entre eles.
- A classe `ContactListFragment` (Seção 8.6) é uma subclasse de `ListFragment` que exibe os nomes dos contatos e fornece um item de menu para adicionar um novo contato.
- A classe `AddEditFragment` (Seção 8.7) é uma subclasse de `Fragment` que fornece uma interface gráfica de usuário para adicionar um novo contato ou editar um já existente.
- A classe `DetailsFragment` (Seção 8.8) é uma subclasse de `Fragment` que exibe os dados de um contato e fornece itens de menu para editar e excluir esse contato.
- A classe `DatabaseConnector` (Seção 8.9) é uma subclasse de **Object** que gerencia as interações deste aplicativo com um banco de dados SQLite.

246 Android para programadores

A classe `MainActivity` é gerada pelo IDE quando um novo projeto é criado. Como foi feito em projetos anteriores, você deve adicionar as outras classes ao pacote `com.deitel.addressbook` do projeto na pasta `src`. Para fazer isso para cada classe, clique com o botão direito do mouse no pacote e selecione **New > Class**; em seguida, especifique o nome da classe e a superclasse.

8.4.3 `strings.xml`

A Figura 8.6 mostra os nomes dos recursos de `String` deste aplicativo e os valores correspondentes. Clique duas vezes em `strings.xml` na pasta `res/values` a fim de exibir o editor de recursos para criar esses recursos de `String`.

Nome do recurso	Valor
no_contacts	No Contacts
menuitem_add	Add
menuitem_edit	Edit
menuitem_delete	Delete
button_save_contact	Save Contact
hint_name	Name (Required)
hint_email	E-Mail
hint_phone	Phone
hint_street	Street
hint_city	City
hint_state	State
hint_zip	Zip
label_name	Name:
label_email	E-Mail:
label_phone	Phone:
label_street	Street:
label_city	City:
label_state	State:
label_zip	Zip:
confirm_title	Are You Sure?
confirm_message	This will permanently delete the contact
ok	OK
error_message	You must enter a contact name
button_cancel	Cancel
button_delete	Delete

Figura 8.6   Recursos de `String` usados no aplicativo **Address Book**.

8.4.4 `styles.xml`

Nesta seção, você vai definir os estilos dos componentes `TextView` de `DetailsFragment` que exibem as informações de um contato (Seção 8.4.7). Assim como outros recursos, os recursos de estilo são colocados na pasta `res/values` do aplicativo. Quando um projeto é criado, o IDE gera um arquivo `styles.xml` contendo estilos predefinidos. Cada novo estilo criado especifica um nome que é usado para aplicar esse estilo nos componentes da interface gráfica do usuário e em um ou mais itens, especificando-se os valores de propriedade a serem aplicados. Para criar os novos estilos:

1. Na pasta `res/values` do aplicativo, abra o arquivo `styles.xml` e certifique-se de que a guia **Resources** esteja selecionada na parte inferior da janela do editor.

2. Clique em **Add...**, selecione **Style/Theme** e clique em **OK** para criar um novo estilo.

3. Configure o campo **Name** do estilo como `ContactLabelTextView` e salve o arquivo.

4. Com o estilo `ContactLabelTextView` selecionado, clique em **Add...** e, então, clique em **OK** para adicionar um item ao estilo. Configure os atributos **Name** e **Value** do novo **Item** e salve o arquivo. Repita esse passo para cada nome e valor na Fig. 8.7.

Nome	Valor
android:layout_width	wrap_content
android:layout_height	wrap_content
android:layout_gravity	right|center_vertical

Figura 8.7 Atributos de estilo de `ContactLabelTextView`.

5. Repita os passos 2 e 3 para criar um estilo chamado `ContactTextView` – quando clicar em **Add...**, será necessário selecionar **Create a new element at the top level in Resources**. Então, repita o passo 4 para cada nome e valor na Fig. 8.8. Quando terminar, salve e feche `styles.xml`.

Nome	Valor
android:layout_width	wrap_content
android:layout_height	wrap_content
android:layout_gravity	fill_horizontal
android:textSize	16sp
android:background	@drawable/textview_border

Figura 8.8 Atributos de estilo de `ContactTextView`.

8.4.5 `textview_border.xml`

O estilo `ContactTextView` que você criou na seção anterior define a aparência dos componentes `TextView` utilizados para exibir os detalhes de um contato. Você especificou um `Drawable` (isto é, uma imagem ou um elemento gráfico) chamado `@drawable/textview_border` como valor para o atributo `android:background` dos componentes `TextView`. Nesta seção, você vai definir esse `Drawable` na pasta `res/drawable-mdpi` do aplicativo. Se um `Drawable` for definido apenas em uma das pastas `drawable` do projeto, o Android o utilizará em *todos* os tamanhos e resoluções de dispositivo. Para definir o `Drawable`:

1. Clique com o botão direito do mouse na pasta `res/drawable-mdpi` e selecione **New > Android XML File**.

2. Especifique `textview_border.xml` como nome para **File**, selecione **shape** como elemento raiz e, em seguida, clique em **Finish**.

3. Quando este livro estava sendo produzido, o IDE não fornecia um editor para criar elementos `Drawable`; portanto insira o código XML da Fig. 8.9 no arquivo.

248 Android para programadores

```
1  <?xml version="1.0" encoding="utf-8"?>
2  <shape xmlns:android="http://schemas.android.com/apk/res/android"
3     android:shape="rectangle" >
4     <corners android:radius="5dp"/>
5     <stroke android:width="1dp" android:color="#555"/>
6     <padding android:top="10dp" android:left="10dp" android:bottom="10dp"
7        android:right="10dp"/>
8  </shape>
```

Figura 8.9 Representação em XML de um `Drawable` utilizado para colocar uma borda em um componente `TextView`.

O atributo `android:shape` do **elemento shape** (linha 3) pode ter o valor "rectangle" (usado neste exemplo), "oval", "line" ou "ring". O **elemento corners** (linha 4) especifica o raio do canto do retângulo, o que arredonda os cantos. O **elemento stroke** (linha 5) define a largura e a cor da linha do retângulo. O **elemento padding** (linhas 6 e 7) especifica o espaçamento em torno do conteúdo no elemento em que `Drawable` é aplicado. Você deve especificar separadamente os valores de preenchimento (padding) superior, esquerdo, direito e inferior. Os detalhes completos da definição de formas podem ser vistos em:

```
http://developer.android.com/guide/topics/resources/
     drawable-resource.html#Shape
```

8.4.6 Layout de `MainActivity`: `activity_main.xml`

Você vai fornecer dois layouts para `MainActivity` – um para dispositivos do tamanho de telefone na pasta res/layout e outro para dispositivos do tamanho de tablet na pasta res/layout-large. Você precisará adicionar a pasta layout-large.

Layout para telefones: *activity_main.xml em res/layout*

Para o layout de telefone, abra `activity_main.xml` na pasta res/layout. Configure as propriedades **Padding Left**, **Padding Right**, **Padding Top** e **Padding Bottom** para o FrameLayout como fez em outros layouts dos capítulos anteriores. Configure a propriedade **Id** do FrameLayout como @id/fragmentContainer. Esse FrameLayout vai ser usado em telefones para exibir os fragmentos do aplicativo.

Layout para tablets: *activity_main.xml em res/layout-large*

Para o layout de tablet, crie um novo layout activity_main.xml na pasta res/layout--large. Esse layout deve usar um componente `LinearLayout` horizontal contendo um elemento `ContactListFragment` e um elemento `FrameLayout` vazio. Use as técnicas que aprendeu na Seção 5.4.9 para adicionar o elemento `ContactListFragment` ao layout e, então, adicione o elemento `FrameLayout`. Configure as seguintes propriedades:

- Para o elemento `LinearLayout`, configure **Weight Sum** como 3 – isso ajudará a alocar o espaço horizontal para os elementos `ContactListFragment` e `FrameLayout`.

- Para o fragmento, configure a propriedade **Id** como @+id/contactListFragment, **Width** como 0, **Height** como match_parent, **Weight** como 1 e a margem **Right** como @dimen/activity_horizontal_margin.

- Para o elemento `FrameLayout`, configure a propriedade **Id** como @+id/rightPaneContainer, **Width** como 0, **Height** como match_parent e **Weight** como 2.

Configurar a propriedade **Weight Sum** de `LinearLayout` como 3 e, então, configurar as propriedades **Weight** de `ContactListFragment` e `FrameLayout` como 1 e 2, respectivamente, indica que o elemento `ContactListFragment` deve ocupar um terço da largura de `LinearLayout` e que o elemento `FrameLayout` deve ocupar os dois terços restantes.

8.4.7 Layout de DetailsFragment: fragment_details.xml

Quando o usuário toca em um contato no componente MainActivity, o aplicativo exibe o elemento DetailsFragment (Fig. 8.10). O layout desse fragmento (fragment_details.xml) consiste em um componente ScrollView contendo um elemento GridLayout vertical com duas colunas de componentes TextView. Um componente **ScrollView** é um elemento **ViewGroup** que pode conter outros componentes View (como um layout) e que permite aos usuários *rolarem* por conteúdo grande demais para ser exibido na tela. Usamos um componente ScrollView aqui para garantir que o usuário possa rolar pelos detalhes de um contato, caso o dispositivo não tenha espaço vertical suficiente para mostrar todos os componentes TextView da Fig. 8.10. Siga os passos da Seção 5.4.8 para criar o arquivo fragment_details.xml, mas use um componente ScrollView como **Root Element**. Depois de criar o arquivo, configure a propriedade **Id** de ScrollView como @+id/detailsScrollView e adicione um elemento GridLayout ao componente ScrollView.

Figura 8.10 Componentes da interface gráfica do usuário de DetailsFragment rotulados com seus valores de propriedade id.

Configurações de GridLayout

Para GridLayout, configuramos **Width** como match_parent, **Height** como wrap_content, **Column Count** como 2 e **Use Default Margins** como true. O valor de **Height** permite que o componente ScrollView pai determine a altura real do elemento GridLayout e decida se vai fornecer rolagem. Adicione componentes TextView ao elemento GridLayout conforme mostrado na Fig. 8.10.

Configurações de TextView da coluna da esquerda

Para cada componente TextView na coluna da esquerda, configure sua propriedade **Id** conforme especificado na Fig. 8.10 e configure:

- **Row** com um valor de 0 a 6, dependendo da linha.
- **Column** como 0.
- **Text** como o recurso String apropriado de strings.xml.
- **Style** (localizada na categoria **View**) como @style/ContactLabelTextView – os recursos de estilo são especificados com a sintaxe @style/*nomeDoEstilo*

Configurações de TextView da coluna da direita

Para cada componente TextView na coluna da direita, configure sua propriedade **Id** conforme especificado na Fig. 8.10 e configure:

- **Row** com um valor de 0 a 6, dependendo da linha.
- **Column** como 1.
- **Style** (localizada na categoria **View**) como @style/ContactTextView.

8.4.8 Layout de AddEditFragment: fragment_add_edit.xml

Quando o usuário toca nos itens ⊕ ou ✎ da barra de ação, MainActivity exibe o objeto AddEditFragment (Fig. 8.11) com um layout (fragment_add_edit.xml) que usa um componente ScrollView que contém um elemento GridLayout vertical de uma coluna. Certifique-se de configurar a propriedade **Id** de ScrollView como @+id/addEditScrollView. Se for exibido o objeto AddEditFragment para adicionar um novo contato, os componentes EditText estarão vazios e exibirão *dicas* (Fig. 8.4). Caso contrário, exibirão os dados do contato que foram passados para AddEditFragment por MainActivity. Cada componente EditText especifica as propriedades **Input Type** e **IME Options**. Para dispositivos que exibem um teclado virtual, **Input Type** especifica o teclado a ser exibido quando o usuário tocar no componente EditText correspondente. Isso nos permite *personalizar o teclado* para o tipo de dados específico que o usuário deve digitar em determinado componente EditText. Usamos a propriedade **IME Options** para exibir um botão **Next** nos teclados virtuais dos componentes nameEditText, emailEditText, phoneEditText, streetEditText, cityEditText e stateEditText. Quando um deles tem o foco, tocar nesse botão transfere o foco para o próximo componente EditText. Se o componente zipEditText tiver o foco, você pode ocultar o teclado virtual tocando no botão **Done** do teclado.

Figura 8.11 Componentes da interface gráfica do usuário de AddEditFragment rotulados com seus valores de propriedade id. O componente raiz dessa interface gráfica do usuário é um componente ScrollView que contém um elemento GridLayout vertical.

Configurações de *GridLayout*

Para GridLayout, configuramos **Width** como match_parent, **Height** como wrap_content, **Column Count** como 1 e **Use Default Margins** como true. Adicione os componentes mostrados na Fig. 8.11.

Configurações de *EditText*

Para cada componente EditText, configure a propriedade **Id** do elemento TextView conforme especificado na Fig. 8.11 e configure:

- **Width** como match_parent.
- **Height** como wrap_content.
- **Hint** como o recurso de String apropriado de strings.xml.
- **IME Options** como actionNext para todos os componentes EditText, exceto zipEditText, o qual deve ter o valor actionDone.
- **Style** (localizada na categoria **View**) como @style/ContactLabelTextView — os recursos de estilo são especificados com a sintaxe @style/*nomeDoEstilo*.

Configure as propriedades **Input Type** dos componentes EditText para exibir os teclados apropriados, como segue:

- nameEditText: textPersonName|textCapWords — para inserir nomes e iniciar cada palavra com uma letra maiúscula.
- phoneEditText: phone — para inserir números de telefone.
- emailEditText: textEmailAddress — para inserir um endereço de e-mail.
- streetEditText: textPostalAddress|textCapWords — para inserir um endereço e iniciar cada palavra com uma letra maiúscula.
- cityEditText: textPostalAddress|textCapWords.
- stateEditText: textPostalAddress|textCapCharacters — garante que as abreviaturas dos estados sejam exibidas em letras maiúsculas.
- zipEditText: number — para inserir números.

8.4.9 Definição dos menus dos fragmentos

Agora, você vai usar as técnicas que aprendeu na Seção 7.3.4 para criar dois arquivos de recurso de menu na pasta res/menu do aplicativo:

- fragment_contact_list_menu.xml define o item de menu para adicionar um contato.
- fragment_details_menu.xml define os itens de menu para editar um contato já existente e excluir um contato.

Quando os componentes ContactListFragment e DetailsFragment são exibidos simultaneamente em um tablet, todos os itens de menu aparecem.

As Figuras 8.12 e 8.13 mostram as configurações para os itens de menu nos dois arquivos de recurso de menu. Os valores de **Order in category** de cada item de menu determinam a ordem na qual os itens aparecem na barra de ação. Para o valor de **Icon** de cada item de menu, especificamos um ícone padrão do Android. Você pode ver o conjunto de ícones padrão completo na pasta platforms do SDK do Android, sob a pasta data/res/drawable-hdpi de cada versão da plataforma. Para fazer referência a esses ícones em seus menus ou layouts, prefixe-os com @android:drawable/*nome_do_ícone*.

Nome	Valor
Id	@id/action_add
Order in category	0
Title	@string/menuitem_add
Icon	@android:drawable/ic_menu_add
Show as action	ifRoom|withText

Figura 8.12 Item de menu para `fragment_contact_list_menu.xml`.

Nome	Valor
Item do menu de edição	
Id	@id/action_edit
Order in category	1
Title	@string/menuitem_edit
Icon	@android:drawable/ic_menu_edit
Show as action	ifRoom|withText
Item do menu de exclusão	
Id	@id/action_delete
Order in category	2
Title	@string/menuitem_delete
Icon	@android:drawable/ic_delete
Show as action	ifRoom|withText

Figura 8.13 Item de menu para `fragment_details_menu.xml`.

8.5 Classe `MainActivity`

A classe `MainActivity` (Figs. 8.14 a 8.23) gerencia os fragmentos do aplicativo e coordena as interações entre eles. Em telefones, `MainActivity` exibe um fragmento por vez, começando com `ContactListFragment`. Em tablets, `MainActivity` sempre exibe `ContactListFragment` à esquerda do layout e, dependendo do contexto, exibe `Details-Fragment` ou `AddEditFragment` nos dois terços à direita do layout.

Instrução package, instruções `import` e campos de `MainActivity`
A classe `MainActivity` (Fig. 8.14) usa a classe `FragmentTransaction` (importada na linha 6) para adicionar e remover os fragmentos do aplicativo. `MainActivity` implementa três interfaces:

- `ContactListFragment.ContactListFragmentListener` contém métodos de callback utilizados por `ContactListFragment` para informar a `MainActivity` quando o usuário seleciona um contato na lista de contatos ou adiciona um novo contato.

- `DetailsFragment.DetailsFragmentListener` contém métodos de callback utilizados por `DetailsFragment` para informar a `MainActivity` quando o usuário exclui um contato ou deseja editar um contato já existente.

- `AddEditFragment.AddEditFragmentListener` contém métodos de callback utilizados por `AddEditFragment` para informar a `MainActivity` quando o usuário termina de adicionar um novo contato ou de editar um já existente.

Capítulo 8   Aplicativo Address Book   **253**

A constante ROW_ID (linha 15) é usada como chave em um par chave-valor que é passado entre MainActivity e seus fragmentos. A variável de instância contactListFragment (linha 17) é usada para avisar a ContactListFragment para que atualize a lista de contatos exibida, após um contato ser adicionado ou excluído.

```java
 1  // MainActivity.java
 2  // Armazena os fragmentos do aplicativo Address Book
 3  package com.deitel.addressbook;
 4
 5  import android.app.Activity;
 6  import android.app.FragmentTransaction;
 7  import android.os.Bundle;
 8
 9  public class MainActivity extends Activity
10     implements ContactListFragment.ContactListFragmentListener,
11        DetailsFragment.DetailsFragmentListener,
12        AddEditFragment.AddEditFragmentListener
13  {
14     // chaves para armazenar identificador de linha no objeto Bundle passado a um fragmento
15     public static final String ROW_ID = "row_id";
16
17     ContactListFragment contactListFragment; // exibe a lista de contatos
18
```

Figura 8.14 Instrução package, instruções import e campos de MainActivity.

Método sobrescrito onCreate de MainActivity

O método onCreate (Fig. 8.15) infla a interface gráfica do usuário de MainActivity e, se o aplicativo estiver sendo executado em um dispositivo do tamanho de um telefone, exibe um elemento ContactListFragment. Conforme você vai ver na Seção 8.6, é possível configurar um fragmento para ser mantido entre mudanças de configuração, como quando o usuário gira o dispositivo. Se a atividade está sendo restaurada depois de ser desligada ou recriada a partir de uma mudança de configuração, savedInstanceState não será null. Nesse caso, simplesmente retornamos (linha 28), pois ContactListFragment já existe – em um telefone, ele seria mantido e, em um tablet, faz parte do layout de MainActivity que foi inflado na linha 24.

```java
19     // exibe ContactListFragment quando MainActivity é carregada
20     @Override
21     protected void onCreate(Bundle savedInstanceState)
22     {
23        super.onCreate(savedInstanceState);
24        setContentView(R.layout.activity_main);
25
26        // retorna se a atividade está sendo restaurada, não precisa recriar a
27        // interface gráfica do usuário
27        if (savedInstanceState != null)
28           return;
29
30        // verifica se o layout contém fragmentContainer (layout para telefone);
31        // ContactListFragment é sempre exibido
32        if (findViewById(R.id.fragmentContainer) != null)
33        {
34           // cria ContactListFragment
35           contactListFragment = new ContactListFragment();
```

Figura 8.15 Método sobrescrito onCreate de MainActivity. (*continua*)

254 Android para programadores

```
36
37          // adiciona o fragmento a FrameLayout
38          FragmentTransaction transaction =
39            getFragmentManager().beginTransaction();
40          transaction.add(R.id.fragmentContainer, contactListFragment);
41          transaction.commit(); // faz ContactListFragment aparecer
42       }
43    }
44
```

Figura 8.15 Método sobrescrito onCreate de MainActivity.

Se R.id.fragmentContainer existe no layout de MainActivity (linha 32), então o aplicativo está sendo executado em um telefone. Nesse caso, a linha 35 cria o elemento ContactListFragment e, então, as linhas 38 a 41 usam um componente FragmentTransaction para adicionar o ContactListFragment à interface do usuário. As linhas 38 e 39 chamam o método **beginTransaction** de FragmentManager para obter um elemento FragmentTransaction. Em seguida, a linha 40 usa o método **add** de FragmentTransaction para especificar que, quando FragmentTransaction terminar, ContactListFragment deve ser anexado à View com o identificador especificado como primeiro argumento. Por fim, a linha 41 usa o método **commit** de FragmentTransaction para finalizar a transação e exibir o elemento ContactListFragment.

Método sobrescrito onResume de MainActivity

O método onResume (Fig. 8.16) determina se contactListFragment é null – se for, o aplicativo está sendo executado em um tablet, de modo que as linhas 55 a 57 usam o elemento FragmentManager para obter uma referência ao objeto ContactListFragment existente no layout de MainActivity.

```
45    // chamado quando MainActivity recomeça
46    @Override
47    protected void onResume()
48    {
49       super.onResume();
50
51       // se contactListFragment é null, a atividade está sendo executada em tablet;
52       // portanto, obtém referência a partir de FragmentManager
53       if (contactListFragment == null)
54       {
55          contactListFragment =
56             (ContactListFragment) getFragmentManager().findFragmentById(
57                R.id.contactListFragment);
58       }
59    }
60
```

Figura 8.16 Método sobrescrito onResume de MainActivity.

Método onContactSelected de MainActivity

O método onContactSelected (Fig. 8.17) da interface ContactListFragment.ContactListFragmentListener é chamado por ContactListFragment para notificar a MainActivity quando o usuário seleciona um contato para exibir. Se o aplicativo está sendo executado em um telefone (linha 65), a linha 66 chama o método displayContact (Fig. 8.18), o qual substitui o componente ContactListFragment no elemento fragmentContainer (definido na Seção 8.4.6) pelo componente DetailsFragment que

Capítulo 8   Aplicativo Address Book   **255**

mostra as informações do contato. Em um tablet, a linha 69 chama o método **popBa-ckStack** de FragmentManager para *desempilhar* (remover) o fragmento superior da pilha de retrocesso e, então, a linha 70 chama displayContact, que substitui o conteúdo de rightPaneContainer (definido na Seção 8.4.6) pelo componente DetailsFragment que mostra as informações do contato.

```
61    // exibe DetailsFragment do contato selecionado
62    @Override
63    public void onContactSelected(long rowID)
64    {
65        if (findViewById(R.id.fragmentContainer) != null) // telefone
66            displayContact(rowID, R.id.fragmentContainer);
67        else // tablet
68        {
69            getFragmentManager().popBackStack(); // remove o topo da pilha de retrocesso
70            displayContact(rowID, R.id.rightPaneContainer);
71        }
72    }
73
```

Figura 8.17   Método onContactSelected de MainActivity.

Método displayContact de MainActivity

O método displayContact (Fig. 8.18) cria o componente DetailsFragment que exibe o contato selecionado e usa um elemento FragmentTransaction para anexá-lo na interface gráfica do usuário. Você pode passar argumentos para um fragmento colocando-os em um objeto Bundle de pares chave-valor – fazemos isso para passar o elemento rowID do contato selecionado, a fim de que o componente DetailsFragment saiba qual contato deve obter do banco de dados. A linha 80 cria o objeto Bundle. A linha 81 chama seu método **putLong** para armazenar um par chave-valor contendo o objeto ROW_ID (uma String) como chave e rowID (um valor long) como valor. A linha 82 passa o objeto Bundle para o método **setArguments** de Fragment – o fragmento pode então extrair as informações do objeto Bundle (como você vai ver na Seção 8.8). As linhas 85 e 86 obtêm um elemento FragmentTransaction e, então, a linha 87 chama o método **replace** de FragmentTransaction para especificar que, quando o elemento FragmentTransaction terminar, o componente DetailsFragment deve substituir o conteúdo da View pelo identificador especificado como primeiro argumento. A linha 88 chama o método **addTo-BackStack** de FragmentTransaction para *empilhar* (adicionar) o componente Details-Fragment na pilha de retrocesso. Isso permite que o usuário toque no botão voltar para extrair o fragmento da pilha e permite que MainActivity extraia o fragmento dela via programação.

```
74    // exibe um contato
75    private void displayContact(long rowID, int viewID)
76    {
77        DetailsFragment detailsFragment = new DetailsFragment();
78
79        // especifica rowID como argumento para DetailsFragment
80        Bundle arguments = new Bundle();
81        arguments.putLong(ROW_ID, rowID);
82        detailsFragment.setArguments(arguments);
83
```

Figura 8.18   Método displayContact de MainActivity. (*continua*)

256 Android para programadores

```
84        // usa um elemento FragmentTransaction para exibir o componente DetailsFragment
85        FragmentTransaction transaction =
86           getFragmentManager().beginTransaction();
87        transaction.replace(viewID, detailsFragment);
88        transaction.addToBackStack(null);
89        transaction.commit(); // faz DetailsFragment aparecer
90     }
91
```

Figura 8.18 Método displayContact de MainActivity.

Método *onAddContact* de *MainActivity*

O método onAddContact (Fig. 8.19) da interface ContactListFragment. ContactListFragmentListener é chamado por ContactListFragment para notificar a MainActivity quando o usuário opta por adicionar um novo contato. Se o layout contém o objeto fragmentContainer, a linha 97 chama displayAddEditFragment (Fig. 8.20) para exibir o componente AddEditFragment no elemento fragmentContainer; caso contrário, a linha 99 chama displayAddEditFragment para exibir o fragmento no elemento rightPaneContainer. O segundo argumento é um objeto Bundle. Especificar null indica que um novo contato está sendo adicionado.

```
92        // exibe o componente AddEditFragment para adicionar um novo contato
93        @Override
94        public void onAddContact()
95        {
96           if (findViewById(R.id.fragmentContainer) != null) // telefone
97              displayAddEditFragment(R.id.fragmentContainer, null);
98           else // tablet
99              displayAddEditFragment(R.id.rightPaneContainer, null);
100       }
101
```

Figura 8.19 Método onAddContact de MainActivity.

Método *displayAddEditFragment* de *MainActivity*

O método displayAddEditFragment (Fig. 8.20) recebe o identificador de recurso de uma View especificando onde anexar o componente AddEditFragment e um objeto Bundle de pares chave-valor. Se o segundo argumento é null, um novo contato está sendo adicionado; caso contrário, o objeto Bundle contém os dados a exibir no componente AddEditFragment para edição. A linha 105 cria o componente AddEditFragment. Se o argumento de Bundle não é null, a linha 108 o utiliza para configurar os argumentos de Fragment. Então, as linhas 111 a 115 criam o componente FragmentTransaction, substituem o conteúdo da View pelo identificador de recurso especificado, adicionam o fragmento à pilha de retrocesso e efetivam a transação.

```
102    // exibe fragmento para adicionar um novo contato ou editar um já existente
103    private void displayAddEditFragment(int viewID, Bundle arguments)
104    {
105       AddEditFragment addEditFragment = new AddEditFragment();
106
107       if (arguments != null) // editando contato existente
108          addEditFragment.setArguments(arguments);
```

Figura 8.20 Método displayAddEditContact de MainActivity. (*continua*)

Capítulo 8 Aplicativo Address Book   **257**

```
109
110     // usa um elemento FragmentTransaction para exibir o componente AddEditFragment
111     FragmentTransaction transaction =
112        getFragmentManager().beginTransaction();
113     transaction.replace(viewID, addEditFragment);
114     transaction.addToBackStack(null);
115     transaction.commit(); // faz AddEditFragment aparecer
116   }
117
```

Figura 8.20   Método displayAddEditContact de MainActivity.

Método *onContactDeleted* de *MainActivity*

O método onContactDeleted (Fig. 8.21) da interface DetailsFragment.DetailsFrag-mentListener é chamado por DetailsFragment para notificar a MainActivity quando o usuário exclui um contato. Nesse caso, a linha 122 extrai o elemento DetailsFragment da pilha de retrocesso. Se o aplicativo está sendo executado em um tablet, a linha 125 chama o método updateContactList de contactListFragment para recarregar os contatos.

```
118   // retorna à lista de contatos quando exibiu contato excluído
119   @Override
120   public void onContactDeleted()
121   {
122      getFragmentManager().popBackStack(); // remove o topo da pilha de retrocesso
123
124      if (findViewById(R.id.fragmentContainer) == null) // tablet
125         contactListFragment.updateContactList();
126   }
127
```

Figura 8.21   Método onContactDeleted de MainActivity.

Método *onEditContact* de *MainActivity*

O método onEditContact (Fig. 8.22) da interface DetailsFragment.DetailsFragmentLis-tener é chamado por DetailsFragment para notificar a MainActivity quando o usuário toca no item de menu para editar um contato. O elemento DetailsFragment passa um objeto Bundle contendo os dados do contato, para que possam ser exibidos nos componentes EditText de AddEditFragment para edição. Se o layout contém o objeto frag-mentContainer, a linha 133 chama displayAddEditFragment para exibir o componente AddEditFragment no elemento fragmentContainer; caso contrário, a linha 135 chama displayAddEditFragment para exibir o componente AddEditFragment no elemento ri-ghtPaneContainer.

```
128      // exibe o componente AddEditFragment para editar um contato já existente
129      @Override
130      public void onEditContact(Bundle arguments)
131      {
132         if (findViewById(R.id.fragmentContainer) != null) // telefone
133            displayAddEditFragment(R.id.fragmentContainer, arguments);
134         else // tablet
135            displayAddEditFragment(R.id.rightPaneContainer, arguments);
136      }
137
```

Figura 8.22   Método onEditContact de MainActivity.

258 Android para programadores

Método onAddEditCompleted de MainActivity

O método onAddEditCompleted (Fig. 8.23) da interface AddEditFragment.AddEditFragmentListener é chamado por AddEditFragment para notificar a MainActivity quando o usuário salva um novo contato ou salva alterações feitas em um contato já existente. A linha 142 extrai o elemento AddEditFragment da pilha de retrocesso. Se o aplicativo está sendo executado em um tablet (linha 144), a linha 146 extrai o topo da pilha de retrocesso novamente para remover o componente DetailsFragment (se houver um). Então, a linha 147 atualiza a lista de contatos no componente ContactListFragment, e a linha 150 exibe os detalhes do contato novo ou atualizado no elemento rightPaneContainer.

```
138    // atualiza a interface gráfica do usuário após um contato novo ou atualizado
       // ser salvo
139    @Override
140    public void onAddEditCompleted(long rowID)
141    {
142       getFragmentManager().popBackStack(); // remove o topo da pilha de retrocesso
143
144       if (findViewById(R.id.fragmentContainer) == null) // tablet
145       {
146          getFragmentManager().popBackStack(); // remove o topo da pilha de retrocesso
147          contactListFragment.updateContactList(); // atualiza os contatos
148
149          // em tablet, exibe o contato que acabou de ser adicionado ou editado
150          displayContact(rowID, R.id.rightPaneContainer);
151       }
152    }
153 }
```

Figura 8.23 Método onAddEditCompleted de MainActivity.

8.6 Classe ContactListFragment

A classe ContactListFragment (Figs. 8.24 a 8.33) estende ListFragment para exibir a lista de contatos em um componente ListView e fornece um item de menu para adicionar um novo contato.

A instrução package e as instruções import de ContactListFragment

A Figura 8.24 lista a instrução package e as instruções import de ContactListFragment. Realçamos as instruções import das novas classes e interfaces.

```
 1    // ContactListFragment.java
 2    // Exibe a lista de nomes de contato
 3    package com.deitel.addressbook;
 4
 5    import android.app.Activity;
 6    import android.app.ListFragment;
 7    import android.database.Cursor;
 8    import android.os.AsyncTask;
 9    import android.os.Bundle;
10    import android.view.Menu;
11    import android.view.MenuInflater;
```

Figura 8.24 Instrução package e instruções import de ContactListFragment. (*continua*)

Capítulo 8 Aplicativo Address Book **259**

```
12  import android.view.MenuItem;
13  import android.view.View;
14  import android.widget.AdapterView;
15  import android.widget.AdapterView.OnItemClickListener;
16  import android.widget.CursorAdapter;
17  import android.widget.ListView;
18  import android.widget.SimpleCursorAdapter;
19
```

Figura 8.24 Instrução package e instruções import de ContactListFragment.

Interface ContactListFragmentListener e variáveis de instância de ContactListFragment

A Figura 8.25 inicia a declaração da classe ContactListFragment. As linhas 23 a 30 declaram a interface aninhada ContactListFragmentListener, a qual contém os métodos de callback implementados por MainActivity para ser notificada quando o usuário selecionar um contato (linha 26) e quando tocar no item de menu para adicionar um novo contato (linha 29). A linha 32 declara a variável de instância listener, a qual vai fazer referência ao objeto (MainActivity) que implementa a interface. A variável de instância contactListView (linha 34) vai se referir ao componente ListView interno de ContactListFragment para que possamos interagir com ele via programação. A variável de instância contactAdapter vai se referir ao CursorAdapter que preenche o componente ListView de AddressBook.

```
20  public class ContactListFragment extends ListFragment
21  {
22     // métodos de callback implementados por MainActivity
23     public interface ContactListFragmentListener
24     {
25        // chamado quando o usuário seleciona um contato
26        public void onContactSelected(long rowID);
27
28        // chamado quando o usuário decide adicionar um contato
29        public void onAddContact();
30     }
31
32     private ContactListFragmentListener listener;
33
34     private ListView contactListView; // ListView de ListActivity
35     private CursorAdapter contactAdapter; // adaptador para ListView
36
```

Figura 8.25 Interface ContactListFragmentListener e variáveis de instância de ContactListFragment.

Métodos sobrescritos onAttach e onDetach de ContactListFragment

A classe ContactListFragment sobrepõe os métodos de ciclo de vida onAttach e onDetach de Fragment (Fig. 8.26) para configurar a variável de instância listener. Neste aplicativo, listener se refere à atividade hospedeira (linha 42) quando o elemento ContactListFragment é anexado, e é configurado como null (linha 50) quando o elemento ContactListFragment é desanexado.

260 Android para programadores

```
37     // configura ContactListFragmentListener quando o fragmento é anexado
38     @Override
39     public void onAttach(Activity activity)
40     {
41        super.onAttach(activity);
42        listener = (ContactListFragmentListener) activity;
43     }
44
45     // remove ContactListFragmentListener quando o fragmento é desanexado
46     @Override
47     public void onDetach()
48     {
49        super.onDetach();
50        listener = null;
51     }
52
```

Figura 8.26   Métodos sobrescritos onAttach e onDetach de ContactListFragment.

Método sobrescrito onViewCreated de ContactListFragment

Lembre-se de que a classe ListFragment já contém um componente ListView; portanto, não precisamos inflar a interface gráfica do usuário, como nos fragmentos do aplicativo anterior. Contudo, a classe ContactListFragment tem tarefas que devem ser executadas depois que seu layout padrão for inflado. Por isso, ContactListFragment sobrepõe o método de ciclo de vida **onViewCreated** de Fragment (Fig. 8.27), o qual é chamado após onCreateView.

```
53     // chamado depois que a View é criada
54     @Override
55     public void onViewCreated(View view, Bundle savedInstanceState)
56     {
57        super.onViewCreated(view, savedInstanceState);
58        setRetainInstance(true); // salva o fragmento entre mudanças de configuração
59        setHasOptionsMenu(true); // este fragmento tem itens de menu a exibir
60
61        // configura o texto a exibir quando não houver contatos
62        setEmptyText(getResources().getString(R.string.no_contacts));
63
64        // obtém referência de ListView e configura ListView
65        contactListView = getListView();
66        contactListView.setOnItemClickListener(viewContactListener);
67        contactListView.setChoiceMode(ListView.CHOICE_MODE_SINGLE);
68
69        // mapeia o nome de cada contato em um componente TextView no layout de ListView
70        String[] from = new String[] { "name" };
71        int[] to = new int[] { android.R.id.text1 };
72        contactAdapter = new SimpleCursorAdapter(getActivity(),
73           android.R.layout.simple_list_item_1, null, from, to, 0);
74        setListAdapter(contactAdapter); // configura o adaptador que fornece dados
75     }
76
```

Figura 8.27   Método sobrescrito onViewCreated de ContactListFragment.

A linha 58 chama o método **setRetainInstance** de Fragment com o argumento true para indicar que o elemento ContactListFragment deve ser mantido, em vez de recriado, quando a atividade hospedeira for recriada em uma mudança de configuração (por exemplo, quando o usuário girar o dispositivo). A linha 59 indica que o elemento

Capítulo 8 Aplicativo Address Book **261**

ContactListFragment tem itens de menu que devem ser exibidos na barra de ação da atividade (ou em seu menu de opções). O método **setEmptyText** de ListFragment (linha 62) especifica o texto a ser exibido ("No Contacts") quando não houver itens no adaptador de ListView.

A linha 65 usa o método herdado **getListView** de ListActivity a fim de obter uma referência para o componente ListView interno. A linha 66 configura o elemento OnItemClickListener de ListView como viewContactListener (Fig. 8.28), o qual responde quando o usuário toca em um contato no componente ListView. A linha 67 chama o método **setChoiceMode** de ListView para indicar que somente um item pode ser selecionado por vez.

Configurando o elemento CursorAdapter que vincula dados do banco de dados ao componente ListView

Para exibir os resultados do Cursor em um componente ListView, criamos um novo objeto CursorAdapter (linhas 70 a 73), o qual expõe os dados do Cursor de tal maneira que possam ser usados por um componente ListView. **SimpleCursorAdapter** é uma subclasse de CursorAdapter projetada para simplificar o mapeamento de colunas de um Cursor diretamente nos componentes TextView ou ImagesView definidos em seus layouts XML. Para criar SimpleCursorAdapter, você primeiro define arrays contendo os nomes a serem mapeados nos componentes da interface gráfica do usuário e nos identificadores de recurso dos componentes da interface que vão exibir os dados das colunas nomeadas. A linha 70 cria um array de Strings indicando que somente a coluna "name" vai ser exibida, e a linha 71 cria um array de inteiros paralelo, contendo os identificadores de recurso correspondentes dos componentes da interface gráfica. O Capítulo 4 mostrou que você pode criar seus próprios recursos de layout para itens de ListView. Neste aplicativo, usamos um recurso de layout predefinido do Android, chamado android.R.layout.simple_list_item_1 – um layout que contém um componente TextView com o identificador android.R.id.text1. As linhas 72 e 73 criam SimpleCursorAdapter. Seu construtor recebe:

- o objeto Context no qual o componente ListView está sendo executado (isto é, MainActivity).
- o identificador do recurso do layout utilizado para exibir cada item no componente ListView.
- o objeto Cursor que dá acesso aos dados – fornecemos null para esse argumento, porque vamos especificar o objeto Cursor posteriormente.
- o array de Strings contendo os nomes de coluna a serem exibidos.
- o array de inteiros contendo os identificadores de recurso da interface gráfica correspondentes.
- o último argumento normalmente é 0.

A linha 74 usa o método herdado **setListAdapter** de ListActivity para vincular o componente ListView ao elemento CursorAdapter, para que ListView possa exibir os dados.

Componente viewContactListener que processa eventos de seleção de item em ListView

O componente viewContactListener (Fig. 8.28) notifica a MainActivity quando o usuário toca em um contato para exibir. A linha 84 passa o argumento id – o identificador de linha do contato selecionado – para o método onContactSelected de listener (Fig. 8.17).

262 Android para programadores

```
77    // responde ao toque do usuário no nome de um contato no componente ListView
78    OnItemClickListener viewContactListener = new OnItemClickListener()
79    {
80       @Override
81       public void onItemClick(AdapterView<?> parent, View view,
82          int position, long id)
83       {
84          listener.onContactSelected(id); // passa a seleção para MainActivity
85       }
86    }; // fim de viewContactListener
87
```

Figura 8.28   Componente `viewContactListener` que processa eventos de seleção de item em `ListView`.

Método sobrescrito onResume de ContactListFragment

O método de ciclo de vida onResume de Fragment (Fig. 8.29) cria e executa um objeto AsyncTask (linha 93) do tipo GetContactsTask (definido na Fig. 8.30), que obtém a lista completa de contatos do banco de dados e configura o objeto Cursor de contactAdapter para preencher o componente ListView de ContactListFragment. O método **execute** de AsyncTask executa a tarefa em uma thread separada. O argumento do método execute neste caso indica que a tarefa não recebe argumentos – esse método pode receber um número variável de argumentos que, por sua vez, são passados como argumentos para o método doInBackground da tarefa. Sempre que a linha 93 é executada, ela cria um novo objeto GetContactsTask – isso é obrigatório, pois cada AsyncTask pode ser executada *apenas uma vez*.

```
88    // quando o fragmento recomeça, usa um elemento GetContactsTask para
      // carregar os contatos
89    @Override
90    public void onResume()
91    {
92       super.onResume();
93       new GetContactsTask().execute((Object[]) null);
94    }
95
```

Figura 8.29   Método sobrescrito `onResume` de `ContactListFragment`.

Subclasse GetContactsTask de AsyncTask

A classe aninhada GetContactsTask (Fig. 8.30) estende a classe AsyncTask. A classe define como interagir com o DatabaseConnector (Seção 8.9) para obter os nomes de todos os contatos e retornar os resultados para a thread da interface gráfica do usuário dessa atividade, a fim de que sejam exibidos no componente ListView. AsyncTask é um tipo genérico que exige três parâmetros de tipo:

- O tipo de lista de parâmetros de comprimento variável do método **doInBackground** de AsyncTask (linhas 103 a 108) – quando você chama o método execute da tarefa, doInBackground executa a tarefa em uma thread separada. Especificamos Object como parâmetro de tipo e passamos null como argumento para o método execute de AsyncTask, pois GetContactsTask não exige dados adicionais para executar sua tarefa.

- O tipo de lista de parâmetros de comprimento variável do método **onProgressUpdate** de AsyncTask – esse método é executado na thread da interface gráfica do usuário e

Capítulo 8 Aplicativo Address Book **263**

é usado para receber *atualizações intermediárias* do tipo especificado de uma tarefa de execução longa. Não usamos esse recurso neste exemplo, de modo que especificamos o tipo Object aqui e ignoramos esse parâmetro de tipo.

- O tipo do resultado da tarefa, o qual é passado para o método **onPostExecute** de AsyncTask (linhas 111 a 116) – esse método é executado na thread da interface gráfica do usuário e permite que ContactListFragment utilize os resultados de AsyncTask.

Uma vantagem importante de usar AsyncTask é que esse elemento trata dos detalhes da criação de threads e da execução de seus métodos nas threads apropriadas, de modo que você não precisa interagir com o mecanismo de threads diretamente.

```
96    // executa a consulta de banco de dados fora da thread da interface gráfica
      // do usuário
97    private class GetContactsTask extends AsyncTask<Object, Object, Cursor>
98    {
99       DatabaseConnector databaseConnector =
100         new DatabaseConnector(getActivity());
101
102      // abre o banco de dados e retorna um Cursor para todos os contatos
103      @Override
104      protected Cursor doInBackground(Object... params)
105      {
106         databaseConnector.open();
107         return databaseConnector.getAllContacts();
108      }
109
110      // usa o Cursor retornado pelo método doInBackground
111      @Override
112      protected void onPostExecute(Cursor result)
113      {
114         contactAdapter.changeCursor(result); // configura o Cursor do adaptador
115         databaseConnector.close();
116      }
117    } // fim da classe GetContactsTask
118
```

Figura 8.30 Subclasse GetContactsTask de AsyncTask.

As linhas 99 e 100 criam um novo objeto de nossa classe utilitária DatabaseConnector, passando o objeto Context (a atividade hospedeira de ContactListFragment) como argumento para o construtor da classe. O método doInBackground usa DatabaseConnector para abrir a conexão de banco de dados e obtém todos os contatos do banco de dados. O objeto Cursor retornado por getAllContacts é passado para o método onPostExecute, o qual recebe o Cursor que contém os resultados e o passa para o método changeCursor de contactAdapter. Isso permite que o componente ListView de ContactListFragment preencha a si mesmo com os nomes dos contatos.

Método sobrescrito onStop de ContactListFragment

O método de ciclo de vida **onStop** de Fragment (Fig. 8.31) é chamado depois de onPause, quando o fragmento não está mais visível para o usuário. Nesse caso, o objeto Cursor que nos permite preencher o componente ListView não é necessário, de modo que a linha 123 chama o método **getCursor** de CursorAdapter para obter o objeto Cursor atual a

264 Android para programadores

partir de contactAdapter. A linha 124 chama o método **changeCursor** de CursorAdapter com o argumento null para remover o objeto Cursor de CursorAdapter. Então, a linha 127 chama o método **close** de Cursor para liberar os recursos usados pelo objeto Cursor.

```
119     // quando o fragmento para, fecha o Cursor e remove de contactAdapter
120     @Override
121     public void onStop()
122     {
123         Cursor cursor = contactAdapter.getCursor(); // obtém o objeto Cursor atual
124         contactAdapter.changeCursor(null); // agora o adaptador não tem objeto Cursor
125
126         if (cursor != null)
127             cursor.close(); // libera os recursos do Cursor
128
129         super.onStop();
130     }
131
```

Figura 8.31 Método sobrescrito onStop de ContactListFragment.

Métodos sobrescritos onCreateOptionsMenu e onOptionsItemSelected de ContactListFragment

O método onCreateOptionsMenu (Fig. 8.32, linhas 133 a 138) usa seu argumento MenuInflater para criar o menu a partir de fragment_contact_list_menu.xml, que contém a definição do item de menu para adicionar contatos (⊕). Se o usuário toca nesse componente MenuItem, o método onOptionsItemSelected (linhas 141 a 152) chama o método onAddContact de listener para notificar a MainActivity de que o usuário quer adicionar um novo contato. Então, MainActivity exibe o componente AddEditFragment (Seção 8.7).

```
132     // exibe os itens de menu deste fragmento
133     @Override
134     public void onCreateOptionsMenu(Menu menu, MenuInflater inflater)
135     {
136         super.onCreateOptionsMenu(menu, inflater);
137         inflater.inflate(R.menu.fragment_contact_list_menu, menu);
138     }
139
140     // trata a escolha no menu de opções
141     @Override
142     public boolean onOptionsItemSelected(MenuItem item)
143     {
144         switch (item.getItemId())
145         {
146             case R.id.action_add:
147                 listener.onAddContact();
148                 return true;
149         }
150
151         return super.onOptionsItemSelected(item); // chama o método de super
152     }
153
```

Figura 8.32 Métodos sobrescritos onCreateOptionsMenu e onOptionsItemSelected de ContactListFragment.

Capítulo 8 Aplicativo Address Book **265**

Método *updateContactList* de *ContactListFragment*

O método updateContactList (Fig. 8.33) cria e executa um objeto GetContactsTask para atualizar a lista de contatos.

```
154    // atualiza o conjunto de dados
155    public void updateContactList()
156    {
157        new GetContactsTask().execute((Object[]) null);
158    }
159 } // fim da classe ContactListFragment
```

Figura 8.33 Método updateContactList de ContactListFragment.

8.7   Classe AddEditFragment

A classe AddEditFragment (Figs. 8.34 a 8.40) fornece a interface para adicionar novos contatos ou editar os já existentes.

A instrução *package* e as instruções *import* de *AddEditFragment*

A Figura 8.34 lista a instrução package e as instruções import da classe AddEditFragment. Nenhuma classe nova é usada nesse fragmento.

```
 1    // AddEditFragment.java
 2    // Permite ao usuário adicionar um novo contato ou editar um já existente
 3    package com.deitel.addressbook;
 4
 5    import android.app.Activity;
 6    import android.app.AlertDialog;
 7    import android.app.Dialog;
 8    import android.app.DialogFragment;
 9    import android.app.Fragment;
10    import android.content.Context;
11    import android.os.AsyncTask;
12    import android.os.Bundle;
13    import android.view.LayoutInflater;
14    import android.view.View;
15    import android.view.View.OnClickListener;
16    import android.view.ViewGroup;
17    import android.view.inputmethod.InputMethodManager;
18    import android.widget.Button;
19    import android.widget.EditText;
20
21    public class AddEditFragment extends Fragment
22    {
```

Figura 8.34 Instrução package e instruções import de AddEditFragment.

Interface *AddEditFragmentListener*

A Figura 8.35 declara a interface aninhada AddEditFragmentListener que contém o método de callback onAddEditCompleted, implementado por MainActivity para ser notificada quando o usuário salva um novo contato ou salva alterações feitas em um já existente.

266 Android para programadores

```
23    // método de callback implementado por MainActivity
24    public interface AddEditFragmentListener
25    {
26       // chamado após a conclusão da edição para que o contato possa ser reexibido
27       public void onAddEditCompleted(long rowID);
28    }
29
```

Figura 8.35 Interface AddEditFragmentListener.

Variáveis de instância de AddEditFragment

A Figura 8.36 lista as variáveis de instância da classe:

- A variável listener faz referência ao elemento AddEditFragmentListener que é notificado quando o usuário clica no botão **Save Contact**.

- A variável rowID representa o contato atual que está sendo manipulado caso esse fragmento tenha sido exibido, a fim de permitir que o usuário edite um contato já existente.

- A variável contactInfoBundle será null se um novo contato estiver sendo adicionado, ou fará referência a um objeto Bundle de informações de contato caso um contato já existente esteja sendo editado.

- As variáveis de instância nas linhas 36 a 42 farão referência aos componentes Edit-Text do fragmento.

```
30       private AddEditFragmentListener listener;
31
32       private long rowID; // identificador de linha do contato no banco de dados
33       private Bundle contactInfoBundle; // argumentos para editar um contato
34
35       // componentes EditText para informações de contato
36       private EditText nameEditText;
37       private EditText phoneEditText;
38       private EditText emailEditText;
39       private EditText streetEditText;
40       private EditText cityEditText;
41       private EditText stateEditText;
42       private EditText zipEditText;
43
```

Figura 8.36 Variáveis de instância de AddEditFragment.

Métodos sobrescritos onAttach e onDetach de AddEditFragment

A classe AddEditFragment sobrescreve os métodos de ciclo de vida onAttach e onDetach de Fragment (Fig. 8.37) a fim de configurar a variável de instância listener para fazer referência à atividade hospedeira (linha 49) quando o elemento AddEditFragment é anexado, e para configurar listener como null (linha 57) quando o elemento é desanexado.

```
44       // configura AddEditFragmentListener quando o fragmento é anexado
45       @Override
46       public void onAttach(Activity activity)
47       {
48          super.onAttach(activity);
```

Figura 8.37 Métodos sobrescritos onAttach e onDetach de AddEditFragment. (*continua*)

Capítulo 8 Aplicativo Address Book **267**

```java
49          listener = (AddEditFragmentListener) activity;
50      }
51
52      // remove AddEditFragmentListener quando o fragmento é desanexado
53      @Override
54      public void onDetach()
55      {
56          super.onDetach();
57          listener = null;
58      }
59
```

Figura 8.37 Métodos sobrescritos onAttach e onDetach de AddEditFragment.

Método sobrescrito *onCreateView de AddEditFragment*

No método onCreateView (Fig. 8.38), as linhas 70 a 78 inflam a interface gráfica do usuário e obtêm os componentes EditText do fragmento. Em seguida, usamos o método getArguments de Fragment para obter o objeto Bundle de argumentos (se houver). Quando ativamos o elemento AddEditFragment a partir de MainActivity, não passamos um objeto Bundle, pois o usuário está adicionando as informações de um novo contato. Nesse caso, getArguments vai retornar null. Se retornar um Bundle (linha 82), então o elemento AddEditFragment foi ativado a partir de DetailsFragment e o usuário optou por editar um contato já existente. As linhas 84 a 91 leem os argumentos desse Bundle chamando os métodos getLong (linha 84) e getString, e os dados String são exibidos nos componentes EditText para edição. As linhas 95 a 97 registram um receptor (Fig. 8.39) para o componente Button **Save Contact.**

```java
60      // chamado quando a view do fragmento precisa ser criada
61      @Override
62      public View onCreateView(LayoutInflater inflater, ViewGroup container,
63          Bundle savedInstanceState)
64      {
65          super.onCreateView(inflater, container, savedInstanceState);
66          setRetainInstance(true); // salva o fragmento entre mudanças de configuração
67          setHasOptionsMenu(true); // o fragmento tem itens de menu a exibir
68
69          // infla a interface gráfica do usuário e obtém referências para os componentes
            // EditText
70          View view =
71              inflater.inflate(R.layout.fragment_add_edit, container, false);
72          nameEditText = (EditText) view.findViewById(R.id.nameEditText);
73          phoneEditText = (EditText) view.findViewById(R.id.phoneEditText);
74          emailEditText = (EditText) view.findViewById(R.id.emailEditText);
75          streetEditText = (EditText) view.findViewById(R.id.streetEditText);
76          cityEditText = (EditText) view.findViewById(R.id.cityEditText);
77          stateEditText = (EditText) view.findViewById(R.id.stateEditText);
78          zipEditText = (EditText) view.findViewById(R.id.zipEditText);
79
80          contactInfoBundle = getArguments(); // null, se for a criação de um novo contato
81
82          if (contactInfoBundle != null)
83          {
84              rowID = contactInfoBundle.getLong(MainActivity.ROW_ID);
85              nameEditText.setText(contactInfoBundle.getString("name"));
86              phoneEditText.setText(contactInfoBundle.getString("phone"));
87              emailEditText.setText(contactInfoBundle.getString("email"));
```

Figura 8.38 Método sobrescrito onCreateView de AddEditFragment. (*continua*)

268 Android para programadores

```
88          streetEditText.setText(contactInfoBundle.getString("street"));
89          cityEditText.setText(contactInfoBundle.getString("city"));
90          stateEditText.setText(contactInfoBundle.getString("state"));
91          zipEditText.setText(contactInfoBundle.getString("zip"));
92       }
93
94       // configura o receptor de eventos do componente Button Save Contact
95       Button saveContactButton =
96          (Button) view.findViewById(R.id.saveContactButton);
97       saveContactButton.setOnClickListener(saveContactButtonClicked);
98       return view;
99    }
100
```

Figura 8.38   Método sobrescrito onCreateView de AddEditFragment.

OnClickListener para processar eventos do componente Button Save Contact

Quando o usuário toca no botão **Save Contact**, o receptor de saveContactButtonClicked (Fig. 8.39) é executado. Para salvar um contato, o usuário precisa digitar pelo menos o nome do contato. O método onClick garante que o comprimento do nome seja maior que 0 caracteres (linha 107) e, se for, cria e executa uma AsyncTask para efetuar a operação de salvamento. O método doInBackground (linhas 113 a 118) chama saveContact (Fig. 8.40) para salvar o contato no banco de dados. O método onPostExecute (linhas 120 a 131) oculta o teclado via programação (linhas 124 a 128) e, então, notifica MainActivity de que um contato foi salvo (linha 130). Se nameEditText está vazio, as linhas 139 a 153 exibem um componente DialogFragment informando ao usuário que, para salvar o contato, um nome precisa ser fornecido.

```
101   // responde ao evento gerado quando o usuário salva um contato
102   OnClickListener saveContactButtonClicked = new OnClickListener()
103   {
104      @Override
105      public void onClick(View v)
106      {
107         if (nameEditText.getText().toString().trim().length() != 0)
108         {
109            // AsyncTask para salvar contato e, então, notificar o receptor
110            AsyncTask<Object, Object, Object> saveContactTask =
111               new AsyncTask<Object, Object, Object>()
112               {
113                  @Override
114                  protected Object doInBackground(Object... params)
115                  {
116                     saveContact(); // salva o contato no banco de dados
117                     return null;
118                  }
119
120                  @Override
121                  protected void onPostExecute(Object result)
122                  {
123                     // oculta o teclado virtual
124                     InputMethodManager imm = (InputMethodManager)
125                        getActivity().getSystemService(
126                           Context.INPUT_METHOD_SERVICE);
```

Figura 8.39   OnClickListener para processar eventos do componente Button **Save Contact**. *(continua)*

Capítulo 8 Aplicativo Address Book **269**

```
127                 imm.hideSoftInputFromWindow(
128                     getView().getWindowToken(), 0);
129
130                 listener.onAddEditCompleted(rowID);
131             }
132         }; // fim de AsyncTask
133
134         // salva o contato no banco de dados usando uma thread separada
135         saveContactTask.execute((Object[]) null);
136     }
137     else // o nome do contato obrigatório está em branco; portanto, exibe
             // caixa de diálogo de erro
138     {
139         DialogFragment errorSaving =
140             new DialogFragment()
141             {
142                 @Override
143                 public Dialog onCreateDialog(Bundle savedInstanceState)
144                 {
145                     AlertDialog.Builder builder =
146                         new AlertDialog.Builder(getActivity());
147                     builder.setMessage(R.string.error_message);
148                     builder.setPositiveButton(R.string.ok, null);
149                     return builder.create();
150                 }
151             };
152
153             errorSaving.show(getFragmentManager(), "error saving contact");
154     }
155     } // fim do método onClick
156 }; // fim de OnClickListener saveContactButtonClicked
157
```

Figura 8.39 OnClickListener para processar eventos do componente Button **Save Contact**.

Método saveContact de AddEditFragment

O método saveContact (Fig. 8.40) salva as informações nos componentes EditText desse fragmento. Primeiramente, as linhas 162 e 163 criam o objeto DatabaseConnector e, então, verificam se contactInfoBundle é null. Se for, esse é um contato novo, e as linhas 168 a 175 obtêm os objetos String dos componentes EditText e os passam para o método insertContact do objeto DatabaseConnector para criar o novo contato. Se o objeto Bundle não é null, um contato já existente está sendo atualizado. Nesse caso, obtemos os objetos String dos componentes EditText e os passamos para o método updateContact do objeto DatabaseConnector usando o rowID existente para indicar o registro a ser atualizado. Os métodos insertContact e updateContact de DatabaseConnector tratam da abertura e do fechamento do banco de dados.

```
158     // salva informações de um contato no banco de dados
159     private void saveContact()
160     {
161         // obtém DatabaseConnector para interagir com o banco de dados SQLite
162         DatabaseConnector databaseConnector =
163             new DatabaseConnector(getActivity());
164
165         if (contactInfoBundle == null)
166         {
167             // insere as informações do contato no banco de dados
```

Figura 8.40 Método saveContact de 9. (*continua*)

270 Android para programadores

```
168              rowID = databaseConnector.insertContact(
169                  nameEditText.getText().toString(),
170                  phoneEditText.getText().toString(),
171                  emailEditText.getText().toString(),
172                  streetEditText.getText().toString(),
173                  cityEditText.getText().toString(),
174                  stateEditText.getText().toString(),
175                  zipEditText.getText().toString());
176          }
177          else
178          {
179              databaseConnector.updateContact(rowID,
180                  nameEditText.getText().toString(),
181                  phoneEditText.getText().toString(),
182                  emailEditText.getText().toString(),
183                  streetEditText.getText().toString(),
184                  cityEditText.getText().toString(),
185                  stateEditText.getText().toString(),
186                  zipEditText.getText().toString());
187          }
188      } // fim do método saveContact
189  } // fim da classe AddEditFragment
```

Figura 8.40   Método saveContact de AdddEditFragment.

8.8   Classe DetailsFragment

A classe DetailsFragment (Figs. 8.41 a 8.50) exibe as informações de um contato e forne-ce itens de menu que permitem ao usuário editar ou excluir esse contato.

A instrução package e as instruções import de DetailsFragment
A Figura 8.41 lista a instrução package, as instruções import e o início da declaração da classe ContactListFragment. Nenhuma classe ou interface nova é usada nessa classe.

```
 1  // DetailsFragment.java
 2  // Exibe os detalhes de um contato
 3  package com.deitel.addressbook;
 4
 5  import android.app.Activity;
 6  import android.app.AlertDialog;
 7  import android.app.Dialog;
 8  import android.app.DialogFragment;
 9  import android.app.Fragment;
10  import android.content.DialogInterface;
11  import android.database.Cursor;
12  import android.os.AsyncTask;
13  import android.os.Bundle;
14  import android.view.LayoutInflater;
15  import android.view.Menu;
16  import android.view.MenuInflater;
17  import android.view.MenuItem;
18  import android.view.View;
19  import android.view.ViewGroup;
20  import android.widget.TextView;
21
22  public class DetailsFragment extends Fragment
23  {
```

Figura 8.41   Instrução package e instruções import de DetailsFragment.

Capítulo 8 Aplicativo Address Book **271**

Interface *DetailsFragmentListener*

A Figura 8.42 declara a interface aninhada `DetailsFragmentListener` que contém os métodos de callback implementados por `MainActivity` para ser notificada quando o usuário excluir um contato (linha 28) e quando tocar no item de menu de edição para editar um contato (linha 31).

```java
24    // métodos de callback implementados por MainActivity
25    public interface DetailsFragmentListener
26    {
27        // chamado quando um contato é excluído
28        public void onContactDeleted();
29
30        // chamado para passar objeto Bundle com informações de contato para edição
31        public void onEditContact(Bundle arguments);
32    }
33
```

Figura 8.42   Interface `DetailsFragmentListener`.

Variáveis de instância de *DetailsFragment*

A Figura 8.43 mostra as variáveis de instância da classe. A linha 34 declara a variável `listener`, a qual vai fazer referência ao objeto (`MainActivity`) que implementa a interface `DetailsFragmentListener`. A variável `rowID` representa o identificador de linha exclusivo do contato atual no banco de dados. As variáveis de instância de `TextView` (linhas 37 a 43) são usadas para exibir os dados do contato na tela.

```java
34        private DetailsFragmentListener listener;
35
36        private long rowID = -1; // rowID do contato selecionado
37        private TextView nameTextView; // exibe o nome do contato
38        private TextView phoneTextView; // exibe o telefone do contato
39        private TextView emailTextView; // exibe o e-mail do contato
40        private TextView streetTextView; // exibe a rua do contato
41        private TextView cityTextView; // exibe a cidade do contato
42        private TextView stateTextView; // exibe o estado do contato
43        private TextView zipTextView; // exibe o código postal do contato
44
```

Figura 8.43   Variáveis de instância de `DetailsFragment`.

Métodos sobrescritos *onAttach* e *onDetach* de *DetailsFragment*

A classe `DetailsFragment` sobrepõe os métodos de ciclo de vida `onAttach` e `onDetach` de `Fragment` (Fig. 8.44) para configurar a variável de instância listener quando `DetailsFragment` é anexado e desanexado, respectivamente.

```java
45        // configura DetailsFragmentListener quando o fragmento é anexado
46        @Override
47        public void onAttach(Activity activity)
48        {
49            super.onAttach(activity);
50            listener = (DetailsFragmentListener) activity;
51        }
52
```

Figura 8.44   Métodos sobrescritos `onAttach` e `onDetach` de `DetailsFragment`. *(continua)*

272 Android para programadores

```
53      // remove DetailsFragmentListener quando o fragmento é desanexado
54      @Override
55      public void onDetach()
56      {
57         super.onDetach();
58         listener = null;
59      }
60
```

Figura 8.44 Métodos sobrescritos onAttach e onDetach de DetailsFragment.

Método sobrescrito *onCreateView* de *DetailsFragment*

O método onCreateView (Fig. 8.45) obtém o identificador de linha do contato seleciona-do (linhas 70 a 79). Se o fragmento está sendo restaurado, carregamos o rowID do bundle savedInstanceState; caso contrário, o obtemos do Bundle de argumentos de Fragment. As linhas 82 a 93 inflam a interface gráfica do usuário e obtêm referências para os componentes TextView.

```
61      // chamado quando o view de DetailsFragmentListener precisa ser criada
62      @Override
63      public View onCreateView(LayoutInflater inflater, ViewGroup container,
64         Bundle savedInstanceState)
65      {
66         super.onCreateView(inflater, container, savedInstanceState);
67         setRetainInstance(true); // salva o fragmento entre mudanças de configuração
68
69         // se DetailsFragment está sendo restaurado, obtém o identificador de linha salvo
70         if (savedInstanceState != null)
71            rowID = savedInstanceState.getLong(MainActivity.ROW_ID);
72         else
73         {
74            // obtém o Bundle de argumentos e extrai o identificador de linha do contato
75            Bundle arguments = getArguments();
76
77            if (arguments != null)
78               rowID = arguments.getLong(MainActivity.ROW_ID);
79         }
80
81         // infla o layout de DetailsFragment
82         View view =
83            inflater.inflate(R.layout.fragment_details, container, false);
84         setHasOptionsMenu(true); // este fragmento tem itens de menu a exibir
85
86         // obtém os componentes EditText
87         nameTextView = (TextView) view.findViewById(R.id.nameTextView);
88         phoneTextView = (TextView) view.findViewById(R.id.phoneTextView);
89         emailTextView = (TextView) view.findViewById(R.id.emailTextView);
90         streetTextView = (TextView) view.findViewById(R.id.streetTextView);
91         cityTextView = (TextView) view.findViewById(R.id.cityTextView);
92         stateTextView = (TextView) view.findViewById(R.id.stateTextView);
93         zipTextView = (TextView) view.findViewById(R.id.zipTextView);
94         return view;
95      }
96
```

Figura 8.45 Método sobrescrito onCreateView de DetailsFragment.

Capítulo 8 Aplicativo Address Book **273**

Método sobrescrito onResume de DetailsFragment

O método de ciclo de vida onResume de Fragment (Fig. 8.46) cria e executa um objeto AsyncTask (linha 102), do tipo LoadContactTask (definido na Fig. 8.49), que obtém o contato especificado do banco de dados e exibe seus dados. Neste caso, o argumento do método execute é o rowID do contato a ser carregado. Sempre que a linha 102 é executada, ela cria um novo objeto LoadContactTask – novamente, isso é obrigatório, pois cada AsyncTask pode ser executada *apenas uma vez.*

```
97     // chamado quando o elemento DetailsFragment recomeça
98     @Override
99     public void onResume()
100    {
101        super.onResume();
102        new LoadContactTask().execute(rowID); // carrega o contato em rowID
103    }
104
```

Figura 8.46   Método sobrescrito onResume de DetailsFragment.

Método sobrescrito onSaveInstanceState de DetailsFragment

O método onSaveInstanceState de Fragment (Fig. 8.47) salva o rowID do contato selecionado quando a configuração do dispositivo muda durante a execução do aplicativo – por exemplo, quando o usuário gira o dispositivo ou abre o teclado em um dispositivo com teclado físico. O estado dos componentes da interface gráfica do usuário é salvo automaticamente, mas quaisquer outros itens que você queira restaurar durante uma mudança de configuração devem ser armazenados no objeto Bundle recebido por onSaveInstanceState.

```
105    // salva o identificador de linha do contato que está sendo exibido
106    @Override
107    public void onSaveInstanceState(Bundle outState)
108    {
109        super.onSaveInstanceState(outState);
110        outState.putLong(MainActivity.ROW_ID, rowID);
111    }
112
```

Figura 8.47   Método sobrescrito onSaveInstanceState de DetailsFragment.

Métodos sobrescritos onCreateOptionsMenu e onOptionsItemSelected de DetailsFragment

O menu de DetailsFragment fornece opções para editar o contato atual e para excluí-lo. O método onCreateOptionsMenu (Fig. 8.48, linhas 114 a 119) infla o arquivo de recursos de menu fragment_details_menu.xml. O método onOptionsItemSelected (linhas 122 a 146) usa o identificador de recurso do componente MenuItem selecionado para determinar qual deles foi selecionado. Se o usuário selecionou o item de menu com identificador R.id. action_edit, as linhas 129 a 137 criam um objeto Bundle contendo os dados do contato e, então, a linha 138 passa esse objeto para DetailsFragmentListener a fim de ser usado no componente AddEditFragment. Se o usuário selecionou o item de menu com identificador R.id.action_delete, a linha 141 chama o método deleteContact (Fig. 8.50).

274 Android para programadores

```java
113    // exibe os seleções de menu deste fragmento
114    @Override
115    public void onCreateOptionsMenu(Menu menu, MenuInflater inflater)
116    {
117       super.onCreateOptionsMenu(menu, inflater);
118       inflater.inflate(R.menu.fragment_details_menu, menu);
119    }
120
121    // trata as seleções de item de menu
122    @Override
123    public boolean onOptionsItemSelected(MenuItem item)
124    {
125       switch (item.getItemId())
126       {
127          case R.id.action_edit:
128             // cria objeto Bundle contendo os dados do contato a editar
129             Bundle arguments = new Bundle();
130             arguments.putLong(MainActivity.ROW_ID, rowID);
131             arguments.putCharSequence("name", nameTextView.getText());
132             arguments.putCharSequence("phone", phoneTextView.getText());
133             arguments.putCharSequence("email", emailTextView.getText());
134             arguments.putCharSequence("street", streetTextView.getText());
135             arguments.putCharSequence("city", cityTextView.getText());
136             arguments.putCharSequence("state", stateTextView.getText());
137             arguments.putCharSequence("zip", zipTextView.getText());
138             listener.onEditContact(arguments); // passa objeto Bundle para o receptor
139             return true;
140          case R.id.action_delete:
141             deleteContact();
142             return true;
143       }
144
145       return super.onOptionsItemSelected(item);
146    }
147
```

Figura 8.48 Métodos sobrescritos onCreateOptionsMenu e onOptionsItemSelected de DetailsFragment.

Subclasse LoadContactTask de AsyncTask

A classe aninhada LoadContactTask (Fig. 8.49) estende a classe AsyncTask e define como interagir com o banco de dados para obter as informações de um contato para exibição. Neste caso, os três parâmetros de tipo genérico são:

- Long para a lista de argumentos de comprimento variável passada para o método doInBackground de AsyncTask. Isso vai conter o identificador de linha necessário para localizar um contato.

- Object para a lista de argumentos de comprimento variável passada para o método onProgressUpdate de AsyncTask, o qual não usamos neste exemplo.

- Cursor para o tipo do resultado da tarefa, que é passado para o método onPostExecute de AsyncTask.

```java
148    // executa a consulta de banco de dados fora da thread da interface gráfica
       // do usuário
149    private class LoadContactTask extends AsyncTask<Long, Object, Cursor>
150    {
151       DatabaseConnector databaseConnector =
152          new DatabaseConnector(getActivity());
```

Figura 8.49 Subclasse LoadContactTask de AsyncTask. *(continua)*

Capítulo 8 Aplicativo Address Book **275**

```java
153
154        // abre o banco de dados e obtém o objeto Cursor que representa os dados do
           // contato especificado
155        @Override
156        protected Cursor doInBackground(Long... params)
157        {
158           databaseConnector.open();
159           return databaseConnector.getOneContact(params[0]);
160        }
161
162        // usa o Cursor retornado pelo método doInBackground
163        @Override
164        protected void onPostExecute(Cursor result)
165        {
166           super.onPostExecute(result);
167           result.moveToFirst(); // move para o primeiro item
168
169           // obtém o índice de coluna de cada item de dado
170           int nameIndex = result.getColumnIndex("name");
171           int phoneIndex = result.getColumnIndex("phone");
172           int emailIndex = result.getColumnIndex("email");
173           int streetIndex = result.getColumnIndex("street");
174           int cityIndex = result.getColumnIndex("city");
175           int stateIndex = result.getColumnIndex("state");
176           int zipIndex = result.getColumnIndex("zip");
177
178           // preenche os componentes TextView com os dados recuperados
179           nameTextView.setText(result.getString(nameIndex));
180           phoneTextView.setText(result.getString(phoneIndex));
181           emailTextView.setText(result.getString(emailIndex));
182           streetTextView.setText(result.getString(streetIndex));
183           cityTextView.setText(result.getString(cityIndex));
184           stateTextView.setText(result.getString(stateIndex));
185           zipTextView.setText(result.getString(zipIndex));
186
187           result.close(); // fecha o cursor de resultado
188           databaseConnector.close(); // fecha a conexão de banco de dados
189        } // fim do método onPostExecute
190     } // fim da classe LoadContactTask
191
```

Figura 8.49 Subclasse `LoadContactTask` de `AsyncTask`.

As linhas 151 e 152 criam um novo objeto de nossa classe `DatabaseConnector` (Seção 8.9). O método `doInBackground` (linhas 155 a 160) abre a conexão com o banco de dados e chama o método `getOneContact` de `DatabaseConnector`, o qual consulta o banco de dados para obter o contato com o `rowID` especificado, que foi passado como único argumento para o método `execute` de `AsyncTask`. Em `doInBackground`, `rowID` é armazenado em `params[0]`.

O objeto `Cursor` resultante é passado para o método `onPostExecute` (linhas 163 a 189). O cursor é posicionado *antes* da primeira linha do conjunto resultante (result set). Nesse caso, o conjunto vai conter apenas um registro, de modo que o método **moveTo-First** de `Cursor` (linha 167) pode ser usado para mover o cursor para a primeira linha no conjunto resultante. [*Obs.:* é considerado uma boa prática garantir que o método move-ToFirst de `Cursor` retorne true antes de tentar obter dados do `Cursor`. Neste aplicativo, sempre vai haver uma linha no `Cursor`.]

Usamos o **método getColumnIndex** de `Cursor` (linhas 170 a 176) para obter os índices das colunas na tabela contacts do banco de dados. (Codificamos os nomes de coluna neste aplicativo, mas eles poderiam ser implementados como constantes `String`, como fizemos para `ROW_ID` na classe `MainActivity`, na Fig. 8.14.) Esse método retorna -1 se a

276 Android para programadores

coluna não estiver no resultado da consulta. A classe Cursor também fornece o método **getColumnIndexOrThrow**, caso você prefira obter uma exceção quando o nome de coluna especificado não existir. As linhas 179 a 185 usam o **método getString** de Cursor para recuperar os valores String das colunas do cursor e, então, exibem esses valores nos componentes TextView correspondentes. As linhas 187 e 188 fecham o Cursor e a conexão com o banco de dados, pois eles não são mais necessários. É considerado uma boa prática liberar recursos, como conexões de banco de dados, quando não estão sendo usados, para que outras atividades possam utilizá-los.

Método *deleteContact* e *confirmDelete* de *DialogFragment*
O método deleteContact (Fig. 8.50, linhas 193 a 197) exibe um elemento DialogFragment (linhas 200 a 252) solicitando ao usuário que confirme se o contato exibido no momento deve ser excluído. Em caso positivo, DialogFragment usa um objeto AsyncTask para excluir o contato do banco de dados. Se o usuário clicar no botão **Delete** na caixa de diálogo, as linhas 222 e 223 criam um novo objeto DatabaseConnector. As linhas 226 a 241 criam uma AsyncTask que, quando executada (linha 244), passa um valor Long representando o identificador de linha do contato para doInBackground, o qual então exclui o contato. A linha 232 chama o método deleteContact de DatabaseConnector para fazer a exclusão. Quando doInBackground termina de ser executado, a linha 239 chama o método onContactDeleted de listener para que MainActivity possa remover o componente DetailsFragment da tela.

```
192    // exclui um contato
193    private void deleteContact()
194    {
195       // usa FragmentManager para exibir o componente DialogFragment de confirmDelete
196       confirmDelete.show(getFragmentManager(), "confirm delete");
197    }
198
199    // DialogFragment para confirmar a exclusão de contato
200    private DialogFragment confirmDelete =
201       new DialogFragment()
202       {
203          // cria um componente AlertDialog e o retorna
204          @Override
205          public Dialog onCreateDialog(Bundle bundle)
206          {
207             // cria um novo AlertDialog Builder
208             AlertDialog.Builder builder =
209                new AlertDialog.Builder(getActivity());
210
211             builder.setTitle(R.string.confirm_title);
212             builder.setMessage(R.string.confirm_message);
213
214             // fornece um botão OK que simplesmente descarta a caixa de diálogo
215             builder.setPositiveButton(R.string.button_delete,
216                new DialogInterface.OnClickListener()
217                {
218                   @Override
219                   public void onClick(
220                      DialogInterface dialog, int button)
221                   {
222                      final DatabaseConnector databaseConnector =
223                         new DatabaseConnector(getActivity());
224
225                      // AsyncTask exclui contato e notifica o receptor
226                      AsyncTask<Long, Object, Object> deleteTask =
```

Figura 8.50 Método deleteContact e confirmDelete de DialogFragment. (*continua*)

Capítulo 8 Aplicativo Address Book **277**

```
227                        new AsyncTask<Long, Object, Object>()
228                        {
229                           @Override
230                           protected Object doInBackground(Long... params)
231                           {
232                              databaseConnector.deleteContact(params[0]);
233                              return null;
234                           }
235
236                           @Override
237                           protected void onPostExecute(Object result)
238                           {
239                              listener.onContactDeleted();
240                           }
241                        }; // fim de AsyncTask
242
243                        // executa AsyncTask para excluir o contato em rowID
244                        deleteTask.execute(new Long[] { rowID });
245                     } // fim do método onClick
246                  } // fim da classe interna anônima
247               ); // fim da chamada ao método setPositiveButton
248
249               builder.setNegativeButton(R.string.button_cancel, null);
250               return builder.create(); // retorna o componente AlertDialog
251            }
252         }; // fim da classe interna anônima de DialogFragment
253 } // fim da classe DetailsFragment
```

Figura 8.50   Método `deleteContact` e `confirmDelete` de `DialogFragment`.

8.9   Classe utilitária DatabaseConnector

A classe utilitária `DatabaseConnector` (Figs. 8.51 a 8.58) gerencia as interações deste aplicativo com o SQLite para criar e manipular o banco de dados `UserContacts`, o qual contém uma tabela chamada contacts.

Instrução package, instruções import e campos

A Figura 8.51 lista a instrução package, as instruções import e os campos da classe `DatabaseConnector`. Realçamos as instruções import das novas classes e interfaces discutidas na Seção 8.3. A constante String `DATABASE_NAME` (linha 16) especifica o nome do banco de dados que vai ser criado ou aberto. *Os nomes de banco de dados devem ser exclusivos dentro de um aplicativo específico, mas de um aplicativo para outro não precisam ser.* Um objeto `SQLiteDatabase` (linha 18) fornece acesso de leitura/gravação para um banco de dados SQLite. `DatabaseOpenHelper` (linha 19) é uma classe privada aninhada que estende a classe abstrata `SQLiteOpenHelper` — essa classe é usada para gerenciar a criação, a abertura e a atualização (upgrade) de bancos de dados (talvez para modificar a estrutura de um banco de dados). Discutimos `SQLOpenHelper` com mais detalhes na Fig. 8.58.

```
1   // DatabaseConnector.java
2   // Fornece fácil conexão e criação do banco de dados UserContacts.
3   package com.deitel.addressbook;
4
5   import android.content.ContentValues;
6   import android.content.Context;
```

Figura 8.51   Instrução package, instruções import e variáveis de instância da classe `DatabaseConnector`. (*continua*)

278 Android para programadores

```java
7   import android.database.Cursor;
8   import android.database.SQLException;
9   import android.database.sqlite.SQLiteDatabase;
10  import android.database.sqlite.SQLiteOpenHelper;
11  import android.database.sqlite.SQLiteDatabase.CursorFactory;
12
13  public class DatabaseConnector
14  {
15     // nome do banco de dados
16     private static final String DATABASE_NAME = "UserContacts";
17
18     private SQLiteDatabase database; // para interagir com o banco de dados
19     private DatabaseOpenHelper databaseOpenHelper; // cria o banco de dados
20
```

Figura 8.51 Instrução package, instruções import e variáveis de instância da classe DatabaseConnector.

Construtor e métodos open e close de DatabaseConnector

O construtor de DatabaseConnection (Fig. 8.52, linhas 22 a 27) cria um novo objeto da classe DatabaseOpenHelper (Fig. 8.58), o qual vai ser usado para abrir ou criar o banco de dados. Discutimos os detalhes do construtor DatabaseOpenHelper na Figura 8.58. O método open (linhas 30 a 34) tenta estabelecer uma conexão com o banco de dados e lança uma exceção SQLException caso a tentativa de conexão falhe. O método **getWritableDatabase** (linha 33), herdado de SQLiteOpenHelper, retorna um objeto SQLiteDatabase. Se o banco de dados ainda não foi criado, esse método o cria; caso contrário, o abre. Uma vez aberto o banco de dados, ele é *colocado na cache* pelo sistema operacional para melhorar o desempenho de futuras interações com o banco de dados. O método close (linhas 37 a 41) fecha a conexão com o banco de dados, chamando o método herdado **close** de SQLiteOpenHelper.

```java
21     // construtor public de DatabaseConnector
22     public DatabaseConnector(Context context)
23     {
24        // cria um novo DatabaseOpenHelper
25        databaseOpenHelper =
26           new DatabaseOpenHelper(context, DATABASE_NAME, null, 1);
27     }
28
29     // abre a conexão de banco de dados
30     public void open() throws SQLException
31     {
32        // cria ou abre um banco de dados para leitura/gravação
33        database = databaseOpenHelper.getWritableDatabase();
34     }
35
36     // fecha a conexão com o banco de dados
37     public void close()
38     {
39        if (database != null)
40           database.close(); // fecha a conexão com o banco de dados
41     }
42
```

Figura 8.52 Construtor e métodos open e close de DatabaseConnector.

Método `insertContact` de `DatabaseConnector`

O método `insertContact` (Fig. 8.53) insere no banco de dados um novo contato com as informações dadas. Primeiramente, colocamos as informações do contato em um novo objeto **ContentValues** (linhas 47 a 54), o qual mantém um mapa de pares chave-valor – os nomes das colunas do banco de dados são as chaves. As linhas 56 a 58 abrem o banco de dados, inserem o novo contato e fecham o banco de dados. O **método insert** de `SQLiteDatabase` (linha 57) insere os valores de `ContentValues` fornecidos na tabela especificada como primeiro argumento – a tabela "contacts", neste caso. O segundo parâmetro desse método, que não é utilizado neste aplicativo, é chamado `nullColumnHack` e não é necessário porque o *SQLite não aceita a inserção de uma linha completamente vazia na tabela* – isso seria equivalente a passar um objeto `ContentValues` vazio para `insert`. Em vez de tornar inválido passar `ContentValues` vazio para o método, o parâmetro `nullColumnHack` é usado para identificar uma coluna que aceite valores `NULL`.

```java
43      // insere um novo contato no banco de dados
44      public long insertContact(String name, String phone, String email,
45          String street, String city, String state, String zip)
46      {
47          ContentValues newContact = new ContentValues();
48          newContact.put("name", name);
49          newContact.put("phone", phone);
50          newContact.put("email", email);
51          newContact.put("street", street);
52          newContact.put("city", city);
53          newContact.put("state", state);
54          newContact.put("zip", zip);
55
56          open(); // abre o banco de dados
57          long rowID = database.insert("contacts", null, newContact);
58          close(); // fecha o banco de dados
59          return rowID;
60      } // fim do método insertContact
61
```

Figura 8.53 Método `insertContact` de `DatabaseConnector`.

Método `updateContact` de `DatabaseConnector`

O método `updateContact` (Fig. 8.54) é semelhante ao método `insertContact`, a não ser pelo fato de chamar o **método update** de SQLiteDatabase (linha 76) para atualizar um contato já existente. O terceiro argumento do método `update` representa uma cláusula `WHERE` em SQL (sem a palavra-chave `WHERE`) que especifica o(s) registro(s) a atualizar. Neste caso, usamos o identificador de linha do registro para atualizar um contato específico.

```java
62      // atualiza um contato existente no banco de dados
63      public void updateContact(long id, String name, String phone,
64          String email, String street, String city, String state, String zip)
65      {
66          ContentValues editContact = new ContentValues();
67          editContact.put("name", name);
```

Figura 8.54 Método `updateContact` de `DatabaseConnector`. *(continua)*

280 Android para programadores

```
68          editContact.put("phone", phone);
69          editContact.put("email", email);
70          editContact.put("street", street);
71          editContact.put("city", city);
72          editContact.put("state", state);
73          editContact.put("zip", zip);
74
75          open(); // abre o banco de dados
76          database.update("contacts", editContact, "_id=" + id, null);
77          close(); // fecha o banco de dados
78      }
79
```

Figura 8.54 Método updateContact de DatabaseConnector.

Método getAllContacts

O método getAllContacts (Fig. 8.55) usa o **método query** de SqLiteDatabase (linhas 83 e 84) para recuperar um Cursor que dá acesso aos identificadores e nomes de todos os contatos do banco de dados. Os argumentos são:

- O nome da tabela a ser consultada.

- Um array de Strings dos nomes de coluna a retornar (as colunas _id e name, aqui) – null retorna todas as colunas da tabela, o que geralmente é considerado uma prática de programação ruim, pois, para economizar memória, tempo de processador e energia da bateria, você deve obter apenas os dados necessários.

- Uma cláusula WHERE em SQL (sem a palavra-chave WHERE), ou null para retornar todas as linhas.

- Um array de Strings de argumentos a serem substituídos na cláusula WHERE, sempre que ? for usado como espaço reservado para o valor de um argumento, ou null, caso não existam argumentos na cláusula WHERE.

- Uma cláusula GROUP BY em SQL (sem as palavras-chave GROUP BY), ou null, se você não quiser agrupar os resultados.

- Uma cláusula HAVING em SQL (sem a palavra-chave HAVING) para especificar quais grupos da cláusula GROUP BY vão ser incluídos nos resultados – null é exigido se a cláusula GROUP BY for null.

- Uma cláusula ORDER BY em SQL (sem as palavras-chave ORDER BY) para especificar a ordem dos resultados, ou null, caso você não queira especificar a ordem.

O objeto Cursor retornado pelo método query contém todas as linhas da tabela que correspondem aos argumentos do método – o assim chamado *conjunto resultante*. O cursor é posicionado *antes* da primeira linha do conjunto resultante – os vários métodos move de Cursor podem ser usados para mover o cursor pelo conjunto resultante para processamento.

```
80      // retorna um Cursor com todos os nomes de contato do banco de dados
81      public Cursor getAllContacts()
82      {
83          return database.query("contacts", new String[] {"_id", "name"},
84              null, null, null, null, "name");
85      }
86
```

Figura 8.55 Método getAllContacts de DatabaseConnector.

Método *getOneContact*

O método getOneContact (Fig. 8.56) também usa o método query de SqLiteDatabase para consultar o banco de dados. Neste caso, recuperamos todas as colunas do banco de dados para o contato com o identificador especificado.

```
87    // retorna um Cursor contendo as informações do contato especificado
88    public Cursor getOneContact(long id)
89    {
90       return database.query(
91          "contacts", null, "_id=" + id, null, null, null, null);
92    }
93
```

Figura 8.56 Método getOneContact de DatabaseConnector.

Método *deleteContact*

O método deleteContact (Fig 8.57) usa o **método delete** de SqLiteDatabase (linha 98) para excluir um contato do banco de dados. Neste caso, recuperamos todas as colunas do banco de dados para o contato com o identificador especificado. Os três argumentos são: a tabela do banco de dados da qual o registro vai ser excluído, a cláusula WHERE (sem a palavra-chave WHERE) e, se essa cláusula tiver argumentos, um array de Strings dos valores a serem substituídos na cláusula WHERE (null, em nosso caso).

```
94     // exclui o contato especificado pelo nome String fornecido
95     public void deleteContact(long id)
96     {
97        open(); // abre o banco de dados
98        database.delete("contacts", "_id=" + id, null);
99        close(); // fecha o banco de dados
100    }
101
```

Figura 8.57 Método deleteContact de DatabaseConnector.

Classe aninhada privada *DatabaseOpenHelper* que estende *SQLiteOpenHelper*

A classe privada DatabaseOpenHelper (Fig. 8.58) estende a classe abstrata SQLiteOpenHelper, a qual ajuda os aplicativos a criar bancos de dados e a gerenciar mudanças de versão. O construtor (linhas 105 a 109) simplesmente chama o construtor da superclasse, o qual exige quatro argumentos:

- o objeto Context no qual o banco de dados está sendo criado ou aberto;
- o nome do banco de dados – pode ser null, caso você queira usar um banco de dados na memória;
- o objeto CursorFactory a ser usado – null indica que você quer usar CursorFactory padrão do SQLite (normalmente usado para a maioria dos aplicativos); e
- o número de versão do banco de dados (começando com 1).

Você deve sobrescrever os métodos abstratos onCreate e onUpgrade dessa classe. Se o banco de dados ainda não existe, o **método onCreate** de DatabaseOpenHelper vai ser chamado para criá-lo. Se você fornecer um número de versão mais recente do que a versão do banco de dados que está armazenada no dispositivo, o **método onUpgrade** de

282 Android para programadores

DatabaseOpenHelper vai ser chamado para migrar o banco de dados para a nova versão (talvez para adicionar tabelas ou para adicionar colunas em uma tabela já existente).

```
102   private class DatabaseOpenHelper extends SQLiteOpenHelper
103   {
104      // construtor
105      public DatabaseOpenHelper(Context context, String name,
106         CursorFactory factory, int version)
107      {
108         super(context, name, factory, version);
109      }
110
111      // cria a tabela de contatos quando o banco de dados é gerado
112      @Override
113      public void onCreate(SQLiteDatabase db)
114      {
115         // consulta para criar uma nova tabela chamada contacts
116         String createQuery = "CREATE TABLE contacts" +
117            "(_id integer primary key autoincrement," +
118            "name TEXT, phone TEXT, email TEXT, " +
119            "street TEXT, city TEXT, state TEXT, zip TEXT);";
120
121         db.execSQL(createQuery); // executa a consulta para criar o banco de dados
122      }
123
124      @Override
125      public void onUpgrade(SQLiteDatabase db, int oldVersion,
126         int newVersion)
127      {
128      }
129   } // fim da classe DatabaseOpenHelper
130 } // fim da classe DatabaseConnector
```

Figura 8.58   Classe DatabaseOpenHelper de SQLiteOpenHelper.

O método onCreate (linhas 112 a 122) especifica a tabela a ser criada com o comando SQL CREATE TABLE, o qual é definido como uma String (linhas 116 a 119). Neste caso, a tabela de contatos contém um campo de chave primária inteiro (_id) que é incrementado automaticamente e os campos de texto de todas as outras colunas. A linha 121 usa o método **execSQL** de SQLiteDatabase para executar o comando CREATE TABLE. Como não precisamos migrar o banco de dados, simplesmente sobrescrevemos o método onUpgrade com um corpo vazio. A classe SQLiteOpenHelper também fornece o **método onDowngrade**, que pode ser usado para rebaixar um banco de dados quando a versão correntemente armazenada tem um número mais alto do que o solicitado na chamada do construtor da classe SQLiteOpenHelper. O rebaixamento pode ser usado para reverter o banco de dados para uma versão anterior, com menos colunas em uma tabela ou menos tabelas no banco de dados – talvez para corrigir um erro no aplicativo.

Todos os métodos de SQLiteDatabase que utilizamos na classe DatabaseConnector têm métodos correspondentes que efetuam as mesmas operações, mas que lançam exceções em caso de falha, em vez de apenas retornar -1 (por exemplo, insertOrThrow *versus* insert). Esses métodos são intercambiáveis, permitindo que você decida como lidar com erros de leitura e gravação no banco de dados.

8.10   Para finalizar

Neste capítulo, você criou o aplicativo **Address Book**, o qual permite aos usuários adicionar, ver, editar e excluir informações de contato armazenadas em um banco de dados SQLite. Você definiu pares atributo-valor comuns de componentes de interface gráfica do usuário, como recursos `style` em XML e, então, aplicou os estilos em todos os componentes que compartilham esses valores, usando o atributo `style` dos componentes. Você adicionou uma borda a um componente `TextView` especificando `Drawable` como valor do atributo `android:background` desse componente e criou um objeto `Drawable` personalizado usando uma representação XML de um elemento `shape`. Usou também ícones padrão do Android para melhorar a aparência dos itens do menu do aplicativo.

Quando a principal tarefa de um fragmento é exibir uma lista de itens que pode ser rolada, você aprendeu que pode estender a classe `ListFragment` para criar um fragmento que exibe um componente `ListView` em seu layout padrão. Isso foi feito para exibir os contatos armazenados no banco de dados do aplicativo. Você vinculou dados ao componente `ListView` por meio de um elemento `CursorAdapter` que exibia os resultados de uma consulta de banco de dados.

Na atividade deste aplicativo, você usou `FragmentTransactions` para adicionar e substituir fragmentos dinamicamente na interface gráfica do usuário. Usou também a pilha de retrocesso de fragmentos para dar suporte ao botão voltar, a fim de voltar para um fragmento exibido anteriormente e permitir que a atividade do aplicativo retornasse a fragmentos anteriores via programação.

Demonstramos como comunicar dados entre fragmentos e uma atividade hospedeira ou outros fragmentos da atividade por meio de interfaces de métodos de callback implementados pela atividade hospedeira. Você também usou objetos `Bundle` para passar argumentos para os fragmentos.

Você usou uma subclasse de `SQLiteOpenHelper` a fim de simplificar a criação do banco de dados e a fim de obter um objeto `SQLiteDatabase` para manipular o conteúdo de um banco de dados. Você processou resultados de consulta por meio de um `Cursor` e usou subclasses de `AsyncTask` para executar tarefas de banco de dados fora da thread da interface gráfica do usuário e retornar os resultados para essa thread. Isso permitiu tirar proveito dos recursos de thread do Android sem criar e manipular threads diretamente.

No Capítulo 9, vamos discutir o lado comercial do desenvolvimento de aplicativos Android. Você também vai ver como preparar seu aplicativo para enviar ao Google Play, incluindo a produção de ícones. Vamos discutir como testar seus aplicativos em dispositivos e publicá-los no Google Play. Discutiremos as características de aplicativos notáveis e as diretrizes de projeto do Android a serem seguidas. Forneceremos dicas para fixação de preço e comercialização de seu aplicativo. Examinaremos também as vantagens de oferecer seu aplicativo gratuitamente para alavancar as vendas de outros produtos, como uma versão mais completa do aplicativo ou conteúdo melhor. Mostraremos como usar o Google Play para monitorar as vendas do aplicativo, os pagamentos e muito mais.

9

Google Play e questões de comercialização de aplicativos

Objetivos

Neste capítulo, você vai:

- Preparar aplicativos para publicação.
- Determinar o preço de seus aplicativos e conhecer as vantagens dos aplicativos gratuitos versus pagos.
- Monetizar seus aplicativos com anúncios incorporados.
- Aprender a vender bens virtuais utilizando cobrança incorporada ao aplicativo.
- Registrar-se no Google Play.
- Aprender a abrir uma conta no Google Wallet.
- Carregar seus aplicativos no Google Play.
- Ativar o **Play Store** dentro de um aplicativo.
- Conhecer outras lojas de aplicativos Android.
- Conhecer outras plataformas populares de aplicativos móveis para as quais você pode portar seus aplicativos a fim de ampliar seu mercado.
- Aprender a comercializar seus aplicativos.

Capítulo 9 Google Play e questões de comercialização de aplicativos **285**

Resumo	

9.1 Introdução
9.2 Preparação dos aplicativos para publicação
   9.2.1 Teste do aplicativo
   9.2.2 Acordo de Licença de Usuário Final
   9.2.3 Ícones e rótulos
   9.2.4 Controlando a versão de seu aplicativo
   9.2.5 Licenciamento para controle de acesso a aplicativos pagos
   9.2.6 Ofuscando seu código
   9.2.7 Obtenção de uma chave privada para assinar digitalmente seu aplicativo
   9.2.8 Capturas de tela
   9.2.9 Vídeo promocional do aplicativo
9.3 Precificação de seu aplicativo: gratuito ou pago
   9.3.1 Aplicativos pagos
   9.3.2 Aplicativos gratuitos
9.4 Monetização de aplicativos com anúncio incorporado

9.5 Monetização de aplicativos: utilização de cobrança incorporada para vender bens virtuais
9.6 Registro no Google Play
9.7 Abertura de uma conta no Google Wallet
9.8 Carregamento de seus aplicativos no Google Play
9.9 Ativação do **Play Store** dentro de seu aplicativo
9.10 Gerenciamento de seus aplicativos no Google Play
9.11 Outras lojas de aplicativos Android
9.12 Outras plataformas populares de aplicativos móveis
9.13 Comercialização de aplicativos
9.14 Para finalizar

9.1 Introdução

Nos Capítulos 2 a 8, desenvolvemos diversos aplicativos Android completos. Uma vez desenvolvidos e testados, tanto no emulador como em dispositivos Android, o próximo passo é enviá-los ao Google Play – e/ou a outras lojas de aplicativos – para distribuição ao público do mundo todo. Neste capítulo, você vai aprender a se registrar no Google Play e a abrir uma conta no Google Wallet para que possa vender seus aplicativos. Também vai aprender a preparar seus aplicativos para publicação e a carregá-los no Google Play. Em alguns casos, vamos encaminhá-lo à documentação do Android, em vez de mostrar os passos no livro, pois é provável que as etapas mudem. Vamos falar sobre outras lojas de aplicativos Android em que você pode distribuir seus aplicativos. Vamos discutir se você deve oferecer seus aplicativos gratuitamente ou vendê-los, e mencionar importantes recursos para monetizar aplicativos, tais como anúncios incorporados e venda de bens virtuais. Vamos fornecer recursos para comercializar seus aplicativos e mencionaremos outras plataformas para as quais você pode portar seus aplicativos Android a fim de ampliar seu mercado.

9.2 Preparação dos aplicativos para publicação

A seção *Preparing for Release* no *Dev Guide* (`http://developer.android.com/tools/publishing/preparing.html`) lista itens a considerar antes de publicar seu aplicativo no Google Play, incluindo:

- *Testar* seu aplicativo em dispositivos Android
- Incluir um *Acordo de Licença de Usuário Final* em seu aplicativo (opcional)
- Adicionar um *ícone* e um rótulo no manifesto do aplicativo
- Fazer o *controle de versão* de seu aplicativo (por exemplo, 1.0, 1.1, 2.0, 2.3, 3.0)

- Obter uma *chave criptográfica* para *assinar digitalmente* seu aplicativo
- *Compilar* seu aplicativo

Antes de publicar seu aplicativo, leia também a *Launch Checklist* (`http://developer.an-droid.com/distribute/googleplay/publish/preparing.html`) e a *Tablet App Quality Checklist* (`http://developer.android.com/distribute/googleplay/quality/tablet.html`).

9.2.1 Teste do aplicativo

Antes de enviar seu aplicativo para o Google Play, teste-o completamente para se certificar de que ele funciona corretamente em uma variedade de dispositivos. Embora o aplicativo possa funcionar perfeitamente usando o emulador em seu computador, podem surgir problemas ao executá-lo em dispositivos Android específicos. Agora o Google Play Developer Console oferece suporte para testes alfa e beta de aplicativos com grupos de pessoas por meio do Google+. Para obter mais informações, visite:

```
https://play.google.com/apps/publish/
```

9.2.2 Acordo de Licença de Usuário Final

Você tem a opção de incluir um **Acordo de Licença de Usuário Final** (EULA – End User License Agreement) em seu aplicativo. O EULA é um acordo por meio do qual você licencia seu software para o usuário. Normalmente, ele estipula termos de uso, limitações em relação à redistribuição e engenharia reversa, confiabilidade do produto, obediência às leis aplicáveis e muito mais. Talvez você queira consultar um advogado quando esboçar um EULA para seu aplicativo. Para ver um exemplo de EULA, consulte

```
http://www.rocketlawyer.com/document/end-user-license-agreement.rl
```

9.2.3 Ícones e rótulos

Projete um ícone para seu aplicativo e forneça um rótulo textual (um nome) que aparecerá no Google Play e no dispositivo do usuário. O ícone pode ser o logotipo de sua empresa, uma imagem do aplicativo ou uma imagem personalizada. O Android Asset Studio fornece uma ferramenta para criar ícones de aplicativo:

```
http://android-ui-utils.googlecode.com/hg/asset-studio/dist/index.html
```

Crie uma versão de seu ícone para cada uma das seguintes densidades de tela:

- `xx-high` (XXHDPI): 144 x 144 pixels
- `x-high` (XHDPI): 96 x 96 pixels
- `high` (HDPI): 72 x 72 pixels
- `medium` (MDPI): 48 x 48 pixels

Você também vai precisar de um ícone de alta resolução para usar no Google Play. Esse ícone deve ter:

- 512 x 512 pixels
- PNG de 32 bits
- no máximo 1 MB

Como o ícone é o item mais importante da marca, é fundamental ter um de alta qualidade. Pense na possibilidade de contratar um designer gráfico experiente para ajudá-lo a criar um ícone atraente e profissional. A Figura 9.1 lista diversas empresas de design que oferecem serviços de projeto de ícones profissionais, gratuitos e pagos. Quando tiver criado o ícone e o rótulo, você vai precisar especificá-los no arquivo `AndroidManifest.xml` do aplicativo, configurando os atributos `android:icon` e `android:label` do elemento `application`.

Empresa	URL	Serviços
glyphlab	`http://www.glyphlab.com/icon_design/`	Projeto de ícones personalizados – alguns ícones podem ser baixados *gratuitamente*.
Androidicons	`http://www.androidicons.com`	Projeta ícones personalizados, vende um conjunto de 200 ícones por um valor fixo e alguns ícones podem ser baixados *gratuitamente*.
Iconiza	`http://www.iconiza.com`	Projeta ícones personalizados por um valor fixo e vende ícones comuns.
Aha-Soft	`http://www.aha-soft.com/icon-design.htm`	Projeta ícones personalizados por um valor fixo.
Rosetta®	`http://icondesign.rosetta.com/`	Projeta ícones personalizados pagos.
Elance®	`http://www.elance.com`	Busca de designers de ícone freelance.

Figura 9.1 Empresas de projeto de ícones de aplicativo personalizados.

9.2.4 Controlando a versão de seu aplicativo

É importante incluir um *nome* (mostrado para os usuários) e um *código* (um número inteiro, usado internamente pelo Google Play) de versão para seu aplicativo e avaliar sua estratégia de numeração de atualizações. Por exemplo, o primeiro nome de versão de seu aplicativo poderia ser 1.0, pequenas atualizações poderiam ser 1.1 e 1.2, e a próxima atualização importante poderia ser 2.0. O código da versão é um valor inteiro que normalmente começa em 1 e é incrementado por 1 a cada nova versão postada de seu aplicativo. Para ver mais diretrizes, consulte *Versioning Your Applications*, no endereço

```
http://developer.android.com/tools/publishing/versioning.html
```

9.2.5 Licenciamento para controle de acesso a aplicativos pagos

O *serviço de licenciamento* do Google Play permite criar políticas de licenciamento para controlar o acesso aos seus aplicativos pagos. Por exemplo, você poderia usar uma política de licenciamento para limitar o número de instalações de dispositivo simultâneas permitidas. Para saber mais sobre o serviço de licenciamento, visite:

```
http://developer.android.com/google/play/licensing/index.html
```

9.2.6 Ofuscando seu código

Você deve "ofuscar" o código dos aplicativos que carregar no Google Play para desencorajar a engenharia reversa e dar maior proteção aos seus aplicativos. A ferramenta gratuita **ProGuard** – executada quando você compila seu aplicativo no *modo release*

288 Android para programadores

– reduz o tamanho de seu arquivo `.apk` (o arquivo de pacote de aplicativo do Android que contém seu aplicativo para instalação), otimiza e ofusca o código, "removendo código não utilizado e substituindo o nome de classes, campos e métodos por nomes semanticamente obscuros."[1] Para saber como configurar e usar a ferramenta ProGuard, acesse

```
http://developer.android.com/tools/help/proguard.html
```

Para obter mais informações sobre como proteger seus aplicativos contra pirataria usando obscurecimento de código, visite:

```
http://www.techrepublic.com/blog/app-builder/
    protect-your-android-apps-with-obfuscation/1724
```

9.2.7 Obtenção de uma chave privada para assinar digitalmente seu aplicativo

Antes de carregar seu aplicativo em um dispositivo, no Google Play ou em outras lojas de aplicativos, você deve *assinar digitalmente* o arquivo `.apk` usando um **certificado digital** que o identifique como autor do aplicativo. Um certificado digital inclui seu nome ou o de sua empresa, informações de contato, etc. Ele pode ser assinado automaticamente usando uma **chave privada** (isto é, uma senha segura usada para *criptografar* o certificado); você não precisa adquirir um certificado de uma autoridade de certificação (embora seja uma opção). O Eclipse assina digitalmente seu aplicativo de forma automática quando você o executa em um emulador ou em um dispositivo para propósitos de *depuração*. Esse certificado digital *não* é válido para uso no Google Play e expira 365 dias depois de ser criado. Para ver instruções detalhadas sobre a assinatura digital de seus aplicativos, consulte *Signing Your Applications* em:

```
http://developer.android.com/tools/publishing/app-signing.html
```

9.2.8 Capturas de tela

Tire *no mínimo* duas capturas de tela de seu aplicativo (você pode carregar no máximo oito capturas de cada uma para um smartphone, para um tablet de 7" e para um tablet de 10"), as quais vão ser incluídas com a descrição de seu aplicativo no Google Play (Fig. 9.2). Elas oferecem uma visualização prévia de seu aplicativo, pois os usuários não podem testá-lo antes de baixá-lo (embora possam devolver um aplicativo, com reembolso garantido, dentro de 15 minutos após adquiri-lo e baixá-lo). Escolha capturas de tela atraentes que mostrem a funcionalidade do aplicativo.

Especificação	Descrição
Tamanho	Dimensão mínima de 320 pixels e máxima de 3840 pixels (a dimensão máxima não pode ser maior que duas vezes o comprimento da mínima).
Formato	Formato PNG ou JPEG de 24 bits, sem efeitos alfa (transparência).
Imagem	Sangrado total até a margem, sem bordas.

Figura 9.2 Especificações para captura de tela.

---

[1] http://developer.android.com/tools/help/proguard.html#enabling.

O DDMS (Dalvik Debug Monitor Service), instalado com o Plugin ADT para Eclipse, o ajuda a depurar aplicativos em execução em dispositivos reais e também permite fazer capturas de tela em seu dispositivo. Para isso, execute os passos a seguir:

1. Execute o aplicativo em seu dispositivo, conforme descrito no final da Seção 1.9.
2. No Eclipse, selecione **Window > Open Perspective > DDMS**, o que permite usar as ferramentas DDMS.
3. Na janela **Devices** (Fig. 9.3), selecione o dispositivo do qual você deseja obter uma captura de tela.

Figura 9.3 Janela **Devices** na perspectiva DDMS.

4. Clique no botão **Screen Capture** para exibir a janela **Device Screen Capture** (Fig. 9.4).

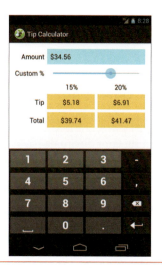

Figura 9.4 Janela **Device Screen Capture** mostrando uma captura do aplicativo **Tip Calculator** do Capítulo 3.

5. Após se certificar de que a tela está mostrando o que você deseja capturar, clique no botão **Save** para salvar a imagem.
6. Se quiser mudar o que está na tela de seu dispositivo antes de salvar a imagem, faça a alteração no dispositivo e, em seguida, pressione o botão **Refresh** na janela **Device Screen Capture** para recapturar a tela do dispositivo.

9.2.9 Vídeo promocional do aplicativo

Quando carregar seu aplicativo no Google Play, você vai ter a opção de incluir uma URL para um breve vídeo promocional no YouTube. A Figura 9.5 lista vários exemplos. Alguns vídeos mostram uma pessoa segurando um dispositivo e interagindo com o aplicativo. Outros utilizam capturas de tela. A Figura 9.6 lista diversas ferramentas e serviços de criação de vídeo (alguns gratuitos, alguns pagos).

Aplicativo	URL
Temple Run®: Oz	http://www.youtube.com/watch?v=QM9sT1ydtj0
GT Racing: Motor Academy	http://www.youtube.com/watch?v=2Z90PICdgoA
Beach Buggy Blitz™	http://www.youtube.com/watch?v=YqDczawTsYw
Real Estate and Homes by Trulia®	http://www.youtube.com/watch?v= rLn697AszGs
Zappos.com®	http://www.youtube.com/watch?v=U-oNyK9k1_Q
Megopolis International	http://www.youtube.com/watch?v= JrqeEJ1xzCY

Figura 9.5   Exemplos de vídeos promocionais para aplicativos no Google Play.

Ferramentas e serviços	URL
Animoto	http://animoto.com
Apptamin	http://www.apptamin.com
Movie Maker for Microsoft Windows	http://windows.microsoft.com/en-us/windows-live/movie-maker
CamStudio™	http://camstudio.org
Jing	http://www.techsmith.com/jing.html
Camtasia Studio®	http://www.techsmith.com/camtasia.html
TurboDemo™	http://www.turbodemo.com/eng/index.php

Figura 9.6   Ferramentas e serviços para criação de vídeos promocionais.

Para carregar seu vídeo, crie uma conta ou entre em sua conta no YouTube. Clique em Upload no canto superior direito da página. Clique em Select files to upload para escolher um vídeo de seu computador ou simplesmente arraste e solte o arquivo do vídeo na página Web.

9.3   Precificação de seu aplicativo: gratuito ou pago

Você define os preços de seus aplicativos distribuídos por meio do Google Play. Muitos desenvolvedores oferecem seus aplicativos gratuitamente, como uma ferramenta de marketing, publicidade e impressão de marca, lucrando com a venda de produtos e serviços, de versões com mais recursos dos mesmos aplicativos e de conteúdo adicional no aplicativo com *venda incorporada* ou *anúncios incorporados ao aplicativo*. A Figura 9.7 lista maneiras de monetizar seus aplicativos.

Capítulo 9 Google Play e questões de comercialização de aplicativos **291**

Maneiras de monetizar um aplicativo
• Venda do aplicativo no Google Play.
• Venda do aplicativo em outras lojas de aplicativos Android.
• Venda de atualizações pagas.
• Venda de bens virtuais (Seção 9.5).
• Venda de um aplicativo para uma empresa que coloca sua própria marca nele.
• Uso de serviços de propaganda móvel para anúncios incorporados ao aplicativo (Seção 9.4).
• Venda direta ao consumidor de espaço de propaganda incorporado ao aplicativo.
• Uso do aplicativo para impulsionar as vendas de uma versão do aplicativo com mais recursos.

Figura 9.7 Maneiras de monetizar um aplicativo.

9.3.1 Aplicativos pagos

O preço médio dos aplicativos varia muito de acordo com a categoria. Por exemplo, segundo o site de descoberta de aplicativos AppBrain (`http://www.appbrain.com`), o preço médio de aplicativos tipo quebra-cabeça é de US$1,54, e o de aplicativos comerciais é de US$6,47.[2] Embora esses preços possam parecer baixos, lembre-se de que aplicativos de sucesso podem vender dezenas, centenas de milhares, ou mesmo milhões de cópias.

Ao estabelecer um preço para seu aplicativo, comece pesquisando seus concorrentes. Quanto eles cobram? Os aplicativos deles têm funcionalidade semelhante? O seu tem mais recursos? Oferecer seu aplicativo a um preço mais baixo do que o dos concorrentes vai atrair usuários? Seu objetivo é recuperar os custos do desenvolvimento e gerar lucros?

Se mudar de estratégia, você finalmente pode oferecer seu aplicativo como gratuito de forma permanente. Contudo, atualmente não é possível cobrar por um aplicativo que antes era gratuito.

As transações financeiras de aplicativos pagos no Google Play são feitas pelo Google Wallet (`http://google.com/wallet`), embora os clientes de algumas operadoras de telefonia móvel (como AT&T, Sprint e T-Mobile) possam optar por usar a fatura da operadora para cobrar por aplicativos pagos. Os lucros são pagos mensalmente aos usuários do Google Wallet.[3] Você é responsável pelos impostos sobre os lucros obtidos por meio do Google Play.

9.3.2 Aplicativos gratuitos

Aproximadamente 80% dos aplicativos no Google Play são gratuitos, sendo responsáveis pela ampla maioria dos downloads.[4] Visto que é mais provável os usuários baixarem um aplicativo se for gratuito, considere a possibilidade de oferecer uma versão "lite" gratuita de seu aplicativo para estimular os usuários a testá-lo. Por exemplo, se seu aplicativo é um jogo, você poderia oferecer uma versão lite gratuita apenas com os primeiros níveis. Quando o usuário terminasse de jogar os níveis gratuitos, o aplicativo ofereceria uma opção para, pelo Google Play, comprar seu aplicativo mais robusto, com numerosos níveis de jogo. Ou então, exibiria uma mensagem dizendo que o usuário pode comprar mais níveis dentro do aplicativo, em uma atualização transparente (consulte a Seção

---

[2] `http://www.appbrain.com/stats/android-market-app-categories`.

[3] `http://support.google.com/googleplay/android-developer/answer/137997?hl=en&ref_topic=15867`.

[4] `http://www.gartner.com/newsroom/id/2592315`.

292 Android para programadores

9.5). De acordo com um estudo recente feito pela AdMob, *migrar da versão "lite" é o principal motivo de os usuários adquirem um aplicativo pago.*[5]

Muitas empresas disponibilizam aplicativos gratuitos para difundir o conhecimento da marca e estimular as vendas de outros produtos e serviços (Fig. 9.8).

Aplicativo gratuito	Funcionalidade
Amazon® Mobile	Localizar e adquirir itens no site da Amazon.
Bank of America	Localizar ATMs e agências em sua região, consultar saldos e pagar contas.
Best Buy®	Localizar e adquirir itens.
CNN	Receber as notícias mais recentes do mundo, notícias de última hora e assistir vídeo ao vivo.
Epicurious Recipe	Ver milhares de receitas de várias revistas da Condé Nast, incluindo *Gourmet* e *Bon Appetit*.
ESPN® ScoreCenter	Configurar tabelas personalizadas para acompanhar suas equipes esportivas amadoras e profissionais favoritas.
NFL Mobile	Receber as notícias e atualizações mais recentes da NFL, programação ao vivo, NFL Replay e muito mais.
UPS® Mobile	Monitorar cargas, localizar lugares de entrega, obter estimativas de custos de despacho e muito mais.
NYTimes	Ler gratuitamente os artigos do *New York Times*.
Pocket Agent™	O aplicativo do State Farm Insurance permite que você entre em contato com um agente, faça reclamações, encontre centros de reparos locais, consulte suas contas no State Farm e no fundo mútuo e muito mais.
Progressive® Insurance	Fazer uma reclamação e enviar fotos da cena de um acidente automobilístico, encontrar um agente local, obter informações sobre segurança automobilística quando estiver comprando um carro novo e muito mais.
USA Today®	Ler artigos do *USA Today* e receber os resultados esportivos mais recentes.
Wells Fargo® Mobile	Localizar ATMs e agências em sua região, consultar saldos, fazer transferências e pagar contas.
Women's Health Workouts Lite	Ver numerosos exercícios físicos de uma das revistas femininas mais importantes.

Figura 9.8 Empresas que disponibilizam aplicativos Android gratuitos para difundir o conhecimento da marca.

9.4 Monetização de aplicativos com anúncio incorporado

Muitos desenvolvedores oferecem aplicativos gratuitos monetizados com **anúncios incorporados** – frequentemente publicidade em banners semelhante às encontradas em sites. Redes de anúncio móvel, como AdMob (`http://www.admob.com/`) e Google AdSense for Mobile (`www.google.com/mobileads/publisher_home.html`), agregam anunciantes para você e colocam anúncios relevantes em seu aplicativo (consulte a Seção 9.13). Você recebe os lucros do anúncio com base no número da métrica *click-through*. Os 100

---

[5] `http://metrics.admob.com/wp-content/uploads/2009/08/AdMob-Mobile-Metrics-July-09.pdf`.

aplicativos gratuitos mais vistos podem render desde algumas centenas até milhares de dólares por dia. O anúncio incorporado não gera lucros significativos para a maioria dos aplicativos; portanto, se seu objetivo é recuperar os custos do desenvolvimento e gerar lucros, você deve pensar em cobrar uma taxa por seu aplicativo.

9.5 Monetização de aplicativos: utilização de cobrança incorporada para vender bens virtuais

O serviço de **cobrança incorporada** do Google Play (`http://developer.android.com/google/play/billing/index.html`) permite que você venda **bens virtuais** (por exemplo, conteúdo digital) por meio de aplicativos em dispositivos com Android 2.3 ou superior (Fig. 9.9). De acordo com o Google, os aplicativos que utilizam cobrança incorporada obtêm mais lucro do que os aplicativos pagos sozinhos. Dos 24 jogos que mais geram lucros no Google Play, 23 utilizam cobrança incorporada.[6] O serviço de cobrança incorporada está disponível apenas para aplicativos adquiridos por meio do Google Play – *não* pode ser usado em aplicativos vendidos em lojas de outros fornecedores. Para usar cobrança incorporada ao aplicativo, você vai precisar de uma conta de publicador no Google Play (consulte a Seção 9.6) e de uma conta no Google Wallet (consulte a Seção 9.7). O Google paga a você 70% dos lucros de todas as compras incorporadas feitas por meio dos seus aplicativos.

Bens virtuais		
Assinaturas eletrônicas de revistas	Guias adaptados ao idioma local	Avatares
Vestuário virtual	Níveis de jogo adicionais	Cenário de jogo
Recursos complementares	Tons de chamada	Ícones
Cartões eletrônicos	Presentes eletrônicos	Moeda virtual
Papéis de parede	Imagens	Animais de estimação virtuais
Áudios	Vídeos	Livros eletrônicos e muito mais

Figura 9.9 Bens virtuais.

A venda de bens virtuais pode gerar lucros mais altos *por usuário* do que os anúncios incorporados ao aplicativo.[7] Alguns aplicativos particularmente bem-sucedidos na venda de bens virtuais incluem Angry Birds, DragonVale, Zynga Poker, Bejeweled Blitz, NYTimes e Candy Crush Saga. Os bens virtuais são especialmente populares em jogos móveis.

Para implementar cobrança incorporada ao aplicativo, siga os passos que se encontram em

```
http://developer.android.com/google/play/billing/billing_integrate.html
```

Para obter mais informações sobre cobrança incorporada ao aplicativo, incluindo assinaturas, amostras de aplicativo, melhores práticas de segurança, testes e muito mais, visite `http://developer.android.com/google/play/billing/billing_overview.html`. Também é possível assistir à aula de treinamento gratuita *Selling In-app Products* em

```
http://developer.android.com/training/in-app-billing/index.html
```

---

[6] `http://android-developers.blogspot.com/2012/05/in-app-subscriptions-in-google-play.html`.

[7] `http://www.businessinsider.com/its-morning-in-venture-capital-2012-5?utm_source=readme&utm_medium=rightrail&utm_term=&utm_content=6&utm_campaign=` recirc.

Aquisição incorporada para aplicativos vendidos por meio de outras lojas

Se você optar por vender seus aplicativos por meio de outras lojas (consulte a Seção 9.11), vários provedores de pagamento móvel permitem que seus aplicativos tenham *aquisição incorporada* usando APIs de provedores de pagamento móvel (Fig. 9.10) – você não pode usar a cobrança incorporada ao aplicativo do Google Play. Comece incorporando *funcionalidades bloqueadas* adicionais (por exemplo, níveis de jogo, avatares) em seu aplicativo. Quando o usuário optar por fazer uma compra, a ferramenta de aquisição incorporada ao aplicativo cuida da transação financeira e retorna uma mensagem para o aplicativo confirmando o pagamento. Então, o aplicativo desbloqueia a funcionalidade adicional. As operadoras de telefonia móvel recolhem entre 25% e 45% do preço.*

Provedor	URL	Descrição
PayPal Mobile Payments Library	`http://developer.paypal.com/webapps/developer/docs/classic/mobile/gs_MPL/`	Os usuários clicam no botão **Pay with PayPal**, fazem login em sua conta no PayPal e, então, clicam em **Pay**.
Amazon In-App Purchasing	`http://developer.amazon.com/sdk/in-app-purchasing.html`	Aquisição incorporada para aplicativos vendidos por meio da Amazon App Store para Android.
Zong	`http://www.zong.com/android`	Fornece um botão **Buy** para pagamento com um clique. Os pagamentos aparecem na conta telefônica do usuário.
Samsung In-App Purchase	`http://developer.samsung.com/android/tools-sdks/In-App-Purchase-Library`	Aquisição incorporada para aplicativos projetados especificamente para dispositivos Samsung.
Boku	`http://www.boku.com`	Os usuários clicam em **Pay by Mobile**, digitam o número de seus celulares e, então, completam a transação respondendo a uma mensagem de texto enviada para seus telefones.

Figura 9.10 Provedores de pagamento móvel para aquisição incorporada ao aplicativo.

9.6 Registro no Google Play

Para publicar seus aplicativos no Google Play, você deve registrar uma conta no endereço

```
http://play.google.com/apps/publish
```

Há uma taxa de registro de US$25, paga somente uma vez. Ao contrário de outras plataformas móveis populares, *o Google Play não tem processo algum de aprovação para o envio de aplicativos para a loja.* Contudo, você precisa aceitar as *Google Play Developers Program Policies.* Se seu aplicativo violar essas políticas, poderá ser removido a qualquer momento. Violações graves ou repetidas podem resultar no encerramento da conta (Fig.9.11).

Violações do *Google Play Content Policy for Developers*

- Infringir os direitos de propriedade intelectual de outros (por exemplo, marcas registradas, patentes e direitos autorais).
- Atividades ilegais.
- Invadir privacidade pessoal.
- Interferir nos serviços de terceiros.
- Danificar o dispositivo ou os dados pessoais do usuário.

Figura 9.11 Algumas violações do *Google Play Content Policy for Developers* (`http://play.google.com/about/developer-content-policy.html#showlanguages`). (*continua*)

---

* N. de R. T. Estes percentuais são para os Estados Unidos.

Violações do *Google Play Content Policy for Developers*	
• Jogos de azar. • Criar experiência de usuário tipo "spam" (por exemplo, enganar o usuário sobre o propósito do aplicativo). • Causar impacto negativo nas taxas de serviço do usuário ou na rede da operadora de telefonia sem fio.	• Personificação ou fraude. • Promover ódio ou violência. • Fornecer conteúdo pornográfico ou obsceno, ou qualquer coisa inadequada a crianças com menos de 18 anos. • Anúncios em notificações e widgets em nível de sistema.

Figura 9.11   Algumas violações do *Google Play Content Policy for Developers* (`http://play.google.com/about/developer-content-policy.html#showlanguages`).

9.7   Abertura de uma conta no Google Wallet

Para vender seus aplicativos no Google Play, você vai precisar de uma **conta de vendedor (merchant account) no Google Wallet**, disponível para desenvolvedores de Google Play em 32 países (Fig. 9.12).[8] O Google Wallet é usado como serviço de pagamento para transações online. Quando tiver se registrado e conectado no Google Play, em `http://play.google.com/apps/publish/`, clique no link **Financial Reports** e, então, clique em **Set up a merchant account**. Você precisará:

* fornecer informações privadas para o Google entrar em contato com você;

* fornecer informações de contato de suporte ao cliente para que os usuários possam contatá-lo;

* fornecer informações financeiras para que o Google possa fazer uma verificação de crédito;

* concordar com os termos de serviço, os quais descrevem as características do serviço, as transações permitidas, as ações proibidas, as taxas de serviço, os termos de pagamento e muito mais.

Países			
Alemanha	Dinamarca	Irlanda	Portugal
Argentina	Espanha	Israel	Reino Unido
Austrália	Estados Unidos	Itália	República Checa
Áustria	Finlândia	Japão	Rússia
Bélgica	França	México	Singapura
Brasil	Holanda	Noruega	Suécia
Canadá	Hong Kong	Nova Zelândia	Suíça
Coreia do Sul	Índia	Polônia	Taiwan

Figura 9.12   Países nos quais estão disponíveis as contas de vendedor no Google Wallet.

O Google Wallet processa os pagamentos e o ajuda a se proteger contra compras fraudulentas. As taxas de processamento de pagamento padrão são devolvidas mediante suas vendas no Google Play.[9] O Google paga a você 70% do preço do aplicativo. Uma

---

[8] `http://support.google.com/googleplay/android-developer/answer/150324?hl=en&ref_topic=15867`.

[9] `http://checkout.google.com/termsOfService?type=SELLER`.

296 Android para programadores

vez aberta a conta no Google Wallet, você pode utilizá-la para mais atividades além de apenas vender seus aplicativos, como fazer compras nas lojas participantes.

9.8 Carregamento de seus aplicativos no Google Play

Uma vez que você tenha preparado os seus arquivos e esteja pronto para carregar o aplicativo para a loja, examine os passos na *Launch Checklist*, no endereço:

```
http://developer.android.com/distribute/googleplay/publish/preparing.html
```

Depois, faça login no Google Play em `http://play.google.com/apps/publish` (Seção 9.6) e clique no botão **Publish an Android App on Google Play** para iniciar o processo de carregamento. Será solicitado que você faça o upload dos seguintes itens:

1. O *arquivo* .apk *do aplicativo,* que inclui os arquivos de código do aplicativo, itens, recursos e o arquivo de manifesto.

2. Pelo menos *duas capturas de tela* de seu aplicativo, para serem incluídas no Google Play. Você pode incluir capturas de tela para um telefone Android, para um tablet de 7" e para um tablet de 10".

3. *Ícone de aplicativo de alta resolução* (512 x 512 pixels) para ser incluído no Google Play.

4. *Elemento gráfico promocional* (opcional) do Google Play para ser usado pelo Google caso eles decidam promover seu aplicativo (para ver exemplos, veja alguns dos elementos gráficos de aplicativos especiais no Google Play). O elemento gráfico deve ter 180 pixels de largura x 120 pixels de altura, no formato PNG ou JPEG de 24 bits, *sem efeitos de transparência alfa.* Também deve ter sangrado total (isto é, ir até a margem da tela, sem qualquer borda no elemento gráfico).

5. *Vídeo promocional* (opcional) para ser incluído no Google Play. Você pode incluir uma URL para um vídeo promocional de seu aplicativo (por exemplo, um link no YouTube para um vídeo demonstrando o funcionamento do aplicativo).

Além dos itens do aplicativo, será solicitado que você forneça a seguinte listagem adicional de detalhes para o Google Play:

1. ***Language (idioma).*** Por padrão, seu aplicativo vai ser listado em inglês. Se quiser listá-lo em mais idiomas, selecione-os na relação fornecida (Fig. 9.13).

Idioma				
Africâner	Alemão	Aramaico	Árabe	Bielorrusso
Catalão	Chinês (simplificado ou tradicional)	Coreano	Croata	Dinamarquês
Eslovaco	Esloveno	Espanhol (Am. Latina, Espanha ou EUA)	Estoniano	Filipino
Finlandês	Francês	Grego	Hebraico	Holandês
Húngaro	Indonésio	Inglês (RU ou EUA)	Italiano	Japonês
Letão	Lituano	Malaio	Norueguês	Persa

Figura 9.13 Idiomas para listar aplicativos no Google Play. (*continua*)

Idioma				
Polonês	Português (Brasil ou Portugal)	Romanche	Romeno	Russo
Sérvio	Suaíli	Suíço	Tailandês	Tcheco
Turco	Ucraniano	Urdu	Vietnamita	Zulu

Figura 9.13 Idiomas para listar aplicativos no Google Play.

2. ***Title (Título).*** O título de seu aplicativo, conforme vai aparecer no Google Play (30 caracteres no máximo). *Não* precisa ser único entre todos os aplicativos Android.

3. ***Description (Descrição).*** Uma descrição do aplicativo e seus recursos (4.000 caracteres no máximo). Recomenda-se usar a última parte da descrição para explicar por que cada permissão é exigida e como é usada.

4. ***Recent changes (Alterações recentes).*** Um acompanhamento de quaisquer alterações específicas na versão mais recente de seu aplicativo (500 caracteres no máximo).

5. ***Promo text (Texto promocional).*** O texto promocional para comercializar seu aplicativo (80 caracteres no máximo).

6. ***App type (Tipo de aplicativo).*** Escolha Applications ou Games.

7. ***Category (Categoria).*** Selecione a categoria (consulte a Fig. 1.9) mais adequada ao seu jogo ou aplicativo.

8. ***Price (Preço).*** A configuração padrão é Free. Para vender seu aplicativo, você vai precisar de uma conta de vendedor no Google Wallet.

9. ***Content rating (Classificação de conteúdo).*** Você pode selecionar High Maturity, Medium Maturity, Low Maturity ou Everyone. Para obter mais informações, consulte *Rating your application content for Google Play* em http://support.google.com/googleplay/android-developer/answer/188189.

10. ***Locations (Locais).*** Por padrão, o aplicativo vai ser listado em todos os países abrangidos pelo Google Play, atuais e futuros. Se não quiser que seu aplicativo esteja disponível em todos esses países, escolha cuidadosamente aqueles específicos em que deseja listá-lo.

11. ***Website (Site).*** Um link Visit Developer's Website será incluído na listagem de seu aplicativo no Google Play. Forneça um link direto para a página em seu site, em que os usuários interessados em baixar seu aplicativo possam encontrar mais informações, incluindo material de marketing, listagens de recursos, mais capturas de tela, instruções, etc.

12. ***E-mail (E-mail).*** Seu endereço de e-mail também vai ser incluído no Google Play, para que os clientes possam entrar em contato com você para fazer perguntas, relatar erros, etc.

13. ***Phone number (Número de telefone).*** Às vezes seu número de telefone é incluído no Google Play. Portanto, recomenda-se deixar esse campo em branco, a não ser que você dê suporte via telefone. Talvez você queira fornecer o número do telefone do atendimento ao cliente em seu site.

9.9 Ativação do Play Store dentro de seu aplicativo

Para estimular suas vendas, você pode ativar o aplicativo Play Store (Google Play) dentro de seu aplicativo (normalmente, incluindo um botão) para que o usuário possa baixar outros aplicativos seus publicados ou comprar um aplicativo relacionado com funcionalidade maior do que a da versão "lite" baixada anteriormente. Você também pode ativar o aplicativo Play Store para permitir que os usuários baixem as atualizações mais recentes.

Existem duas maneiras de ativar o aplicativo Play Store. Primeiramente, você pode pesquisar no Google Play em busca de aplicativos com um nome de desenvolvedor, nome de pacote ou uma string de caracteres específicos. Por exemplo, se quiser estimular os usuários a baixar outros aplicativos seus publicados, você pode incluir em seu aplicativo um botão que, quando tocado, ativa o aplicativo Play Store e inicia uma busca por aplicativos contendo o seu nome ou o de sua empresa. A segunda opção é levar o usuário para a página de detalhes no aplicativo Play Store a fim de buscar um aplicativo específico.

Para saber como ativar o Play Store dentro de um aplicativo, consulte *Linking Your Products* em `http://developer.android.com/distribute/googleplay/promote/linking.html`.

9.10 Gerenciamento de seus aplicativos no Google Play

O *Google Play Developer Console* permite gerenciar sua conta e seus aplicativos, verificar as pontuações em estrelas dadas pelos usuários para seus aplicativos (0 a 5 estrelas), responder aos comentários dos usuários e monitorar o número total de instalações de cada aplicativo e o número de instalações ativas (instalações menos desinstalações). Você pode ver as tendências de instalação e a distribuição de downloads de aplicativo pelas versões de Android, dispositivos e muito mais. Crash reports lista qualquer informação de falha e congelamento dada pelos usuários. Caso tenha feito atualizações em seu aplicativo, você pode publicar a nova versão facilmente. Você pode retirar o aplicativo do Google Play, mas os usuários que o tiverem baixado anteriormente podem mantê-lo em seus dispositivos. Os usuários que desinstalaram o aplicativo poderão reinstalá-lo mesmo após ele ser removido (ele vai permanecer nos servidores do Google, a não ser que seja removido por violar os termos de serviço).

9.11 Outras lojas de aplicativos Android

Além do Google Play, você pode optar por disponibilizar seus aplicativos em outras lojas de aplicativos Android (Fig. 9.14) ou mesmo em seu próprio site, usando serviços como AndroidLicenser (`http://www.androidlicenser.com`). Para saber mais sobre como lançar seu aplicativo por meio de um site, consulte

`http://developer.android.com/tools/publishing/publishing_overview.html`

Loja	URL
Amazon Appstore	`http://developer.amazon.com/welcome.html`
Opera Mobile Store	`http://apps.opera.com/en_us/index.php`
Moborobo	`http://www.moborobo.com`
Appitalism®	`http://www.appitalism.com/index.html`
Samsung Apps	`http://apps.samsung.com/mars/main/getMain.as`
GetJar	`http://www.getjar.com`
SlideMe	`http://www.slideme.org`
Handango	`http://www.handango.com`
Mplayit™	`http://www.mplayit.com`
AndroidPIT	`http://www.androidpit.com`

Figura 9.14 Outras lojas de aplicativos Android.

9.12 Outras plataformas populares de aplicativos móveis

De acordo com a ABI Research, 56 bilhões de aplicativos para smartphone e 14 bilhões de aplicativos para tablet iriam ser baixados em 2013.[10] Portando seus aplicativos Android para outras plataformas móveis, especialmente para o iOS (para dispositivos iPhone, iPad e iPod Touch), você poderia atingir um público ainda maior (Fig. 9.15). O Android pode ser desenvolvido em computadores Windows, Linux ou Mac com Java – uma das linguagens de programação mais usadas do mundo. Contudo, os aplicativos para iOS devem ser desenvolvidos em Macs – que são caros – e com a linguagem de programação Objective-C, a qual apenas uma pequena porcentagem dos desenvolvedores conhece. O Google criou a ferramenta de código-fonte aberto J2ObjC a fim de ajudar a traduzir seu código de aplicativo Java em Objective-C para aplicativos iOS. Para saber mais, consulte `http://code.google.com/p/j2objc/`.

Plataforma	URL	Fatia de mercado do download de aplicativos no mundo todo
Android	`http://developer.android.com`	58% de aplicativos para smartphone 17% de aplicativos para tablet
iOS (Apple)	`http://developer.apple.com/ios`	33% de aplicativos para smartphone 75% de aplicativos para tablet
Windows Phone 8	`http://developer.windowsphone.com`	4% de aplicativos para smartphone 2% de aplicativos para tablet
BlackBerry (RIM)	`http://developer.blackberry.com`	3% de aplicativos para smartphone
Amazon Kindle	`http://developer.amazon.com`	4% de aplicativos para tablet

Figura 9.15 Plataformas populares de aplicativos móveis. (`http://www.abiresearch.com/press/android-will-account-for-58-of-smartphone-app-down`).

---

[10] `http://www.abiresearch.com/press/android-will-account-for-58-of-smartphone-app-down`.

9.13 Comercialização de aplicativos

Uma vez publicado seu aplicativo, você vai querer comercializá-lo para seu público.[11] O *marketing viral* por meio de sites de mídia social, como Facebook, Twitter, Google+ e YouTube, pode ajudá-lo a transmitir sua mensagem. Esses sites têm enorme visibilidade. De acordo com um estudo do Pew Research Center, 72% dos adultos na Internet utilizam redes sociais – e 67% deles estão no Facebook.[12] A Figura 9.16 lista alguns dos sites de mídia social mais populares. Além disso, e-mail e boletins eletrônicos ainda são ferramentas de marketing eficazes e frequentemente baratas.

Nome	URL	Descrição
Facebook	http://www.facebook.com	Rede social
Twitter	http://www.twitter.com	Microblog, rede social
Google+	http://plus.google.com	Rede social
Groupon	http://www.groupon.com	Comércio eletrônico
Foursquare	http://www.foursquare.com	Check-in
Pinterest	http://www.pinterest.com	Quadro de avisos online
YouTube	http://www.youtube.com	Compartilhamento de vídeos
LinkedIn	http://www.linkedin.com	Rede social para negócios
Flickr	http://www.flickr.com	Compartilhamento de fotos

Figura 9.16 Sites de mídia social populares.

Facebook

O Facebook, o mais importante site de rede social, tem mais de 1 bilhão de usuários ativos[13] e mais de 150 bilhões de conexões entre amigos.[14] É um excelente recurso para *marketing viral*. Comece criando uma página oficial para seu aplicativo ou sua empresa no Facebook. Use a página para postar informações sobre o aplicativo, novidades, atualizações, análises, dicas, vídeos, capturas de tela, pontuações mais altas de jogos, opinião dos usuários e links para o Google Play, onde eles podem baixar seu aplicativo. Por exemplo, postamos notícias e atualizações sobre as publicações da Deitel em nossa página no Facebook, no endereço http://www.facebook.com/DeitelFan.

Em seguida, você precisa difundir a notícia. Estimule seus colegas e amigos a "curtir" sua página no Facebook e peça aos amigos deles para fazerem o mesmo. À medida que as pessoas interagirem com sua página, histórias vão aparecer nos feeds de notícias de seus amigos, divulgando o conhecimento para um público crescente.

Twitter

O Twitter é um site de microblog e rede social com mais de 554 milhões de usuários registrados ativos.[15] Você posta tweets – mensagens de 140 caracteres ou menos. Então, o Twitter distribui seus tweets para todos os seus seguidores (quando este livro estava

---

[11] Para aprender mais sobre comercialização de aplicativos Android, consulte o livro *Android Apps Marketing: Secrets to Selling Your Android App*, de Jeffrey Hughes.

[12] http://pewinternet.org/Commentary/2012/March/Pew-Internet-Social-Networking-full-detail.aspx.

[13] http://investor.fb.com/releasedetail.cfm?ReleaseID=761090.

[14] http://expandedramblings.com/index.php/by-the-numbers-17-amazing-facebook-stats/.

[15] http://www.statisticbrain.com/twitter-statistics/.

sendo produzido, um cantor famoso tinha mais de 40 milhões de seguidores). Muitas pessoas usam o Twitter para monitorar notícias e tendências. Envie tweets sobre seu aplicativo – inclua anúncios sobre novos lançamentos, dicas, informações, comentários dos usuários, etc. Estimule também seus colegas e amigos a enviar um tweet sobre seu aplicativo. Use uma *hashtag* (#) para referenciar seu aplicativo. Por exemplo, ao enviar um tweet sobre este livro em nosso feed no Twitter, @deitel, usamos a hashtag #AndroidFP2. Outros também podem usar essa hashtag para escrever comentários sobre o livro. Isso permite que você procure facilmente tweets de mensagens relacionadas ao livro.

Vídeo viral

O vídeo viral – compartilhado em sites de vídeo (por exemplo, YouTube, Bing Videos, Yahoo! Video), em sites de rede social (por exemplo, Facebook, Twitter e Google+), por meio de e-mail, etc. – é outra excelente maneira de divulgar seu aplicativo. Se você criar um vídeo cativante, talvez humorístico ou mesmo escandaloso, ele pode ganhar popularidade rapidamente e ser marcado por usuários de várias redes sociais.

Boletins por e-mail

Caso você tenha um boletim por e-mail, utilize-o para promover seu aplicativo. Inclua links para o Google Play, onde os usuários podem baixar o aplicativo. Inclua também links para suas páginas de rede social, onde os usuários podem permanecer atualizados com as notícias mais recentes sobre seu aplicativo.

Análises de aplicativo

Entre em contato com blogs e sites de análise de aplicativo influentes (Fig. 9.17) e informe-os sobre seu aplicativo. Forneça a eles um código promocional para baixar seu aplicativo gratuitamente (consulte a Seção 9.3). Blogueiros e analistas influentes recebem muitos pedidos; portanto, mantenha o seu conciso e informativo, sem muita propaganda. Muitos analistas de aplicativo postam análises em vídeo no YouTube e em outros sites (Fig. 9.18).

Site de análise de aplicativos Android	URL
Android Tapp™	http://www.androidtapp.com
Appolicious™	http://www.androidapps.com
AppBrain	http://www.appbrain.com
AndroidZoom	http://www.androidzoom.com
Appstorm	http://android.appstorm.net
Best Android Apps Review	http://www.bestandroidappsreview.com
Android App Review Source	http://www.androidappreviewsource.com
Androinica	http://www.androinica.com
AndroidLib	http://www.androlib.com
Android and Me	http://www.androidandme.com
AndroidGuys	http://www.androidguys.com/category/reviews
Android Police	http://www.androidpolice.com
AndroidPIT	http://www.androidpit.com
Phandroid	http://www.phandroid.com

Figura 9.17 Sites de análise de aplicativos Android.

Site com vídeo de análise de aplicativos Android	URL
Daily App Show	`http://dailyappshow.com`
Crazy Mike's Apps	`http://crazymikesapps.com`
Appolicious™	`http://www.appvee.com/?device_filter=android`
Life of Android™	`http://www.lifeofandroid.com/video/`
Android Video Review	`http://www.androidvideoreview.net/`

Figura 9.18 Sites com vídeo de análise de aplicativos Android.

Relações públicas na Internet

O setor de relações públicas utiliza os meios de comunicação para ajudar as empresas a transmitir sua mensagem aos consumidores. Com o fenômeno conhecido como Web 2.0, os profissionais de relações públicas estão incorporando blogs, tweets, podcasts, feeds RSS e mídia social em suas campanhas. A Figura 9.19 lista alguns recursos de relações públicas na Internet, gratuitos e pagos, incluindo sites de distribuição de press release, serviços de redação de press release e muito mais.

Recurso de relações públicas na Internet	URL	Descrição
Serviços gratuitos		
PRWeb®	`http://www.prweb.com`	Serviços de distribuição de press release online, *gratuitos* e *pagos*.
ClickPress™	`http://www.clickpress.com`	Envie novas matérias para aprovação (*grátis*). Se forem aprovadas, elas estarão disponíveis no site da ClickPress e nos mecanismos de busca de notícias. Mediante uma *taxa*, a ClickPress distribui seus press releases em escala global para as principais revistas online de economia.
PRLog	`http://www.prlog.org/pub/`	Envio e distribuição *gratuitos* de press release.
i-Newswire	`http://www.i-newswire.com`	Envio e distribuição *gratuitos* e *pagos* de press release.
openPR®	`http://www.openpr.com`	Publicação *gratuita* de press release.
Serviços pagos		
PR Leap	`http://www.prleap.com`	Serviço de distribuição de press release online.
Marketwire	`http://www.marketwire.com`	O serviço de distribuição de press release permite a você atingir seu público por área geográfica, segmento, etc.
Mobility PR	`http://www.mobilitypr.com`	Serviços de relações públicas para empresas no setor de equipamentos móveis.
Press Release Writing	`http://www.press-release-writing.com`	Distribuição de press release e serviços que incluem redação, revisão e edição de press release. Consulte as dicas para redigir press releases eficazes.

Figura 9.19 Recursos de relações públicas na Internet.

Redes de anúncios móveis

Comprar espaços de publicidade (por exemplo, em outros aplicativos, online, em jornais e revistas ou no rádio e na televisão) é outra maneira de comercializar seu aplicativo. As redes de anúncios móveis (Fig. 9.20) são especializadas em divulgar aplicativos Android (e outros) móveis em plataformas móveis. Muitas dessas redes podem atingir o público de acordo com o local, operadora de telefonia sem fio, plataforma (por exemplo, Android, iOS, Windows, BlackBerry) e muito mais. A maioria dos aplicativos não gera muito dinheiro; portanto, cuidado com quanto vai gastar em anúncios.

Redes de anúncios móveis	URL
AdMob (da Google)	http://www.admob.com/
Medialets	http://www.medialets.com
Tapjoy®	http://www.tapjoy.com
Nexage™	http://www.nexage.com
Jumptap®	http://www.jumptap.com
Smaato®	http://www.smaato.com
mMedia™	http://mmedia.com
InMobi™	http://www.inmobi.com
Flurry™	http://www.flurry.com

Figura 9.20   Redes de anúncios móveis.

Você também pode usar essas redes de anúncios móveis para monetizar seus aplicativos gratuitos incluindo anúncios (por exemplo, banners, vídeos) em seus aplicativos. O eCPM (custo efetivo por 1.000 impressões) médio para anúncios em aplicativos Android é de US$0,88, segundo o relatório *State of Mobile Advertising* do Opera[16] (embora a média possa variar de acordo com a rede, dispositivo, etc.). A maioria dos anúncios no Android é paga com base na *taxa de click-through (CTR)* dos anúncios, em vez de no número de impressões geradas. Segundo um relatório da Jumptap, as CTRs atingem uma média de 0,65% em anúncios incorporados aos aplicativos móveis,[17] embora isso varie de acordo com o aplicativo, com o dispositivo, com o alvo dos anúncios por rede e muito mais. Se seu aplicativo tem muitos usuários e as CTRs dos anúncios em seus aplicativos são altas, você pode lucrar muito com publicidade. Além disso, sua rede de anúncios pode render publicidade de valor mais alto, aumentando assim seus lucros.

9.14   Para finalizar

Neste capítulo, explicamos o processo de registro do Google Play e a abertura de uma conta no Google Wallet para que você possa vender seus aplicativos. Mostramos como preparar aplicativos para enviar ao Google Play, incluindo testá-los no emulador e em dispositivos Android, criar ícones e rótulos, e editar o arquivo `AndroidManifest.xml`. Explicamos os passos necessários para carregar seus aplicativos no Google Play. Mostramos lojas de aplicativos Android alternativas em que você pode vender seus aplicativos. For-

---

[16] http://www.insidemobileapps.com/2012/12/14/ios-leads-the-pack-in-ecpm-traffic-and-revenue-on-operas-mobile-ad-platform-ipad-average-ecpm-of-4-42/.

[17] http://paidcontent.org/2012/01/05/419-jumptap-android-the-most-popular-but-ios-still-more-interactive-for-ads/.

necemos dicas para determinar o preço de seus aplicativos e recursos para monetizá-los com anúncio incorporado e vendas de bens virtuais no aplicativo. Além disso, incluímos recursos para comercializar seus aplicativos quando estiverem disponíveis por meio do Google Play.

Mantenha contato com a Deitel & Associates, Inc.

Esperamos que você tenha gostado de ler este livro tanto quanto nós gostamos de escrevê-lo. Gostaríamos de saber sua opinião. Envie suas perguntas, comentários, sugestões e correções para `deitel@deitel.com`. Consulte nossa lista de Resource Centers relacionados ao Android em `http://www.deitel.com/ResourceCenters.html`. Para manter-se atualizado em relação às notícias mais recentes sobre as publicações e os treinamentos corporativos da Deitel, assine nosso boletim semanal – enviado gratuitamente por e-mail –, *Deitel® Buzz Online*, em

`http://www.deitel.com/newsletter/subscribe.html`

e siga-nos no

- Facebook – `http://www.facebook.com/DeitelFan`
- Twitter – `@deitel`
- Google+ – `google.com/+DeitelFan`
- YouTube – `http://youtube.com/DeitelTV`
- LinkedIn – `http://linkedin.com/company/deitel-&-associates`

Para saber mais sobre o treinamento em programação *in loco* da Deitel & Associates em todo o mundo, para sua empresa ou organização, visite:

`http://www.deitel.com/training`

ou mande um e-mail para `deitel@deitel.com`.

Índice

Símbolos

(marcadores de régua do Android
Developer Tools no editor **Graphical
Layout** 54

Números

100 Destinations 6

A

abordagem baseada em aplicativos
viii-ix, **2**
abrindo um banco de dados 277-278
Accessibility
adaptação para o local de TalkBack
62-63
Explore by Touch **37-38**, **56-57**
propriedade **Content Description**
57-59, 106
TalkBack **37-38**, **56-57**
acelerômetro **15**
detectando 212-213
acessando provedores de conteúdo
Android 13
acessibilidade 32, 37-38, 56-57, 104
modo explorar por toque 9-10
acesso à rede 13
acesso a serviços do Android 111
acesso ao sistema de arquivos 13
Acordo de Licença de Usuário Final
(EULA – End User License Agreement) 285-286, **286-287**
`ACTION_SEND`, constante da classe Intent **121-122**
`ACTION_VIEW`, constante da classe
Intent **119**
Activity, classe **67-68**, 80-81
enviada para segundo plano 177-
178
método `findFragmentById` **133-
134**, 150-151
método `getFragmentManager` **133-
134**, 150-151, 164
método `getMenuInflater` **151-
152**
método `getResources` **149-150**
método `getString` **119**
método `getString` com vários
argumentos 121-122
método `getSystemService` 212-
213
método `onCreate` **67-68**, 171-172

método `onCreateOptionsMenu`
132-133, 150-151
método `onDestroy` 171-172, **172-
173**
método `onOptionsItemSelected`
132-133, 151-152
método `onPause` 171-172, **172-
173**
método `onResume` 171-172
método `onStart` **150-151**, 171-
172
método `onStop` 171-172
método `runOnUiThread` **191-192**
método `setContentView` **83-84**
método `setRequestedOrienta-
tion` **149-150**
método `setVolumeControlStream`
172-173, 176-177
métodos de ciclo de vida 172-173
Activity, templates de 42
Activity Not Responding (ANR),
caixa de diálogo 244-245
`activity_main.xml` **47-48**
`ActivityNotFoundException`, classe
99-100
adaptação para o local 50, 59-60, 138
Adapter, classe **98-99**, 201-202
AdapterView, classe **98-99**, 112
`AdapterView.OnItemClickListener`,
interface **112**, 260-261
`AdapterView.OnItemLongClickLis-
tener`, interface **112**
add, método da classe Fragment-
Transaction **254**
addCallback, método da classe SurfaceHolder **181**
addPreferencesFromResource, método da classe PreferenceFragment
164-165
Address Book, aplicativo 15
addToBackStack, método da classe
FragmentTransaction **255**
adicionando componentes a uma
linha 70-71
adicionar uma classe a um projeto
175-176
Adjust View Bounds, propriedade de
um componente ImageView 143
AdMob 291-293
ADT (Android Development Tools
Plugin) 13-14
ADT Plugin for Eclipse 288-289

AlertDialog, classe **99-100**, 111,
116, 200
AlertDialog.Builder, classe **99-
100**, 116
alpha, animação de um componente
View **146-147**
alpha, método da classe Color **230-
231**
altura de uma linha de tabela 70-71
ambiente de desenvolvimento integrado (IDE) 13-14
análise 17-19
análise e projeto orientados a objetos
(OOAD – Object-Oriented Analysis
and Design) **17-19**, 17-19
android.app, pacote **67-68**, 80-81,
98-99, 111, 132-134, 244-245
android.content, pacote **98-99**,
111, 201-202
android.content.res, pacote 134-
135, **149-150**, **157-158**
android.database, pacote **244-245**
android.database.sqlite, pacote
244-245
android.graphics, pacote 173-174,
201-202
android.graphics.drawable, pacote
161-162
android.media, pacote 172-173
android.net, pacote **111**
android.os, pacote 80-81, 135-136,
244-245
android.preference, pacote **132-
133**
android.text, pacote **69-70**, 80-81
android.util, pacote 136-138, 180
android.view, pacote **112**, 132-133,
172-173, 201-202
android.view.animation, pacote
135-136
android.view.inputmethod, pacote
112
android.widget, pacote **68-69**, 80-
81, 98-99, 112, 135-136, 244-245
android:duration, atributo de uma
animação translate **147-148**
android:fromXDelta, atributo de
uma animação translate **146-147**
android:startOffset, atributo de
uma animação translate **147-148**
android:toXDelta, atributo de uma
animação translate **146-147**

306 Índice

Android 2.2 (Froyo) **7**
Android 2.3 (Gingerbread) **8-9**
Android 3.x Honeycomb **8-9**
Android 4.0 (Ice Cream Sandwich)
  8-9
Android Asset Studio 286-287
Android Beam **9-10**, 10-11
Android Cloud to Device Messaging
  (C2DM) **7**
Android Developer Tools IDE 36-38
Android Developers 33
Android Jelly Bean **9-10**
Android KitKat **10-11**
Android Lint 38-40, 57-59
Android Manifest, editor 70-71,
  87-89
Android Market
  idioma 296-297
  localização 297-298
  preço 297-298
Android Resources, editor 60-61
Android SDK Manager xvii
Android SDK/ADT Bundle xvi, xvii,
  19, 38-39
Android Studio **3**, 13, **13-14**, 37-38
Android Support Library 68-69, 132-
  133, 202-203, **202-203**, 228
Android Virtual Device (AVD) **xviii**,
  13-14, 19, 23, 55-56
  Setting hardware emulation options
    30
Android Virtual Device Manager xviii
AndroidLicenser 298-299
AndroidManifest.xml **70-71**, 100-
  101
anim, pasta de um projeto Android
  46, **134-135**
animação com tween 134-135, **146-
  147**
animação de propriedade xi-xii, 134-
  135, 146-147
animação ix-x
  animação de alpha **146-147**
  animação rotate **146-147**
  animação scale **146-147**
  animação translate para um ele-
    mento View **146-147**
  baseada em View **146-147**
  com tween **146-147**
  framework 8-9
  manual 172-173
  opções em um arquivo XML 135-
    136
  set **146-147**
  thread 172-173
animação rotate para um componente View **146-147**
animação scale para um componente View **146-147**
animação translate
  atributo android:duration **147-
    148**

atributo android:fromXDelta
  146-147
atributo android:startOffset
  147-148
atributo android:toXDelta **146-
  147**
animação translate para um componente View **146-147**
animações de View **146-147**
Animation, classe **135-136**
  método setRepeatCount **136-138**,
    157-158
AnimationUtils, classe **135-136**,
  157-158
  método loadAnimation **135-136**,
    157-158
animator, pasta de um projeto Android **46**, **134-135**
ANR (activity not responding),
  caixa de diálogo **82**, 114, 244-245,
    172-173
anti-aliasing 218-219
anúncio incorporado ao aplicativo
  290-291, **292-293**
anúncio móvel 291-292
API Calendar 9-10
API Text-to-Speech 9-10
APIs de Accessibilidade 9-10
APIs do Google 5
APIs para Android 5
.apk, arquivo (arquivo pacote de aplicativo do Android) 287-288
aplicativo xv
aplicativo de uma tela 42
aplicativo do Bank of America 292-
  293
aplicativo gratuito 290-291
aplicativo móvel da Amazon 292-293
aplicativos de código-fonte aberto 4
aplicativos de conhecimento da
  marca
    Amazon Mobile 292-293
    Bank of America 292-293
    Best Buy 292-293
    CNN 292-293
    Epicurious Recipe 292-293
    ESPN ScoreCenter 292-293
    NFL Mobile 292-293
    NYTimes 292-293
    Pocket Agent 292-293
    Progressive Insurance 292-293
    UPS Mobile 292-293
    USA Today 292-293
    Wells Fargo Mobile 292-293
    Women's Health Workouts Lite
      292-293
aplicativos móveis HTML5 xi-xii
Application Not Responding (ANR),
  caixa de diálogo **82**, 114
apply, método da classe Shared-
  Preferences.Editor **118**
área cliente 36, 98-99

área de trabalho **19**
argb, método da classe Color **231-
  232**
ARGB **229**
ARGB_8888, constante **220-221**
arquivo de código 296-297
arquivo de manifesto 285-286, 296-
  297
arquivos de mídia 171-172
arquivos de som 175-176
ArrayAdapter, classe **98-99**, **112**,
  115-116, 244-245
ArrayList, classe 98-99, 111, **136-
  138**
AssetManager, classe **134-135**
  método list 158-159
assets, pasta de um aplicativo Android **133-134**
assinando aplicativos 285-286
assinar seu aplicativo digitalmente
  288-289
AsyncTask, classe **244-245**, 261-262,
  262-263, 263-264, 272-276
  método execute **261-262**
atividade enviada para segundo plano
  177-178
atributo
  de um objeto 17-19
  de uma classe 16
  na UML 17-19
atributo style de um componente de
  interface gráfica do usuário **243-244**
AttributeSet classe 180
áudio ix-x, 13
AudioManager, classe **172-173**, 181
aumentar as vendas 292-293
AVD (Android Virtual Device) **xviii**,
  13-14, 19, 23

B

Background, propriedade de um
  componente View 77-78
baixando código-fonte x-xi
banco de dados
  abrindo 277-278
  criando 277-278
  migrando 277-278
  número de versão 281-282
barra de ação 42, 127-128
barra de aplicativo 22-24
barra de sistema 36, 98-99, 243-244
beginTransaction, método da classe
  FragmentManager **254**
bens virtuais 293-294
biblioteca de classes **5**
Bitmap, classe **173-174**, **201-202**,
  234-235
  codificação de bitmap **220-221**
  método createBitmap **220-221**
  método eraseColor **235-236**
Bitmap.Config.ARGB_8888, constante **220-221**

Índice **307**

Blank Activity, template **42**
bloqueio de widgets na tela 10-11
blue, método da classe Color **230-231**
Bluetooth Health Devices 9-10
botão de aplicativos recentes 22-24
botão voltar 22-24
botões virtuais em um dispositivo Android **22-24**
Bundle, classe 80-81, **83**
   método putLong **255**
   para um elemento Intent 123
busca no Twitter 91
   operadores 93

C

C2DM (Android Cloud to Device Messaging) 7
caixa de texto 68-69
callback, métodos de 243-244
câmera 5
campo de texto 68-69
Cannon Game, aplicativo 15
Canvas, classe **173-174**, 201-202
   método drawBitmap **221-222**
   método drawCircle **189-190**
   método drawLine **190-191**
   método drawPath **221-222**, 226
   método drawRect **189-190**
   método drawText **189-190**
captura de tela 288-290
características de aplicativos excelentes 31
características do desenho 173-174
   cor 173-174
   espessura da linha 173-174
   tamanho da fonte 173-174
carregar uma URL em um navegador Web 99-100
célula em um componente TableLayout 70-71
certificado digital **288-289**
chamada de método **16-17**, 16-17
changeCursor, método da classe CursorAdapter **263-264**
chave de criptografia 285-286
chave privada **288-289**
check-in 300-301
classe 13, **16-17**
   variável de instância **17-19**
classe Color 230-231
   método alpha **230-231**
   método argb **231-232**
   método blue **230-231**
   método green **230-231**
   método red **230-231**
classe interna anônima 67-68
classe Thread 172-173
classe Uri **111**, **120**
   método parse **120**
Classes
   Activity **67-68**, 80-81

ActivityNotFoundException 99-100
Adapter **98-99**
AdapterView **98-99**, 112
AlertDialog.Builder **99-100**
AlertDialog **99-100**, 111
Animation **135-136**
AnimationUtils **135-136**, 157-158
ArrayAdapter **98-99**, 112, 115-116
ArrayList 98-99, 111, **136-138**
AssetManager **134-135**
AsyncTask **244-245**, 261-262, 272-273
AttributeSet 180
AudioManager **172-173**, 181
Bitmap **173-174**, **201-202**, 234-235
Bundle 80-81, **83**
Canvas **173-174**, 201-202
Collections 111, **136-138**
Color 230-231
Configuration **149-150**
ContentResolver **201-202**
ContentValues **278-279**
Context **111**
Cursor **244-245**
CursorAdapter **244-245**, 260-261
CursorFactory 281-282
DialogFragment **132-133**, 164
DialogInterface **111**
Display **135-136**, 150-151
Drawable **161-162**
EditText **68-69**, 80-81
Fragment **132-133**
FragmentManager **133-134**
FragmentTransaction **133-134**, **243-244**, 254, 255
FrameLayout **174-175**
GestureDetector.SimpleGestureListener 222-223
GestureDetector.SimpleOnGestureListener **201-202**
GridLayout **68-69**, **102**
Handler **135-136**
ImageButton **98-99**, 105, 112
ImageView **37-38**, 54
InputMethodManager **112**
InputStream 161-162
Intent **99-100**, 111
LayoutInflater **133-134**
LinearLayout **68-69**
ListActivity **98-99**, 111
ListFragment **244-245**, 245-246
ListPreference **133-134**
ListView **98-99**
Log **136-138**, 159-160
MediaStore.Images.Media 201-202
MediaStore **201-202**
Menu **132-133**, 150-151

MenuInflater **151-152**, 263-264
MotionEvent **172-173**, 193, **201-202**, 224-225
MultiSelectListPreference **133-134**
NumberFormat **69-70**, 79-80
Paint **173-174**
Path **201-202**
Preference **133-134**
PreferenceFragment **132-133**, 164-165
PreferenceManager **133-134**, 149-150
PrintHelper 228
R.drawable **83**
R.id **83-84**
R.layout **83-84**
R.string **83-84**
R **83**
Resources **149-150**, 157-158
ScrollView **248-249**
SeekBar 66-67, **68-69**, 80-81
Sensor **200**
SensorEvent **214-215**
SensorManager 212-213
SharedPreferences.Editor **98-99**, 118
SharedPreferences **98-99**, 111, 112
SimpleCursorAdapter **260-261**
SoundPool **172-173**, 181
SQLiteDatabase **244-245**
SQLiteOpenHelper **244-245**
SurfaceHolder **173-174**, 181
SurfaceView **173-174**, 181
TableLayout **70-71**
TextView **37-38**, 50, 68-69, 80-81
Thread 172-173, 194
Toast **135-136**, 153-154
Uri **111**, **120**
View 112, 120, 173-174
ViewGroup **248-249**
WindowManager **135-136**, 150-151
close, método da classe Cursor **263-264**
close, método da classe SQLiteOpenHelper **278-279**
cobrança da operadora de telefonia 291-292
cobrança incorporada ao aplicativo 293-294
   melhores práticas de segurança 293-294
código de versão 287-288
código Java xv
código-fonte 2
código-fonte aberto 3
Collections, classe 111, **136-138**
   método shuffle **136-138**
   método sort **115-116**
color, pasta de um projeto Android **46**, **134-135**

308 Índice

colors.xml 139-140

Column, propriedade de um componente LinearLayout 74-75

Column Count, propriedade de um componente GridLayout 72-73

comando em Objective-C xv

commit, método da classe FragmentTransaction **254**

compartilhamento de fotos 300-301

compartilhamento de vídeo 300-301

compilando aplicativos 285-286

componente 16

componente na tela xv

componentes de interface gráfica do usuário
convenção de atribuição de nomes 71-72
criar via programação 133-134
EditText **68-69**
ImageButton **98-99**, 105, **112**
ImageView **37-38**, 54
ScrollView **248-249**
SeekBar 66-67, **68-69**
TextView **37-38**, **47**, 50
ViewGroup **248-249**

componentes de interface gráfica do usuário não são seguros para threads 135-136

componentes de software reutilizáveis 16

componentes View aninhados **248-249**

comportamento de uma classe 16

compra incorporada ao aplicativo 290-294

computação na nuvem **7**

comunicação em campo próximo (NFC) 8-9

configuração de dispositivo 13

Configuration, classe **149-150**

conhecimento da marca 292-293

console de jogo 5

Constantes
MODE_PRIVATE **114**
MODE_WORLD_READABLE **114**
MODE_WORLD_WRITABLE **114**

conta do vendedor **295**

contém outros componentes View **248-249**

Content Description, propriedade **57-59**, 106

ContentResolver, classe **201-202**

ContentValues, classe **278-279**

Context, classe **111**
método getSharedPreferences **114**
método startActivity **99-100**, 120

controle 15

controle de versão de seu aplicativo 285-286

controle deslizante 68-69

convenção de atribuição de nomes para componentes de interface gráfica do usuário 71-72

convenções de atribuição de nomes de recurso alternativos 59-60

cor 173-174

Create New Android String, caixa de diálogo 51

createBitmap, método da classe Bitmap **220-221**

createChooser, método da classe Intent **123**

createFromStream, método da classe Drawable **161-162**

criando um banco de dados 277-278

criar componentes de interface gráfica do usuário via programação 133-134

Cursor, classe **244-245**, 275-276, 280-281
método close **263-264**
método getColumnIndex **275-276**
método getColumnIndexOrThrow **275-276**
método getString **275-276**
método moveToFirst **275-276**

CursorAdapter, classe **244-245**, 260-261
método changeCursor 263-264, **263-264**
método getCursor **263-264**

CursorFactory, classe 281-282

curva Bezier 225-226

curva Bezier quadrática 225-226

D

Dalvik Debug Monitor Service (DDMS) 288-289

Daydream 10-11

DDMS (Dalvik Debug Monitor Server) 288-289

deficiências físicas 37-38, 56-57

Deitel® Training (www.deitel.com/training) 304

delete, método da classe SQLiteDatabase **280-281**

depurando
registrando exceções em log **136-138**, 159-160

desempilhar da pilha de retrocesso 255

desenhar
círculos 173-174
linhas 173-174
texto 173-174

desenvolvimento de aplicativos xv

detecção de colisão 173-174, 183-186

detecção de colisão simples 185-186

detecção de rosto 9-10

Dev Guide 285-286

Device Screen Capture, janela 289-290

DialogFragment, classe **132-133**, 164
método onCreateDialog **164**
método show **164**

DialogInterface, classe **111**

DialogInterface.OnClickListener, interface **111**

dica em um componente EditText 250-251

Digits, propriedade de um componente EditText 76-77

dimens.xml 104

Display, classe **135-136**, 150-151

dispositivo de tela grande 8-9

documentação
Android Design 32
App Components 32
Class Index 32
Data Backup 32
Debugging 33
Get Started with Publishing 33
Getting Started with Android Studio 33
Google Play Developer Distribution Agreement 33
Launch Checklist (for Google Play) 33
Managing Projects from Eclipse with ADT 33
Managing Your App's Memory 33
Package Index 32
recursos de aplicativo (developer.android.com/guide/topics/resources/index.html) **50**
Security Tips 32
Tools Help 33
Using the Android Emulator 32

documentação do Eclipse (www.eclipse.org/documentation) x-xi

documentação para desenvolvedor
Keeping Your App Responsive 33
Launch Checklist 286-287
Performance Tips 33
Signing Your Applications 288-289
Tablet App Quality Checklist 286-287

documentação para desenvolvedor de Android (developer.android.com) x-xi

documentação para desenvolvedor de Android (developer.android.com/sdk/installing/studio.html x-xi

documentação para desenvolvedor Java (www.oracle.com/technetwork/java/javase/downloads/index.html) x-xi

doInBackground, método da classe AsyncTask 261-262, **262-263**, 263-264, 273-274

Doodlz, aplicativo **19**

dp (pixels independentes da densidade) **52-53**

Índice **309**

Drawable, classe **161-162**
  método `createFromStream` **161-162**
drawable, pasta de um projeto Android **46**
Drawable, recurso
  elemento shape de **247-248**
drawBitmap, método da classe Canvas **221-222**
drawCircle, método da classe Canvas **189-190**
drawLine, método da classe Canvas **190-191**
drawPath, método da classe Canvas **221-222**, 226
drawRect, método da classe Canvas **189-190**
drawText, método da classe Canvas **189-190**

E

e, método da classe Log **159-160**
Eclipse xi-xii
  importar projeto 66-67, 92, 129-130, 171-172, 243-244
  janela **Outline** 66-69
edit, método da classe `SharedPreferences` **118**
Editable, interface 80-81
EditText
  propriedade **Digits** 76-77
  propriedade **Ems** 76-77
  propriedade **Max Length** 76-77
EditText, classe **68-69**, 80-81
  propriedade Hint **104**, 106
  propriedade IME Options **104**, 106
  restringir o número máximo de dígitos 68-69
  tipo de entrada 73-74
efeitos sonoros 172-173
elemento corners de um shape **247-248**
elemento de preenchimento de um elemento shape **247-248**
elemento shape **247-248**
elemento stroke de uma forma **247-248**
elementos gráficos ix-x, 13
embaralhar uma coleção 161-162
empilhar na pilha de retrocesso **255**
empresas de projeto de ícones
  99designs 287-288
  Aha-Soft 287-288
  Androidicons 287-288
  Elance 287-288
  glyphlab 287-288
  Iconiza 287-288
Ems, propriedade de um componente EditText 76-77
emulador 13-14, 286-287
  gestos 15
emulador do Android **xviii**, **13-14**, 37-38

encapsulamento **17-19**, 17-19
engenharia reversa 287-288
entrada numérica 68-69
enviar uma mensagem para um objeto 16-17
eraseColor, método da classe Bitmap **235-236**
especificações de captura de tela 288-289
especificador de formato
  múltiplos, em um recurso de String 138
  numeração em um recurso de String 138
espessura da linha 173-174
esquema de cores ARGB 24-25
estado salvo 83
estrutura aninhada de um layout 73-74
evento de arrastar 225-226
evento de toque 201-202, **223-224**
evento de toque movimento rápido (swipe) 201-202
evento de toque pressionamento longo 201-202
evento de toque rolagem 201-202
eventos **5**
eventos de toque
  movimentos rápidos (swipes) 201-202
  pressionamento longo 201-202
  rolagem 201-202
  simples 172-173
eventos de toque simples 172-173
exame de código 2
execSQL, método da classe SQLiteDatabase **282-283**
execute, método da classe AsyncTask **261-262**
Exemplos xx-xxi
Explore by Touch **37-38**, **56-57**
extras de intenção 123

F

fabricante de equipamento original OEM 4
fabricantes de dispositivos Android vii-viii
Facebook 96-97, **300-301**
  página da Deitel 300-301
FAQs sobre código-fonte e documentação do Android 4
  código-fonte 4
  filosofia de controle 4
  licenças 4
fazer uma animação manualmente 172-173
ferramenta logcat **136-138**
filtro de intenção 99-100
final, variável local para uso em uma classe interna anônima 121
findFragmentById, método da classe Activity **133-134**, 150-151

fluxo de áudio
  música 181
fluxo de áudio de música 172-173, 181
fluxo para tocar música 181
fluxos 13
fluxos de áudio 172-173
  música 172-173
fonte de tamanho médio 73-74
format, método da classe NumberFormat **83-84**
formatação de strings 138
fóruns 33
  Android Forums 33
  Stack Overflow 33
Fragment, ciclo de vida de 200, 259-264, 266-267, 271-273
Fragment, classe 67-68, **132-133**
  método de ciclo de vida onPause 213-214
  método de ciclo de vida onStart **212-213**
  método getActivity 157-158
  método getResources **157-158**
  método onActivityCreated 176-177
  método onAttach **200**, 230-231, 259-260, 266-267, 271
  método onCreate **133-134**, 164-165
  método onCreateOptionsMenu **215-216**
  método OnCreateView **133-134**, 155-156, 176-177
  método onDestroy **172-173**, 177-178
  método onDetach **200**, 230-231, 259-260, 266-267, 271
  método onOptionsItemSelected **215-216**
  método onPause **172-173**, 177-178
  método onResume 261-262, 272-273
  método onSaveInstanceState **243-244**, 272-273
  método onStop **263-264**
  método onViewCreated **259-260**
  método setArguments **255**
  método setRetainInstance **260-261**
Fragment, layout de 141-142
Fragment, métodos de ciclo de vida de 230-231
FragmentManager, classe **133-134**
  método beginTransaction **254**
  método getFragmentByTag **164**
  método popBackStack **255**
fragmento, ciclo de vida de um 133-134
fragmento 8-9, **132-133**

310 Índice

FragmentTransaction, classe **133-134**, **243-244**, 254, 255
  método add **254**
  método addToBackStack **255**
  método commit **254**
  método replace **255**
FrameLayout, classe **174-175**
framework Android@Home **9-10**
Froyo (Android 2.2) **7**
Fullscreen Activity, template **42**
funcionalidade do emulador 15

G

gen, pasta de um projeto android **83**
gesto 5
  arrastamento 5
  movimento rápido 5
  pressionamento longo 5
  toque 5
  toque duplo 5
  toque duplo rápido 5
  toque rápido 5
  zoom de pinça 5
gestos e controles do emulador 15
GestureDetector.OnDoubleTapListener, interface **201-202**, 222-223
GestureDetector.OnGestureListener, interface **201-202**
GestureDetector.SimpleGestureListener, classe **201-202**, 222-223
getActionIndex, método da classe MotionEvent **224-225**
getActionMasked, método da classe MotionEvent **224-225**
getActivity, método da classe Fragment 157-158
getAll, método da classe SharedPreferences **114**
getAssets, método da classe ContextWrapper **158-159**, 161-162
getColumnIndex, método da classe Cursor **275-276**
getColumnIndexOrThrow, método da classe Cursor **275-276**
getConfiguration, método da classe Resources **149-150**
getCursor, método da classe CursorAdapter **263-264**
getDefaultSensor, método da classe SensorManager **212-213**
getFragmentByTag, método da classe FragmentManager **164**
getFragmentManager, método da classe Activity **133-134**, 150-151, 164
getHolder, método da classe SurfaceView **181**
getItemID, método da classe MenuItem **216-217**
getListView, método da classe ListFragment **260-261**

getListViewDefault Para Font>, método da classe ListActivity **115-116**
getMenuInflater, método da classe Activity **151-152**
getPointerCount, método da classe MotionEvent **225-226**
getResources, método da classe Activity **149-150**
getResources, método da classe Fragment **157-158**
getSharedPreferences, método da classe Context **114**
getString, método da classe Activity **119**, 121-122
getString, método da classe Cursor **275-276**
getString, método da classe Resources **157-158**
getString, método da classe SharedPreferences **119**
getStringSet, método da classe SharedPreferences **153-154**
getSystemService, método da classe Activity 212-213
getSystemUiVisibility, método da classe View **222-223**
getWritableDatase, método da classe SQLiteOpenHelper **277-278**
getX, método da classe MotionEvent 225-226
getY, método da classe MotionEvent 225-226
Google Cloud Messaging 7
Google Maps 6
Google Play **11-12**, 285-287, 291-292, 294, 301-302
  capturas de tela 296-297
  conta de publicador 293-294
  ícone de aplicativo de alta resolução 296-297
  imagem gráfica promocional 296-297
  informação de falha 298-299
  países 297-298
  publicação 295-297
  Publish an Android App on Google Play 296-297
  taxas 295
  vídeo promocional 289-290, 296-297
Google Play Developer Console 298-299
Google Play Developer Program Policies 294
Google Play e questões de comercialização de aplicativos 284
Google Wallet 285-286, 291-292, **295**
  conta de vendedor 297-298
Google+ 96-97
GPS xi-xii

Graphical Layout, editor 66-67
Graphical Layout, editor no Android Developer Tools **36**, 37-38, 44-48
gravação de áudio xi-xii
Gravity, propriedade (layout) 76-77
Gravity, propriedade de um componente **53**
green, método da classe Color **230-231**
GridLayout
  propriedade **Column Count** 72-73
  propriedade **Orientation** 72-73
  propriedade **Use Default Margins** 73-74
GridLayout, classe **68-69**, **102**
  documentação 70-71
grupos de discussão do Android Android Discuss 33
grupos de discussão do Open Source Project 3

H

habilitar/desabilitar VoiceOver 57-59
Handler, classe **135-136**
  método postDelayed **135-136**, 164
hashtag 300-301
herança **17-19**
Hint, propriedade de um componente EditText **104**, 106
Holo, interface de usuário 8-10
Holo Dark, tema 40-41
Holo Light, tema 40-41
Holo Light with Dark Action Bars, tema 40-41
Home, botão 22-24

I

ícone 285-286, **286-287**
Id, propriedade de um layout ou componente **49**
IDE (ambiente de desenvolvimento integrado) 13-14
IDE do Eclipse **2**
ImageButton, classe **98-99**, 105, 112
imagens ix-x
ImageView, classe **37-38**, 54
  propriedade **Adjust View Bounds** 143
  propriedade **Scale Type** 143
IME Options, propriedade de um componente EditText **104**, 106
IME Options 250-251
impedir que o teclado virtual seja exibido na inicialização do aplicativo 125
impedir que o teclado virtual seja exibido quando o aplicativo é carregado 100-101
Import, caixa de diálogo 21, 66-67, 171-172, 243-244

Índice **311**

importar um projeto existente para o Eclipse 66-67, 92, 129-130, 171-172, 243-244

i-Newswire 302-303

inflando uma interface gráfica de usuário **83-84**,181-182

inflate, método da classe LayoutInflater **155-156**

inflate, método da classe MenuInflater **151-152**

informação de falha 298-299

informando erros 3

Input Type 250-251

InputMethodManager, classe **112**

InputStream, classe 161-162
  setImageDrawable, método **161-162**

insert, método da classe SQLiteDatabase **278-279**

insertImage, método da classe MediaStore.Images.Media **201-202**

instância **16-17**

Intent, classe **99-100**, 111
  Bundle 123
  constante ACTION_SEND **121-122**
  constante ACTION_VIEW **119**
  explícita **99-100**, **136-138**
  implícita **99-100**
  método createChooser **123**
  método putExtra **123**

Intent, objeto explícito **99-100**, **136-138**, 151-152

Intent, objeto implícito **99-100**

interface gráfica do usuário segura para threads 135-136

interface
  implementando métodos em Java **86**

Interfaces
  AdapterView.OnItemClickListener **112**, 260-261
  AdapterView.OnItemLongClickListener **112**
  DialogInterface.OnClickListener **111**
  Editable 80-81
  GestureDetector.OnDoubleTapListener **201-202**, 222-223
  GestureDetector.OnGestureListener **201-202**
  List **136-138**
  OnSeekBarChangeListener 85
  Runnable 135-136
  SeekBar.OnSeekBarChangeListener 69-70, 80-81, 231-232
  SensorEventListener 213-214
  Set **136-138**
  SurfaceHolder.Callback **173-174**, 181, 192-193
  TextWatcher **69-70**, 80-81
  View.OnClickListener **112**

internacionalização **37-38**, **59-60**, 59-60, 69-70

invalidate, método da classe View **220-221**

item 296-297

J

J2ObjC 299-300

java.io, pacote 161-162

java.text, pacote **69-70**, 79-80

java.util, pacote 136-138

Java for Programmers, 2/e (www.deitel.com/books/JavaFP2/) viii-ix

Java Fundamentals: Parts I and II (www.deitel.com/books/LiveLessons/) viii-ix

Java How to Program (www.deitel.com/books/jhtp10/) viii-ix

Java SE 7 Software Development Kit xv

Java viii-ix, 5

jogos 31

K

keySet, método da interface Map **114**

L

Label For, propriedade de um componente TextView 76-77

largura de uma coluna 70-71

layout, pasta de um projeto Android **46**

layout 13

LayoutInflater, classe **133-134**
  método inflate **155-156**

Layouts
  GridLayout **68-69**
  LinearLayout **68-69**

layouts
  activity_main.xml **47-48**
  GridLayout **102**
  RelativeLayout **46**
  TableLayout **70-71**

liberar recursos 275-276

licença de código vii-viii

licença para Android 4

LinearLayout, classe **68-69**
  propriedade **Column** 74-75

linguagem orientada a objetos **17-19**

Linux 13-14

List, interface **136-138**

list, método da classe AssetManager 158-159

lista de itens rolante 98-99, 244-245

ListActivity, classe **98-99**, 111
  interface gráfica do usuário personalizada 98-99
  método getListView **115-116**
  método setListAdapter **115-116**

listagem de código-fonte 2

ListFragment, classe **244-245**, 245-246, 257-258
  componente ListView incorporado 259-260
  método getListView **260-261**
  método setEmptyText **260-261**
  método setListAdapter **261-262**

ListPreference, classe **133-134**

ListView
  vinculação de dados 98-99

ListView, classe **98-99**, 257-258
  formato de um item de lista 109
  método setChoiceMode **260-261**

load, método da classe SoundPool **181-182**

loadAnimation, método da classe AnimationUtils **135-136**, 157-158

Localization Checklist 62-63

lockCanvas, método da classe SurfaceHolder **195**

Log, classe **136-138**, 159-160
  método e **159-160**

logcat, ferramenta **136-138**

LogCat, guia na perspectiva DDMS do Android **136-138**

lojas de aplicativos Android 298-299
  Amazon Appstore 298-299
  AndroidPIT 298-299
  Appitalism 298-299
  GetJar 298-299
  Handango 298-299
  Moborobo 298-299
  Mplayit 298-299
  Opera Mobile Store 298-299
  Samsung Apps 298-299
  SlideMe 298-299

loop de jogo **172-173**, 182-184, 194

lucro com anúncios 292-293

M

Mac OS X 13-14

makeText, método da classe Toast **153-154**

Map, interface
  método keySet **114**

marcadores de régua (Android Developer Tools) 54

marketing viral 299-301

Marketwire 302-303

mashup **6**

Master/Detail Flow, template **42**

match_parent, valor da propriedade **Layout height** 104

match_parent, valor da propriedade **Layout width** 104

Max, propriedade de um componente SeekBar 77-78

Max Length, propriedade de um componente EditText 76-77

MediaStore, classe **201-202**

MediaStore.Images.Media, classe 201-202
  método insertImage **201-202**

312 Índice

Menu, classe **132-133**, 150-151, 215-216

menu, pasta de um projeto Android **46**, **134-135**

menu de opções 19, 22-24, 127-130, 199

MenuInflater, classe **151-152**, 215-216, 263-264
  método inflate **151-152**

método **16-17**

método onSingleTap da classe GestureDetector.SimpleGesture-Listener **222-223**

métodos de ciclo de vida 172-173

métodos de ciclo de vida de um aplicativo 80-81

microblog 299-301

migrando um banco de dados 277-278

modal, caixa de diálogo **99-100**

MODE_PRIVATE, constante **114**

MODE_WORLD_READABLE, constante **114**

MODE_WORLD_WRITABLE, constante **114**

modo de escala 228

modo imersivo 22-24, 198, **201-202**, 221-223

modo retrato 181-182

monetizando aplicativos 285-286, 292-293

monitorar instalações de aplicativo 298-299

MotionEvent, classe **172-173**, 193, **201-202**, 224-225
  método getActionIndex **224-225**
  método getActionMasked **224-225**
  método getPointerCount **225-226**
  método getX 225-226
  método getY 225-226

moveTo, método da classe Path **224-225**

moveToFirst, método da classe Cursor **275-276**

MP3 player 5

multimídia ix-x

MultiSelectListPreference, classe **133-134**

multitouch 223-224

N

New Android Application, caixa de diálogo **38-39**

newsletter Deitel® Buzz Online xx-xxi, 304

nome de menu xv

nome de versão 287-288

notifyDataSetChanged, método **118**

notifyDataSetChanged, método da classe ArrayAdapter **118**

NumberFormat, classe **69-70**, 79-80
  método format **83-84**

numerando especificadores de formato 138

O

objeto (ou instância) 17-19

objeto 16

ocultação de informações **17-19**

ocultar o teclado virtual 115-116

ofuscar 287-288

onActivityCreated, método da classe Fragment 176-177

onAttach, método da classe Fragment **200**, 230-231, 259-260, 266-267, 271

onCreate, método da classe Activity **67-68**, 171-172

onCreate, método da classe Fragment **133-134**, 164-165

onCreate, método da classe SQLiteOpenHelper **281-282**

onCreateDialog, método da classe DialogFragment **164**

onCreateOptionsMenu, método da classe Activity **132-133**, 150-151

onCreateOptionsMenu, método da classe Fragment **215-216**, 272-273

onCreateView, método da classe Fragment **133-134**, 155-156, 176-177

onDestroy, método da classe Activity 171-172, **172-173**

onDestroy, método da classe Fragment **172-173**, 177-178

onDetach, método da classe Fragment **200**, 230-231, 259-260, 266-267, 271

onDowngrade, método da classe SQLiteOpenHelper **282-283**

onDraw, método da classe View **221-222**

OnItemClickListener, interface 260-261

onOptionsItemSelected, método da classe Activity **132-133**, 151-152

onOptionsItemSelected, método da classe Fragment **215-216**, 272-273

onPause, método da classe Activity 171-172, **172-173**

onPause, método da classe Fragment **172-173**, 177-178, 213-214

onPostExecute, método **262-263**, 263-264, 274-276

onPostExecute, método da classe AsyncTask **262-263**, 263-264, 274-276

onProgressUpdate, método **262-263**, 274-275

onProgressUpdate, método da classe AsyncTask **262-263**, 274-275

onResume, método da classe Activity 171-172

onResume, método da classe Fragment 261-262, 272-273

onSaveInstanceState, método da classe Fragment **243-244**, 272-273

OnSeekBarChangeListener, interface 85

onSensorChanged, método **213-214**

onSensorChanged, método da interface SensorEventListener **213-214**

onSizeChanged, método da classe View **181-182**, 219-220

onStart, método da classe Activity **150-151**, 171-172

onStart, método da classe Fragment **212-213**

onStop, método da classe Activity 171-172

onStop, método da classe Fragment **263-264**

onTouchEvent, método da classe View **172-173**, 193, **201-202**, 223-224

OnTouchEvent, método da classe View 223-224

onUpgrade, método da classe SQLiteOpenHelper **281-282**

onViewCreated, método da classe Fragment **259-260**

OOAD (análise e projeto orientados a objetos) 17-19

OOP (programação orientada a objetos) **17-19**

opções para o desenvolvedor 10-11

Open Handset Alliance 7

openPR 302-303

operações de execução longa 244-245

operador de câmera virtual **9-10**

operadores de busca (Twitter) 91

ordenação sem diferenciação de maiúsculas e minúsculas 115-116

orientação paisagem 56-57, 88-89

orientação retrato 55-56, 70-71, 88-89

Orientation, propriedade de um componente GridLayout 72-73

Outline, janela 73-74, 103

Outline, janela no Eclipse 66-69

P

Package Explorer, janela 171-172, 243-244

pacote 12

Pacotes
  android.app 13, **67-68**, 80-81, 111, 132-134
  android.content.res 13, 134-135, **149-150**, **157-158**
  android.content 13, **98-99**, 111, 201-202
  android.database.sqlit e 13, **244-245**
  android.database 13, **244-245**
  android.graphics.drawable 13, 161-162
  android.graphics 13, 173-174, 201-202

android.hardware 13
android.media 13, 172-173
android.net 13, **111**
android.os 13, 80-81, 135-136
android.preference 13, **132-133**
android.provider 13
android.text 13, **69-70**, 80-81
android.util 13, 136-138, 180
android.view.animation 135-136
android.view.inputmethod **112**
android.view 13, **112**, 132-133, 172-173, 201-202
android.widget 13, **68-69**, 80-81, 112, 135-136
java.io 13, 161-162
java.text 13, **69-70**, 79-80
java.util 13, 136-138
Padding, propriedade de uma visualização 77-78
pagamento 295
página da Deitel no Facebook 300-301
Paint, classe **173-174**
   estilos **219-220**
   forma preenchida com borda **219-220**
   forma preenchida sem borda **219-220**
   linha **219-220**
   método setAntiAlias **218-219**
   método setStrokeCap 219-220, **234-235**
   método setStrokeWidth 219-220
   método setStyle **218-219**
pares chave-valor associados a um aplicativo 98-99
pares chave-valor persistentes 111
Parse, método da classe Uri **120**
Pastas
   res/raw **171-172**, 175-176
pastas
   assets **133-134**
   res/drawable-mdpi 247-248
Path, classe **201-202**
   método moveTo **224-225**
   método quadTo **225-226**
   método reset **224-225**
pedido fraudulento 295
perspectiva DDMS
   guia LogCat **136-138**
Photo Sphere 10-11
pilha de retrocesso **243-244**, 255-258
   desempilhar 255
   empilhar **255**
pirataria 288-289
pixels independentes da densidade dp **52-53**
pixels independentes da escala (sp) **52-53**
pixels independentes da escala 139-140

plataformas de aplicativos
   Amazon Kindle 299-300
   Android 299-300
   BlackBerry 299-300
   iPhone 299-300
   Windows Mobile 299-300
play, método da classe SoundPool **185-186**
Play Store, aplicativo 297-298
Plugin Android Development Tools (ADT) 13-14
política de licenciamento 287-288
ponteiro (para eventos de toque) 223-224
pontuações em estrelas para aplicativos 298-299
popBackStack, método da classe FragmentManager **255**
postDelayed, método da classe Handler **135-136**, 164
PR Leap 302-303
precificação de seu aplicativo 290-291
preço 291-292
preço médio de um aplicativo pago 291-292
Preference, classe **133-134**
PreferenceFragment, classe **132-133**, 164-165
   método addPreferencesFromResource 164-165
PreferenceManager, classe **133-134**, 149-150
   método setDefaultValues 149-150, **149-150**
preferências padrão 149-150
preparado para o futuro 32
Preparing for Release 285-286
pressionamento longo 94-96
printBitmap, método da classe PrintHelper **228**
PrintHelper, classe 228
   método printBitmap **228**
PrintHelper.SCALE_MODE_FILL 228
PrintHelper.SCALE_MODE_FIT 228
PRLog 302-303
processador de pagamento 291-292
processo de projeto **17-19**, 17-19
programação orientada a objetos (OOP) **17-19**
Progress, propriedade de um componente SeekBar 77-78
ProGuard **287-288**
projeto, adicionar uma classe 175-176
projeto **38-39**
projeto Android
   pasta res **44-45**, **50**
   pasta value **50**
projeto de interface gráfica do usuário 31
Properties, janela 49-54

provedor de pagamento móvel 294
   Boku 294
   PayPal Mobile Libraries 294
   Samsung In-App Purchase 294
   Zong 294
provedores de pagamento móvel 293-294
publicando dados em um dispositivo Android 13
publicar uma nova versão de um aplicativo 298-299
putExtra, método da classe Intent **123**
putLong, método da classe Bundle **255**
putString, método da classe SharedPreferences.Editor **118**

Q

quadTo, método da classe Path **225-226**
qualidade do som 181
qualificar totalmente o nome da classe de um elemento View personalizado em um layout XML 171-172
query, método da classe SQLiteDatabase **279-280**

R

R, classe **83**
R.drawable, classe **83**
R.id, classe **83-84**
R.layout, classe **83-84**
R.layout.activity_main, constante **83-84**, 113
R.string, classe **83-84**
raw, pasta de um projeto Android **46**, **134-135**
realce de código x-xi, 2
reconhecimento de fala xi-xii
recurso 296-297
recurso de aplicativo 13
recurso de dimensão 104
recurso de estilo 249-253
recurso de String contendo vários especificadores de formato 138
recursos 60-61
   adaptados ao local 59-60
   android-developers.blogspot.com/ 34
   androiddevweekly.com/ 34
   answers.oreilly.com/topic/862-ten-tips-for-android-application-development/ 34
   code.google.com/p/apps-for-android/ 34
   convenções de atribuição de nomes de recurso alternativo 59-60
   cyrilmottier.com/ 34
   developer.motorola.com 34

314 Índice

developer.sprint.com/site/global/develop/mobile_platforms/android/android.jsp 34
graphics-geek.blogspot.com/ 34
Localization Checklist 62-63
   padrão 59-60
stackoverflow.com/tags/android/topusers 34
style **243-244**
www.brighthub.com/mobile/google-android.aspx 34
www.curious-creature.org/category/android/ 34
www.htcdev.com/ 34
recursos adaptados para o local 59-60
recursos de aplicativo (developer.android.com/guide/topics/resources/index.html) **50**
recursos de relações públicas na Internet
   ClickPress 302-303
   i-Newswire 302-303
   Marketwire 302-303
   Mobility PR 302-303
   openPR 302-303
   PR Leap 302-303
   Press Release Writing 302-303
   PRLog 302-303
   PRWeb 302-303
recursos padrão 59-60
recursos style **243-244**
red, método da classe Color **230-231**
redação de press release 302-303
rede de anúncio móvel 292-293
   AdMob 292-293
rede social 299-301
redes de anúncio móvel 302-303
   AdMob 303-304
   Flurry 303-304
   InMobi 303-304
   Jumptap 303-304
   Medialets 303-304
   mMedia 303-304
   Nexage 303-304
   Smaato 303-304
   Tapjoy 303-304
redesenhar um elemento View 221-222
registerListener, método da classe SensorManager **212-213**
registerOnSharedPreferenceChangeListener, método da classe SharedPreferences **149-150**
registrando exceções em log **136-138**, 159-160
registro de desenvolvedor 294
relações públicas 302-303
RelativeLayout **46**
release, método da classe SoundPool **191-192**
remover aplicativos do Market 298-299

renderização e monitoramento de texto 13
replace, método da classe FragmentTransaction **255**
reprodução de áudio xi-xii
requisitos **17-19**
requisitos do sistema operacional xv
res, pasta de um projeto Android **44-45**, **50**
res/drawable-mdpi, pasta 247-248
res/raw, pasta de um projeto Android **171-172**, 175-176
reset, método da classe Path **224-225**
Resource Chooser, caixa de diálogo 50-53
Resources, classe **149-150**, 157-158
   método getConfiguration **149-150**
   método getString **157-158**
restringir o número máximo de dígitos em um componente EditText 68-69
retornando false de uma rotina de tratamento de eventos **222-223**
Reutilização **16-17**
RGB 24-25
rotina de tratamento de eventos retornando false **222-223**
rótulo 285-286
Runnable, interface 135-136, 191-192
runOnUiThread, método da classe Activity **191-192**

S

Scale Type, propriedade de um componente ImageView 143
SCALE_MODE_FILL 228
SCALE_MODE_FIT 228
ScrollView, classe **248-249**
SDK 2.x do Android vii- ix
SDK do Android xi-xii, xv, xviii, **2**, 13-14
SeekBar
   propriedade **Max** 77-78
   propriedade **Progress** 77-78
SeekBar, classe 66-67, **68-69**, 80-81
SeekBar.OnSeekBarChangeListener, interface 69-70, 80-81, 231-232
selecionador de intenção 96-97, **99-100**
Sensor, classe **200**
Sensor.TYPE_ACCELEROMETER, constante 212-213
sensor acelerômetro **200**, 213-214
sensor de aceleração linear 200
sensor de campo magnético 200
sensor de giroscópio 200
sensor de gravidade 200
sensor de luz 200
sensor de orientação 200
sensor de pressão 200

sensor de proximidade 200
sensor de temperatura 200
sensor de vetor de rotação 200
Sensor Simulator 15
SENSOR_DELAY_NORMAL, constante da classe SensorManager 212-213
sensores
   aceleração linear 200
   acelerômetro **200**, 213-214
   campo magnético 200
   giroscópio 200
   gravidade 200
   luz 200
   orientação 200
   pressão 200
   proximidade 200
   temperatura 200
   vetor de rotação 200
SensorEvent, classe **214-215**
SensorEventListener, interface 213-214
SensorEventListener, receptor **213-214**
SensorManager, classe 212-213
   método getDefaultSensor **212-213**
   método registerListener **212-213**
   método unregisterListener **213-214**
SensorManager.SENSOR_DELAY_NORMAL, constante 212-213
serialização de objetos xi-xii
serviço de licenciamento **287-288**
serviços de jogos Google Play xi-xii
serviços de sistemas operacionais 13
Set, interface **136-138**
set em uma animação **146-147**
setAntiAlias, método da classe Paint **218-219**
setArguments, método da classe Fragment **255**
setBackgroundColor, método **231-232**
setBackgroundColor, método da classe View **231-232**
setChoiceMode, método da classe ListView **260-261**
setContentView, método da classe Activity **83-84**
setDefaultValues, método da classe PreferenceManager **149-150**
setEmptyText, método da classe ListFragment **260-261**
setImageBitmap, método da classe View **235-236**
setImageDrawable, método da classe InputStream **161-162**
setListAdapter, método da classe ListActivity **115-116**
setListAdapter, método da classe ListFragment **261-262**

Índice **315**

setRepeatCount, método da classe Animation **136-138**, 157-158
setRequestedOrientation, método da classe Activity **149-150**
setRetainInstance, método da classe Fragment **260-261**
setStrokeCap, método da classe Paint 219-220, **234-235**
setStrokeWidth, método da classe Paint 219-220
setStyle, método da classe Paint **218-219**
setSystemUiVisibility, método da classe View **222-223**
Setting hardware emulation options 30
setVolumeControlStream, método da classe Activity **172-173**, 176-177
SharedPreferences, classe **98-99**, 111, 112
   método edit **118**
   método getAll **114**
   método getString **119**
   método getStringSet **153-154**
   método registerOnShared-PreferenceChangeListener **149-150**
SharedPreferences.Editor, classe **98-99**, 118
   método apply **118**
   método putString **118**
show, método da classe DialogFragment **164**
shuffle, método da classe Collections **136-138**
SimpleCursorAdapter, classe **260-261**
SimpleOnGestureListener, interface 222-223
sintaxe colorida ix-x, 2
síntese de fala xi-xii
sistema operacional 7
site da Deitel na Web xx-xxi
sites de análise de aplicativos
   Android and Me 301-302
   Android App Review Source 301-302
   Android Police 301-302
   Android Tapp 301-302
   AndroidGuys 301-302
   AndroidLib 301-302
   AndroidPIT 301-302
   AndroidZoom 301-302
   Androinica 301-302
   AppBrain 301-302
   Appolicious 301-302
   Appstorm 301-302
   Best Android Apps Review 301-302
   Phandroid 301-302
sites de análise de aplicativos em vídeo
   Android Video Review 301-302
   Appolicious 301-302

Crazy Mike's Apps 301-302
Daily App Show 301-302
Life of Android 301-302
sites de mídia social 299-300
SMS 96-97
Social API 9-10
sons 171-172
sort, método da classe Collections **115-116**
SoundPool, classe **172-173**, 181
   método load **181-182**
   método play **185-186**
   método release **191-192**
sp (pixels independentes da escala) 52-53
SQL (Structured Query Language) 244-245
SQLite 13, 239, 244-245
SQLiteDatabase, classe **244-245**
   método delete **280-281**
   método execSQL **282-283**
   método insert **278-279**
   método query **279-280**
   método update **279-280**
SQLiteOpenHelper, classe **244-245**, 277-278, 281-282
   método getWritableDatabase **277-278**
   método onCreate **281-282**
   método onDowngrade **282-283**
   método onUpgrade **281-282**
startActivity, método da classe 1 **99-100**, 120
startAnimation, método da classe View **136-138**
String.CASE_INSENSITIVE_ORDER, objeto de Comparator<String> 115-116
String codificada em URL 119
strings.xml **50**, 75-76, 103
Structured Query Language (SQL) 244-245
Style, propriedade de um componente View 249-253
styles.xml 246-247
subclasse 67-68
subclasse personalizada de View 178
suporte de hardware 13
suporte para orientações retrato e paisagem 104
surfaceChanged, método da interface SurfaceHolder.Callback 192-193
surfaceCreated, método da interface SurfaceHolder.Callback **192-193**
surfaceDestroyed, método da interface SurfaceHolder.Callback **192-193**
SurfaceHolder, classe **173-174**, 181
   método addCallback **181**
   método lockCanvas **195**
SurfaceHolder.Callback, interface **173-174**, 181, 192-193
   método surfaceChanged **192-193**

   método surfaceCreated **192-193**
   método surfaceDestroyed **192-193**
SurfaceView, classe **173-174**, 181
   método getHolder **181**
synchronized 195
SYSTEM_UI_FLAG_FULLSCREEN 222-223
SYSTEM_UI_FLAG_HIDE_NAVIGATION 222-223
SYSTEM_UI_FLAG_IMMERSIVE 222-223
SYSTEM_UI_FLAG_LAYOUT_FULLSCREEN 222-223
SYSTEM_UI_FLAG_LAYOUT_HIDE_NAVIGATION 222-223
SYSTEM_UI_FLAG_LAYOUT_STABLE 222-223

T

TableLayout, classe **70-71**
tablet 8-9
TalkBack **37-38**, **56-57**, 104, 106
   Adaptação para o local 62-63
tamanho da fonte 173-174
teclado 5
teclado numérico 65
teclado numérico virtual 88-89
teclado virtual
   impedindo a exibição na inicialização do aplicativo 125
   impedindo a exibição quando o aplicativo é carregado 100-101
   permanente na tela 70-71
   tipos 250-251
tela multitouch 5
Tema
   Holo Dark 40-41
   Holo Light 40-41
   tema Holo Light with Dark Action Bars 40-41
templates de projeto **42**
   Blank Activity 42
   Fullscreen Activity 42
   Master-Detail Application 42
Text, propriedade de um componente **50**
Text Appearance, propriedade de um componente TextView 73-74
Text Color, propriedade de um componente **53**
Text Size, propriedade de um componente **52-53**
TextView, classe **37-38**, 50, 68-69, 80-81
   propriedade **Label For** 76-77
   propriedade **Text Appearance** 73-74
TextView, componente **47**
TextWatcher, interface **69-70**, 80-81
thread (para animação) 172-173
Thread, classe 194
thread da interface gráfica do usuário 244-245

316 Índice

Tip Calculator, aplicativo 15
tipo de entrada de um componente EditText 73-74
tipos de teclado 250-251
Toast, classe **135-136**, 153-154
   método makeText **153-154**
transação financeira 294
transparência 77-78, 199
tratamento de eventos 67-68
troca de mensagens de intenção 99-100
tweet 300-301
Twitter 6, 96-97, **300-301**
   @deitel 300-301
   hashtag 300-301
TYPE_ACCELEROMETER, constante da classe Sensor 212-213

U

unregisterListener, método da classe SensorManager **213-214**
update, método da classe SQLiteDatabase **279-280**
USB debugging 30
Use Default Margins, propriedade de um componente GridLayout 73-74
utilitários 31
utilitários XML 13

V

valores alfa (transparência) 77-78
valores RGB **77-78**
values, pasta de um projeto Android **46, 50**
variável de instância **17-19**
vários especificadores de formato 138
Versioning Your Applications 287-288
versões de Android
   Android 1.5 (Cupcake) 7
   Android 1.6 (Donut) 7
   Android 2.0–2.1 (Eclair) 7
   Android 2.2 (Froyo) 7
   Android 2.3 (Gingerbread) 7
   Android 3.0–3.2 7
   Android 4.0 (Ice Cream Sandwich) 7
   Android 4.1–4.3 7
   Android 4.4 7

versões do SDK do Android e níveis de API 38-40
vídeo viral 300-301
vídeo xi-xii, 13
View, classe **112**, 173-174, **231-232**
   método getSystemUiVisibility **222-223**
   método invalidate **220-221**
   método onDraw **221-222**
   método onSizeChanged **181-182**, 219-220
   método onTouchEvent **172-173**, 193, **201-202**, 223-224
   método setImageBitmap **235-236**
   método setSystemUiVisibility **222-223**
   método startAnimation **136-138**
   mudanças de tamanho 181-182
   redesenhar um componente View 221-222
   subclasse personalizada 178
View.OnClickListener, interface **112**
View.SYSTEM_UI_FLAG_FULLSCREEN 222-223
View.SYSTEM_UI_FLAG_HIDE_NAVIGATION 222-223
View.SYSTEM_UI_FLAG_IMMERSIVE 222-223
View.SYSTEM_UI_FLAG_LAYOUT_FULLSCREEN 222-223
View.SYSTEM_UI_FLAG_LAYOUT_HIDE_NAVIGATION 222-223
View.SYSTEM_UI_FLAG_LAYOUT_STABLE 222-223
ViewGroup, classe **248-249**
vinculação de dados 98-99
vinculando seus aplicativos 297-298
vincular dados a um componente ListView 98-99
Visualização 67-68
visualização personalizada 171-172
volume 172-173
volume do áudio 172-173

W

web services **6**
   Amazon eCommerce 6

eBay 6
Facebook 6
Flickr 6
Foursquare 6
Google Maps 6
Groupon 6
Instagram 6
Last.fm 6
LinkedIn 6
Microsoft Bing 6
Netflix 6
PayPal 6
Salesforce.com 6
Skype 6
Twitter 6
WeatherBug 6
Wikipedia 6
Yahoo Search 6
YouTube 6
Zillow 6
Weight, propriedade de um componente 78-79, 106
Weight, propriedade de um componente de interface gráfica do usuário 142-143
Welcome, aplicativo 13-14, 15
Welcome, guia no Eclipse 38-39
widget 13, 80-81, 112
Wi-Fi Direct 9-10
Window soft input mode, opção 88-89, 125
WindowManager, classe **135-136**, 150-151
Windows 13-14
Workspace Launcher, janela 19
wrap_content, valor do atributo android:layout_height 76-78
wrap_content, valor do atributo android:layout_width 76-78
www.deitel.com/training 304

X

xml, pasta de um projeto Android **46, 134-135**

Y

YouTube 289-290

Impressão e Acabamento
E-mail: edelbra@edelbra.com.br
Fone/Fax: (54) 3520-5000

IMPRESSO EM SISTEMA CTP